中国特色社会主义研究论丛
"十三五"国家重点图书主题出版规划项目

文化自信

中国特色社会主义文化研究

丁晓强 赵静 张胜利 著

高等教育出版社·北京

图书在版编目（C I P）数据

文化自信：中国特色社会主义文化研究 / 丁晓强，赵静，张胜利著．-- 北京：高等教育出版社，2019.2（2021.4 重印）
（中国特色社会主义研究论丛）
ISBN 978-7-04-050616-7

Ⅰ．①文… Ⅱ．①丁… ②赵… ③张… Ⅲ．①中国特色社会主义－文化事业－研究 Ⅳ．①G12

中国版本图书馆CIP数据核字(2018)第213068号

WENHUA ZIXIN

策划编辑 王玉衡　　责任编辑 丁 扬 王玉衡　　封面设计 张 楠
版式设计 马 云　　责任校对 刁丽丽　　责任印制 韩 刚

出版发行 高等教育出版社
社　　址 北京市西城区德外大街4号
邮政编码 100120
印　　刷 涿州市星河印刷有限公司
开　　本 787mm×960mm 1/16
印　　张 18.75
字　　数 340 千字
购书热线 010-58581118
咨询电话 400-810-0598
网　　址 http://www.hep.edu.cn
　　　　 http://www.hep.com.cn
网上订购 http://www.hepmall.com.cn
　　　　 http://www.hepmall.com
　　　　 http://www.hepmall.cn
版　　次 2019 年 2 月第 1 版
印　　次 2021 年 4 月第 2 次印刷
定　　价 99.00 元

物 料 号 50616-00

目　录

导论　文化自信是更基础、更广泛、更深厚的自信

在党的十九大报告中，习近平指出，经过长期努力，中国特色社会主义进入了新时代，这是我国发展新的历史方位。[①]这标志着我国社会主要矛盾已经转化为人民日益增长的美好生活需要和不平衡不充分的发展之间的矛盾。而满足人民过上美好生活的新期待，必须提供丰富的精神食粮。在新时代，中华文明屹立于世界之林，担负起凝聚民族复兴之魂的历史重任。习近平向全国人民发出了"坚定文化自信，推动社会主义文化繁荣兴盛"的伟大号召，明确指出要"牢牢掌握意识形态工作领导权；培育和践行社会主义核心价值观；加强思想道德建设；繁荣发展社会主义文艺；推动文化事业和文化产业发展"[②]。

中国共产党作为执政党是一个拥有高度文化自觉的政党，在 90 多年的奋斗历程中，一直高度重视文化建设。新民主主义革命时期，以毛泽东同志为主要代表的中国共产党人以马克思主义为指导，结合中国实际，对新文化的建设进行了理论探索与实践，为中国文化发展模式的形成奠定了重要基础，具有深

① 《中国共产党第十九次全国代表大会在京开幕》，《光明日报》2017 年 10 月 19 日，第 1 版。

② 习近平：《决胜全面建成小康社会　夺取新时代中国特色社会主义伟大胜利——在中国共产党第十九次全国代表大会上的报告》，《人民日报》2017 年 10 月 28 日，第 1 版。

远的指导意义。改革开放以来，以邓小平同志为主要代表的中国共产党人，在现代化建设的伟大实践中开辟了中国特色社会主义道路，开创了中国特色社会主义理论，为新时期文化建设提供了基本遵循。改革开放初期，邓小平就指出："我们要在建设高度物质文明的同时，提高全民族的科学文化水平，发展高尚的丰富多彩的文化生活，建设高度的社会主义精神文明。"[①] 党的十五大把文化建设列为党在社会主义初级阶段基本纲领的重要组成部分，并且明确提出了"中国特色社会主义的文化"的概念。党在社会主义初级阶段的文化纲领，即建设有中国特色社会主义的文化，就是以马克思主义为指导，以培育有理想、有道德、有文化、有纪律的公民为目标，发展面向现代化、面向世界、面向未来的，民族的科学的大众的社会主义文化。党的十六大报告指出，全面建设小康社会，必须大力发展社会主义文化，建设社会主义精神文明。要宣传和树立以"八荣八耻"为主要内容的社会主义荣辱观，促进和谐文化建设，为构建社会主义和谐社会提供强大的思想动力。

随着实践的发展，党对中国特色社会主义文化建设的认识进一步加深。党的十八大以来，党中央对作为中华民族的"根"与"魂"的中国文化的认知比以往更加深刻，把建设社会主义文化强国摆在了更加突出的位置。党的十九大报告，作为新时代航程的指南针，科学地把握当今文化发展趋势，将文化繁荣与文化自信上升到了关系中华民族伟大复兴的高度加以阐释。党的十九大报告明确指出，发展中国特色社会主义文化，就是以马克思主义为指导，坚守中国文化立场，立足当代中国现实，结合当今时代条件，发展面向现代化、面向世界、面向未来的，民族的科学的大众的社会主义文化，推动社会主义精神文明和物质文明协调发展。[②]

党的十八大以来，习近平在多个场合强调"文化""文化软实力"的重要性，并且对新的时代课题"文化自信"进行了特别的阐释。2014 年 2 月，在中共中央政治局第十三次集体学习时，习近平提出了要"增强文化自信和价值观自信"，明确提出了文化自信的时代命题。[③]2014 年 3 月，在参加第十二届全国人民代表大会第二次会议贵州代表团审议时，习近平说："一个国家综合实力最核心的还是文化软实力，这事关精气神的凝聚，我们要坚定理论自信、道路自信、制度自

① 《邓小平文选》第 2 卷，人民出版社 1994 年版，第 208 页。

② 习近平：《决胜全面建成小康社会 夺取新时代中国特色社会主义伟大胜利——在中国共产党第十九次全国代表大会上的报告》，《人民日报》2017 年 10 月 28 日，第 1 版。

③ 《把培育和弘扬社会主义核心价值观作为凝魂聚气强基固本的基础工程》，《人民日报》2014 年 2 月 26 日，第 1 版。

信，最根本的还要加一个文化自信。”① 此后，习近平在多个场合谈到文化自信与“三个自信”的关系。在2014年12月参加澳门大学生座谈时，习近平说道：“五千多年文明史，源远流长，而且我们是没有断流的文化。建立制度自信、理论自信、道路自信，还有文化自信。文化自信是基础。”② 这一论断首次提出了文化自信是“三个自信”的基础。2016年5月，在哲学社会科学工作座谈会上，他进一步强调：“要坚定中国特色社会主义道路自信、理论自信、制度自信，说到底是要坚定文化自信。文化自信是更基本、更深沉、更持久的力量。”③ 把文化自信阐释为“三个自信”的力量源泉，突出了文化自信的重要作用和重要价值。2016年6月在中共中央政治局第三十三次集体学习时，习近平强调：“坚定中国特色社会主义道路自信、理论自信、制度自信、文化自信”④，将文化自信与党的十八大提出的中国特色社会主义“三个自信”同列，形成了“四个自信”。随后在庆祝中国共产党成立95周年大会上，习近平明确指出“文化自信，是更基础、更广泛、更深厚的自信”，并且他强调，中国共产党人“坚持不忘初心、继续前进”就是要始终坚持“四个自信”，即“中国特色社会主义道路自信、理论自信、制度自信、文化自信”⑤。在党的十九大报告中，习近平进一步阐述：“文化自信是一个国家、一个民族发展中更基本、更深沉、更持久的力量。”⑥ 党的十九大还审议并一致通过了中国共产党十八届中央委员会提出的《中国共产党章程(修正案)》，其中重要的一条就是把中国特色社会主义文化同中国特色社会主义道路、中国特色社会主义理论体系、中国特色社会主义制度一道写入党章，并且强调这有利于全党深化对中国特色社会主义的认识、全面把握中国特色社会主义内涵。⑦ 这是中国共产党自成立以来把文化自信首次提高到一个前所未有的高度，不仅完善了中华民族的自信心体系，而且标志着党对中国特色社会主义有了更加明确而开阔的文化建构，即全面建成小康社会，实现中华民族伟大复兴，必须推动社会主义文化大发展大繁荣，兴起社会主义文化建设新高潮，以中国特色社会主义文化发展道

① 转引自钱文忠：《文化软实力是核心　从优秀传统文化中寻找精气神》，《人民日报》2014年3月17日，第22版。

② 《习近平的“第四个自信”》，人民网：http://cpc.people.com.cn/n/2014/1226/c64094-26280109.html，最后访问日期：2017年11月1日。

③ 习近平：《在哲学社会科学工作座谈会上的讲话》，《人民日报》2016年5月19日，第2版。

④ 《严肃党内政治生活净化党内政治生态为全面从严治党打下重要政治基础》，《人民日报》2016年6月30日，第1版。

⑤ 习近平：《在庆祝中国共产党成立95周年大会上的讲话》，《人民日报》2016年7月2日，第2版。

⑥ 习近平：《决胜全面建成小康社会　夺取新时代中国特色社会主义伟大胜利——在中国共产党第十九次全国代表大会上的报告》，《人民日报》2017年10月28日，第1版。

⑦ 《中国共产党第十九次全国代表大会关于〈中国共产党章程(修正案)〉的决议》，《人民日报》2017年10月25日，第2版。

路为实现路径,在创造性转化、创新性发展中实现中国文化的伟大复兴,增强文化自信。

一、文化的内涵

(一) 西方语境下关于文化的概念

"文化"一词是人文社会科学领域颇具多义性的概念之一。古今中外学者根据研究的对象、范畴和方法,从不同的角度对文化的内涵进行了阐释。在英语中,"文化"(culture)一词来源于拉丁文"cultura",其最初是一个农业术语,原意为农耕、培育,具有对植物自然生长实施管理之义。因此,英语中的"文化"是一个派生于自然的概念,意为人对自然的支配与管理。后来文化逐渐脱离了最初的含义,渐渐转义为培养、修养等。西方学者认为,18世纪是文化概念演化的重要阶段。启蒙时代的思想家更多地把文化与知识、教养等联系在一起。德国古典哲学家康德对文化的理解倾向于精神方面,他认为文化是人的本质规定,与动物的本能区别开来,文化本来就是人类的社会价值之所在。并且,康德赋予文化以道德自由的意义,认为人类通过不断的启蒙开始奠定一种思想方式,这种思想方式可以把粗糙的辨别道德的自然禀赋随着时间的推移而转化为确切的实践原则,从而把那种病态地被迫组成了社会的一致性转化为一个道德的整体。①19世纪,有"人类学之父"之称的英国文化人类学家泰勒是学术界公认的,在文化的定义上具有重大影响的人。泰勒认为:"文化,或文明,就其广泛的民族学意义来说,是包括全部的知识、信仰、艺术、道德、法律、风俗以及作为社会成员的人所掌握和接受的任何其他的才能和习惯的复合体。"② 显然,这个定义所强调的是,文化是在一定的社会历史条件下形成的价值、信仰、伦理道德等的总和。在泰勒的文化定义的影响下,当时和之后的学者从各自的领域用不同的方法对文化进行了研究。到了20世纪,克鲁伯与克赖德·克拉克洪从符号文化学派的视角出发,

---

① [德]康德:《历史理性批判文集》,何兆武译,商务印书馆1990年版,第6~7页。

② [英]爱德华·泰勒:《原始文化:神话、哲学、宗教、语言、艺术和习俗发展之研究》,连树声译,广西师范大学出版社2005年版,第1页。

提出了自己的文化定义,即"文化由外显和内隐的行为模式构成,这种行为通过象征符号而获致和传递,文化代表了人类群体的显著成就,包括它们在人造器物中的体现;文化的核心部分是传统的(即历史地获致和选择的)观念,尤其是它们所带的价值,文化体系一方面可以看作是活动的产物,另一方面则是进一步活动的决定因素"①。这个文化定义是从整合主义意义上提出的,从宏观的角度概括了文化所有的重要因子,至今仍然是大部分西方学者比较认可的文化定义。

(二) 中国语境下关于文化的概念

在中国古代,"文"的本义是指各色交错的纹理,有装饰花纹之义。《周易·系辞下传》记载"物相杂,故曰文"②,《礼记·乐记》称"五色成文而不乱"③,《说文解字》的解释是:"文,错画也,象交叉。"④ 均指此义。后来,在此基础上"文"又有多重引申义,如指文物典籍、礼乐制度、修养,以及美、善、德行之义。"化"的本义指生成、变化、造化。《说文解字》中说"化,教行也"⑤,《管子·七法》称"渐也、顺也、靡也、久也、服也、习也,谓之'化'"⑥,《中庸》称"赞天地之化育"⑦ 等均指事物形态或性质的改变。"文"与"化"联系起来讲,最早见于《周易·贲》"观乎天文,以察时变;观乎人文,以化成天下"⑧。著名学者张岱年指出:"这段话里的'文',即从纹理之义演化而来。日月往来交错文饰于天,即'天文',亦即天道自然规律。同样,'人文',指人伦社会规律,即社会生活中人与人之间纵横交织的关系,如君臣、父子、夫妇、兄弟、朋友,构成复杂网络,具有纹理表象。这段话说,治国者须观察天文,以明了时序之变化,又须观察人文,使天下之人均能遵从文明礼仪,行为止其所当止。在这里,'人文'与'化成天下'紧密联系,'以文教化'的思想已十分明确。"⑨ 而"文化"作为一个完整的词语最早是出现在西汉时期著名学者刘向所撰的《说苑·指武》中:"圣人之治天下也,先文德而后武力。凡武之兴,为不服也,文化不改,然后

① 李燕:《文化释义》,人民出版社 1996 年版,第 85 页。
② [宋]朱熹注:《周易本义》,《四书五经》上册(影印),天津市古籍书店 1988 年版,第 68 页。
③ [元]陈澔注:《礼记集说》,《四书五经》中册(影印),天津市古籍书店 1988 年版,第 213 页。
④ [汉]许慎著,[清]段玉裁注:《说文解字》,中州古籍出版社 2006 年版,第 425 页。
⑤ [汉]许慎著,[清]段玉裁注:《说文解字》,中州古籍出版社 2006 年版,第 384 页。
⑥ [春秋]管仲著,吴文涛、张善良编:《管子》,北京燕山出版社 1995 年版,第 57 页。
⑦ [宋]朱熹注:《中庸章句集注》,《四书五经》上册(影印),天津市古籍书店 1988 年版,第 11 页。
⑧ [宋]朱熹注:《周易本义》,《四书五经》上册(影印),天津市古籍书店 1988 年版,第 11 页。
⑨ 张岱年、方克立主编:《中国文化概论》,北京师范大学出版社 2004 年版,第 2 页。

加诛。”[①] 这里的“文”是指文德，与“武力”相对应，即社会伦理道德，“化”是指教化，即经教育而使人发生转化。[②] 因此，我们可以理解：在古汉语中“文化”是指以社会伦理道德来教育人们，使人们在思想、行动上合乎特定的规范。中西语境下关于文化的解释，殊途同归，都与当代的文化之所指十分相似。

到了近代，经历了五四新文化运动，我国形成了很多关于文化的解说。毛泽东关于文化的定义，以马克思主义为指导，深刻揭示了文化的本质，具有跨时代的意义。毛泽东在中国革命和建设的实践中，非常重视文化的作用，他在《新民主主义论》和《在延安文艺座谈会上的讲话》中提出了很多著名的文化理论。毛泽东坚持唯物史观对于社会基本范畴的划分，在此基础上对文化现象做了深入的马克思主义阐释，他将政治、经济、文化并列为社会的三大领域，并指出：“一定的文化（当作观念形态的文化）是一定社会的政治和经济的反映，又给予伟大影响和作用于一定社会的政治和经济……一定形态的政治和经济是首先决定那一定形态的文化的；然后，那一定形态的文化又才给予影响和作用于一定形态的政治和经济……我们讨论中国文化问题，不能忘记这个基本观点。”[③] “至于新文化，则是在观念形态上反映新政治和新经济的东西，是替新政治新经济服务的。”[④] 这里所说的文化是指人们的思想、意识和精神领域等观念形态，与社会的政治、经济相区别。这个定义揭示了文化的本质，科学地阐明了政治、经济与文化的辩证关系。

20 世纪 80 年代以来，我国学者对文化概念形成了两个基本层面的理解，即广义文化与狭义文化。广义文化是相对于自然而讲的，认为凡是有人的痕迹的自然界均为文化。张岱年提出了广义文化的概念，他说：“文化是人类在处理人和世界关系中所采取的精神活动与实践活动的方式及其所创造出来的物质和精神成果的总和，是活动方式与活动成果的辩证统一。”[⑤] 狭义文化是相对于物质而言的，是人类的各种精神现象或产物，如知识学问、风俗习惯、伦理道德等。钱穆认为，文化区别于文明，属于精神方面。“大体文明文化，皆指人类群体生活而言。惟文明偏在外，属于物质方面，文化偏在内，属于精神方面。故文明可以向外传播向外接受，文化则必由其群体内部精神积累而产生。”[⑥] 黄楠森等认为物质并不直接是文化，但可以作为文化的载体而具有文化的内涵。“文化是属于社会结构的概

① 王作新：《汉字结构系统与传统思维方式》，武汉出版社 1999 年版，第 3 页。
② ［汉］刘向著，王瑛、王天海注：《说苑全译》，贵州人民出版社 1992 年版，第 650 页。
③ 《毛泽东选集》第 2 卷，人民出版社 1991 年版，第 663~665 页。
④ 《毛泽东选集》第 2 卷，人民出版社 1991 年版，第 695 页。
⑤ 张岱年、程宜山：《中国文化与文化论争》，中国人民大学出版社 1990 年版，第 2 页。
⑥ 钱穆：《中国文化史导论》，上海三联书店 1988 年版，弁言。

念。它是由特定的符号(语言和其他象征)传达的,是人类在实践中创造的各种思想观念、社会生活和行为规范的总和,如哲学、文学、宗教以及道德、风俗、习惯,等等,是观念文化形态。”[①] 近代以来,学界对文化概念的界定呈现多样化的态势,但是狭义文化即观念形态的文化仍是中国化马克思主义“文化”概念的基本内涵。

(三)马克思恩格斯关于文化的概念

马克思主义的辩证唯物主义与历史唯物主义是我们进行文化研究的理论武器。马克思恩格斯对“文化”并没有做出直接的定义,但马克思恩格斯的著作中包含着丰富的文化思想,他们对文化的阐释是多义的,并且蕴含着研究文化的观点、立场和方法。这些思想主要体现在《1844 年经济学哲学手稿》《〈黑格尔法哲学批判〉导言》《德意志意识形态》《政治经济学批判》《资本论》《哥达纲领批判》等著作中。

第一,文化等同于文明。文化和文明是既相互联系又相互区别的两个概念。文化是人们在社会实践过程中所创造的物质财富和精神财富的总和,是相对于“自然”来讲的;而文明则是指这些成果中积极的、合理的方面,是相对于“野蛮”来讲的。在马克思恩格斯的著作中,常常在文明的意义上使用“文化”一词。例如,马克思在《资本论》中提出:“在文化初期,已经取得的劳动生产力很低,但是需要也很低,需要是同满足需要的手段一同发展的,并且是依靠这些手段发展的。其次,在这个文化初期,社会上依靠他人劳动来生活的那部分人的数量,同直接生产者的数量相比,是微不足道的。”[②] 这里的“文化初期”是指生产力落后、文明不发达的社会阶段,很明显此处文化的含义与文明并无区别。又如,马克思在《路易斯·亨·摩尔根〈古代社会〉一书摘要》中指出:“非洲过去和现在都处于蒙昧时代和野蛮时代两种文化交织混杂状态”,“美洲印第安人族系,和其他一切现存的族系不同,他们提供了三个顺序相承的文化时期的人类状态。”[③] 此时的“文化”与《资本论》中所提到的文化内涵是一致的,都是在文明的意义上来使用文化的。在《1844 年经济学哲学手稿》中,马克思批判早期共产主义所提出的绝对平均主义以及公妻制是“对整个文化和文明的世界的抽象否定,向贫穷的、需求不高的人——他不仅没有超越私有财产的水平,甚至从来没有达到私有财产的水平——的非自然的简单状态的倒退,恰恰证明对私有财产的这种扬弃

① 黄楠森、龚书铎、陈先达主编:《有中国特色社会主义文化研究》,山东人民出版社 1999 年版,第 10~11 页。

② 《马克思恩格斯文集》第 5 卷,人民出版社 2009 年版,第 585~586 页。

③ 《马克思恩格斯全集》第 45 卷,人民出版社 1985 年版,第 331 页。

决不是真正的占有”[①]。在这里马克思将文化与文明并列使用，将其看作人类活动中进步合理的部分。在《哥达纲领批判》中，马克思在批判不问前提地将劳动称为创造源泉的观点时，将文化界定于一定社会阶段的发展水平和进步程度上。他指出：“资产者有很充分的理由硬给劳动加上一种超自然的创造力，因为正是由于劳动的自然制约性产生出如下的情况：一个除自己的劳动力以外没有任何其他财产的人，在任何社会的和文化的状态中，都不得不为另一些已经成了劳动的物质条件的所有者的人做奴隶。”[②]“如果他自己不劳动，他就是靠别人的劳动生活，而且也是靠别人的劳动获得自己的文化。”[③] 同样，恩格斯在《反杜林论》中提到“文化上的每一个进步，都是迈向自由的一步”[④]，从机械运动到热的转化，从热到机械运动的转化，这就是人类向自由的迈进。可见，这里“文化上的进步”也是指人类文明的进步。

第二，文化表示科学知识。在马克思恩格斯的著作中，常常在知识概念和知识水平上使用“文化”一词。在《论犹太人问题》中，马克思提出：“当国家宣布出身、等级、文化程度、职业为非政治的差别，当它不考虑这些差别而宣告人民的每一成员都是人民主权的平等享有者，……国家是以自己的方式废除了出身、等级、文化程度、职业的差别。”[⑤] 在这里，马克思将知识与文化的意义等同起来，文化程度指的是受教育和掌握知识的程度。恩格斯在《英国工人阶级状况》中指出：“为了生存，有的人需要多一些，有的人需要少一些，有的人比别人更习惯于舒适的生活。在某些方面还算有点文化的英格兰人所需要的，就比穿破衣、吃土豆、住猪圈的爱尔兰人多一些。但是这并不妨碍爱尔兰人去和英格兰人竞争，也不妨碍把英格兰工人的工资及其文化程度逐渐降低到爱尔兰工人的水平。做某些工作，几乎包括工业中的一切工作在内，都需要有相当的文化程度。”[⑥] 在这里，恩格斯所指的文化程度就是受教育的程度、知识水平。在《哥达纲领批判》中，马克思指出：“孤立的劳动（假定它的物质条件是具备的）即使能创造使用价值，也既不能创造财富，又不能创造文化。……随着劳动的社会性的发展，以及由此而来的劳动之成为财富和文化的源泉，劳动者方面的贫穷和愚昧、非劳动者方面的财富和文化也发展起来。”[⑦] 在这里，马克思将劳动者的贫穷和愚昧与非

① 《马克思恩格斯文集》第 1 卷，人民出版社 2009 年版，第 184~185 页。
② 《马克思恩格斯文集》第 3 卷，人民出版社 2009 年版，第 428~429 页。
③ 《马克思恩格斯文集》第 3 卷，人民出版社 2009 年版，第 429 页。
④ 《马克思恩格斯文集》第 9 卷，人民出版社 2009 年版，第 120~121 页。
⑤ 《马克思恩格斯文集》第 1 卷，人民出版社 2009 年版，第 29~31 页。
⑥ 《马克思恩格斯全集》第 2 卷，人民出版社 1957 年版，第 361~363 页。
⑦ 《马克思恩格斯文集》第 3 卷，人民出版社 2009 年版，第 430 页。

劳动者的财富和文化对应,指的是文化的非物质性即知识性。

第三,文化表示观念意识形态。马克思在《哥达纲领批判》中指出:“权利决不能超出社会的经济结构以及由经济结构制约的社会的文化发展。”[①] 在这里,文化是指与经济相对应的社会制度及其意识形态,属于观念上层建筑。恩格斯在《流亡者文献》中指出:“有一点是毫无疑义的:在我们的时代唯一能替神帮点忙的事情,就是把无神论宣布为强制性的信条,并以禁止一切宗教来超越俾斯麦的文化斗争中的反教会法令。”[②] 这里的文化是指俾斯麦政府反对天主教会的宗教文化,属于意识形态的精神文化。马克思也说过:“‘信仰自由’!如果现在,在进行文化斗争的时候,要想提醒自由主义者记住他们的旧口号,那么只有采用下面这样的形式才行。”[③] 马克思恩格斯不止一次地使用“文化斗争”这一概念,此时,“文化”被赋予一定的意识形态,具有精神层面的含义。

此外,马克思恩格斯用“科学”“艺术”“社交方式”等来表达“文化”。例如,恩格斯在《论住宅问题》中,在批判蒲鲁东的落后的小资产阶级思想,充分肯定生产力对社会的经济推动作用时指出,工业革命创造了一种可能性,即“在所有的人实行明智分工的条件下,不仅生产的东西可以满足全体社会成员丰裕的消费和造成充足的储备,而且使每个人都有充分的闲暇时间去获得历史上遗留下来的文化——科学、艺术、社交方式等等——中一切真正有价值的东西”[④]。

马克思恩格斯对于“文化”概念的诠释实际上同时包含了广义和狭义的两个层面,赋予了文化广泛的内涵,对文化的本质也进行了科学的阐述。现代的人类文化学有不同的学派,各个学派从不同的角度对文化的内涵、范畴、作用进行了深入而丰富的研究。但是马克思主义唯物史观对于人类文化发展的普遍规律的阐述始终是我们研究文化的理论指导,我们在研究文化时必须运用马克思主义的观点、立场和方法。

二、文化与社会的关系

马克思在《〈政治经济学批判〉序言、导言》中揭示了文化生产的物质源泉,他指出:“人们在自己生活的社会生产中发生一定的、必然的、不以他们的意志为

① 《马克思恩格斯文集》第3卷,人民出版社2009年版,第435页。
② 《马克思恩格斯文集》第3卷,人民出版社2009年版,第362页。
③ 《马克思恩格斯文集》第3卷,人民出版社2009年版,第448页。
④ 《马克思恩格斯文集》第3卷,人民出版社2009年版,第258~259页。

转移的关系,即同他们的物质生产力的一定发展阶段相适合的生产关系。这些生产关系的总和构成社会的经济结构,即有法律的和政治的上层建筑竖立其上并有一定的社会意识形式与之相适应的现实基础。物质生活的生产方式制约着整个社会生活、政治生活和精神生活的过程。不是人们的意识决定人们的存在,相反,是人们的社会存在决定人们的意识。社会的物质生产力发展到一定阶段,便同它们一直在其中运动的现存生产关系或财产关系(这只是生产关系的法律用语)发生矛盾。于是这些关系便由生产力的发展形式变成生产力的桎梏。那时社会革命的时代就到来了。随着经济基础的变更,全部庞大的上层建筑也或慢或快地发生变革。在考察这些变革时,必须时刻把下面两者区别开来:一种是生产的经济条件方面所发生的物质的、可以用自然科学的精确性指明的变革,一种是人们借以意识到这个冲突并力求把它克服的那些法律的、政治的、宗教的、艺术的或哲学的,简言之,意识形态的形式。”① 通过这一论述,马克思揭示了社会结构的三个层次,即生产关系的总和构成了社会经济结构,法律和政治的上层建筑构成了社会政治结构,一定的社会意识形式构成了社会文化结构。在三者关系上,马克思肯定了经济结构对政治结构和文化结构的决定作用,强调政治上层建筑和观念上层建筑必须与经济基础相适应。文化作为社会意识形态是上层建筑的一部分,它的产生、存在与发展不是凭空而来的,是源于社会存在的,是社会存在在观念形态上的反映。社会存在最根本的就是人们的经济、政治活动及其社会关系,文化则是全部社会关系的产物,同时又成为全部社会关系在观念形态上的反映。因此,“观念的东西不外是移入人的头脑并在人的头脑中改造过的物质的东西而已。”② “人们的观念、观点和概念,一句话,人们的意识,随着人们的生活条件、人们的社会关系、人们的社会存在的改变而改变。”③ 恩格斯也说过:“每一历史时期的观念和思想也可以极其简单地由这一时期的经济的生活条件以及由这些条件决定的社会关系和政治关系来说明。”④

经济基础是文化赖以产生的源泉,文化在整个社会结构中要受到经济基础的制约是马克思主义文化观的基本主张。文化的发展只能从经济发展和社会变革中出发。但是,文化作为上层建筑对具有决定性力量的经济基础具有自主的、能动的反作用。恩格斯晚年在其关于历史唯物主义的书信中对上层建筑与经济基础的关系做了有益的补充说明。他说:“根据唯物史观,历史过程中的决定性因素归根到底是现实生活的生产和再生产。无论马克思或我都从来没有肯定过

① 《马克思恩格斯文集》第2卷,人民出版社2009年版,第591~592页。
② 《马克思恩格斯文集》第5卷,人民出版社2009年版,第22页。
③ 《马克思恩格斯文集》第2卷,人民出版社2009年版,第50~51页。
④ 《马克思恩格斯文集》第3卷,人民出版社2009年版,第459页。

比这更多的东西。如果有人在这里加以歪曲,说经济因素是唯一决定性的因素,那么他就是把这个命题变成毫无内容的、抽象的、荒诞无稽的空话。经济状况是基础,但是对历史斗争的进程发生影响并且在许多情况下主要是决定着这一斗争的形式的,还有上层建筑的各种因素:阶级斗争的各种政治形式及其成果——由胜利了的阶级在获胜以后确立的宪法等等,各种法的形式以及所有这些实际斗争在参加者头脑中的反映,政治的、法律的和哲学的理论,宗教的观点以及它们向教义体系的进一步发展。这里表现出这一切因素间的相互作用。"[①] 换言之,文化作为上层建筑,内在于社会实践的方方面面,同时也制约和影响着经济、政治活动。"政治、法、哲学、宗教、文学、艺术等等的发展是以经济发展为基础的。但是,它们又都互相作用并对经济基础发生作用。这并不是说,只有经济状况才是原因,才是积极的,其余一切都不过是消极的结果,而是说,这是在归根到底不断为自己开辟道路的经济必然性的基础上的相互作用。"[②] 但是,作为上层建筑的文化并不是简单的附属品,它对经济基础的反作用不是外在的机械反应,而是一个统一的、内在的互动作用。从人类社会的历史发展来看,当一种旧的制度无法继续维持的时候,文化对建立新的制度的追求就成为社会变革的呼声。而一旦社会实现变革之后,占统治地位的文化又具有维护和巩固这种社会制度的作用,它引导和约束人们认同和服从一定的政治制度,维护社会的稳定和运行。它可以发挥对经济规律的认识和预见作用,通过科学技术的创新和转化而形成新的生产力。文化还可以通过思想道德和科学知识的传播转化为精神动力,从而通过提高劳动者的积极性来提高生产效率。因此,文化内在于社会实践的方方面面,可以为经济和政治发展提供动力与支持,从深层次上制约和影响着人们的经济、政治活动。人类文明越发展,社会越进步,文化的作用和地位就越突出和显著。先进文化对于人类社会发展的引领作用越来越强,这是人类社会发展的规律。

文化虽由经济基础决定,但在现实中,文化的发展有其自身的特点。马克思从生产与再生产的角度研究文化,揭示了精神生产与物质生产的统一性,同时他意识到精神生产的复杂性和特殊性,并揭示了精神生产的独特规律。物质生产和精神生产有时并不是成比例的,精神文化创造是在一定的历史的发展和特殊形势下按照精神生产的特殊规律进行的。马克思说:"生产生活就是类生活。这是产生生命的生活。一个种的整体特性、种的类特性就在于生命活动的性质,而自由的有意识的活动恰恰就是人的类特性。"[③] "动物只是按照它所属的那个种

---

① 《马克思恩格斯文集》第10卷,人民出版社2009年版,第591~592页。

② 《马克思恩格斯文集》第10卷,人民出版社2009年版,第668~669页。

③ 《马克思恩格斯文集》第1卷,人民出版社2009年版,第162页。

的尺度和需要来构造,而人却懂得按照任何一个种的尺度来进行生产,并且懂得处处都把固有的尺度运用于对象;因此,人也按照美的规律来构造。”① 在社会生产力发展水平较低的阶段,精神文化也可能是先进的,马克思说过:“关于艺术,大家知道,它的一定的繁盛时期决不是同社会的一般发展成比例的,因而也决不是同仿佛是社会组织的骨骼的物质基础的一般发展成比例的。”② 他以古希腊艺术为例来说明这个道理。产生于两千多年前的古希腊艺术仍然是“一种规范和高不可及的范本”③。古希腊在生产力水平并不发达的情况下,创造了卓越非凡的文化成就,古希腊的神话和史诗直到今天仍广为流传。后来,恩格斯也说过:“经济上落后的国家在哲学上仍然能够演奏第一小提琴:18 世纪的法国对英国来说是如此(法国人是以英国哲学为依据的),后来的德国对英法两国来说也是如此。”④ 由此可见,在生产力落后的情况下也存在发展先进文化的可能性。但是,需要注意的是,这一现象并没有动摇马克思关于物质生产决定精神生产这一基本法则,因为“他们的艺术对我们所产生的魅力,同这种艺术在其中生长的那个不发达的社会阶段并不矛盾。这种艺术倒是这个社会阶段的结果,并且是同这种艺术在其中产生而且只能在其中产生的那些未成熟的社会条件永远不能复返这一点分不开的”⑤。

三、文化与人的关系

马克思主义作为一种关于人的学说,其一切思想和理论都是致力于实现人的自由解放与全面发展。马克思主义认为,文化作为促进人自由全面发展的重要力量,也是人类自身获得自由和取得进步的重要标志,一切思想文化的创造都应以促进人的自由和全面发展为价值取向。

马克思在《1844 年经济学哲学手稿》以及 1845 年《关于费尔巴哈的提纲》中对人与自然的关系做了探究。他指出,人的需求的全面性决定了人的本质的全面性,自由自觉的生命活动是人最根本的属性;人是一切社会关系的总和,是自然界的一部分,实现人与自然结合的方式就是社会实践。“正是在改造对象世

① 《马克思恩格斯文集》第 1 卷,人民出版社 2009 年版,第 163 页。
② 《马克思恩格斯文集》第 8 卷,人民出版社 2009 年版,第 34~35 页。
③ 《马克思恩格斯文集》第 8 卷,人民出版社 2009 年版,第 35 页。
④ 《马克思恩格斯文集》第 10 卷,人民出版社 2009 年版,第 599~601 页。
⑤ 《马克思恩格斯文集》第 8 卷,人民出版社 2009 年版,第 36~37 页。

界的过程中，人才真正地证明自己是类存在物。这种生产是人的能动的类生活。通过这种生产，自然界才表现为他的作品和他的现实。”[①] 马克思将自然界称为人的无机的身体，在经过人的实践改造之后，自然界就“表现为他的作品和他的现实”，成为“人化的自然界”。[②] 那么，被人改造的那部分自然界，就是文化，即文化是人的创造性的实践活动。不仅广义的文化如此，马克思还将思想文化的生产也置于“物质交往”的社会实践中加以考察，他强调：“思想、观念、意识的生产最初是直接与人们的物质活动，与人们的物质交往，与现实生活的语言交织在一起的。人们的想象、思维、精神交往在这里还是人们物质行动的直接产物。表现在某一民族的政治、法律、道德、宗教、形而上学等的语言中的精神生产也是这样。”[③] 在社会实践中，经济是人们改造自然以满足自身物质需要的活动及其成果，政治是围绕着经济利益而展开的人们改造社会的实践活动及其结果，而精神文化则是人们改造主观世界和自身精神的活动及其成果。人在这种实践活动中还能够“使自己二重化”，以体现和提升自己的本质能力。“劳动的对象是人类生活的对象化：人不仅像在意识中那样在精神上使自己二重化，而且能动地、现实地使自己二重化，从而在他所创造的世界中直观自身。”[④] 换言之，人创造了文化，同时文化也塑造了人自身。

马克思对文化的实质与人的自由全面发展进行了阐述，人在经历对人的依赖阶段、对物的依赖阶段后，进入第三个阶段，即人类社会历史发展的最高形态——共产主义社会阶段，能够摆脱对人、对物的依赖，个体的个性和能力得到极大发展，从而实现自由而全面的发展。这为我们指明了社会的精神文化尤其是社会主义的精神文化都应该强化其文化的育人作用和塑人功能以培养自由而全面发展的人，即“培养社会的人的一切属性，并且把他作为具有尽可能丰富的属性和联系的人，因而具有尽可能广泛需要的人生产出来——把他作为尽可能完整的和全面的社会产品生产出来”[⑤]。恩格斯也说过：“文化上的每一个进步，都是迈向自由的一步。”[⑥]

关于文化为什么人服务的问题，马克思恩格斯指出：“统治阶级的思想在每一时代都是占统治地位的思想。”[⑦] 在阶级社会中，文化作为一种意识形态，表达

① 《马克思恩格斯文集》第1卷，人民出版社2009年版，第163页。
② 《马克思恩格斯文集》第1卷，人民出版社2009年版，第163页。
③ 《马克思恩格斯文集》第1卷，人民出版社2009年版，第524~525页。
④ 《马克思恩格斯文集》第1卷，人民出版社2009年版，第163页。
⑤ 《马克思恩格斯文集》第8卷，人民出版社2009年版，第90~91页。
⑥ 《马克思恩格斯文集》第9卷，人民出版社2009年版，第120~121页。
⑦ 《马克思恩格斯文集》第1卷，人民出版社2009年版，第550~551页。

和传递着统治阶级的思想观念。在无产阶级占统治地位的社会中所产生的思想文化，只能是无产阶级性质的文化。马克思主义唯物史观认为，人民群众是物质财富和精神财富的创造者，是决定历史前进发展的创造者和推动者。无产阶级文化理应把最广大的人民群众视为其服务对象，将实现最广大的人民群众的根本利益作为奋斗目标。毛泽东根据文艺为谁服务这一标准来区别文艺的性质，他说："文艺是为地主阶级的，这是封建主义的文艺……文艺是为资产阶级的，这是资产阶级的文艺……文艺是为帝国主义者的……这叫做汉奸文艺。"[①] 无产阶级文艺与以上文艺最根本的区别就是，它不是为以上种种人服务的，而是为最广大的人民群众服务的，并始终将"为人民服务"作为宗旨。

马克思主义文化观体现了"以人为本"的人本主义精神。在马克思恩格斯看来，文化的价值意义和实质目的在于促进人的自由而全面发展。人的自由而全面发展，表现在人的思想道德素质、科学文化素质等方面得到全面提高。优秀的文化为人提供精神食粮，对促进人的自由而全面发展起着不可替代的作用，而且人能够继承和运用人类所创造的一切文明成果，进而反过来不断推动社会的发展，创造出更加辉煌的人类文明。

四、文化自信与道路自信、理论自信、制度自信的关系

文化自信与道路自信、理论自信、制度自信是相互联系、不可分割的统一体，但是文化自信是"最根本的"，在"四个自信"中，"文化自信，是更基础、更广泛、更深厚的自信。"[②]"文化自信是一个国家、一个民族发展中更基本、更深沉、更持久的力量。"[③] 这一论断寓意深刻，对我们坚定中国特色社会主义信念，为以文化的力量推动中华民族伟大复兴的中国梦的实现提供了科学有力的指引。

中国特色社会主义道路，是党的十一届三中全会以来，以邓小平同志为主要代表的中国共产党人将马克思主义与中国具体实际结合起来而开辟的一条科学发展之路，是实现社会主义现代化、创造人民美好生活的必由之路。40 年来，中国特色社会主义取得的辉煌成就，不仅向世人昭示了中国特色社会主义道路的正确性和科学性，而且拓展了发展中国家走向现代化的途径。

---

① 《毛泽东选集》第 3 卷，人民出版社 1991 年版，第 855 页。

② 习近平：《在庆祝中国共产党成立 95 周年大会上的讲话》，《人民日报》2016 年 7 月 2 日，第 2 版。

③ 习近平：《决胜全面建成小康社会 夺取新时代中国特色社会主义伟大胜利——在中国共产党第十九次全国代表大会上的报告》，《人民日报》2017 年 10 月 28 日，第 1 版。

鸦片战争以后，中国逐步沦为半殖民地半封建社会。一直以来以儒学为主的传统文化已经不能有效地解决这场社会大变革所带来的危机，这就使得中国大批仁人志士开始尝试从西方文化中寻求救亡图存的方法。从魏源主张学习西方科技的“师夷长技”、郑观应主张学习西方政治制度，到戊戌变法前后严复、梁启超等宣传并兼采西方思想，一批又一批仁人志士为寻求中华复兴而努力。孙中山等资产阶级革命派所领导的辛亥革命，推翻了清朝的统治，创建了中华民国，但是辛亥革命的不彻底性使革命的胜利果实很快被窃取。资产阶领导的旧民主主义革命的多次失败表明，在当时的中国，亟须一种科学的思想理论来解释中国革命的一般情况，唤起工农大众，亟须一条正确的道路来实现民族独立和人民解放。在五四新文化运动中，有一批先进的知识分子，通过对中国社会实际以及世界潮流变化的考察，选择了马克思主义。他们与西化派激烈的反传统的文化观以及东方文化派主张儒学复兴中华的文化观有明显的区别。他们站在中国文化发展的基点上，认为中西文化各有所长，但又承认两种文明具有时代性的差异，更为重要的是，他们主张要在中西文化融合中进行创新，创造“第三种文明”，即把社会主义文化作为中国新文化创造的价值取向。在马克思主义的指导下，中国共产党成立了，中国共产党将马克思主义理论研究和宣传与中国的社会实践活动结合起来，努力用马克思主义理论去探索研究中国的国情，在实践中思考符合中国国情的策略路线，探索适合中国革命的道路，取得了新民主主义革命的胜利，并且开辟了社会主义革命和建设道路，确立了社会主义制度，取得了社会主义建设的巨大成就。这一切，为新时期开辟中国特色社会主义道路提供了理论准备、物质基础和精神滋养。党的十一届三中全会以来，以邓小平同志为主要代表的中国共产党人，把马克思主义同中国的改革实际结合起来，创立了中国特色社会主义理论体系。在中国特色社会主义理论体系的指导下，我国成功地开辟了中国特色社会主义道路。改革开放的伟大实践证明，在中国的土地上能够建立起现代文明，并且能够取得举世瞩目的辉煌成就。以马克思主义为内核的中国特色文化是支撑中国特色社会主义道路的基础，正是有了对中国特色文化的坚持和自信，中国共产党才能“团结带领人民进行改革开放新的伟大革命，破除阻碍国家和民族发展的一切思想和体制障碍，开辟了中国特色社会主义道路，使中国大踏步赶上时代”①。

所谓理论，是指人们在实践中，对于自然界和社会的知识的概括和总结。理论属于文化的范畴，先有文化后有理论，正如先有根后有果。理论是文化的结晶，

① 习近平：《决胜全面建成小康社会 夺取新时代中国特色社会主义伟大胜利——在中国共产党第十九次全国代表大会上的报告》，《人民日报》2017 年 10 月 28 日，第 1 版。

是文化的内核部分,其作用在于它指导实践的功能。在争取民族独立、人民解放的过程中,我们以理论为媒介,开辟了新民主主义革命道路;在建设社会主义的伟大实践中,我们又以理论为媒介,开辟了中国特色社会主义道路。中国共产党通过马克思主义的指导取得了新民主主义革命的胜利和改革开放举世瞩目的伟大成就。习近平在党的十九大报告中明确指出:“中国特色社会主义进入新时代,意味着近代以来久经磨难的中华民族迎来了从站起来、富起来到强起来的伟大飞跃,迎来了实现中华民族伟大复兴的光明前景。”[①] 在新时期,习近平新时代中国特色社会主义思想将会继续指导中国实践,为决胜全面建设小康社会,夺取新时代中国特色社会主义伟大胜利提供科学指南。中华民族所取得的这一系列伟大成就都是在马克思主义、毛泽东思想、中国特色社会主义理论的指导下完成的。自信来源于实践的检验,根植于对社会主义伟大实践的文化自信,锻造出了我们对于马克思主义、毛泽东思想以及中国特色社会主义理论体系的理论自信,这种高度的文化自信为理论自信提供了底气与滋养。

中国共产党始终代表中国先进文化的前进方向,始终致力于推进理论建设与理论创新,推进马克思主义中国化。在新民主主义革命时期,以毛泽东同志为主要代表的中国共产党人把马克思主义普遍原理同中国革命具体实践结合起来,通过其与中国文化的融合,形成了具有中国风格和气派的中国化的马克思主义——毛泽东思想。毛泽东思想是对马克思主义的丰富与发展,其基本内容具有明显的中国文化的特色,如以矛盾为核心的辩证法、突出主观能动作用的实践论,以及作为这些精神体现的关于中国革命的战略论、策略论和社会主义建设思想等。邓小平曾说:“如果我们不是马克思主义者,没有对马克思主义的充分信仰,或者不是把马克思主义同中国自己的实际相结合,走自己的道路,中国革命就搞不成功,中国现在还会是四分五裂,没有独立,也没有统一。对马克思主义的信仰,是中国革命胜利的一种精神动力。”[②] 党的十一届三中全会以来,以邓小平同志为主要代表的中国共产党人把马克思主义基本理论同中国具体实际紧密结合起来,继承与发展了马克思主义和毛泽东思想,同时继续不断地对中华优秀文化进行现代化转化,吸取世界优秀文明成果,创立了中国特色社会主义理论体系,这一理论体系是中华民族文化在当代的理论形态的体现。习近平在中共中央政治局第四十三次集体学习时指出:“在人类思想史上,就科学性、真理性、影响力、传播面而言,没有一种思想理论能达到马克思主义的高度,也没有一种学说能像

---

① 习近平:《决胜全面建成小康社会 夺取新时代中国特色社会主义伟大胜利——在中国共产党第十九次全国代表大会上的报告》,《人民日报》2017 年 10 月 28 日,第 1 版。

② 《邓小平文选》第 3 卷,人民出版社 1993 年版,第 62~63 页。

马克思主义那样对世界产生了如此巨大的影响。”① 之所以做出这样的判断，是因为“新中国成立以来特别是改革开放以来，中国发生了深刻变革，置身这一历史巨变之中的中国人更有资格、更有能力揭示这其中所蕴含的历史经验和发展规律，为发展马克思主义作出中国的原创性贡献”②，这充分说明我们的理论自觉与理论自信是建立在对文化高度自信的基础之上的。中国取得如此科学与丰硕的理论成果和高度的文化自信是分不开的，没有对革命、建设的伟大实践的高度的文化自信作为基础，理论自觉与自信将缺乏滋养与根基。

制度是为人的自由全面发展而设立的，是在一定的历史条件下形成的规范行动的规则或运作模式，这些规则或运作模式必定蕴含着社会的价值判断。历史表明，任何一种社会制度的形成、发展和变革，都有其特定的现实条件和思想文化根基，缺乏这些条件，尤其是缺乏思想文化底蕴的支撑，制度将无法维持或缺乏活力。因此，对中国特色社会主义制度的高度自信离不开对中国文化的高度自信。

工人阶级领导的、以工农联盟为基础的人民民主专政的社会主义国家制度是建立在对中国文化的内核——马克思主义理论的坚持和自信的基础之上的。马克思主义政治学说认为，一个国家的性质首先要看统治阶级的性质。马克思指出：“工人革命的第一步就是使无产阶级上升为统治阶级，争得民主。”③ 在夺取政权以后，关于如何建立政权，马克思说：“在资本主义社会和共产主义社会之间，有一个从前者变为后者的革命转变时期。同这个时期相适应的也有一个政治上的过渡时期，这个时期的国家只能是无产阶级的革命专政。”④ 换言之，在无产阶级夺取政权后的第一个阶段——社会主义阶段，由于还存在阶级斗争，还要向消灭阶级和无产阶级社会过渡，所以应该实行无产阶级专政。马克思主义经济学说认为，未来共产主义社会应坚持生产资料归社会占有的公有制原则，社会主义社会“同现存制度的具有决定意义的差别当然在于，在实行全部生产资料公有制(先是国家的)基础上组织生产”⑤。这不仅能够消灭阶级存在及其斗争的经济基础，而且为促进生产力发展，为实现人的自由全面发展奠定了经济制度基础。中国共产党把马克思主义的生产资料公有制思想同中国具体实际结合起来，

---

① 《深刻认识马克思主义时代意义和现实意义　继续推进马克思主义中国化时代化大众化》，《人民日报》2017 年 9 月 30 日，第 1 版。

② 《深刻认识马克思主义时代意义和现实意义　继续推进马克思主义中国化时代化大众化》，《人民日报》2017 年 9 月 30 日，第 1 版。

③ 《马克思恩格斯文集》第 2 卷，人民出版社 2009 年版，第 52 页。

④ 《马克思恩格斯文集》第 3 卷，人民出版社 2009 年版，第 445 页。

⑤ 《马克思恩格斯文集》第 10 卷，人民出版社 2009 年版，第 588~589 页。

建立了以公有制为主体、多种所有制经济共同发展的社会主义基本经济制度;把马克思主义按劳分配的思想同中国具体实际结合起来,建立了以按劳分配为主体、多种分配方式并存的分配制度;除此之外,中国共产党在马克思主义的指导下,始终坚持以人民为中心的价值自觉和价值自信,并将传统文化中的民本思想进行了创造性转化与创新性发展,创立了人民当家作主的人民代表大会制度;等等。

总之,“中国共产党从成立之日起,既是中国先进文化的积极引领者和践行者,又是中华优秀传统文化的忠实传承者和弘扬者。”① 正是因为有这样的文化自觉和文化自信作为根基,中国共产党人及中国人民才会有高度的道路自信、理论自信和制度自信。

① 习近平:《决胜全面建成小康社会 夺取新时代中国特色社会主义伟大胜利——在中国共产党第十九次全国代表大会上的报告》,《人民日报》2017 年 10 月 28 日,第 1 版。

第1章　弘扬优秀的传统文化

1.1　源远流长的传统文化

文化的形成不是静态的，而是在与社会的政治、经济的相互运动中不断发生、发展的。所以，所谓文化，必然包含着绵延不断的时间演进的意义，而这种绵延不断的时间演进，蕴含着生命的活力。所谓传统文化，指的是某一民族通过漫长积累而不断发展着的观念形态，它具有历史性，它要在历史的时间之流中才能产生、形成，所以它是发展的。① 中国传统文化是指中华民族在进入近代社会以前的长期历史发展中形成并成为传统的文化，它是逐步形成的文化，因而具有宗法、封建等级制的烙印，但同时又包含人文价值的精华。它融合了儒家思想、道家思想、法家思想、墨家思想、兵家思想、佛家思想等，这些思想彼此间互相融合、互相碰撞，共同铸就了中国传统文化。

纵观世界文明发展史，中国的传统文化是世界上最古老的文化之一。中国的传统文化源远流长、历史悠久，也是唯一的从未间断过的文化类型。四大文明

① 丁晓强：《20世纪的文化变革——毛泽东、邓小平思想研究的一个重要视角》，江西人民出版社2004年版，第401页。

古国都创造了自己灿烂而独特的文化,但除中国以外,其余三个文明古国均因为历史的中断而未能延续至今,成为人类文明发展史上的遗憾。发源于两河流域的古巴比伦王国,先后被亚述人、迦勒底人、波斯人占领,古巴比伦文明在交战中消逝;发源于尼罗河流域的古埃及,先后被希腊人、罗马人、阿拉伯人入侵,最终被伊斯兰文化同化;发源于恒河流域的古印度帝国,先后被雅利安人和穆斯林征服,后来长期沦为英国殖民地,古印度文明逐渐淡出。[①]唯有中国文化生生不息,虽然中国文化也经历了沧桑变化,但中国文化强大的生命力使其一直保存、延续、发扬光大到今天。

中国传统文化已经有5 000多年的时间演进,历史悠久,这在世界历史上是独一无二的。从先秦古籍的炎黄传说到诸子学说的兴起,中国传统文化其后历经两汉经学、魏晋玄学、隋唐佛学、宋明理学、清代朴学和近代新学等阶段,构成了环环相扣、生生不息的思想文化宝库。一种文化或文明持续如此之久,至今仍散发耀眼的光芒,说明它具有强大而旺盛的生命力和无与伦比的生命延续力。

要解释这种强大的生命力可以从文化生存的外部与内部两个方面来探讨,文化生存的外部条件影响和制约文化的特质和发展方向。

第一,相对封闭的地理环境有利于中国文化的形成和独立发展。地理环境是人类赖以生存和发展的自然物质基础,也是人类意识或精神产生和发展的源泉。在文明早期,生产力发展水平低下,人类活动受自然条件的制约相对明显。生产力发展到一定水平以后,人类活动受自然条件的影响相对减弱,但自然条件依然制约着人类文明的发展水平。

我国的地势是比较封闭的,三面陆地,一面环海。北部、西北部多戈壁、沙漠,西部为高原,西南部高山耸立,只有东部与东南部是海岸线,这些高原、高山、沙漠、海洋在四周形成了巨大的屏障,将中国隔绝在一个相对安全的地理生存单元内。这是中国文化能够独立发展、延续至今的原因之一。当然相对封闭的自然地理条件并不是决定开放与否、文化间相互交流是否被阻断、文化能否遭到入侵的唯一条件。在中国古代,西汉的张骞两次出使西域,唐朝的玄奘不远万里到印度取经,高僧鉴真四次东渡日本,明朝郑和先后七次下西洋,他们为中外文化的交流做出了巨大贡献。丝绸之路开辟以后,尽管中亚、波斯、欧洲等地区的商人或使臣纷纷而至,最为著名的是元朝时意大利人马可·波罗、明清之际的西方传教士利玛窦来中国传播基督教和自然科学等,但是这些文化交流并没有对中国的主体文化带来根本性的挑战和冲击。除印度的佛教

① 刘汉俊:《对孔子思想与儒家思想几个问题的思考》,《文化软实力》2016年第1期,第34页。

文化传入中国,很快被中国文化吸收,对宋明理学及民间宗教产生过重要影响以外,中国传统文化是在一个封闭与半封闭的环境下产生和发展起来的。从人类文明的“轴心时代”到鸦片战争前来看,中国传统文化一直保持着独立性和连续性,一以贯之,从未改变。

第二,决定中国传统文化特性的是中国的经济基础。中国占主导地位的传统文化都是建立在农业生产的基础上的,农耕经济与农业文明对中华民族文化特性的形成具有极其重要的意义。中国处于欧亚大陆东端,大部分地区属于北温带,气候适宜,土壤肥沃,四季分明,适合各种农作物的培育。黄河中下游一带是中国历史上最适宜生存和繁衍的地方。生活在这个地方的汉族是中华民族的主体民族,也是历史上典型的农耕民族。

周朝末期,随着生产力的发展和人口的增长,井田制瓦解,私田出现,封建领主转化为封建地主,农奴转化为佃农,封建土地私有制逐步确立。伴随着这种变化,以男耕女织为特征的家庭农业和小手工业生产的自然经济逐渐形成并得到发展。分散经营的个体生产在规模上很小,其主要目的是为了满足个体自身吃饭、穿衣等最基本的生活需要。在秦朝完成大一统后的大约两千年的封建社会中,以家庭为基本单位的、自给自足的自然经济始终占据主导地位。东汉时期,农业区开始向南扩展,北方人口大量南迁,带去了先进的生产技术,加之南方优良的自然气候条件和生态环境,农耕种植、丝织手工业等生产水平在南方有了很大的提高,这使得农耕经济进一步发展。生产力水平的提高也促进了商业的发展。实际上,早在春秋战国时期就已经出现了独立自由的手工业者和商人。秦汉统一之后,度量衡、货币、文字等的统一,又进一步促进了商品经济的发展。① 但是在漫长的中国封建社会中,商品经济始终处于从属地位,一直未能占据统治地位。这也是由历代统治者几乎都推行“重农抑商”的自然经济政策所决定的。早在战国时期,人们就意识到商业的发展与维护稳定统治的国家意志相左,于是纷纷主张“抑商”。《管子·治国》中说:“凡为国之急者,必先禁末作文之巧。末作文巧禁,则民无所游食,民无所游食则必事农。民事农则田垦,田垦则粟多,粟多则国富,国富者兵强;兵强者战胜;战胜者地广。”②《吕氏春秋·上农》中又说:“民舍本而事末则其产约,其产约则轻迁徙,轻迁徙则国家有患,皆有远志,无有居心。民舍本而事末则好智,好智则多诈,多诈则巧法令,以是为非,以非为是。”③ 在当时的人看来,农业是根本,可以安民、强兵、富

① 罗蓓、孙晓阳主编:《中国传统文化通论》,西南交通大学出版社 2015 年版,第 43 页。

② [春秋]管仲著,吴文涛、张善良编:《管子》,北京燕山出版社 1995 年版,第 336 页。

③ 夏纬瑛校释:《吕氏春秋上农等四篇校释》,中华书局 1956 年版,第 4~5 页。

国,商业则是“末作”,靠巧诈获得,只能惑乱人心,不利于社会的安定。管仲、商鞅等法家代表人物把他们的这种主张贯彻到了国家政治生活中去。汉武帝时期,统治者更是贬低商人的社会地位,甚至增加商业赋税、没收商人财产等,以此打击商人的势力。所谓“士农工商”,即商人位于最末端。在两千多年的封建统治中商人一直遭受排挤与打击,因此促进社会交往的商品经济不可能在中国传统社会成为主流。

中国的自然地理环境特别适合发展农业,正是在农业生产的基础上,传统的中国文化才得以形成和发展。长期的农耕经济使人们对土地产生了一种依赖和爱恋的情感,所谓“安土重迁,黎民之性;骨肉相附,人情所愿也”[①]。同时也造就了中华民族安土重迁的民族性格,所谓“鸟飞返故乡兮,狐死必首丘”[②],无论到哪里都不忘落叶归根。安土重迁的民族性格也培育了中华民族对乡土眷恋不舍的深切情怀,即便远离家乡也尽可能保持与故乡从物质到情感的关联,这也增强了中国文化的向心力和凝聚力。

辉煌的农业文明使人口迅速增长,清朝末年中国人口已达四亿左右。人是文化的创造者与传播者,人们通过社会交往等方式传递信息、观念、情感,以及开展与此有关的活动。庞大的人口基数意味着强大的文化传播力,这使中国文化能够有效地且长久地在人群中传承并世代延绵。

第三,宗法血缘制度与专制制度的存在是中国文化富有韧性和绵延力的原因之一。中国传统社会是在宗法与专制制度相互作用、相互影响下形成的社会组织结构。一脉相承的专制制度和带有某种血缘温情的宗法制度,形成一种“家国同构”的社会政治结构,这种社会政治结构深刻地影响着中国文化,包括占主导地位的意识形态,史学、文学、艺术、民风风俗,甚至科学技术等。[③]中国的宗法血缘制度在自然经济条件下以家庭为最基本生产单位的基础之上产生,它是以血缘为纽带的氏族制度,最早可追溯到父系氏族公社时期。宗法血缘制度形成于西周,表现为实行分封制。在西周的社会政治结构中,政权与族权合二为一:周天子为天下大宗,是最高统治者,王位由嫡长子继承,其他庶子被分为诸侯;诸侯对天子而言是小宗,但在其封地内又是大宗,其封号由嫡长子继承,其他庶子被封为卿大夫;卿大夫对诸侯而言是小宗,但在其封地内又是大宗,其封号由嫡长子继承,其他庶子被封为士。[④]春秋时期,诸侯争霸,宗法制开始动摇。战国变法,限制贵族特权,宗法血缘制受到致命打击。秦始

① [汉]班固:《汉书》上册,岳麓书社2008年版,第89页。

② [战国]屈原著,吴广平译注:《楚辞》,岳麓书社2001年版,第159页。

③ 张岱年、方克立主编:《中国文化概论》,北京师范大学出版社2004年版,第43页。

④ 梁国楹、王守栋:《中国传统文化精要》,人民出版社2011年版,第20页。

皇统一中国以后，采纳丞相李斯的建议，废除“分封制”，实行“郡县制”，以“使秦无尺土之封，不立子弟为王、功臣为诸侯者，使后无战攻之患”[①]。至此，在形式上，严格意义上的宗法血缘制已不复存在，但其基本精神实际上仍然根深蒂固地存在，并深深地影响着中华民族的生活。在民间，宗族势力也占据了主导地位。家族由若干具有亲近的血缘关系的家庭组成，族长为最高首领，族之下按血缘关系的亲疏分为支系或旁系。族人按规定耕种农田或从事其他生产、生活活动。以宗祠、族谱、族田等元素构成的宗族作为当时社会底层的组织，对巩固封建政权以及自给自足的自然经济结构、促进传统文化的延续与发展起着十分重要的作用。

中国传统文化的政治环境主要体现在君主专制制度的高度发达上。中国自秦朝建立统一的国家以来，中央集权专制统治长期实行并日益强化，到了明清时期，中央集权专制统治达到顶峰。中央政府强大的行政力量直接贯彻到地方，可以有效地应对重大自然灾害、抵御外敌入侵等，极大地稳定了中国的整体性。统一的政治环境有利于文化的创造、发展和传播，中华文明在发展中能得到很好的统一。需要注意的是，中国政治制度和政治生活在世界文明史上是独具特色的。在中国的传统文化中，几乎所有的思想都以其特有的方式与政治密切地纠缠在一起，政治成了全部社会问题的核心。传统文化思想中的政治思想极为丰富，是中国古代传统思想文化的重心。这种强烈的政治化倾向，构成了中国传统文化的一个基本特征。当然，这种集权制度的弊端，尤其是对政治文化精神的消极影响也是显而易见的，但是客观地说，这种政治环境为中华文明的持续、绵延发展提供了生长的土壤。

随着生产力水平的提高，社会政治结构相对于自然地理环境和经济状况，对一个民族的文化发展具有了更为显著的作用。宗法血缘制度与专制制度构成了中国古代社会的两大基本制度，而“家国同构”是中国传统社会结构的重要特征。中国传统社会中的家与国在结构上具有共同性，家族既是社会结构的基本单元也是政治组织的基础，国是家的扩大。二者互为一体使古代社会成为一个有机的整体，从而保持了中华文明的长期发展。

以上的这些生存条件决定了中国是一个稳定的生存系统，虽然朝代不断更迭，但中国的社会形态大体稳定，这是中国文化绵延久远的外部原因。但是外因仅仅是事物发展的条件，内因才是事物发展的根本。中国文化在不同文化交流中能够包容性地吸收、借鉴其他民族文化的积极成分，是中华优秀文化不曾中断、历久弥新、保持顽强生命力的最主要原因。

---

① ［汉］司马迁：《史记》，岳麓书社 2001 年版，第 512 页。

中国文化内部不同学派的互相吸收与包容促进了中国文化的绵延发展。儒家文化的中庸思想,道教中的阴阳调和思想都强调的是一种适度、折中、包容的精神。自汉武帝“罢黜百家,独尊儒术”以后,儒家思想便成为中国历代封建王朝的统治思想,但是其余的思想,如道家、法家、墨家、佛学等思想并没有因此而中断,而是与儒家思想渐渐融合。儒、道、释是中国古代文化的三个主要派别,这三个派别的矛盾斗争一直贯穿整个古代思想文化史的全部过程,但是三方在互相争论的同时又互相吸收、互相借鉴。这三个派别经过长期的论争与融合,在宋明时期形成了宋明理学。宋明理学被称为新儒学,是宋明时期占主导地位的儒家哲学思想体系,其在批判道教、佛教的基础上借鉴了佛教、道教的许多思想。儒家作为传统文化的根干,能够在中国历史上绵延几千年,其中一个重要的原因就是它不断借鉴和融合了多种文化思想流派,尤其是道家和佛学的优秀思想。

民族文化的互相融合也使中国文化影响力不断扩大。纵观历史发展进程,中国文化虽然并未受到来自欧洲、西亚、南亚等强势文明的威胁,却屡屡与一些游牧民族的文化进行着冲突与融合。因此,在中国的传统文化中,无论是物质文化还是思想文化中均有不少内容来源于周边民族或世界其他地方的文化。正是在这种不断地吸纳、兼收的过程中,中国文化形成了丰富多彩、生动活泼的局面,不断地得到丰富和发展,也使自身更具有生命力。近代以来,中国传统文化在经历严峻考验与挑战的同时,又大量吸收了西方文化,促进了传统文化的更新。面对西方的入侵,中华民族不断地学习,最终选择在马克思列宁主义思想指导下进行社会主义革命和社会主义建设。在建设过程中,中华民族又吸收西方文化中的有益的、积极的成分进行改革开放。中国的建设能够取得如今的成就,其中一个重要的原因就是得益于对其他民族先进文化的吸收能力。

文字的发明,使人类文明得以传承,标志着人类进入文明时代。中国文化的绵延发展与汉字息息相关。甲骨文与古巴比伦楔形文字、古埃及象形文字、古印度哈拉巴文字一样,诞生于“轴心时代”,这些文字都经历了由图文文字向表意文字发展的过程,但是这些表意文字都逐渐失去了使用价值。只有汉字在数千年的历史发展中,仍然保持自己表意文字的特点,成为世界上最古老的表意文字。中国幅员辽阔,方言众多,各地方言的发音都不一样。秦始皇统一六国以后,虽然采取了焚书坑儒的政策,但是没有毁掉汉字。秦朝采用小篆“书同文”,自此,汉字写法保持了一致。汉字的表意特征为人们消除一切语音隔阂提供了强有力的工具。文字的统一促进了不同地区的思想文化交流,形成了中华民族强大的凝聚力。与此同时,与各地方言乡音并存,在统一“书同文”的前提下保留了各自的特色，将“方言”这种珍贵的民族传统保留下来，也体现了中国文化统一性和多样性的有机结合。

1.2 中国的文化基因

文化基因是与基因相类比而产生的一个概念，最早由西方学者提出，用以描述人类文化的传播规律。自20世纪中叶以来，在生物遗传学取得丰硕成果的背景下，一些文化学者开始尝试从“基因”的角度来考察人类文化，即文化中是否具有像生物基因那样能够控制、影响文化性质的“文化基因”？1976年，牛津大学著名的生物学家理查德·道金斯(Richard Dawkins)在其著作《自私的基因》中，创造了Meme（一般译为“谜米”或“模因”）一词，意为“文化传播单位”。道金斯认为，文化中也有像生物基因那样的复制、遗传单位，“谜米”即指这样的文化复制的基本传播单位。[①]“谜米”一词出现之后，西方很多学者试图对其进行定义。1988年“谜米”作为社会生物学的一个重要概念，被收录到词典中：文化的一种要素，可设想为一种非基因手段的复制。[②]之后，道金斯的学生苏珊·布莱克摩尔（Susan Blackmore）在1998年出版了专著《谜米机器——文化之社会传递过程的“基因学”》，希望建立一种可以解读人类文化进化和发展的“谜米学理论”。她认为文化复制始终是建立在模仿基础上的复制，人既是生物基因的机器，也是文化“谜米”的机器，而且只有这两种复制共同存在才可以构成完整的人。[③]概括来讲，自1976年“谜米”一词出现以后，这一概念被一些西方学者用来描述文化复制与传播的机制。

从20世纪80年代开始，我国的“文化基因”研究开始活跃起来。刘长林较早使用了“文化基因”一词，他认为：“文化基因就是那些对民族的文化和历史发展产生过深远影响的心理底层结构和思维方式。”[④]毕文波对文化基因进行了比较完整与系统的定义，他指出：“内在于各种文化现象中，并且具有在时间和空间上得以传承和展开能力的基本理念或基本精神，以及具有这种能力的文化表达或表现形式的基本风格，叫做‘文化基因’。”[⑤]毕文波还进一步解

① ［英］R.道金斯：《自私的基因》，卢允中、张岱云译，科学出版社1981年版，第267~268页。
② 赵传海：《论文化基因及其社会功能》，《河南社会科学》2008年第2期，第51页。
③ 吴秋林：《文化基因新论：文化人类学的一种可能表达路径》，《民族研究》2013年第6期，第64页。
④ 刘长林：《宇宙基因·社会基因·文化基因》，《哲学动态》1988年第11期，第30页。
⑤ 毕文波：《当代中国新文化基因若干问题思考提纲》，《南京政治学院学报》2001年第2期，第27页。

释说,个体和公共道德的具体规范并不直接等同于文化基因,而内在于其中的集体本位或个人本位或其他类型的核心伦理理念,则可被视为一种文化基因。毕文波对“文化基因”所下的定义,代表了国内学者对文化基因的一般理解。赵传海在对毕文波给文化基因所下的定义进行高度评价的同时,指出了这个定义没有看到有些传统文化可能被激活而成为文化基因的一部分。因此,他认为,文化基因可以表述为:可以被复制的鲜活的文化传统和可能复活的传统文化的思想因子。[①] 王东则对文化基因做出更加简洁而明确的定义:“所谓文化基因,就是决定文化系统传承与变化的基本因子、基本要素。”[②] 同时,他指出文化基因的核心内容是思维方式和价值观念,特别是如何处理人与自然、人与人、国与国、心与物这四大主体关系的核心理念。徐杰舜从人类文化结构中存在的本性因素的角度将文化基因定义为:“文化内涵组成中的一种基本元素存在于民族或族群的集体记忆之中,是民族或族群储存特定遗传信息的功能单位。”[③]

综上所述,文化基因作为文化传播的基本单位,存在于各种文化现象的内部,是在人类文明发展的进程中,逐步形成的涉及处理人与自然、人与人、人与社会的相互关系的思维方式或价值观的总和,它决定了文化系统的本性和发展方向。

从历时性的角度看,文化基因具有与生物基因相似的代际传递功能,即具有遗传性、变异性和选择性。正如冯天瑜所说:“文化诸层次,在特定的结构——功能系统中融为统一整体。这个整体既是前代文化历时性的积累物,具有遗传性、稳定性,同时又在变化着的生态环境影响下内部组织不断发生递变和重建,因而又具有变异性和革命性。”[④]

第一,文化基因具有遗传性,即稳定性。基因是人类遗传的基本单位,基因通过自我复制把原有的遗传信息保留下来,以此来保证遗传信息的代际相传。同样,文化基因的复制与遗传功能也使得不同文化模式得以保存。德国哲学家雅斯贝尔斯曾提出人类文明的“轴心时代”概念与文化基因的概念类似。在他看来,公元前500年前后,是人类的一次智慧大爆炸时期,那个时期产生了直至今天仍是我们思考范围的基本范畴,创立了人类赖以存活的世界宗教之源端。习近平也说,“轴心时代”的伟大思想家“提出的思想原则塑造了不同文化传统,

① 赵传海:《论文化基因及其社会功能》,《河南社会科学》2008年第2期,第51页。
② 王东:《中华文明的五次辉煌与文化基因中的五大核心理念》,《河北学刊》2003年第5期,第134页。
③ 徐杰舜:《文化基因:五论中华民族从多元走向一体》,《湖北民族学院学报》(哲学社会科学版)2008年第3期,第10页。
④ 冯天瑜:《中国文化生成史》上册,武汉大学出版社2013年版,第90页。

并一直影响着人类生活"[①]。两千多年前,中国古代思想家提出的很多理念,"如孝悌忠信、礼义廉耻、仁者爱人、与人为善、天人合一、道法自然、自强不息等,至今仍然深深影响着中国人的生活。"[②] 这是对中国文化基因稳定性的深刻认识。任何一个时代的文化都是在继承传统的基础上发展而来的。这个传承的过程使一个民族的文化具有了相对稳定的特质,保持了与其他民族文化相区别的特色和个性,使文化具有了民族性,因而维系了民族认同感和归属感。中国文化传统悠久,一以贯之,这在世界文明史上是独一无二的。在历史发展进程中,中华民族虽然历遭劫难,但每次都能够发挥中华民族优秀文化基因的作用,自强不息、迎难而上,浴火重生,并不断发扬光大,这本身也充分说明了中国文化基因的稳定性。

第二,文化基因具有变异性。生物基因在复制过程中,虽然其本身特性不会发生变化,但受外部环境的刺激,基因的组合方式会发生变化。文化基因在传承中的复制,也往往受外界环境的影响,因而具有变异性。一方面,文化基因在传承过程中,随着时间的推移与时代的变化,为适应社会实践的发展,不断变化自己的表现形式;另一方面,不同文化的交流、交融也会使文化基因产生变异,使之更加丰富、多元。习近平在指出中国文化具有稳定性的同时也强调,中国文化之所以有强大生命力,是和中国文化与时俱进的品质密不可分的。他说:"儒家思想和中国历史上存在的其他学说都是与时迁移、应物变化的,都是顺应中国社会发展和时代前进的要求而不断发展更新的,因而具有长久的生命力。"[③] 任何一种形态的文化都处在具体的时代之中,每个时代都有自己的文化要求,文化要随着时代的发展而发展。要使一种文化永远保持生命力,就应当将优秀的文化基因与文化在现实运动中产生的积极的时代要求结合起来。习近平关于中国文化基因稳定性与变异性的辩证理解,深刻揭示了中国文化发展演变的内在规律,为增强文化自信、加强社会主义先进文化建设提供了重要启示。

第三,文化基因具有选择性。道金斯说:"在这个世界上,只有我们,我们人类,能够反抗自私的复制基因的暴政。"[④] "人们可以在传递和复制文化的过程中选择、'改善'自己的文化。"[⑤] 文化基因中既有促进人类全面发展和社会

---

① 习近平:《在文艺工作座谈会上的讲话》,《人民日报》2015 年 10 月 15 日,第 2 版。

② 习近平:《在布鲁日欧洲学院的演讲》,《人民日报》2014 年 4 月 2 日,第 2 版。

③ 习近平:《在纪念孔子诞辰 2565 周年国际学术研讨会暨国际儒学联合会第五届会员大会开幕会上的讲话》,《人民日报》2014 年 9 月 25 日,第 2 版。

④ [英]R. 道金斯:《自私的基因》,卢允中、张岱云译,科学出版社 1981 年版,第 281 页。

⑤ 吴秋林:《文化基因新论:文化人类学的一种可能表达路径》,《民族研究》2013 年第 6 期,第 64 页。

进步的“积极”的文化基因,也有反映该民族生产实践的“中性”的文化基因,还有阻碍人类文明发展和社会进步的“消极”的文化基因。中国传统文化基因也是如此,几千年文明的结晶,有精华也有糟粕。对此,习近平强调对待传统文化要坚持马克思主义的方法,采取马克思主义态度,取其精华:“深入挖掘和阐发中华优秀传统文化讲仁爱、重民本、守诚信、崇正义、尚和合、求大同的时代价值”①;同时也要去其糟粕,有扬弃地继承:“传统文化在其形成和发展过程中,不可避免会受到当时人们的认识水平、时代条件、社会制度的局限性的制约和影响,因而也不可避免会存在陈旧过时或已成为糟粕性的东西。这就要求人们在学习研究、应用传统文化时坚持古为今用、推陈出新,结合新的实践和时代要求进行正确取舍,而不能一股脑儿都拿到今天来照套照用。”② 并且要对传统文化中的优秀文化基因进行创造性转化、创新性发展,使之符合时代发展的要求。所谓创造性转化,就是要按照时代特点和要求,对那些至今仍有借鉴价值的内涵加以改造,赋予其当前时代的具体实践,对其陈旧的表现形式加以改造,“以人们喜闻乐见、具有广泛参与性的方式推广开来。”③ 创新性发展,就是要按照当代中国文化理念,对中华优秀传统文化优秀基因的内涵加以补充和完善,增强其影响力,使之成为实现中华民族伟大复兴中国梦的精神动力。

从共时性角度来看,文化基因具有独特性。基因决定了生物在繁衍生息过程中的独特性,人类文明的演进亦如此。文化基因决定了不同民族文化的个性,中国传统文化基因的独特性决定了中华民族区别于其他民族、中华文明区别于世界其他文明。在对文化基因的独特性有深刻理解的基础上,习近平说道:“每一个国家和民族的文明都扎根于本国本民族的土壤之中,都有自己的本色、长处、优点。”④ 而中国传统文化思想“体现着中华民族世世代代在生产生活中形成和传承的世界观、人生观、价值观、审美观等,其中最核心的内容已经成为中华民族最基本的文化基因。这些最基本的文化基因,是中华民族和中国人民在修齐治平、尊时守位、知常达变、开物成务、建功立业过程中逐渐形成的有别于其他民族的独特标识”⑤。“我们生而为中国人,最根本的是我们有中国人的独特精神世

① 习近平:《习近平谈治国理政》,外文出版社 2014 年版,第 164 页。

② 习近平:《在纪念孔子诞辰 2565 周年国际学术研讨会暨国际儒学联合会第五届会员大会开幕会上的讲话》,《人民日报》2014 年 9 月 25 日,第 2 版。

③ 习近平:《习近平谈治国理政》,外文出版社 2014 年版,第 161~162 页。

④ 习近平:《在纪念孔子诞辰 2565 周年国际学术研讨会暨国际儒学联合会第五届会员大会开幕会上的讲话》,《人民日报》2014 年 9 月 25 日,第 2 版。

⑤ 习近平:《在纪念孔子诞辰 2565 周年国际学术研讨会暨国际儒学联合会第五届会员大会开幕会上的讲话》,《人民日报》2014 年 9 月 25 日,第 2 版。

界,有百姓日用而不觉的价值观。”[①] 中国传统文化已经有 5 000 多年的历史演进,传统悠久一线而下,在世界几大文明中,中华文明是唯一没有中断、延续发展至今的文明。

因中国传统文化主要是封建社会的产物,难免有封建文化的杂质混杂其中,但其也有博大精深、光辉灿烂的一面。中华民族精神中的优良基因占据着主导地位。在 5 000 多年的发展历程中,优秀的传统文化积淀了大量的思想精华,这些精华承载着中华民族的精神追求,是我们民族的宝贵财富。

很多学者对中国传统文化的精华部分进行了概括和分析。例如,张岱年认为,中华民族精神的内涵集中凝结在《易传》的两个命题上:一是“天行健,君子以自强不息”,二是“地势坤,君子以厚德载物”。[②] 另外,在《中国文化概论》一书中,他指出,中国文化的基本精神包括天人合一、以人为本、贵和尚中、刚健有为四个方面。[③] 李宗桂认为,中国文化的基本精神可以概括为以人文主义为中心的八个方面的内容:自强不息、正道直行、贵和持中、民为邦本、平均平等、求是务实、豁达乐观,以及以道制欲。[④] 李泽厚认为,“实用理性”可以表达中国传统思想的本质。他说:“如果说,血缘基础是中国传统思想在根基方面的本源,那么,实用理性便是中国传统思想在自身性格上所具有的特色。”[⑤]

虽然众多学者对中国传统文化进行了概括和分析,但这仍然不可能完全揭示中国传统文化的精韵。但是,从一定的角度去描述中国传统文化的主要精神,对于我们的研究也是大有裨益的。在这里,我们参照众多学者的观点,对中国传统文化的文化基因试做以下描述。

一、中国传统世界观

西方犹太教、基督教的“真神唯一”与希腊的“真理唯一”都以绝对的意义来分别人与神、自然与超自然。西方中世纪的哲学强调人与天的对立。在宗教生活中,人的灵魂与神合一,这是积极的;反之,人的肉体和自然存在于现世生活之中,与神处于对立的地位,是消极的。到了文艺复兴时期,人的主体意识开始觉醒,并开始主动地认识自然、改造自然,人与自然的对立开始取代人

---

① 习近平:《习近平谈治国理政》,外文出版社 2014 年版,第 171~172 页。
② 张岱年:《文化传统与民族精神》,《学术月刊》1986 年第 12 期,第 2 页。
③ 张岱年、方克立主编:《中国文化概论》,北京师范大学出版社 2004 年版,第 286~299 页。
④ 李宗桂:《中国文化概论》,中山大学出版社 1998 年版,第 348~363 页。
⑤ 李泽厚:《中国古代思想史论》,人民出版社 1986 年版,第 303 页。

与神的对立。因而,文艺复兴时代的人文主义,强调人与自然是不相融合的,人文主义把人提高到自然之上以征服自然、控制自然。16世纪,欧洲在科学研究方面开始从感性和经验成果转向对事物规律的探究,逐渐形成了建立在科学实验基础上的近代自然科学实验方法。这种自然科学的迅速发展不仅加剧了封建教会统治的灭亡,加速了资本主义的发展,也增强了人们探索大自然奥秘的信心与勇气。随着经济的增长,整个自然科学领域不断涌现新的大量的有益于人类的研究成果,人类物质文明的程度因此大大提高。但是,当科学发展到至高无上的地位时,又会压抑人文主义的价值。这种状况日益发展下去,又反过来使人们日益怀疑逻辑与科学的价值,觉得它们并不能解决所有的问题,加之过分地强调对自然的征服,将给人、自然、社会带来严重灾难。法国思想家埃德加·莫兰(Edgar Morin)认为,西方文明的福祉中包含着它的祸根:盲目的经济发展导致道德和心理的迟钝,限制了人们的智慧,使人们对根本的和全局的问题视而不见;科学技术在促进社会进步的同时也带来了对环境、文化的破坏。①

与西方文化不同,中国传统世界观建立在“天人合一”的认识的基础之上。农耕经济是中国传统文化产生和发展的源泉,因此在农耕实践中自然需要研究人与自然的关系。中国古代的思想家一般都反对把人与天割裂、对立起来,因而在中国传统文化中较少有探讨对大自然的征服,而更多是主张人与自然的和谐相处。

在中国,天人合一的思想初步形成于西周时期。西周之前的殷商是一个“尊神重巫”的朝代。《礼记·表记》中说:“殷人尊神,率民以事神。先鬼而后礼。”② 他们崇拜天地,祭祀祖先。在当时民众尊重的众神中,最高的神被称为“帝”,帝是世间万物的主宰,管理一切事务。他们认为所有事情都受到神的支配,并常常举行规模盛大的祭祀活动,即所谓“国之大事,在祀与戎,祀有执膰,戎有受脤,神之大节也”③。从宗教学上看,殷人所具有的这种宗教信仰在本质上属于“自然宗教”的形态,虽然殷人的信仰已经不再是单纯的万物有灵论,但是这种信仰还尚未进化至“伦理宗教”的形态。④ 人们在强大的自然面前,无论是在思想上还是在行为上,还完全处于一种被动的从属的阶段。西周时期,天人关系有了新的发展。西周时期的天命观赋予了神,即周人的天以“敬德保民”的道德属性,道德规范是具有人格意志的“天”为“保民”而赐予

① 哈佛燕京学社主编:《全球化与文明对话》,江苏教育出版社2007年,第126页。
② [元]陈澔注:《礼记集说》,《四书五经》中册(影印),天津市古籍书店1988年版,第294页。
③ 《春秋三传》,《四书五经》下册(影印),天津市古籍书店1988年版,第314~315页。
④ 陈来:《殷商的祭祀宗教与西周的天命信仰》,《中原文化研究》2014年第2期,第20页。

人间的。所谓"皇天无亲,惟德是辅。民心无常,惟惠之怀"①,上天对人没有亲疏之分,人服从天命,履行道德规范,上天就会赏赐人,否则,上天就会降罚于人。"天矜于民,民之所欲,天必从之。"② 天爱护人民,倾听人民的声愿,以人民的意愿作为自己治理人世的意志。换言之,天意在民,民意即天意,"天"是人民的支持者和最高代表。后来,周公提出了"以德配天",这是对"天人合一"思想最初的表达方式。③ 从这里可以看出,在中国古代,天人合一的思想是与道德的问题紧密联系在一起的。周朝的这种天命论在信仰形态上虽然仍具有神学特征,但在内容上却反映了统治上的民本主义,使得西周统治开始摆脱神权政治。

春秋战国时期,儒道两家都主张"天人合一"。儒家倾向于将天拟人化,赋予其道德含义,使之具有道德属性。孔子对于天道、鬼神,采取了"敬而远之"的态度。他说:"务民之义,敬鬼神而远之,可谓知矣。"④ "未能事人,焉能事鬼。"⑤ 孟子倡导"天人合一",他将天道与人性联系起来,所谓"尽其心者,知其性也;知其性,则知天矣"⑥,指的就是人与道德之天、义理之天的合一。孟子还说"仁义礼智",人皆有之,并将其称为"四端"。人心有四端,所以人性本善。人之善性即"天之所与我者",是天给的,又是"我固有之者",是我本身固有的,所以天与人是合一的。⑦ 道家所讲的天,无论是指自然还是指自然而然的"道",都没有人伦道德的含义。庄子认为,人与天地自然都是由气构成的,人是自然的一部分,因而人与天是统一的。他追求一种"天地与我并生,万物与我为一"的"天人合一"的境界。⑧ 儒道两家虽然在赋予"天"的含义上有所不同,但他们都认为,天与人相类相通,因而二者是可以达致统一的,人的行为要与自然一致,人道与天道是统一的。换言之,自然被认定是内在于人的存在,人也被认定是内在于自然的存在。

董仲舒的"天人合一"思想集中表现为"天人感应论"。他将阴阳五行学说融入了儒家思想。他认为,天有阴阳,人也有阴阳,提出"人副天数","以类合之,天人一也。"⑨ 换言之,人是天的副本,各个方面与天相似。董仲舒还将孟子的"义

---

① [宋]蔡沈注:《书经集传》,《四书五经》上册(影印),天津市古籍书店 1988 年版,第 111 页。
② [宋]蔡沈注:《书经集传》,《四书五经》上册(影印),天津市古籍书店 1988 年版,第 66~67 页。
③ 马可等编著:《中国传统文化精神导论》,清华大学出版社 2015 年版,第 19~20 页。
④ [宋]朱熹注:《论语章句集注》,《四书五经》上册(影印),天津市古籍书店 1988 年版,第 25 页。
⑤ [宋]朱熹注:《论语章句集注》,《四书五经》上册(影印),天津市古籍书店 1988 年版,第 45 页。
⑥ [宋]朱熹注:《孟子章句集注》,《四书五经》上册(影印),天津市古籍书店 1988 年版,第 101 页。
⑦ 马可等编著:《中国传统文化精神导论》,清华大学出版社 2015 年版,第 20 页。
⑧ 方勇译注:《庄子》,中华书局 2010 年版,第 16 页。
⑨ [汉]董仲舒著,[清]凌曙注:《春秋繁露》下册,中华书局 1975 年版,第 418 页。

理之天”赋予了意志,他认为,天是人的主宰,人的一切行为都应该遵循“天意”。张载明确提出了天人合一的命题:“儒者则因明致诚,因诚致明,故天人合一。”[①]在张载看来,人性与天相通,人生的最高理想就是天人协调。

王阳明是中国古代哲学史上“天人合一”说之集大成者。他认为:“盖天地万物与人原是一体,其发窍之最精处,是人心的一点灵明。”[②]换言之,王阳明强调灵明是天地万物的主宰,天地万物是靠“人心的一点灵明”联系起来的有机整体,是灵明使天地万物发窍而具有意义。他还说:“良知是天理之昭明灵觉处”,“良知是造化的精灵。这些精灵,生天生地,成鬼成帝,皆从此出,真是与物无对。人若复得他完完全全,无少亏欠,自不觉手舞足蹈,不知天地之间更有何乐可代。”[③]王阳明“天人合一”的思想使天地万物之间更加融合无间,对后世产生了深远的影响。

中国古代天人合一的思想,从西周的崇拜自然、敬畏自然开始,又经历了历代思想家的补充与发展,最终形成了比较完整的天人合一的思想体系。正所谓,人是可以与天地合其德、与日月合其明、与四时合其序、与鬼神合其吉凶的。天行健,君子以自强不息,形成了中华民族参天地赞化育、乐天好进的品格,同时这种人与宇宙合德无间的思想赋予了中国文化以人文主义观念的特色,从而使中国文化的主体避免走向宗教。诚如钱穆所言:“西方人长把‘天命’与‘人生’划分为二,他们认为人生之外别有天命……所以西方文化显然需要另有天命的宗教信仰,来作他们讨论人生的前提。而中国文化,即认为‘天命’与‘人生’同归一贯,并不再有分别,所以中国古代文化起源,亦不再需有像西方古代人的宗教信仰。”[④]

恩格斯在《自然辩证法》中说:“事实上,我们一天天地学会更正确地理解自然规律……人们就越是不仅再次地感觉到,而且也认识到自身和自然界的一体性,那种关于精神和物质、人类和自然、灵魂和肉体之间的对立的荒谬的、反自然的观点,也就越不可能成立了。”[⑤]恩格斯关于自然与精神统一的理论是对人与自然、人类思维发展历史及其相互关系的规律性总结。现代社会,我们仍然需要以提高生产力发展水平来提高人类物质文明的程度,但是面对现代工业化的高度发展给人类社会带来的一系列问题,人们对中国传统文化的价值给予了更多的关注,因为中国传统文化“天人合一”思想是有着独特的

① [清]王夫之:《张子正蒙注》,中华书局1975年版,第333页。
② [明]王守仁撰,吴光等编校:《王阳明全集》上册,上海古籍出版社1992年版,第107页。
③ [明]王守仁撰,吴光等编校:《王阳明全集》上册,上海古籍出版社1992年版,第104页。
④ 钱穆:《中国文化对人类未来可有的贡献》,《中国文化》1991年第1期,第93页。
⑤《马克思恩格斯文集》第9卷,人民出版社2009年版,第560~561页。

地位和作用的。

二、中国传统伦理观

注重道德伦理的修养，肯定个体的心性完善，是中国传统文化人本主义精神迥异于西方的表现。西方的古典文化是一种神本文化，有着十分强烈的宗教意味，神的权威与慈爱使西方人拥有了超越个人的生命意义。人们的行为准则、生活的目标、最高的善，都来自宗教的神谕。与西方文化不同，中国哲学认为人能止于"至善"而无须超越他自己所处的世界，从而以自我修养代替了西方宗教对至高的神的膜拜。中国人追求"至善"，走向一种既现实又超越现实的理想人生，这便是人生的最高境界。

中国传统文化特别重视道德伦理的修养，儒家的《大学》与《中庸》形成了自我修养的八重步骤，并以天下和平为其终极目的。自我修养和自我实现的主要内容便是"内圣外王"。《大学》中清晰地表达了"内圣外王"的思想："古之欲明明德于天下者，先治其国；欲治其国者，先齐其家；欲齐其家者，先修其身；欲修其身者，先正其心；欲正其心者，先诚其意；欲诚其意者，先致其知；致知在格物。格物而后知至，知至而后意诚，意诚而后心正，心正而后身修，身修而后家齐，家齐而后国治，国治而后天下平。"① 其中，"格物致知"是探究天人之道的哲学探索；"诚意正心修身"是"内圣"人格的伦理准求，指的是人的道德境界的提升；"齐家治国平天下"是"外王"的政治目标。"外王"是"内圣"的拓展，指在"内圣"的基础上有所作为。因此，"内圣外王"一方面要求注重人格修养，通过慎独、节欲、重义、仁爱孝悌、推己及人等品格的修养来追求主体道德和人格的完善；另一方面要求以天下为己任，为社会做贡献。

人格修养是根本。"自天子以至于庶人，壹是皆以修身为本"②，即上至天子，下至百姓，都要以修养身心为根本。中国传统文化力图把个人培养成君子，君子必须通过道德上的自我约束、自我完善，使自己具有美好的道德情操和理想的人格。修身首先在于"慎独"。"慎独"是指一个人在独自居处、无人监督的情况下，也要谨慎地约束自己的内心和行动，按照一定的道德原则和规范去行动，这是我国古代哲学家提出的一种十分重要的道德修养方法，是一种严格要求自己的自律精神。《中庸》开篇即说："道也者，不可须臾离也，可离非道也。是故君子戒

① ［宋］朱熹注：《大学章句集注》，《四书五经》上册（影印），天津市古籍书店1988年版，第1页。
② ［宋］朱熹注：《大学章句集注》，《四书五经》上册（影印），天津市古籍书店1988年版，第1页。

慎乎其所不睹，恐惧乎其所不闻。莫见乎隐，莫显乎微，故君子慎其独也。”[①] 换言之，君子在独处时，更要注意自己的行为，要时时刻刻保持戒慎状态，注意自己的德行修养。

“节欲”即节制自己的欲望，这是中国古代哲学家提出的又一个道德修养的准则。儒家承认人欲的合理性，孔子说：“饮食男女，人之大欲存焉。”[②] 孟子也说：“好色，人之所欲”“富，人之所欲”“贵，人之所欲”[③]，但又主张“养心莫善于寡欲。其为人也寡欲，虽有不存焉者，寡矣；其为人也多欲，虽有存焉者，寡矣”[④]。“欲”虽然是天生的，但是超出一定的限度，对身心是不利的，因此要适当“寡欲”或“节欲”，即修养心性的最好方法就是减少欲望。秦汉以后，董仲舒、朱熹等则主张“灭欲”，即若想保存天理，就必须把人欲灭除。明末清初，随着中国资本主义的萌芽和发展，人们开始重新审视“天理”与“人欲”的关系。比如，明末思想家王夫之就指出，天理与人欲并不矛盾，天理寓于人欲之中，“饮食、男女，人之大欲存焉。”[⑤] 传统文化中的节欲思想中有很多合理的成分，欲是人类的本能，积极的、健康的欲望是促进人自身发展和社会进步的原始动力，节欲的关键在于正确地对待欲望。但是，朱熹等所主张的“灭人欲”带有禁欲主义的倾向，也是片面的。

中国传统文化重视道德修养的另外一个典型体现就是重义轻利。义，指道义，要求品德行为符合一定的道德准则；利，指物质利益、功利。在义利关系上，中国传统伦理道德强调义为重，利为轻，但这并不是把义与利对立起来，而是说在二者发生冲突时的一种选择。在义利不可兼得的情况下，主张应该重义轻利。儒家认为追求物质利益是人本性使然，所谓“富与贵，是人之所欲也”[⑥]，但同时又说“不以其道得之不处也”[⑦]，“不义而富且贵，于我如浮云。”[⑧] 换言之，儒家反对的是不合乎义之利。而且，儒家把重义与重利作为区别君子和小人的标准之一，“君子喻于义，小人喻于利”[⑨]，“君子思义而不虑利，小人贪利而不顾义。”[⑩] 董仲舒进一步发展了义与利的观念，他指出，义与利都是人所需要的，利是“养

① ［宋］朱熹注：《中庸章句集注》，《四书五经》上册（影印），天津市古籍书店1988年版，第1页。
② ［元］陈澔注：《礼记集说》，《四书五经》上册（影印），天津市古籍书店1988年版，第126页。
③ ［宋］朱熹注：《孟子章句集注》，《四书五经》上册（影印），天津市古籍书店1988年版，第68页。
④ ［宋］朱熹注：《孟子章句集注》，《四书五经》上册（影印），天津市古籍书店1988年版，第115页。
⑤ ［清］王夫之：《诗广传》，中华书局1964年版，第67页。
⑥ ［宋］朱熹注：《论语章句集注》，《四书五经》上册（影印），天津市古籍书店1988年版，第14页。
⑦ ［宋］朱熹注：《论语章句集注》，《四书五经》上册（影印），天津市古籍书店1988年版，第14页。
⑧ ［宋］朱熹注：《论语章句集注》，《四书五经》上册（影印），天津市古籍书店1988年版，第29页。
⑨ ［宋］朱熹注：《论语章句集注》，《四书五经》上册（影印），天津市古籍书店1988年版，第15页。
⑩ ［汉］高诱注：《淮南子注》，上海书店出版社1986年版，第161页。

其体”,用来使身体舒畅的,而义则是“养其心”,是滋养心灵的。但是“体莫贵于心,故养莫重于义”,即心灵比身体更重,因此,“义之养生人大于利矣。”[①] 王夫之也十分重视义与利的关系,他也主张重义轻利,而且认为用义利的标准可以区别君子和小人:“君子小人之分,义利而已矣。乃君子之于义,充类至尽以精之,而利害非其所恤;小人之于利,殚洽竭力以谋之,而名义有所不顾。”[②]

传统文化中的“义利关系”,虽然也主张义利统一兼顾,但主要表现为“重义轻利”,义利关系中的义,从个人方面讲,表现为精神层面的道义,但是延伸到社会国家的话,则指社会或国家的公利;义利关系中的利,则指个体的物质利益或个人功利。当个人利益与国家社会利益发生冲突时,传统的伦理道德要求把道义放在首位,孔子主张“杀身成仁”,孟子主张“舍生取义”。这种先公后私崇高的美德,造就了中华民族仁人志士深厚的爱国情怀和浓厚的奉献意识。“夙夜在公”“鞠躬尽瘁死而后已”都强调一种为整体而献身的精神。“天下兴亡,匹夫有责”“精忠报国”强调的是为国家献身的爱国情怀和义不容辞的责任。在这些伟大的品格的指引下,每当历史处于危急关头,无数仁人志士都不顾个人安危,抛弃个人利益,用热血和生命谱写了中华民族的壮丽诗篇,为后世留下了宝贵的精神财富。

儒家修身的思想最主要体现在“仁”上,孔子对仁的内涵的解释是极为丰富的,但其核心是“爱人”。“仁者人也”[③],仁是人的本质属性,也是“内圣”的基本内容。孟子进一步说:“仁者爱人、有礼者敬人。爱人者人恒爱之,敬人者人恒敬之。”[④] 这样就将“仁者爱人”观念上升为人人共守的伦理秩序的道德准则,使之成为一种宝贵的人际关系法则。孔子多次强调“孝悌”,并认为“君子务本,本立而道生。孝弟也者,其为仁之本与”[⑤],即孝悌是仁的根本。仁爱之心,首先表现在家庭成员身上。“亲亲为大”[⑥],孝顺父母、敬爱兄长,是仁爱的基础。孔子还说,如果一个人能够做到“孝悌”,那么那个人必定不会犯上作乱。孔子曰:“其为人也孝弟而好犯上者,鲜矣;不好犯上而好作乱者,未之有也。”[⑦] 儒家的这种父慈子孝、兄友弟恭的孝悌之道,是中华民族传统美德中极为重要的部分。虽然对于封建社会中传统的孝道我们应加以鉴别,但是孝悌之道却是一切道德和爱心

① [汉]董仲舒著,[清]凌曙注:《春秋繁露》中册,中华书局 1975 年版,第 321 页。
② [清]王夫之:《船山全书》第 7 册,岳麓书社 2011 年版,第 381 页。
③ [宋]朱熹注:《中庸章句集注》,《四书五经》上册(影印),天津市古籍书店 1988 年版,第 8 页。
④ [宋]朱熹注:《孟子章句集注》,《四书五经》上册(影印),天津市古籍书店 1988 年版,第 65 页。
⑤ [宋]朱熹注:《论语章句集注》,《四书五经》上册(影印),天津市古籍书店 1988 年版,第 1 页。
⑥ [宋]朱熹注:《中庸章句集注》,《四书五经》上册(影印),天津市古籍书店 1988 年版,第 8 页。
⑦ [宋]朱熹注:《论语章句集注》,《四书五经》上册(影印),天津市古籍书店 1988 年版,第 1 页。

的根源。将家庭之中的“孝悌”原则推广于当今社会,也是非常可贵的人际关系法则。

传统的伦理道德不仅追求“独善其身”,而且主张“兼济天下”。传统的伦理道德认为道德修养的最终目的是道德人格的完善,同时又能将这种道德力量转化为政治上的功业,以天下为己任。也就是说,内圣是自我道德境界的提升与自我实现,是根本;外王是内圣的拓展,指在内圣的基础上有所作为,齐家、治国、平天下便是外王的政治目标。一个真正有道德的君子,不仅要按照一定的道德原则和规范对自己的品行进行锤炼和陶冶,而且要将自己内在的道德施于别人和社会,做到这两点,才称得上道德完善。所以儒家“夫仁者,己欲立而立人,己欲达而达人”①,要求人们“己所不欲,勿施于人”②。就是说,在处理与他人关系时,要设身处地地为他人着想,像对待自己一样对待他人,而且不把自己所不喜好的任何事物强加给别人。“推己及人”是修身法则,其至今仍然是人与人相处的黄金法则。做到“内圣外王”则达到“至善”,这不仅是道德上的最高境界,而且是政治上的最高理想。儒家这种“内圣外王”的修身原则在历史发展中积淀为中华民族设身处地为别人着想、与人为善的优良品格,也使许多有识之士始终以天下为己任,形成了以“天下为公”为终极关怀的人生信念。

传统文化所重视的“人”是处于各种人际关系中的“伦理”的人:政治上的君臣关系,家庭中的父子、夫妇、兄弟关系,社会上的朋友关系。这种人与人之间的关系各有其行为典范与道德模式:君仁臣忠、父慈子孝、夫教妇从、兄友弟恭、朋亲友信。每个人在这种关系中履行自己的职责,对个人价值的肯定也是放在个人与他人的伦理关系中来评价的,因而在个人与集体关系的观念上更重视个人对于群体的义务和责任,而不重视个体的独立与自由。

中国传统的伦理观形成了中华民族特别重视个体的伦理修养,推崇道德说教,把它看成治国平天下的根本手段的基本思想。这种重视伦理道德的修养法则和礼治传统,在一定程度上促进了社会和民族的高度和谐。

此外,重民本的理性思维也是中国传统伦理观的一个重要特征。民众是中国传统政治思想的出发点,在中国的传统文化中除有君权至上的理论核心外,也有要求统治者关心民众疾苦,轻徭薄赋,让百姓安居乐业的“民本思想”。这种“民本思想”源远流长,早在殷商时期,统治者就以民情为镜,将民情好坏作

---

① [宋]朱熹注:《论语章句集注》,《四书五经》上册(影印),天津市古籍书店1988年版,第26页。

② [宋]朱熹注:《论语章句集注》,《四书五经》上册(影印),天津市古籍书店1988年版,第67页。

为衡量统治好坏的标准,即所谓"人视水见形,视民知治不"[①],强调从百姓的精神面貌可以看出国家的治理状况。周王朝又以殷为鉴,周公说"天畏棐忱,民情大可见"[②],即"民之所欲,天必从之"[③],这一时期对民众的力量有了更加清醒的认识。到了春秋战国时期,诸子百家更是强调民众的作用。儒家以"仁政"为本,强调政在得民。孟子说:"桀纣之失天下也,失其民也,失其民者,失其心也。得天下有道,得其民,斯得天下矣。"[④]孟子还提出"民为贵,社稷次之,君为轻"[⑤]的观点,要求统治者要"乐以天下,忧以天下"[⑥]。荀子进一步提出:"天之生民,非为君也。天之立君,以为民也"[⑦],"君者舟也,庶人者水也。水则载舟,水则覆舟。"[⑧]法家主张以法治国,但同时也强调执法的基础在于民心向背。《管子·版法解》称:"民不足,令乃辱;民苦殃,令不行。"[⑨]由此,先秦基本形成了朴素的民本思想。

秦汉时期,封建专制制度在全国最终确立起来,董仲舒提出"唯天子受命于天,天下受命于天子,一国则受命于君"[⑩],这种君权天受的思想得到了统治者的支持。在此基础上形成的民本思想也得到了统治者的赞成,即"君者,民之心也;民者,君之体也。心之所好,体必安之;君之所好,民必从之"[⑪]。汉武帝实行"罢黜百家,独尊儒术",儒家思想成为统治阶级的思想,而儒家思想中蕴含的民本思想也得到了发挥。

中国传统的民本思想是思想家和统治者基于历史上王朝兴衰的经验教训做出的理性概括,但民本思想并非民本主义或民主主义,而是为君主专制提供"牧民"之术的理论依据。而明清之际的思想家更加发挥了"民本思想"的积极方面,王夫之提出了"天下者,非一姓之私也"[⑫]的观点。顾炎武也认为"万机之广,固非一人所能操也"[⑬]。而唐甄更是宣称"自秦以来,凡为帝王者皆贼也"[⑭]。最

① [汉]司马迁:《史记》,岳麓书社 2001 年版,第 12 页。
② [宋]蔡沈注:《书经集传》,《四书五经》上册(影印),天津市古籍书店 1988 年版,第 87 页。
③ [宋]蔡沈注:《书经集传》,《四书五经》上册(影印),天津市古籍书店 1988 年版,第 66~67 页。
④ [宋]朱熹注:《孟子章句集注》,《四书五经》上册(影印),天津市古籍书店 1988 年版,第 54 页。
⑤ [宋]朱熹注:《孟子章句集注》,《四书五经》上册(影印),天津市古籍书店 1988 年版,第 111 页。
⑥ [宋]朱熹注:《孟子章句集注》,《四书五经》上册(影印),天津市古籍书店 1988 年版,第 11 页。
⑦ [清]王先谦撰:《荀子集解》,中华书局 1988 年版,第 504 页。
⑧ [清]王先谦撰:《荀子集解》,中华书局 1988 年版,第 544 页。
⑨ [春秋]管仲著,吴文涛、张善良编:《管子》,北京燕山出版社 1995 年版,第 431 页。
⑩ [汉]董仲舒著,[清]凌曙注:《春秋繁露》中册,中华书局 1975 年版,第 386 页。
⑪ [汉]董仲舒著,[清]凌曙注:《春秋繁露》中册,中华书局 1975 年版,第 388 页。
⑫ [清]王夫之撰:《读通鉴论》下册,中华书局 1975 年版,第 297 页。
⑬ [清]顾炎武著,周苏平、陈国庆注:《日知录》,甘肃人民出版社 1997 年版,第 453 页。
⑭ [清]唐甄撰:《潜书注》,四川人民出版社 1984 年版,第 529 页。

有理论深度的是黄宗羲的《明夷待访录》,他指出:“古者以天下为主,君为客,凡君之所以毕世而经营者,为天下也。今也以君为主,天下为客,凡天下之无地而得安宁者,为君也。”① 黄宗羲还进一步指出君臣关系不是主仆关系,而是平等合作的关系。这种思想虽然与近代的民主思想有相当的距离,但是毕竟已走出旧民本思想的束缚。

传统文化中的重民本的理性思维,即民本思想是具有积极进步意义的价值观念,体现了尊民、敬民、富民的“重民”思想。但是,它仍然具有一定的历史局限性。统治阶级所谓的重民思想是建立在“君”与“民”、统治者与被统治者的基础之上的。重民的主体是君主,其出发点是治民安邦,维护的是统治阶级的利益,所谓重民仅仅是“为民做主”,所以在本质上是君主专制主义的补充。正如马克思恩格斯所说:“至今的一切社会都是建立在压迫阶级和被压迫阶级的对立之上的。但是,为了有可能压迫一个阶级,就必须保证这个阶级至少有能够勉强维持它的奴隶般的生存的条件。”②

今天我们在继承传统民本思想有益成分的同时,只有经过科学地扬弃,将传统民本思想中积极进步的成分加以批判性继承和吸收,创造性地转化和创新性地发展为我国当代社会所需要的“民主”的价值观念,才能够彰显社会主义以人民为中心的价值取向,体现社会主义制度的优越性。习近平曾用孟子的“乐民之乐者,民亦乐其乐;忧民之忧者,民亦忧其忧”来比喻执政者要做民众喜爱的事,担忧民众担忧的事。③ 习近平指出为人民造福应“乐民之乐”,即增进人民福祉,全面深化改革,使发展成果更多、更公平地惠及全体人民;用法制保护人民合法权益,维护社会公平正义,全面推进依法治国。“忧民之忧”则坚持全面从严治党,深入基层,切实解决民生问题。习近平指出:“保证和支持人民当家作主不是一句口号、不是一句空话,必须落实到国家政治生活和社会生活之中。……要坚持把实现好、维护好、发展好最广大人民根本利益作为一切工作的出发点和落脚点。”④ 他还强调一个政党、一个政权的前途命运在于民心向背,即“政之所兴在顺民心,政之所废在逆民心”⑤。

① [清]黄宗羲:《明夷待访录》,中华书局1981年版,第2页。

② 《马克思恩格斯文集》第2卷,人民出版社2009年版,第43页。

③ 《习得——习近平引用的古典名句·民本篇》,《人民日报海外版》2014年5月15日,第5版。

④ 习近平:《在庆祝中国人民政治协商会议成立65周年大会上的讲话》,《人民日报》2014年9月22日,第2版。

⑤ 习近平:《在庆祝中国人民政治协商会议成立65周年大会上的讲话》,《人民日报》2014年9月22日,第2版。

三、中国传统认识论

“思维方式不仅是传统文化的组成部分,而且是它的最高凝聚或内核。换句话说,思维方式是一切文化的主体设计者和承担者。”[①] 思维方式深刻影响着一个民族的思想意识和实践行为,由于观察的角度不同,学者对中国传统思维的认识也不尽相同。我们认为,它主要包括辩证思维、中和思维、直觉思维三种思维方式。

(一)辩证思维

悠久的辩证思维传统是中国传统文化博大精深的根本原因之一。所谓辩证法,就是关于事物普遍联系、变化和发展的学说,事物的对立统一规律,即矛盾规律是其实质和核心。由于中国哲学中并不存在人与神、自然与超自然的二分法,所以中国哲学认为事物都是经历变化而自然发展的。中国古代的思想家认为事物是在不断运动、变化与发展的。《周易·系辞上传》说“生生之谓易”[②],意思就是事物的发展变化生生不息。宋代周敦颐在《太极图说》中则指出:“二气交感,化生万物,万物生生而变化无穷焉,言天命流行而不息,万物形化而无穷也。”[③]“变化无穷”深刻地揭示了事物发展变化的永恒性。北宋张载还提出了事物发展变化中的“著变”和“渐化”观点,认为事物发展中有渐变的过程,渐变到一定程度,就会引起事物显著的变化,这一观点比较深刻地揭示了事物发展变化的辩证过程。[④]

中国传统思维的辩证性还体现在对事物矛盾双方对立统一关系的把握和运用上。“一物两体”“相反相成”“物极必反”“穷则思变”的观点就体现了这种辩证思维。《周易》中就体现了事物两级对立的思想,既强调事物的对立统一,又肯定矛盾的普遍性。《周易》把对立解释为“阴阳”,并且充分揭示了阴与阳的相互变动概念和道在时间历程中的表现。“阴阳”是具有最大概括性的矛盾范畴,不仅指“阴阳二气”,而且指由阴阳二气形成的一切事物及事物的两种对立属性。[⑤]《周易》称“立天之道曰阴与阳”[⑥],“一阴一阳之谓

---

① 蒙培元:《论中国传统思维方式的基本特征》,《哲学研究》1988 年第 7 期,第 53 页。

② [宋]朱熹注:《周易本义》,《四书五经》上册(影印),天津市古籍书店 1988 年版,第 58 页。

③ [宋]周敦颐著,梁绍辉、徐荪铭等点校:《周敦颐集》,岳麓书社 2007 年版,第 52 页。

④ 金元浦:《中国文化概论》,中国人民大学出版社 2012 年版,第 104 页。

⑤ 何静:《中国文化概论》,解放军出版社 2015 年版,第 51 页。

⑥ [宋]朱熹注:《周易本义》,《四书五经》上册(影印),天津市古籍书店 1988 年版,第 70 页。

道”“阴阳不测之谓神”,[①] 是说天地之间由阴阳两种基本元素构成,一阴一阳的运动变化称为道,但变化莫测,天地间无处不存在矛盾,而任何矛盾无一不是“阴阳”对立统一的表现。《周易》肯定了事物的普遍矛盾,即无论是自然现象还是社会生活,任何事物都是有其对立面的,即便是一种事物,它自身也存在对立的两面。老子不仅肯定了万物从道演化而来,而且也看到了万物永恒的变动,充分肯定了矛盾的普遍存在。他说:“道生一,一生二,二生三,三生万物。万物负阴而抱阳,冲气以为和。”[②] 换言之,老子认为万物皆由阴阳二气交感而生,而万物又将阴阳包含在自身之中。老子还第一次比较系统地揭示了事物对立面之间的辩证关系,他在《道德经》中提出:“有无相生,难易相成,长短相形,高下相倾,音声相和,前后相随。”[③] 他又说:“祸兮福之所倚,福兮祸之所伏。”[④] 这既看到了一切事物都包含着相互对立的两个方面,又指出了表面上似乎完全对立的事物和现象其实是相互依存、相互转化的。班固继而在《汉书·艺文志》中提出了“相反相成”的概念,他在评价先秦诸子时说:“其言虽殊,辟犹水火,相灭亦相生也。仁之与义,敬之与和,相反而皆相成也。”[⑤] 宋代的张载根据《周易》提出了“一物两体”思想,对“两”和“一”的关系做了深刻的辩证说明:“两不立则一不见,一不可见则两之用息。”[⑥] 他还说:“一之体立,故两之用行”,“不有两则无一。”[⑦] “两”是指阴阳两个对立面;“一”是指两个对立面的统一。意思是,如果没有对立的两个方面,也就没有具体事物这个统一体;反之,没有统一体,对立的两个方面的相互作用也就不存在了。这一观点揭示了事物之间的相互对立及其相互作用,不仅反映了矛盾的普遍性,而且反映了矛盾的对立统一性。[⑧]

对立面的相互转化及其对立统一,还深刻体现在中国传统思维对“物极必反”的认识上。古代的思想家很早就认识到:事物发展到一定的程度,必然向其相反的方向转化。《周易·丰卦》认为:“日中则昃,月盈则食。天地盈虚,与

① [宋]朱熹注:《周易本义》,《四书五经》上册(影印),天津市古籍书店1988年版,第58页。
② 《老子道德经下篇·四十二章》,《诸子集成》第4册,河北人民出版社1986年版,第26页。
③ 《老子道德经上篇·二章》,《诸子集成》第4册,河北人民出版社1986年版,第1页。
④ 《老子道德经下篇·五十八章》,《诸子集成》第4册,河北人民出版社1986年版,第35页。
⑤ [汉]班固:《汉书》上册,岳麓书社2008年版,第690页。
⑥ [清]王夫之:《张子正蒙注》,中华书局1975年版,第20页。
⑦ [清]王夫之:《张子正蒙注》,中华书局1975年版,第20页。
⑧ 何静:《中国传统文化概论》,解放军出版社2015年版,第53页。

时消息。”[①]《道德经》认为：“物壮则老。”[②]《战国策·秦策》也指出：“日中则移，月满则亏；物盛则衰，天之常数也；进退盈缩变化，圣人之常道也。”[③] 明清之际，王夫之在考察传统“动”与“静”的关系后提出了动极而静、静极而动的辩证关系。中国古代对“物极必反”的认识，虽然带有一定的局限性，并没有对事物的对立转化的条件性做出科学的回答，但这种辩证思维对传统文化绵延发展产生了深刻的影响。尤其是，为了防止事物向坏的方面转化而力图使其向好的方面转化，《周易》充分强调人的主观能动性，强调适时地进行改革变通：“易穷则变，变则通，通则久。”[④] 千百年来，每当社会处于危急时刻需要变革的时候，进步的思想家总会用“穷则思变”的口号号召人们积极投身改革，推动社会的进步。

但是，需要注意的是，中国传统辩证思维方式承认差异和对立，将差异与对立看作事物统一体的具体内容，但是中国古代思想家更倾向于强调统一，主张将差异和对立看作事物统一体的具体内容，而将和谐与统一当作对立和矛盾的本来根据来把握，即统一性更为根本。[⑤] 传统哲学都在强调一种用对立面的转化和统一的原理来把握对立面的方法，虽然其也强调对立面的差异与相互斗争，但不主张割裂，倾向于把个人、自然和社会作为一个统一体来考察，即认为统一才是最为根本的，事物的最终目的是为了统一。因此，“天人合一”“知行合一”都是在这种思维方式指导下寻求的一种和谐。“天人合一”观念承认人与自然的对立，但认为和谐统一是最为根本的。“天人合一”观念认为自然界是一个和谐的整体，人是自然界的一部分，强调的是自然界与人不可分，这与西方哲学形成了鲜明的对比。西方哲学讲究人与神、自然与超自然的两分法，虽然不否认统一，但是更强调冲突与斗争。西方辩证法的奠基人之一赫拉克里特在关于事物对立统一的辩证法思维中更加突出了事物对立面的斗争在事物发展变化中的作用，他认为统一是由斗争产生的，斗争是普遍的、正常的现象，是事物运动变化的根源。他说：“应当知道，战争是普遍的，正义就是斗争，一切都是通过斗争和必然性而产生的。”[⑥] 西方哲学家更倾向于把统一的世界分为两个截然不同的世界，更注意发现事物内在的差别与对立，以此揭示事物的复杂性与多变性。

---

① ［宋］朱熹注:《周易本义》,《四书五经》上册(影印),天津市古籍书店 1988 年版,第 48 页。

② 《老子道德经下篇·五十五章》,《诸子集成》第 4 册,河北人民出版社 1986 年版,第 34 页。

③ ［汉］高诱注:《战国策》(影印),上海书店 1987 年版,第 47 页。

④ ［宋］朱熹注:《周易本义》,《四书五经》上册(影印),天津市古籍书店 1988 年版,第 64 页。

⑤ 金元浦:《中国文化概论》,中国人民大学出版社 2012 年版,第 376 页。

⑥ 谢寅翠:《从赫拉克里特著作残篇看他的辩证法思想》,《科技文汇》(中旬刊)2007年第7期,第162页。

作为人们认识事物的根本方法，辩证思维是中华民族的一种根本性思维方式，它指导人们在对立中寻求转化，在逆境中看到希望，以追求最为理想的结果。辩证思维不仅深刻地影响了中国的哲学，而且渗透到了传统文化中的方方面面，比如说军事、医学、农业等。同时在矛盾的对立性与统一性关系上，中国哲学更强调“统一性”的特点也形成了中国传统思维方式的第二个特点，即推崇“执中适度”的中和思维。

（二）中和思维

中和思维，是指中国传统文化中认识和解决问题所采取的不偏不倚、执中适度的思维方法。中国传统文化中的中和思维可追溯到《易经》，但主要形成于孔子及儒家学派。[①]《周易》解释了人事兴衰及事物发展的变化规律，蕴含着丰富的“中和”思想。《易经》中也常用“中”“中行”“中正”“得中”“中节”等词。另外，学者的研究结果表明，带有“中”的卦爻都是吉卦，“凡吉占都是因为能‘正中’‘得中’‘中正’‘黄中通理’等。”[②]这说明当时人们对“中和”已经有了初步认识，并倡导人行正直、待人处事恪守不偏不倚的“中道”。

这种“中道”思想在儒家学派中得到发展，并成为他们的认识论与方法论。中和思维的方式主要体现在儒家的“中庸之道”中。“中庸”即“中道”“中行”，意为“无过”与“不及”，注重适当、恰当、不偏不倚，以此实现“中和”，达到和谐的境界。用“中和”思维来指导人的认识活动和实践活动，既是儒家的伦理思想和方法论，也是中华民族的一种思维方式，以及中国传统文化的重要特点。孔子明确提出了“中庸之德”的观点，《论语·雍也》指出：“中庸之为德也，其至矣乎！民鲜久矣。”[③]换言之，孔子把中庸看作最高的道德标准。《中庸》中继而提到了人的喜怒哀乐各种情感的中和之美，指出：“喜怒哀乐之未发，谓之中；发而皆中节谓之和。中也者，天下之大本也；和也者，天下之达道也。致中和，天地位焉，万物育焉。”[④]意即人的感情，喜怒哀乐未发之前，谓之中，它存在于人体内，是人的喜怒哀乐等情感的发源地，是天下的根本；人的感情表现在外，符合了中的原则，即和，和是通行天下的大道；掌握了中和的原则，天地万物便各在其位，天下得到治理，人的道德也可达到圣人的境界。《近思录》的解释比较符合“中庸”的原意：“喜怒哀乐之未发谓之中，中也者，言寂然不动者也，故曰天下之大本。发而皆中节位谓之和，和也者，言感而遂通者也，故曰天

---

① 金元浦：《中国文化概论》，中国人民大学出版社2012年版，第111页。

② 刘大钧：《周易概论》，齐鲁书社1986年版，第31页。

③ ［宋］朱熹注：《论语章句集注》，《四书五经》上册（影印），天津市古籍书店1988年版，第26页。

④ ［宋］朱熹注：《中庸章句集注》，《四书五经》上册（影印），天津市古籍书店1988年版，第1页。

下之达道。”[1] 从传统文化看，个人的修身养性如果能达到中庸，就实现了道德的最高标准。

执中适度的思维方式使中国人的思想、生活、政治、艺术都特别强调和谐互补。执中适度的思维方式体现在人与人之间的关系上则是强调人与人之间是有冲突、有对立的，但和谐才是根本，因此要己所不欲勿施于人。中国传统文化重视伦理道德，如何做人、如何与人相处是个人修身的目的。中国人更重视现世生活，追求人与人之间的和谐相处。为了追求和谐，在人与集体发生冲突时倡导为了集体、国家的利益而牺牲个人利益，这既是道德修养的重要内容，也是伦理社会所褒奖的。

在西方的文化传统中，人们对“中”的崇拜与赞美也是非常强烈的，对思想、科学、艺术等，人们都认为无过与不及的中道是美好、理想的。亚里士多德也对“中道”做了系统阐述，他认为：“过度和不及都属于恶，中庸才是德性”，“德性就是中间性，中庸是最高的善和极端的美。”[2] 尽管这一表述与中国传统的中和思维有所不同，但在本质上二者内涵是一致的，这也在一定程度上反映了人类思维发展的共通性。[3] 但是相对于中国来讲，西方是比较注重分别和对抗的。也就是说，两级分立的思维模式更能体现西方的文化基因。

西方中世纪的哲学强调人和天的对立，强调现世生活与宗教生活的对立。在宗教生活中，人的精神灵魂与神合一，这是应该追求的。反之，人的肉体和自然在现世生活之中，与神处于对立的地位，是应该摒弃的。与中国不同，在人与天的关系中，西方尤其强调“天人对立”，神与人两级分立。到了文艺复兴时期，人的主体意识开始觉醒，人们的思想回到了现世中来，并开始主动地认识自然、改造自然，追求科学技术的进步，人与现实世界的对立开始取代人与神的对立。启蒙运动时期，资本主义进一步发展，客观世界成为人们学习与研究的客体，人们转而来征服自然界，发展科学，征服自然成为人们追求的目标。人们强调个人的需要，保障个人的权利；但同时，个人主义又包含了自我中心的闭锁，尤其体现在民族关系问题上，西方文化强调对立，夸大民族差异，因而加深了民族之间的矛盾。

（三）直觉思维

超思辨的直觉思维也是中国传统思维的一个特点。直觉作为一种思维方式，与逻辑思维相对应，其特点是将直觉作为一种认知过程和思维方式，没有严

① ［清］江永注：《近思录集注》（影印），上海书店 1987 年版，第 3 页。

② ［古希腊］亚里士多德著，苗力田主编：《亚里士多德全集》第 8 卷，中国人民大学出版社 1991 年版，第 36 页。

③ 金元浦：《中国文化概论》，中国人民大学出版社 2012 年版，第 112 页。

密的逻辑推理，从日常的生活经验出发，凭直观感觉方法思考问题。“直觉思维具有综合性、直接性、跳跃性、快速性等特点。”[①] 在西方文化中，主观与客观相互区别：西方人注重以理性为基础，强调人的抽象和演绎的理解能力，这种抽象的理性能力与经验基本上是分离的；他们注重逻辑，以理性的观察和缜密的分析来规定给定的对象，因此能够用语言将思维的过程与得出结论的原因清楚地表达出来。而中国的理性主义是从具体的意义来建立理性精神，理清直接与人生有关的基本生活经验及其他人和事物之间的联系。这种以经验为基础的直接的思维方法，主客体之间没有原始的划分，主体对客体的认识在于体悟，而不是明晰的逻辑把握。

中国传统文化重视道德而轻知识的特征，具体到以心知天、天人合一、格物致知等，都可以体现这种直观整体思维的作用。孟子说：“尽其心者，知其性也。知其性，则知天矣。”[②] “以心知天”的心性哲学依靠的便是悟性思维。荀子进一步探讨了悟的方法：“人何以知道？曰：心。心何以知？曰：虚壹而静。”[③] 就是说，人要认识抽象的大道，必须排除一切干扰，做到虚心、专心，这也是强调悟性的作用。庄子的天地与我并生，而万物与我为一，说的是一种说不清的主观精神意境，只能体悟，不能用逻辑思维、理论范畴进行解释。宋明理学所讲的“理”是天地之理，是万物之规律和法则。格物致知作为理解“理”的途径，强调的也是认识心中之性以明天理，也表现了“以心知天”的直觉思维特点。

中国哲学不把哲学自身当作一种演绎的理性活动，而是把哲学当作影响和指导人的活动的综合的道德成就。在中国传统的思维方式中，直觉是主要的认知方式之一。中国传统思维并没有将对事物的认知与把握分为不同层次、不同部分，并非将其看作用逻辑分析的方法，步步推理而达到理想的境界，而是以对象为整体，诉诸经验，一下子实现升华，完成主客体之间的合一。这种思维方式贯穿中国古代思维发展的始终，是在经验的基础上形成和发展的，被全社会广泛使用，对人们知识和经验的积累起到促进作用，丰富了民族思维的基础。而且，这种思维对于人们归纳、综合能力的提高有积极的意义。同时，从整体上把握事物、思考问题，也形成了中华民族强调“共荣”“共生”的理念，具有鲜明的包容性。“厚德载物”“海纳百川”“德合无疆”等这些中华民族独特的文化基因，使中国文化具有了更加强大的生命力。但是，与此同时，直觉思维缺乏严密的分析

① 李宗桂：《中国传统文化探讨》，花城出版社 2012 年版，第 293 页。
② ［宋］朱熹注：《孟子章句集注》，《四书五经》上册（影印），天津市古籍书店 1988 年版，第 101 页。
③ ［清］王先谦撰：《荀子集解》，中华书局 1988 年版，第 395 页。

思维传统，具有一定的臆测性，较难深入认知现象背后的运作机制与规律。中国传统思维中相对缺乏严密的分析思维传统在一定的程度上阻碍了科学理论在中国的发展。

中西方思维方式的差异导致了文化的差异，然而，文化之间虽有差异，但是可以相互兼容，从这个意义上讲，中国传统文化中执中适度的思维方式仍然是我们进行中西文化交流的基本态度。我们应当学习世界上不同民族的历史文化，去其糟粕，取其精华，从中获得启发，正如习近平所言："我们都应该采取学习借鉴的态度，都应该积极吸纳其中的有益成分，使人类创造的一切文明中的优秀文化基因与当代文化相适应、与现代社会相协调，把跨越时空、超越国度、富有永恒魅力、具有当代价值的优秀文化精神弘扬起来。"①

1.3　中国文化的自我更新

文化具有相对独立性，其变迁并非与政治、经济绝对统一。思想文化发展史有其独特的规律，不能将其等同于政治发展史、经济发展史。一般认为中国近代史是从 1840 年鸦片战争以后算起的，但实际上，传统文化的演变与发展可以追溯到明末清初。自明末清初到五四新文化运动前夕，传统文化的演变可分为三个阶段：第一阶段，从明末清初到 1840 年鸦片战争之前，表现为通经致用的倡导、实证文学的兴盛及衰落；第二阶段从 1840 年鸦片战争到戊戌变法失败，其表现是今文经学派的兴起和衰落；第三阶段是从戊戌变法失败到五四新文化运动爆发之前，其表现是西学东渐的增强和一定程度的东西文化之争。

明末清初，中国不仅经历了政治上的改朝换代，也促进了治学学风的演变。梁启超在《清代学术概论》中称明末清初为"启蒙期"，他说："启蒙期者，对于旧思潮初起反动之期也。"②"简单言之，则对于宋明理学之一大反动，而以'复古'为其职志者也。"③宋明理学包括程朱理学和阳明心学。程朱理学的治学方式以理贯经，使经学理学化，将烦琐的考证上升到抽象的、对道的认识，旨在阐发儒家经典所蕴含的义理。一方面，在明朝社会中，程朱理学已成为维护封建伦理道德

① 习近平：《在纪念孔子诞辰 2565 周年国际学术研讨会暨国际儒学联合会第五届会员大会开幕会上的讲话》，《人民日报》2014 年 9 月 25 日，第 2 版。

② [清]梁启超：《清代学术概论》，上海古籍出版社 1998 年版，第 2 页。

③ [清]梁启超：《清代学术概论》，上海古籍出版社 1998 年版，第 3 页。

的有力工具，到明朝中后期，封建统治更趋向极端，土地兼并严重，大量农民揭竿而起；另一方面，随着生产力的发展，出现了资本主义萌芽，出现了部分“市民”阶层，而作为维护封建伦理道德工具的程朱理学，对“三纲五常”的过分强调，尤其是其“存天理灭人欲”的带有宗教禁欲主义的主张，严重禁锢了人们的思想和行为，阻碍了社会的发展。因此，人们打破封建天理的外在束缚的愿望越来越强烈。在这样的历史条件下，阳明心学兴起。王阳明在主观上要求人们从内心出发去维护“天理”，要破“心中贼”。他将朱熹以“理”为核心的理学，改造成以“心”为中心的心学。一方面，他强调一切以“良心”为是非、善恶的标准，突出了人的主体性，“知行合一”“致良知”的“功夫”也是对程朱居敬持静的否定；另一方面，“心即理”的“理”由外在的天理、规范变成内在的情感甚至欲求，这种对人欲在一定程度上的肯定和对外在理的束缚的否定，开始具有了启蒙的意义。但是，宋明理学在明末进入了发展的衰败时期，明末大乱之后，动荡的时代促使学者对传统学术进行反思，一些学者把乱世的责任归咎于当时的“游谈无根”学术和学风，从而出现了反阳明心学、反理学的思潮。而且，明朝万历年间，传教士利玛窦等西方使臣或商人相继来到中国，带来了西方的科学技术和机械用品，数学、地理等实用学问逐渐输入中国，西方人的归纳、实验等方法也使当时的中国学者深受影响。这些都开启了注重经世的实学思潮，经世致用成为学者治学的指导思想。

清朝初期，顾炎武、黄宗羲、王夫之等思想家对理学进行了大刀阔斧的改革，他们批评阳明心学空谈误国，提出了许多新思想。顾炎武提出了“通经致用”的口号，他的著作《日知录》反映了经世致用学风的倾向。顾炎武认为：“圣人之道，下学上达之方，其行在孝弟忠信；其职在洒扫应对进退；其文在诗书三礼周易春秋；其用之于身，在出处辞受取与；其施之于天下，在政令教化刑法，其所著之书，皆以拨乱反正移风易俗，以驯至乎治平之用。而无益者，一切空谈。”[①] 梁启超评价顾炎武说：“亭林在清学界之特别位置，一在开学风，排斥理气性命之玄谈，专从客观方面研察事务务理。二曰开治学方法，如勤搜资料，综合研究，如参验耳目闻见以求实证，如力戒雷同剿说，如虚心改订不护前失之类皆是。三曰开学术门类，如参证经训史迹，如讲求音韵，如说述地理，如研精金石之类皆是。”[②] 王夫之对宋明理学的“理”“气”“心性”做了细致论证。他认为，一切“道”“理”都必须寓于现实的“器”中，无其器则无其道。他还说，社会历史也是一个大“器”，“道”随着历史的发展而发展，历史的发展具有某种不以人的意志为转移

① 蒋维乔：《中国近三百年哲学史》，中华书局1978年版，第9页。

② ［清］梁启超：《中国近三百年学术史》，中国华侨出版社2008年版，第52~53页。

的“势”，并认为“理”和“天”都应该顺应“势”的发展。[①]这明显带有朴素唯物论的意蕴，并且推及社会历史领域。其后，李恕谷等更是主张力行实践，将经世致用之风推向彻底的实践。

程朱理学所包含的“三纲五常”“君臣父子”“存天理灭人欲”的伦理道德正符合统治阶级的需要，再加上程朱理学强调修身立志的道德规范，对于维护政权的稳定和发展有很大的作用，因此程朱理学成了清朝的统治思想和意识形态。但是，对于被奉为统治思想的理学，清朝统治者不许人们越界“空谈”，科举考试虽然仍以程朱理学的说教为范围，但又不允许人们去创新与发展。“各提学官督率教官，务令诸生将平日所习经书义理，著实讲求，躬行实践。不许别创书院，群聚结党，及号召地方游食之徒，空谈废业，因而启奔进之门，开请迁之路。”[②]因此，注重道德践行而轻思考求真成为清代理学的特征，因而理学丧失了其思想功能，成了统治者的意识形态和道德规范。

这种风气与明末兴起的经学复古运动相抵触，于是推崇经世致用学风的学者对程朱理学的不满集中到对宋儒经书的不满上。而且，清朝初期的程朱理学有强烈的排他意识，以独尊的姿态斥一切“异己”为异端，自居为“圣学”。因此，这些学者利用历史考证法，以考证字义史来反对理学，以一己胸臆解经文，直接推动了考据学的兴起。考据学派，即清代汉学或朴学，是清代学术的中坚力量，主张以实事求是的精神进行文字训诂、解古书，以明了本义，反对用六经的微言大义牵强附会现实政治的做法。到了乾嘉时期，生产力水平提高，经济进一步发展，出现了“乾嘉盛世”的繁荣景象，清朝的统治也逐步稳定。盛世的繁荣和政治的稳定为文化的兴盛创造了有利的条件。统治者在继续遵奉程朱理学的同时，开始大力提倡对古籍的整理和考据，促进了考据学的兴盛。因此，乾嘉时期，汉学大盛。

清代汉学，其最初在于反对宋明理学，以实事求是的态度，通过文字、音韵、训诂的功夫对经学进行研究，致力于对儒学的正本清源，摒弃佛道相杂的宋明理学。随后由经学发展到史学再到子学，研究墨子、荀子、老子、韩非子等人的大量的子学被复活，并且肯定了这些思想家在中国思想史上的地位，为思想界注入了活力。但是，从总体上来看，除戴震、章学诚等个别学者有强烈的经世意识以外，大部分学者并没有实现治经以达明理的目的，而是陷入了一味稽古的烦琐考证的泥潭里。乾嘉时期，著名的学派有以惠栋为代表的吴派和以戴震为代表的皖派，吴派以经说为基点，旁及史学、文学；皖派以文字学为基点，探究先秦哲

---

① 丁晓强：《近世学风与毛泽东思想的起源》，贵州人民出版社1992年版，第22页。

② 毛礼锐、瞿菊农、邵鹤亭编：《中国古代教育史》，人民教育出版社1979年版，第468页。

理。但是,吴、皖两派都很少谈论经世之道。长期以来,在清政府实行文字狱、禁毁不利书籍等政治高压下,学者在学理上只能埋首故纸堆,专注于古代典籍的整理、注释。他们皓首穷经,琐碎考证,寻章摘句,没有创新与贡献,也很少谈论哲学思想,脱离社会现实。清代的汉学或朴学,就这样随着民族矛盾,逐渐走向了末路。

这样的情况逐渐导致中国文化出现危机。1840年鸦片战争前夕,中国社会内部的阶级矛盾达到了空前尖锐的程度,潜伏的社会危机爆发,引起了社会的大动荡,大规模的农民起义接连爆发,特别是太平天国运动的爆发直接动摇了清朝的统治基础。与此同时,清朝开始面临西方殖民势力的威胁。在这种情况下,为了挽救处于风雨飘摇中的清朝,经世致用学风再度兴起,一些士人开始批判汉学脱离现实,不致实用。理学开始从经世致用的角度批评汉学。但是,随着清朝封建统治危机的加剧,传统的经学已经不能适应社会的需要,基本走向了终结。于是,今文经学异军突起。

经学有古今之别。古文经是由籀文书写的,盛行于东汉,其特点在于文字考据。今文经是用隶书书写的。学者认为,五经由孔子所删定,经书反映了孔子的政治思想,所以根据经书文字推测微言大义。今文经学派说孔子是托古改制,尤重《春秋公羊传》。① 今文经学派反对古文经沉溺于名物训诂的学风,因此在阐释儒家经典时,导入新观念,将传统经学与时代思想结合起来并加以自由发挥,以参与社会政治,其维护的已不再是封建专制统治。1840年鸦片战争前夕,龚自珍就以今文经学为武器,抨击清朝统治的弊端。今文经学派以古代学术的形式负载近代启蒙思想,但是需要注意的是,其思想来源不仅仅是儒学,也有朱子理学、佛学和西学等,尤其推崇陆王心学。今文经学派强调主观努力的需要,在救亡图存的大任前,力求激励气节、发扬精神、广求智慧。

1898年戊戌变法失败以后,一些思想家从不同角度对变法失败的原因进行了分析,指出今文经学派已经不能适应新的思想发展需要。事实上,今文经学派以经学为政论的随意解说,正说明了旧的思想武器已不能维护其主张。西方资产阶级民主思想的东渐满足了思想家的渴求。经魏源、严复等人的传播,西方思想开始在中国盛行。

1840年鸦片战争是中国文化近代危机的重要标志,在1840年鸦片战争以前,中国虽有改朝换代,但是封建专制的政治制度从未发生过改变,在经济上一直维持着一家一户的小农经济模式,在文化方面儒家思想仍然是传统文化的主

① 丁晓强:《近世学风与毛泽东思想的起源》,贵州人民出版社1992年版,第28页。

干。然而1840年鸦片战争以后,一家一户的小农经济的封建经济基础遭到了严重的破坏,封建专制制度随之发生了动摇,西方列强强大的军事力量使清朝感受到了前所未有的威胁,中国开始沦为半殖民地半封建社会。这种全面冲击激化了中国内部固有的矛盾,引起了中国的全面危机。一直以来,以儒学为主的封建文化已经不能有效地解决中国社会政治、经济、军事变革所带来的危机。西方的坚船利炮,使中国的士大夫第一次感到了中国在文化上的落后,从此中国开始了真正意义上的学习西方。

以林则徐、魏源为代表的地主阶级开明派,在总结1840年鸦片战争失败的惨痛教训后,承认西方列强有其"长技",认为只要把他们先进的科学技术学到手,就能够打败列强。1842年,魏源在其《海国图志》中提出了"师夷长技以制夷"的主张,这一思想成为后来中国向西方学习的思想源头,在中国近代思想史上具有非常重要的意义。第二次鸦片战争结束后,在中外势力联合打击太平天国运动的过程中,为应对内忧外患,清政府内部逐渐形成了"洋务派"和"守旧派"两大阵营。守旧派作为强大的封建顽固势力,坚持"祖宗之法不可变""纲常伦理不可变",认为立国之道,在礼仪而不在权谋,在人心而不在技艺,他们因循守旧、盲目排外,仍然幻想恢复闭关锁国的局面。洋务派以曾国藩、李鸿章、左宗棠等为代表,他们在与外国资本主义列强打交道的过程中,一方面"借洋助剿",与侵略者联手镇压太平天国运动;另一方面认为可以采用资本主义的先进生产技术,以达到维护摇摇欲坠的封建统治的目的,他们继承了魏源"师夷长技"的思想,并极力付诸实践以达到"师夷长技以自强"的目的。

在与西方文化的交流过程中,"中学为体,西学为用"即"中体西用"成为洋务派的指导思想。这一思想对近代中国文化的走向产生了深远的影响。张之洞是倡导"中体西用"思想的代表人物,他借用中国传统哲学中的一对重要范畴"体"与"用"来论述中西文化的关系。1898年,张之洞在其一生最重要的作品《劝学篇》中全面而系统地阐述了"中体"与"西用"的关系:"中学为内学,西学为外学,中学治身心,西学应世事,不必尽索之于经文,而必无悖于经义。如其心圣人之心,行圣人之行,以孝弟忠信为德,以尊主庇民为政,虽朝运汽机、夕驰铁路,无害为圣人之徒也。"① 在张之洞看来,中国的文化仍然要以孔孟之道为核心,以儒家学说为本体,纲常名教仍然是决定国家社会命运的根本。

在这种思想的指导下,洋务派引进西方的科学技术、武器设备以及生产方式,创办了一批近代军事工业,大力兴办军事学堂,为近代中国的国防事业做出

① [清]张之洞:《劝学篇》,上海书店出版社2002年版,第71页。

了贡献。随着军事工业的创办，洋务派逐渐认识到，强大的国防依赖整个国家经济的发展，于是他们打出“求富”的旗号，兴办了大批民用工业，奠定了中国近代化工业的基础。“中体西用”作为一种折中调和的文化观念，是中西文化接触后的最初的结合方式，其一直贯穿整个洋务运动的全过程。“中体西用”的理论，坚持“中体”的主张，其根本还是在维护封建体制和传统文化的地位，因此在一定程度上减少了西学传入中国的阻力。在此期间，大量西学涌入，君主立宪制、民主共和制等政治理论也在这个过程中被引入中国，并与中国文化相互碰撞与交融，从而产生了中国近代政治思想。当然，“中体西用”的思想在当时也遭到了进步思想家的反对和批判。严复是在“中体西用”的体用之辩问题上反对“中体西用”的人，他更加强调“体”“用”的结合与统一。严复主张西学，提出了“自由为体，民主为用”的口号，介绍了西方资产阶级自由、民主、平等的近代思想，宣传了天赋人权、进化论等思想。

从“师夷长技以制夷”到“中体西用”，这一阶段中国向西方学习时更多是引进西方物质层面的文化，以期待西方的物质文明与中国的制度思想观念的统一。但是，“中体西用”随着中日甲午战争中国的失败而结束。甲午战争是中国近代史上的一次大转折，中国在甲午战争中的失败使一些先进的知识分子再次反思，学习西方，不仅要学习科学技术，还要学习西方的制度和体制模式。1905年中国废除了科举制，开始大力兴办学校，变革军事制度等，进行了一系列变革。“那时，求进步的中国人，只要是西方的新道理，什么书也看。向日本、英国、美国、法国、德国派遣留学生之多，达到了惊人的程度。国内废科举，兴学校，好像雨后春笋，努力学习西方。”[①] 其中，以康有为、梁启超为代表的资产阶级改良派提出了在中国实行君主立宪政体以代替中国传统的君主专制政体的主张，并为之奔走呼号。然而1898年戊戌变法的失败已经证明了这条道路在中国走不通。

孙中山等资产阶级革命派所领导的辛亥革命，推翻了清朝的腐朽统治，创建了资产阶级共和国，大力宣传西方资产阶级革命思想，完成了政体这个制度中最主要层面的变革。孙中山长期受到西方思想的影响，主张向西方学习，但他在文化观上也不主张一概照搬西方思想。他认为，中国的风土人情与欧美不同，不能照搬，只有按照中国自己的社会情形，迎合世界潮流去做，社会才会进步。他十分注意西方思想与中国传统思想的对比，力图从西方思想中吸取有益成分。他以西方民主思想为基本理论，考察中国的历史国情，提出了具有特色的“三民主义”理论体系，深刻影响了近代中国的变革。

---

① 《毛泽东选集》第4卷，人民出版社1991年版，第1469~1470页。

近代以来,中国社会政治、经济发生了剧烈的变化,这一变化要求中国的传统文化相应地发生变革。传统文化内在的矛盾运动使得传统文化的内容和形式都产生了很大的变化。1840年鸦片战争以后,怎样对待西学成为当时中国社会的一个重要问题。与主张西方科学为“奇技淫巧”的封建顽固派不同,洋务派主张“师夷长技以自强”,但是“中体西用”的改革严重限制了洋务运动的继续发展。戊戌变法以后,怎样对待中西文化也是一个需要重新审视的问题。当时严复、梁启超、孙中山等启蒙思想家大多具有融合中西文化的倾向。近代西方学说在中国的传播过程,反映了中国文化对外来文化的选择过程,中国传统文化的变易观与进化论,平等观与自由、平等、博爱的思想等具有一定的相容性,说明西方思想与中国传统文化多少也有些类似的基因。西学东渐对中国现代传统文化的发展起到了非常重要的作用。中国古代的传统文化和近代西方的学术思想,给处于近代中国社会基础上的中国近代文化的孕育提供了丰富的思想素材,这直接为五四新文化运动的爆发做了铺垫。

第2章　传承红色的革命文化

2.1　中西文化的历史碰撞

中西文化的碰撞是中国近代以来思想文化发展的重要内容。中西文化这一历史的碰撞使中国传统文化的内容与形式都发生了很大的变化，从而为马克思主义在中国的传播与发展奠定了文化基础。换言之，五四新文化运动爆发以后，马克思主义才逐渐为中国文化所接纳，并推进了中国传统文化的发展。马克思主义的传播和毛泽东思想的产生正处于20世纪以来西学东渐、中西文化激烈碰撞，以及中国先进分子为创造新文化而努力的社会历史阶段。

在与西方文化交锋碰撞的过程中，中国传统文化越来越显得力不从心。一直以来，以儒学为主体的传统文化已经不能有效地解决中国的这场社会大变革所带来的危机，这就使得大批仁人志士开始尝试从西方文化中寻求救亡图存的方法。从魏源主张学习西方科技的“师夷长技”，到郑观应主张学习西方政治制度，再到戊戌变法前后严复、梁启超等宣传并兼采西方思想，以及孙中山主张向西方学习等，中国学习西方文化经历了由器物到制度再到思想观念的过程。中国的大批仁人志士进行了调和中西文化冲突的努力，但都没有找到有效的途径。孙中山等资产阶级革命派所领导的辛亥革命，推翻了清朝的腐朽统治，创建了中华民国，但是辛亥革命的不彻底性使革命的胜利果实很快被袁世凯窃取。袁世凯提倡尊孔读经，康有为等对此推波助澜，当时思想界的复古思潮非常浓厚。资产阶级领导的旧民主主义革命的多次失败表明，革命不能仅仅停留在社会政治的表层，封建文化在各个方面禁锢着人们的头脑，没有思想观念的改变，中国向现代化社会的转型是不可能实现的。当时的中国亟须一种科学的思想理论来解释中国革命的一般情况，亟须一种新的文化对传统文化进行变革，并且唤起工农大众。在此背景下，陈独秀、李大钊等在1915年创办了《新青年》杂志，以此为起点，他们高举科学与民主两面旗帜，推动了反封建的新文化运动的开展。他们对尊孔复古思想进行了深入批判，在政治上和思想上给封建主义以前所未有的打击，使中国人民的思想得到了空前的解放，也为五四新文化运动奠定了思想基础。

在这一时期，如何看待以儒学为代表的中国传统文化与西方近现代文化的价值功能以及二者之间的关系仍然是思想界面临的最主要的问题。针对这一问题，学者所持的主张各异：有以陈独秀、胡适等为代表的西化派，也有以杜亚泉、梁启超等为代表的东方文化派。在一批主张中西文化融合的学者中，李大钊、李达、李汉俊、毛泽东、瞿秋白、恽代英、周恩来等接受了马克思主义，马克思主义逐渐成为中国文化发展的新方向。

西化派的主要代表人物有陈独秀、胡适、陈序经、吴稚晖、张东荪等。陈独秀等人创办《新青年》杂志，发起了新文化运动，他们大量介绍西方的学术和思想，强调向西方学习的重要性，在广大青年中产生了广泛的影响。当然，《新青年》杂志因而也遭到旧势力的攻击和谩骂，在反对派眼中，《新青年》杂志犯了“滔天的大罪”。1919年陈独秀在《〈新青年〉罪案之答辩书》中将《新青年》杂志所犯的所谓“滔天的大罪”归结为两点，即民主与科学。他说：“我们现在认定只有这两位先生，可以救治中国政治上、道德上、学术上、思想上一切的黑暗。”① 而要拥护民主与科学就不得不反对旧伦理、旧政治。“西洋人因为拥护德、赛两先生，闹了多少事，流了多少血，德、赛两先生才渐渐从黑暗中把他们救出，引到光明世界”②，并且陈独秀明确表示为了拥护民主与科学，他愿意赴汤蹈火，万死不辞。“若因为拥护这两位先生，一切政府的压迫，社会的攻击笑骂，就是断头流血，都不推辞。”③ 因此，在民主与科学旗帜的引导下，西化派首先在政治上将矛头直指封建纲领，动摇了封建思想的统治地位；其次在学风上，他们以西方的实用主义

① 《陈独秀选集》，天津人民出版社1990年版，第73页。
② 《陈独秀选集》，天津人民出版社1990年版，第73页。
③ 《陈独秀选集》，天津人民出版社1990年版，第73页。

和科学主义为武器，倡导敢于怀疑、注重实证、强调实用的态度，遏制了唯心主义思潮的泛滥，推动了自然科学事业的发展。这在当时的中国思想界、学术界都具有重要的进步意义。

在中西文化观上，陈独秀等西化派认为以儒学为代表的中国传统文化代表的是腐朽和没落。他们从各个角度对旧伦理、旧道德展开猛烈抨击，论证了旧的伦理与“近世文明社会绝不相容”，这些内容“此不攻破，吾国之政治、法律、社会道德，俱无由出黑暗而入光明”[①]。而西方文化属于现代文化，代表了人类文明和进步。关于中西文化的特点，陈独秀认为，东方民族文化的特点是“以安息为本位”“以家族为本位”“以感情为本位、以虚文为本位”，而西方民族文化的特点则是“以战争为本位”“以个人为本位”“以法制为本位、以实利为本位”。[②] 他赞誉了西方竞争健斗的风气和以个人为本位的“自由主义”，并且推崇权利平等的法治观念。另外，陈独秀贬抑了东方民族不求进取安贫为乐的习尚、以家族为本位的奴隶羁绊、外多假意内多诟谇的虚文感情。胡适在《我们对于西洋近代文明的态度》一文中通过对中西两种文明的比较探讨了西方文明的优点，最后指出，西方文明并不是唯物的文明，而是“建筑在‘求人生幸福’的基础之上，确然替人类增进了不少的物质上的享受，然而他也确然很能满足人类的精神上的要求”[③]。相反，“东方的文明的最大的特色是知足……这样受物质环境的约束与支配，不能跳出来，不能运用人的心思智力来改造环境改良现状的文明，是懒惰不长进的民族的文明，是真正唯物的文明。”[④] 1929 年，在《中国今日的文化冲突》一文中，胡适表示完全赞同陈序经全盘的西化的主张，反对折中的论调。之后，胡适又以“充分世界化”的提法说明“‘全盘’的意义不过是‘充分’而已”[⑤]。据此，西化派对中国固有的封建宗法制度及其思想展开了激烈的批判，他们全面推崇西方思想，表现了强烈的反传统的姿态。

西化派强调中西文化是时代的差异、本质上的差异：“若南北之不相并，水火之不相容也”[⑥]，并且以绝不调和的立场来对待中西文化的冲突，“新旧之间，绝无调和两存之余地。吾人只得任取其一。”[⑦]“无论政治、学术、道德、文章，西

---

① 《陈独秀书信集》，新华出版社 1987 年版，第 69 页。

② 《陈独秀选集》，天津人民出版社 1990 年版，第 28~32 页。

③ 《胡适选集》，天津人民出版社 1991 年版，第 198 页。

④ 《胡适选集》，天津人民出版社 1991 年版，第 199 页。

⑤ 《胡适选集》，天津人民出版社 1991 年版，第 368 页。

⑥ 《陈独秀选集》，天津人民出版社 1990 年版，第 28 页。

⑦ 《陈独秀书信集》，新华出版社 1987 年版，第 103 页。

洋的法子和中国的法子，绝对是两样，断断不可调和牵就的。……因为新旧两种法子，好象水火冰炭，断然不能相容；要想两样并行，必至弄得非牛非马，一样不成。"①

新文化运动高举科学与民主的旗帜，对封建主义进行了彻底的清算，为中国文化注入了前所未有的活力。但是，当时新文化运动的思想领袖将传统文化与"近世文明"直接对立起来，一味强调新文化与传统文化决裂却是不可取的。虽然陈独秀对墨子等的社会理想的赞赏、胡适对汉学治学学风的推崇，都表现出他们对传统文化精华部分价值和意义的肯定，但是大部分在历史上曾经充满生命力的内容被他们忽略了。他们不了解传统文化的生命力，从而隔断了历史。离开传统谈文化的发展，必然是无源之水、无本之木，这样，西方的先进思想也只能停留在抽象的名词、空洞的口号上。并且，西方文化本身也是精华与糟粕并存，更有国情与时代的区分，不可能更不应该对其全盘吸收。

面对陈独秀、胡适等人的猛烈攻势，以康有为等为代表的孔教会已无所作为。以《东方杂志》的杜亚泉、章士钊等为代表的东方文化派与全面西化论者展开了论战。杜亚泉等人在新文化运动前期发表了一系列文章反对全面西化论者对传统文化的彻底否定，强调要保存和弘扬中国的伦理道德传统，认为传统的伦理道德是中国的"立国之本"，只有从传统文化中才能找到救世的良方。因此，杜亚泉等人认为，对于固有的东方文明应该持一种积极的肯定态度，而不是弃之如稻草。杜亚泉说："吾以为中国道德之大体，当然可以不变，不待今日不变，即再历千百年而亦可以不变。"② 吴宓也说："然决不可以风俗制度仪节，有当改良者，而遂于宗教道德之本体，攻击之、屏弃之。盖如是，则世界灭而人道熄矣。"③1916 年，杜亚泉以伧父为笔名，在《静的文明与动的文明》一文中指出东西方文化"乃性质之异，而非程度之差"④。东西方由于社会历史环境、地理环境不同，形成的思想观念也就不同，前者表现为静的文明，后者表现为动的文明，"静"的文明在于精神文明，"动"的文明在于物质文明，"两种文明，各现特殊之景趣与色彩。"⑤ 但是杜亚泉旨在说明这两种文明应该以"静"的文明为基础，"无为西洋之物质文明所眩惑。"⑥ 在对待中西文化二者关系上，他

① 陈独秀：《今日中国之政治问题》，载陈崧编：《五四前后东西文化问题论战文选》，中国社会科学出版社 1989 年版，第 81 页。

② 《杜亚泉文存》，上海教育出版社 2003 年版，第 291 页。

③ 徐葆耕编：《会通派如是说：吴宓集》，上海文艺出版社 1998 年版，第 19 页。

④ 《杜亚泉文存》，上海教育出版社 2003 年版，第 338 页。

⑤ 《杜亚泉文存》，上海教育出版社 2003 年版，第 341 页。

⑥ 《杜亚泉文存》，上海教育出版社 2003 年版，第 349 页。

主张中西文化可以调和，中西文化的静动说正是其主要根据。他指出，尽管中国的精神文明远远优于西方的物质文明，但就人类文明所需要实现的目标来看，无论是中国的精神文明还是西方的物质文明，都非人类文明极致。中国虽"精神文明"发达，但物质文明不够发达；西方则反之，即"皆现一种病的状态；而缺点之补足，病处之治疗，乃人类协同之事业，不问人种与国民之同异，当有一致之觉悟者也"[①]。具体而言，就是用中国的传统伦理道德去解救由西方物质文明过度发展所带来的精神弊端，用西方先进的生产力弥补中国物质文明的不发达。章士钊从新旧关系立论，主张新旧文明不能截然二分，社会的发展不是新对旧的超越，而是新与旧的移行，对待新旧文化的正确态度是尽力调和折中："故今日之为青年者，无论政治方面，学术或道德方面，亦尽心于调和之道而已。"[②] 而且他进一步认为"保旧"要比"迎新"重要，即"旧者，根基也。不有旧，决不有新，不善于保旧，就不能迎新；不迎新之弊，止于不进化，不善保旧之弊则几于自杀"[③]。

东方文化派对于保留传统文化的态度，在一定程度上揭示了文化的继承性和民族性的特征，以及传统文化在文化更新中的重要性，这是值得肯定的。文化的新与旧之间存在一种绵延不断的承续关系，没有传统的新文化在现实中是不可能存在的。但是，东方文化派又过于强调传统伦理道德的优越性，认为东方文明的优点就是中国固有的伦理道德，并且这些伦理道德具有永恒的价值。这种观念缺乏对传统文化足够的反思和批判，混淆了传统文化中的精华与糟粕。

事实上，之后的"拯救西方"论正是东方文化派对传统文化过分颂扬所产生的必然结果。第一次世界大战灾难性的后果诱发了世界范围内的文化大反省。德国哲学家斯宾格勒的著作《西方的没落》在战后世界范围内引起了极大的轰动，它宣布了欧洲中心论的破灭。第一次世界大战后在欧洲及世界各地，出现了"东方文化热"和"文明对话"两股时代潮流，这也使中国一部分思想家认为西方文明已经破产，需要东方文明解救其弊端以"拯救西方"。因此，他们开始大力倡导东方文化救世说。梁启超在1920年出版的《欧游心影录》中，以亲历者的身份宣布："欧洲人做了一场科学万能的大梦，到如今却叫起科学破产来。这便

① 《杜亚泉文存》，上海教育出版社2003年版，第346页。

② 章行严：《新时代之青年》，载陈崧编：《五四前后东西文化问题论战文选》，中国社会科学出版社1989年版，第185页。

③ 章行严：《新时代之青年》，载陈崧编：《五四前后东西文化问题论战文选》，中国社会科学出版社1989年版，第188页。

是最近思潮变迁一个大关键了。”[①] 他号召中国青年以东方文化去拯救西方：“我们可爱的青年啊！立正！开步走！大海对岸那边有好几万万人，愁着物质文明破产，哀哀欲绝的喊救命，等着你来超拔他哩。”[②] 梁漱溟在1921年发表了《东西文化及其哲学》一书，在书中，他将人类的文化分为“西方文化”“印度文化”“东方文化”三种类型，并指出三种文化并无高低优劣之分，只不过是对生活的不同态度而已，三种文化各有利弊。这三种文化类型表现了三种不同的发展方向：西方文化是意欲向前看的；印度文化是意欲反身向后看的；中国文化是意欲调和、持中的。他公开维护孔子的学说，最后预测未来世界的文化就是中国文化的复兴。陈嘉异也认为未来世界的文化必定是东方文化的复兴：“东方文化（此略兼印度言）在有调和精神生活与物质生活之优越性，而尤以精神生活为其关键，最能熔冶为一者也。……东方文化（此亦单就中国而言）在有调节民族精神与时代精神之优越性，而尤以民族精神为其根柢，最能运用发展者也。……东方文化（此略兼印度言）在有由国家主义而达世界主义之优越性，而尤以世界主义为其归宿，故东方文化则可为将来之世界文化也。”[③]

以中国传统文化为主体，取长补短，融会中西，并最终谋求传统文化尤其是儒家文化的复兴，进而实现中国文化的现代化，这是东方文化派在中西文化态度上的基本观点。承认中西文明都不是人类文明的极致，都各有长短，这一点是值得肯定的，但是在此基础上提出的中西文化调和的具体主张是错误的，因为用西方的科学技术弥补中国不发达的物质文明实际上是洋务运动“中体西用”的扩展，并且西方文明的弊端、资本主义的痼疾也不是中国传统文化所能拯救的。

民族性和时代性是任何一种文化所具有的不可分离的两种属性。民族性规定了一种文化的基本特征，时代性则反映了这种文化的社会性质，一定的文化必然是在特定的时空坐标中确定自身并实现继承与发展的，因而必定是二者的统一。五四新文化运动以后的思潮，除西化派和东方文化派以外，最重要的是马克思主义派。在一批主张中西文化融合的学者中，李大钊、李达、李汉俊、毛泽东、瞿秋白、恽代英、周恩来等接受了马克思主义，使之逐渐成为中国文化发展的新方向。有的学者认为，五四新文化时期的反传统主义思潮是促进马克思主义在中国兴起的重要原因，这种观点是不成立的。中国早期的马克思主义者如李大钊、毛泽东、瞿秋白、恽代英等不仅早年深受传统文化的熏陶，而且在五四新文化

① [清]梁启超：《梁启超游记：欧游心影录　新大陆游记》，东方出版社2012年版，第15页。
② [清]梁启超：《梁启超游记：欧游心影录　新大陆游记》，东方出版社2012年版，第48页。
③ 陈嘉异：《东方文化与吾人之大任》，载陈崧编：《五四前后东西文化问题论战文选》，中国社会科学出版社1989年版，第300~309页。

运动前后所持的观点与胡适、陈独秀的激烈的反传统文化观有明显的区别。关于中西文化的特点及关系，他们站在中国文化发展的基点上，阐述了自己独特的文化主张，认为两种文化“是时间上的迟钝，而非性质上的差别”[①]。1918年6月，李大钊在《东西文明根本之异点》一文中说：“东洋文明与西洋文明，实为世界进步之二大机轴，正如车之两轮、鸟之双翼，缺一不可”，“东西文明，互有长短，不宜妄为轩轾于其间。”[②] 毛泽东也认为：“世界文明分东西两流，东方文明在世界文明内，要占个半壁的地位。然东方文明可以说就是中国文明。吾人似应先研究过吾国古今学说制度的大要，再到西洋留学才有可资比较的东西。”[③] 瞿秋白强调，不能“汩没民族的个性，戕贼他的个我，去附庸所谓‘新派’”[④]，他还说，“无民族性无世界，无动的民族性更无世界。”[⑤] 他们又承认两种文明具有时代性的差异，李大钊说“中国文明之疾病，已达炎热最高之度，中国民族之运命，已臻奄奄垂死之期”[⑥]，要想再次为世界文明做出贡献就必须“铲除种族根性之偏执”[⑦]。瞿秋白在《东方文化与世界革命》一文中指出东方文化派是竭力拥护宗法社会的文化和封建制度的人，他认为中国文化是宗法社会及封建制度的产物，宗法社会及封建制度都是以旧的经济、政治制度为基础的，“宗法社会及封建制度的思想不破，则于帝国主义的侵略无法抗拒；所以不去尽帝国主义的一切势力，东方民族之文化的发展永无伸张之日。”[⑧] 因此，他在强调文化的民族个性的同时，也提出要反对“盲目固执一民族的文化性，不善融洽适应，自疲其个性，为陈死的旧时代而牺牲”[⑨]。毛泽东虽然肯定了传统文化的价值，但是他也反对“中学为体，西学为用”，他写了一系列的文章批判传统文化落后的一面，赞扬了西方民主与科学的精神。他主张“观西洋史，当注意中西之比较，取于外乃足以资于内也”[⑩]，但是对于西方文化也不是一味推崇，1917年8月23日，他在致黎锦熙的信中说：“怀中先生言，日本某君以东方思想均不切于实际生活。诚哉其言！吾

① 《瞿秋白选集》，人民出版社1985年版，第9页。
② 《李大钊全集》第2卷，人民出版社2006年版，第214页。
③ 《毛泽东早期文稿》，湖南出版社1990年版，第474页。
④ 瞿秋白：《赤都心史》，新疆大学出版社1995年版，第19页。
⑤ 瞿秋白：《赤都心史》，新疆大学出版社1995年版，第19页。
⑥ 《李大钊全集》第2卷，人民出版社2006年版，第215页。
⑦ 《李大钊全集》第2卷，人民出版社2006年版，第217页。
⑧ 《瞿秋白选集》，人民出版社1985年版，第18页。
⑨ 瞿秋白：《赤都心史》，新疆大学出版社1995年版，第18页。
⑩ 《毛泽东早期文稿》，湖南出版社1990年版，第22页。

意即西方思想亦未必尽是,几多之部分,亦应与东方思想同时改造。"[①] 对于东西文化的关系,他们认为应该促进东西文化的融合。李大钊说:"中国民族今后之问题,实为复活与否之问题,亦为吾人所肯认。顾吾人深信吾民族可以复活,可以于世界文明为第二次之大贡献。然知吾人苟欲有所努力以达此志的者,其事非他,即在竭力以受西洋文明之特长,以济吾静止文明之穷,而立东西文明调和之基础。"[②] 但是与东方文化派有所不同,他们主张要在融合中创新,创造"第三种文明"。李大钊说:"为救世界之危机,非有第三新文明之崛起,不足以渡此危崖。"[③] 因此,他主张以苏俄文明为媒介来创造第三种文明而"演进于无疆"。毛泽东在1920年成为马克思主义者之后提出:"不但湖南,全国一样尚没有新文化。全世界尚没有新文化。一枝新文化小花,发现在北冰洋岸的俄罗斯。"[④] 瞿秋白也说:"新文化的基础,本当联合历史上相对待的而现今时代之初又相辅助的两种文化:东方与西方。……他将开全人类文化的新道路,亦即此足以光复四千余年文物灿烂的中国文化。"[⑤] 他们所主张的"新文化"既不是西化派所追求的资产阶级民主主义文化,也不是文化保守派所执着的封建文化,而是具有新质的马克思主义的文化。

《新青年》杂志从1918年的下半年开始增添了马克思主义的内容。李大钊在1919年发表了题为《我的马克思主义观》的长篇论文,自此,马克思主义开始在中国全面传播,但是在当时的时代背景下,马克思主义的思潮只是包括无政府主义的各种社会主义思潮中的一种。在此背景下,1919年7月,胡适在《每周评论》上发表了题为《多研究些问题,少谈些"主义"》的文章,引起了"问题与主义"的讨论。这是新文化运动中西化派与"第三种文明"派分歧的明朗化。胡适该文的宗旨在于主张对具有资本主义形式的中国现实政治进行点滴改良,反对根本改造,并对马克思主义持排斥态度。他在文章中指出:"现在舆论界大危险,就是偏向纸上的学说,不去实地考察中国今日的社会需要究竟是什么东西"[⑥],他说,"'主义'的大危险,就是能使人心满意足,自以为寻着包医百病的'根本解决',从此用不着费心力去研究那个具体问题的解决法了。"[⑦] 胡适的批评具有一定的合理性,李大钊也承认自己当时所发表的言论,"偏于纸上空谈的多,

① 《毛泽东早期文稿》,湖南出版社1990年版,第86页。
② 《李大钊全集》第2卷,人民出版社2006年版,第215~216页。
③ 《李大钊全集》第2卷,人民出版社2006年版,第214页。
④ 《毛泽东早期文稿》,湖南出版社1990年版,第498页。
⑤ 瞿秋白:《赤都心史》,新疆大学出版社1995年版,第19页。
⑥ 《胡适选集》,天津人民出版社1991年版,第93页。
⑦ 《胡适选集》,天津人民出版社1991年版,第97页。

涉及实际问题的少,以后誓向实际的方面去做。这是读先生那篇论文后发生的觉悟。"① 但是李大钊进一步说:"一个社会主义者,为使他的主义在世界上发生一些影响,必须要研究怎么可以把他的理想尽量应用于环绕着他的实境。所以现代的社会,主义包含着许多把他的精神变作实际的形式使合于现在需要的企图。"② 关于胡适对"根本解决"的质疑,李大钊则根据马克思主义经济基础和上层建筑的关系,指出经济制度的彻底改造对于解决具体社会问题的重要性。他认为:社会问题,恐怕必须有一个根本解决,才有把一个个具体问题都解决了的希望,"依马克思的唯物史观,社会上法律、政治、伦理等精神的构造,都是表面的构造。他的下面,有经济的构造作他们一切的基础。经济组织一有变动,他们都跟着变动。"③ 因此,"经济问题的解决,是根本解决。经济问题一旦解决,什么政治问题、法律问题、家族制度问题、女子解放问题、工人解放问题,都可以解决。"④

李大钊还针对实用主义只见局部、不见整体的弊端说:"我觉得'问题'与'主义',有不能分离的关系。……要想使一个社会问题,成了社会上多数人共同的问题,应该……先有一个共同趋向的理想、主义,作他们实验自己生活上满意不满意的尺度(即是一种工具)。那共同感觉生活上不满意的事实,才能一个一个的成了社会问题,才有解决的希望。"⑤ 在"问题与主义"之争中,尽管胡适对马克思主义表现了排斥的态度,但是他发起的这一讨论还是有积极意义的,他得到了早期马克思主义者的善意回应,让中国先进知识分子在传播马克思主义的同时,开始关注中国的实际问题,对推进马克思主义与中国实际相结合进行了有益探索。

马克思主义的最初传播,以北京、上海为中心,波及广州等地。李大钊、陈溥贤、陈启修、李达、李汉俊、陈独秀、陈望道、胡汉民、戴季陶等都是早期著名的马克思主义传播者。当时传播马克思主义的刊物,主要有《新青年》、《每周评论》、《晨报》副刊、《星期评论》、《建设》、《民国日报》副刊《觉悟》、《中华新报》等。随着马克思主义传播范围的扩大,更多的知识分子开始转向马克思主义,他们为了探索真理前往俄国、欧洲考察无产阶级革命思想的策源地,如瞿秋白、蔡和森、周恩来等;毛泽东、恽代英、邓中夏等更多的青年在国内进行了改造社会的尝试,进而形成了马克思主义传播的第二次高潮。毛泽东等将马克思主义理论研究和

① 《李大钊文全集》第3卷,人民出版社2006年版,第3页。
② 《李大钊文全集》第3卷,人民出版社2006年版,第3页。
③ 《李大钊文全集》第3卷,人民出版社2006年版,第6页。
④ 《李大钊文全集》第3卷,人民出版社2006年版,第6页。
⑤ 《李大钊文全集》第3卷,人民出版社2006年版,第1页。

宣传推向了中国的社会实践活动，努力用马克思主义理论去探索研究中国的国情，在实践中思考符合中国国情的策略，探索中国革命的道路。

五四新文化运动从思想领域动摇了封建统治的根基。西化派与东方文化派作为新文化运动时期两个重要的思想派别，对于促进人们的思想解放、推动中国文化的现代化都起到了非常重要的作用。西化派主张文化更新，这是正确的，但是文化更新不在于形式而在于精神，而传统文化是民族精神的绵延，传统文化不仅具有思想资源的意义，而且它本身也构成了中国的国情与实际情况。西化派一味强调与传统文化割裂，全盘否定传统，对西方文化又不加分析地全盘接受，这是一种极端的主张，它过于强调文化的时代性而忽视文化的民族性与绵延性，从而极易形成对自身文化的自卑感。胡适就说过："我们必须承认我们自己百事不如人，不但物质机械上不如人，不但政治制度上不如人，并且道德不如人，知识不如人，文学不如人，音乐不如人，艺术不如人，身体不如人。"① 这就流露出一种明显的民族文化自卑的错误心理。同样，东方文化派对于传统伦理道德的过度优越感又容易使人滋长文化自负的情绪，无视文化的时代性差异，混淆传统文化中精华与糟粕，这必然会导致文化保守主义。因此，西化派和东方文化派在促进人们思想解放、推动中国文化现代化的同时，又各自具有一定的弊端和不足，这也为马克思主义在中国的传播创造了条件。

2.2 马克思主义中国化的文化意义

马克思主义之所以能够在中国传播并与中国的革命实践相结合，是因为中国近代社会政治、经济条件发生了剧烈的变化，这使得传统文化的内容和形式也随之发生了变化，从而为马克思主义在中国的传播与发展奠定了基础。1915年，陈独秀、胡适、李大钊等人发起的新文化运动是中国历史上一场伟大的思想启蒙运动，它提倡民主与科学、反对专制与迷信，提倡新道德、反对旧道德，提倡新文学、反对旧文学，启发了人民的民主主义意识，对中国人尤其是青年学生的觉醒起到了巨大的推动作用。

1917年俄国十月革命爆发以后，陈独秀、李大钊等受到俄国十月革命胜利的鼓舞，开始学习和传播马克思列宁主义，这是中国在新的历史条件下的又一次思想解放潮流，激励人们再一次迫切地去探求救国救民的真理，从而为马克思列

---

① 《胡适选集》，天津人民出版社1991年版，第280页。

宁主义在中国的广泛传播创造了有利条件。毛泽东曾经指出:“十月革命一声炮响,给我们送来了马克思列宁主义。十月革命帮助了全世界的也帮助了中国的先进分子,用无产阶级的宇宙观作为观察国家命运的工具,重新考虑自己的问题。走俄国人的路——这就是结论。”[①] 五四运动的爆发使新文化运动发生了质的改变,五四运动之后,中国开始进入新民主主义革命时期。中国先进知识分子的思想开始转变,他们在对众多社会思潮进行学习、对比的同时,认识到了马克思主义的真理性与科学性。广大的先进知识分子开始重点学习、宣传社会主义;他们继续高举“民主”与“科学”的旗帜,但已经以马克思主义思想为指导,以无产阶级为领导,主张以革命的行动,彻底打倒帝国主义和封建主义在中国的统治。宣传马克思主义成为五四运动之后新文化运动的主流,马克思主义信仰者也逐渐形成了规模。

马克思主义是有关全人类解放的理论,它揭示了世界发展的普遍规律,特别是人类社会历史发展的普遍规律,其终极目标是实现共产主义,实现每个人的全面发展。中国人民之所以选择了马克思主义,归根结底是由于马克思主义自身具有改变中国人命运的思想力量。但是马克思主义能够在中国扎根,不仅因为其自身的真理性与中国社会历史发展的时代性,其中必然也有一定的文化缘由。从文化传播学的角度讲,文化传播往往是双向的、互动的过程,两种文化的关系及其自身价值在一个互动的过程中得到充分的体现。外来的文化要在文化传统具有差异的国度进行广泛的传播,并且对该国的政治、经济、社会产生深刻而久远的影响,必然要与该国的文化传统相融合,形成一种新质的文化形态,否则这种外来的文化就无法在该国扎根成长。马克思主义传入中国的过程实际上是中西文化相互交融、相互选择的过程。马克思主义普遍原理与中国革命具体实践相结合,也就是马克思主义与中国文化的有机结合。对于中国传统文化来讲,马克思主义是一种外来文化,其要在有着几千年文化传统的中国进行传播、发展,同样要与中国优秀的传统文化相结合,即要具有中国的民族形式,这实际上是一种马克思主义中国化与中华文化的关系问题。只有具有了中国风格和中国气派并为中国人民所掌握,马克思主义才能在中国文化的土壤中扎根。

马克思主义在中国的传播过程,也反映了中国传统文化对外来文化的选择过程。马克思主义之所以能够在中国传播表明了中国传统文化中多少也有类似的文化基因,尤其是传统文化的精华在近代经过五四新文化运动民主与科学的思潮的充实,与马克思主义多有吻合之处。很多学者做了相关的阐述。张岱年、程宜山认为,中国人接受马克思主义,与中国传统文化有密切关系。中国文化

---

① 《毛泽东选集》第4卷,人民出版社1991年版,第1471页。

中本有悠久的唯物论、无神论、辩证法的传统,有民主主义、人道主义思想的传统,有许多历史唯物主义的思想要素,有大同的社会理想,如此等等,因而马克思主义很容易在中国的土壤里生根。[①] 李泽厚说:“马克思列宁主义的实践性格非常符合中国人民救国救民的需要……重行动而富于历史意识,无宗教信仰却有治平理想,有清醒理智又充满人际热情……,这种传统精神和文化心理结构,是否在气质性格－思维习惯和行为模式上,使中国人比较容易接受马克思主义呢?其中特别是,马克思主义主要作为一种历史观与中国文化心理尊重历史经验富有历史观念历史情感,更有相互接近的地方。”[②] 汪澎白也指出:“我国传统文化具有一些与马克思主义相同或相近的先天素质。诸如辩证的思维方式;实用理性的致思路线(实事求是);以群体为本位的价值取向;‘治国平天下’的忧患意识;追求均等与‘大同’的社会理想;等等,这些先天素质,正是促使知识分子在十月革命以后迅速地选择了马克思主义的主观原因。而马克思主义一旦在中国落户,也必然要被迫改变自己的形式,从而成为中国化的马克思主义。”[③]

我们认为,中国传统文化中崇尚平等、大同理想等伦理思想,强调人的主体实践,发达的辩证观、知行观等内容与马克思主义多有契合之处。

一、大同理想

大同理想与社会主义、共产主义理想的契合推动了马克思主义在中国的传播。共产主义学说是马克思、恩格斯创立的无产阶级思想体系,它为人类展示了一个美好的未来,敦促人们为实现共产主义社会而奋斗。在共产主义社会里,没有阶级、没有剥削、财产公有、人人平等。而中国传统文化中“大道之行,天下为公”的理想也是几千年来人们所追求的最高境界。这种思想源远流长,儒家、道家都对此有所阐述。孔子认为,理想的社会境界应该是“老者安之,朋友信之,少者怀之”[④],而老子认为,理想社会的最高境界是一种顺其自然、无为而治的社会状况。《礼记·礼运》中描绘出一幅无限美好的大同社会:“故人不独亲其亲,不独子其子,使老有所终,壮有所用,幼有所长,鳏寡孤独废疾者皆有所养。男有分,女有归;货恶其弃于地也,不必藏于己;力恶其不出于身也,不必为己。是故

① 张岱年、程宜山:《中国文化与文化论争》,中国人民大学出版社1990年版,第190页。
② 李泽厚:《中国思想史论》下册,安徽文艺出版社1999年版,第972页。
③ 汪澍白:《二十世纪中国文化史论》,中国青年出版社1999年版,第212~213页。
④ [宋]朱熹注:《论语章句集注》,《四书五经》上册(影印),天津市古籍书店1988年版,第21页。

谋闭而不兴,盗窃乱贼而不作,故外户而不闭。是谓大同。"[①] 这一对大同理想详尽而美好的描述在中国思想史上产生了极为深远的影响。

近代以来,传统的大同思想被赋予了新的时代精神。太平天国的农业社会主义的理想、康有为资产阶级自由派改良主义的"大同"理想和孙中山资产阶级革命派的"民生主义"理想,都是对古代天下为公大同思想的进一步发展。

太平天国在其施政纲领《天朝田亩制度》中,明确宣布要建立"有田同耕、有饭同吃、有衣同穿、有钱同使"的农民心中的理想社会。洪秀全的这种革命思想,虽然是从西方基督教中得来的启示,但也明显受到传统大同思想的影响。康有为在其所著的《大同书》中也描绘了一幅美好的社会景象,构思了一个没有剥削、没有压迫的理想社会。在大同社会里,没有国家,没有阶级。"公地之民,不论何种何国,一律平等。"[②] 经济上废除私有制,以财产公有制为基础,人们住有所居;政治上废除国家,走向"去国界合大地"的盛世。孙中山更以"天下为公"自勉,孙中山认为三民主义的意思,就是民有、民治、民享,即国家是人民所共有、政治是人民所共管、利益是人民所共享。人民对于国家,不只是共产,一切事权都是要共的,这才是真正的民生主义,就是孔子所希望的大同世界。孙中山这里所说的"大同世界"指的是一种理想的社会制度,即在一个国家里,按照民有、民治、民享的要求,建立一个和谐的社会,最大限度地为人民谋求福祉,实现民生主义。从洪秀全到孙中山,他们有关大同理想的设计,虽然在基本立场以及对未来的设想等方面存在明显的不同,却深刻反映了历经苦难的近代中国人民对自由平等及美好生活的热切向往,也给予了中国传统社会"大同理想"新的含义。

中国早期的马克思主义者,如李大钊、陈独秀、毛泽东、瞿秋白等人几乎都深受传统文化的影响,并且经过近代西学的启蒙而最终接受了马克思主义。李大钊曾经指出:"现在人群进化的轨道,都是沿着一条线走,——这条线就是达到世界大同的通衢,就是人类共同精神联贯的脉络"[③],这样,全世界将会"把种界国界完全打破。这就是我们人类全体所馨香祷祝的世界大同"[④]!早年的毛泽东在给黎锦熙的信中说:"立太平世为鹄,而不废据乱、升平二世。大同者,吾人之鹄也。"[⑤] 吴玉章也曾说过:"社会主义书籍中所描绘的人人平等、消灭贫富的远大理想大大鼓舞了我,使我联想起孙中山先生倡导的三民主义

① [元]陈澔注:《礼记集说》,《四书五经》中册(影印),天津市古籍书店 1988 年版,第 120 页。
② [清]康有为:《大同书》,内蒙古人民出版社 2005 年版,第 98 页。
③ 《李大钊全集》第 2 卷,人民出版社 2006 年版,第 283 页。
④ 《李大钊全集》第 2 卷,人民出版社 2006 年版,第 283 页。
⑤ 《毛泽东早期文稿》,湖南出版社 1990 年版,第 89 页。

和中国古代世界大同的学说。所有这些东西,在我脑子里交织成一幅未来社会的美丽远景。”[①] 由此可见,20 世纪初,社会主义理想吸引着很多进步青年。而马克思主义认为,私有制是产生一切不合理现象的根源,因此要为实现无产阶级和全人类的解放,要为废除私有制而奋斗。这与中国传统的社会理想有相通之处。先进知识分子在接受马克思主义的时候,经常将马克思主义与中国传统文化中的大同思想相联系,这反映出大同思想在他们选择马克思主义时所产生的重要影响。当然,中国传统的大同理想是建立在小农经济基础上的空想的社会理想,是自然经济的产物,即使到了近代,大同理想也是由一些先进知识分子对当时社会的不满而产生的一种空想,并不是建立在人类社会历史发展规律之上的先进思想。这与建立在科学理论基础之上的共产主义理想是有本质区别的。共产主义理想是建立在一定的历史,特别是欧洲资本主义历史基础上的,其旨在建立实现人的自由而全面发展的社会形态,这不是脱离实际的空想,而是无产阶级和全人类利益的集中体现,需要在实践中不断加以完善并进行改革。

二、认识论

传统文化中的认识论同样为马克思主义的传播提供了丰厚的文化土壤。实践观是马克思主义哲学最基本的观点,与费尔巴哈等的机械唯物主义哲学不同,它从人类实践这一唯物主义根本观点出发来批判黑格尔的绝对唯心主义。马克思在《关于费尔巴哈的提纲》中指出:“全部社会生活在本质上是实践的。”[②] 马克思认为,一切认识活动都起源于实践,只有通过人们的实践,通过人的主观能动性的发挥,人类社会内在规律的发展才有可能。这是马克思主义区别于其他哲学流派最主要的特征。

中国传统文化主张认识与实践相统一,强调实践的重要性的传统与马克思主义实践改造世界的观点不谋而合。“知”与“行”是中国传统认识论的一对范畴,从先秦子学到明清实学,历史上有很多思想家对其进行过论述。虽然对于“知行之辩”各家所持观点不同,但都非常强调“知”与“行”的不可分割性,并且强调“行”的重要性。荀子在知行关系上明确指出行重于知。他说:“不闻不若闻之,闻之不若见之,见之不若知之,知之不若行之。学至于行之而止也。”[③] 在荀

① 吴玉章:《吴玉章回忆录》,中国青年出版社 1978 年版,第 105 页。

② 《马克思恩格斯文集》第 1 卷,人民出版社 2009 年版,第 501 页。

③ [清]王先谦撰:《荀子集解》,中华书局 1988 年版,第 142 页。

子看来，学习是一个从“闻”到“行”的过程，而在这个过程中“行”最为重要。朱熹对知行关系做了比较系统的论述。首先，他认为，知与行相辅相成，认识与实践是相互联系的，二者不可分离：“知行常相须，如目无足不行，足无目不见。”① 但同时他又强调“论先后，当以致知为先”②，认识在先，实践在后；“论其轻重，当以力行为重”③，实践又重于认识。不同于朱熹的“知先行后”，王阳明主张“知行合一”，在他看来，知对于行来说，知识主使，行对知来说，行是知的功夫、表现。王阳明主张人心向善，并以良知为本体，凸显了主体的能动性和自觉性，这是传统文化中知行范畴发展的一个重要的环节。明清之际，知行观更是成为思想家讨论的重要范畴，许多思想家在“经世致用”思想的指导下，更加强调“行”的重要性。王夫之强调“行先知后”，他说：“盖天下之事，固因豫立，而亦无先知完了方才去行之理。”④ 也就是说，世界上的事情，之所以是现在的样子，并不是因为早知道它是这样而去做，而是在做的过程中逐渐认识它的。而且，“行可兼知，而知不可兼行”⑤，突出了行高于知的思想。王夫之强调行的重要性，认为行是知的来源和基础，没有行就没有真正的知。但是同时他也辩证地看待二者的统一性，即行先于知，但知的引导作用也很重要，因此他说：“知行相资以为用。”⑥

传统的知行学说具有十分丰富的内容。无论是“知先行后”“行先知后”还是“知行合一”，它们都强调知与行辩证统一的关系以及行的重要性。但是传统文化中的“知行观”并不是纯粹的认识论学说，还具有浓重的道德伦理色彩。知与行的对象是道德伦理范畴，体现了一种道德观，归结为道德认识与道德实践的关系，将道德实践看作人最根本的实践活动，其目的在于维护社会的稳定。

近代以来，知行问题仍然得到极大关注。孙中山认为“知之非艰，行之惟艰”⑦，人类认识世界的过程是：“其始则不知而行之，其继则行之而后知之，其终则因已知而更进于行。”⑧ 这就是说，行是获得知识的前提，通过行，人们从不知到知，而后又从知回到行。他又说：“先求知而后行，而知永不能得，则行无其期也。”⑨ 如果先求知而后行的话，那么不但知不可得而且也使行遥遥无期了。因

① ［宋］黎靖德编：《朱子语类》第1册，中华书局1994年版，第148页。
② ［宋］黎靖德编：《朱子语类》第1册，中华书局1994年版，第148页。
③ ［宋］黎靖德编：《朱子语类》第1册，中华书局1994年版，第148页。
④ ［清］王夫之：《船山全书》第6册，岳麓书社1988年版，第410页。
⑤ ［清］王夫之：《船山全书》第2册，岳麓书社1988年版，第314页。
⑥ ［清］王夫之：《船山全书》第4册，岳麓书社1988年版，第1 256页。
⑦ 《孙中山选集》上卷，人民出版社2011年版，第167页。
⑧ 《孙中山选集》上卷，人民出版社2011年版，第167页。
⑨ 《孙中山选集》上卷，人民出版社2011年版，第166页。

此对于革命实践,他指出:"夫维新变法,国之大事也,多有不能前知者,必待行之成之而后乃能知之也。"[①] 他号召人们应当勇于行。他提出了"知难行易"学说,号召人们以行而求知。孙中山的知行观,加深了中国传统知行观的认识论色彩,他将知与行和革命实践联系起来,用以指导革命,更加强调了知行关系中对主体主观能动性的发挥。李大钊等早期马克思主义宣传者对经济绝对论和阶级斗争关系的执着兴趣,李汉俊关于马克思主义是主张物质与精神一体的想法,都表明了他们对人的主观能动性的重视。

三、民本思想

中国传统文化中的民本思想与马克思主义的群众史观有一定的相通性。马克思主义的群众史观是马克思主义先进性的重要标志之一,它科学客观地评价了人民群众在历史中的地位与作用,强调人民群众是历史的创造者。马克思主义的群众史观正视人民不是维护统治的手段,而把人民当作目的本身,从而维护了人的主体地位,最终致力于实现人的自由全面发展,是真正的"以人为本"。

在中国历史上,从周朝开始就产生了朴素的民本思想,所谓"民之所欲,天必从之"[②]。之后,民本思想得到了更加全面的发展和阐述,比如孟子的"民为贵,社稷次之,君为轻"[③],荀子也说"君者舟也,庶人者水也。水则载舟,水则覆舟"[④],等等。这些都是中国传统文化中民本思想的集中体现,也是中国传统文化中重要的思想资源。但是民本思想是建立在"君"与"民"、统治者与被统治者的基础之上的,是将人民置于被统治地位之上的,其出发点是治民安邦,维护的是统治阶级的利益。

明末清初,随着阶级矛盾的深化,以黄宗羲、顾炎武、王夫之为代表的思想家对君主专制进行了深刻的批判,指责君主制度是天下之大害,黄宗羲提出"天下为主,君为客"[⑤] 和"盖天下之治乱,不在一姓之兴亡,而在离民之忧乐"[⑥] 的政治思想,他还进一步指出君臣关系不是主仆关系,而是平等合作的关系。这种社会政治思想的进步使古代民本思想的积极方面的作用得到了极大的发挥,虽

---

① 《孙中山选集》上卷,人民出版社 2011 年版,第 166 页。
② [宋]蔡沈注:《书经集传》,《四书五经》上册(影印),天津市古籍书店 1988 年版,第 66~67 页。
③ [宋]朱熹注:《孟子章句集注》,《四书五经》上册(影印),天津市古籍书店 1988 年版,第 111 页。
④ [清]王先谦撰:《荀子集解》,中华书局 1988 年版,第 544 页。
⑤ [清]黄宗羲:《明夷待访录》,中华书局 1981 年版,第 2 页。
⑥ [清]黄宗羲:《明夷待访录》,中华书局 1981 年版,第 4 页。

然其与近代的民主思想仍然有相当大的距离，但已经开始摆脱旧的民本思想的束缚。到了近代，孙中山的“三民主义”赋予了古代民本思想新的时代内涵。孙中山强调主权在民，民有、民享、民治，重视三权分立，“三民主义”中的民权思想使得传统的民本思想被注入了新的内容，被纳入了近代民主主义的体系之中。

传统文化中的民本思想强调人民在维护国家、社会稳定，推进历史发展中的巨大作用，这与马克思主义的人民是历史的创造者的群众史观等观点有相通之处。正是这种共鸣，使马克思主义能够为中国人所接受和认可。传统文化中朴素的民本思想也成为马克思主义在中国广泛传播的思想基础。

四、辩证法

中国传统文化中的辩证法思想是传统文化与马克思主义的又一契合点。《周易》提出“一阴一阳之谓道”①，即把对立面的相互作用作为事物运动变化的总根源和根本规律。道家以阴阳变易为基础，老子从宇宙生成论的角度重视事物矛盾的差异性与同一性，特别重视事物对立面的互相转换，如“反者道之动”“物极必反”，等等。这种辩证法是朴素的、直观的，还没有上升到科学的角度，但其中的辩证思维方法给予我们深刻的启迪，为我们掌握和运用马克思主义的辩证法奠定了基础。

马克思主义既吸收了费尔巴哈唯物主义的合理内核，又摒弃了费尔巴哈的孤立、静止、琐碎的哲学体系，重新肯定并发展了从康德到黑格尔所建立的庞大的、辩证发展的历史体系。中国早期的马克思主义者首先重视和宣传唯物史观，无一例外，正是因为唯物史观科学地揭示了历史发展的规律。随着中国革命的兴起，瞿秋白等大力宣传辩证法，证明了在中国应用马克思主义的现实需求。

五四运动以后，马克思主义逐渐成为新文化的主流。而传统文化精神的某些方面与马克思主义的思想品格有相通之处，尤其是近代以来先进中国人对传统社会理想的发展和充实在一定程度上削弱了中国人对马克思主义的认知障碍，这使得马克思主义为中国先进分子所接受并得到广泛传播。但是马克思主义与中国传统文化的契合只是马克思主义中国化的一个前提，马克思主义中国化的进程本身又必然是两种文化的融合，这种融合使中国文化逐步走向现代化。马克思主义的传播、马克思主义同中国传统文化的有机整合、毛泽东思想的形

① [宋]朱熹注:《周易本义》,《四书五经》上册(影印),天津市古籍书店 1988 年版,第 58 页。

成，使中国整个思想领域发生了深刻的变革。

如何对待马克思主义关系到中国革命的前途。在中国共产党成立前后，早期的马克思主义者就注意到要把马克思主义与中国实际结合起来。李大钊指出，马克思主义“实在是一个时代的产物”，因此“不可拿这一个时代一种环境造成的学说，去解释一切历史，或者就那样整个拿来，应用于我们生存的社会”[①]。“大凡一个主义，都有理想与实用两面。……我们只要把这个那个的主义，拿来作工具，用以为实际的运动，他会因时、因所、因事的性质情形生一种适应环境的变化。”[②] 恽代英强调：“我们的任务，在寻求一个适合国情，而又合于共产主义的方针来。”[③] 可以看出，在中国共产党成立之初，中国共产党人就已经认识到应用好马克思主义必须了解中国国情。

从 20 世纪 20 年代后期至 20 世纪 30 年代前期，中国共产党党内教条主义盛行，党内教条主义者把共产国际的决议和苏联经验神圣化，这使中国革命几乎陷入绝境。以毛泽东同志为主要代表的中国共产党人始终同“教条主义”进行斗争，自觉地将马克思主义与中国实际结合起来。1930 年，毛泽东发表了《反对本本主义》一文，在对待马克思主义的问题上，他一方面强调“我们的斗争需要马克思主义”，“马克思主义的‘本本’是要学习的”[④]；另一方面，他又坚决反对把马克思主义教条化，针对党内教条主义者忽视实践经验和传统文化的错误倾向，1938 年 10 月，毛泽东在中国共产党召开的六届六中全会上，明确提出了“使马克思主义在中国具体化”的课题。他强调“对于中国共产党说来，就是要学会把马克思列宁主义的理论应用于中国的具体的环境。……因此，使马克思主义在中国具体化，使之在其每一表现中带着必须有的中国的特性，即是说，按照中国的特点去应用它，成为全党亟待了解并亟须解决的问题”[⑤]。1939 年 10 月，毛泽东在《〈共产党人〉发刊词》中，明确提出了“马克思列宁主义的理论和中国革命的实践相结合”的思想原则。在之后的革命实践中，以毛泽东同志为主要代表的中国共产党人把马克思主义普遍原理与中国革命具体实践结合起来，通过与中国文化的融合，形成了具有中国风格和中国气派的中国化的马克思主义——毛泽东思想。在毛泽东思想的指导下，中国人民取得了新民主主义革命的胜利，在此过程中也多方面地丰富和发展了包括唯物辩证法在内的马克思主义。

---

① 《李大钊全集》，人民出版社 2006 年版，第 35 页。

② 《李大钊全集》，人民出版社 2006 年版，第 3 页。

③ 《恽代英文集》上卷，人民出版社 1984 年版，第 258 页。

④ 《毛泽东选集》第 2 卷，人民出版社 1991 年版，第 694~695 页。

⑤ 《毛泽东选集》第 2 卷，人民出版社 1991 年版，第 534 页。

（一）赋予马克思主义民族化的形式

毛泽东在运用传统文化促进马克思主义中国化的过程中，首先赋予了马克思主义民族化的形式。毛泽东强调："中国文化应有自己的形式，这就是民族形式。"① 他说："使马克思主义在中国具体化，使之在其每一表现中带着必须有的中国的特性，即是说，按照中国的特点去应用它，成为全党亟待了解并亟须解决的问题。洋八股必须废止，空洞抽象的调头必须少唱，教条主义必须休息，而代之以新鲜活泼的、为中国老百姓所喜闻乐见的中国作风和中国气派。"② 民族化的形式首先表现为表达方式、语言风格的民族化，就是用中国优秀文化的表达方式和中国老百姓所喜闻乐见的语言形式，深入浅出地阐述马克思主义基本原理。

毛泽东在汲取传统文化精华的过程中，最为重要的就是用传统文化中"实事求是"的概念来解释马克思主义理论的实质。"实事求是"成为毛泽东思想的精髓。"实事求是"是中国古代的治学方法，出自《汉书·景十三王传》。它主张通过对儒学字义的充分考证，明了经义的本意，指的是实证的治学态度和方法。明清时期，考据学兴起，重提汉代的"实事求是"，将其当作治学的宗旨和基本方法。随着实学思潮的高涨，实事求是不仅作为一种治学态度，而且作为一种思想态度开始在社会政治领域发挥影响力。五四运动前后西方新思潮大量涌入，提倡科学，注重"实验""实践"，使传统的治学方法和认知原则上升到了认识论的高度。毛泽东早年深受儒学思想影响，重视实践和实用，他所接受的"实事求是"不是烦琐考据的"实事求是"，而是强调探讨"义理"和"经世"。延安整风运动期间，毛泽东对实事求是的科学内涵做了马克思主义界定。他在《改造我们的学习》的报告中指出："'实事'就是客观存在着的一切事物，'是'就是客观事物的内部联系，即规律性，'求'就是我们去研究。我们要从国内外、省内外、县内外、区内外的实际情况出发，从其中引出其固有的而不是臆造的规律性，即找出周围事变的内部联系，作为我们行动的向导。"③ 实事求是是毛泽东哲学思想的精髓，是毛泽东思想的出发点、根本点。毛泽东还用"有的放矢"来说明马克思主义关于理论与实际相结合的原则；用"过河、弹钢琴"来表述党的工作方法；用"愚公移山"来比喻将革命进行到底的决心；用"不入虎穴，焉得虎子""吃一堑长一智""兼听则明，偏信则暗""无源之水，无本之木""解剖麻雀"等中国人熟知的短语，对抽象的马克思主义哲学原理进行形象深刻的阐述，给人以新颖而形象

① 《毛泽东选集》第 2 卷，人民出版社 1991 年版，第 707 页。
② 《毛泽东选集》第 2 卷，人民出版社 1991 年版，第 534 页。
③ 《毛泽东选集》第 3 卷，人民出版社 1991 年版，第 801 页。

的感受和深刻的印象，这极大地拓展了马克思主义在中国社会传播的范围。

（二）以优秀传统文化补充和发展马克思主义

毛泽东在阐述马克思主义中国化理论时，对中国传统文化采取一种批判继承的态度，并对其意义做出了重要的评述。一方面，他充分肯定了中国传统文化的价值，强调在学习和研究马克思主义的同时，也要研究中国的现状和中国的历史。他说："我们这个民族有数千年的历史，有它的特点，有它的许多珍贵品。对于这些，我们还是小学生。今天的中国是历史的中国的一个发展；我们是马克思主义的历史主义者，我们不应当割断历史。从孔夫子到孙中山，我们应当给以总结，承继这一份珍贵的遗产。"[①] 另一方面，毛泽东也提出了清理传统文化中糟粕和缺陷的任务："中国的长期封建社会中，创造了灿烂的古代文化。清理古代文化的发展过程，剔除其封建性的糟粕，吸收其民主性的精华，是发展民族新文化提高民族自信心的必要条件；但是决不能无批判地兼收并蓄。"[②] 毛泽东思想是马克思主义的丰富和发展，其基本内容具有明显的中国文化特色，如突出主观能动作用的实践论、以矛盾为核心的辩证法、以人民为本的政治理念等。

实践的观点是马克思主义理论的重要特征，马克思恩格斯正是从实践的观点出发来批判黑格尔的绝对唯心主义的。毛泽东在坚持马克思主义科学实践观的基础上，从中国历史上"知与行"的概念中汲取营养，创造性地发展了马克思主义实践理论。知与行是中国传统哲学的一对范畴，中国传统哲学的实践精神几乎在所有的思想流派中都有所体现。毛泽东在总结中国哲学史中关于知行关系的各种见解的基础上指出，所谓知行关系就是理论与实践的关系。《实践论》不仅解决了认识与实践关系的问题，还科学地阐明了认识的全过程。"通过实践而发现真理，又通过实践而证实真理和发展真理。从感性认识而能动地发展到理性认识，又从理性认识而能动地指导革命实践，改造主观世界和客观世界。实践、认识、再实践、再认识，这种形式，循环往复以至无穷，而实践和认识之每一循环的内容，都比较地进到了高一级的程度。这就是辩证唯物论的全部认识论，这就是辩证唯物论的知行统一观。"[③] 他还指出："我们的结论是主观和客观、理论和实践、知和行的具体的历史的统一，反对一切离开具体历史的'左'的或右的错误思想。"[④] 他把马克思主义一切从实际出发的理论同中国古代的"知行统一"的思想结合起来，形成了实事求是的思想路线。根据实事求是的思想路线要求，把"主观与客观、理论与实践、知和行的具体的历史的统一"规定为马克思主义

① 《毛泽东选集》第2卷，人民出版社1991年版，第533~534页。
② 《毛泽东选集》第2卷，人民出版社1991年版，第707~708页。
③ 《毛泽东选集》第1卷，人民出版社1991年版，第296~299页。
④ 《毛泽东选集》第1卷，人民出版社1991年版，第296页。

认识论的总原则。这就赋予了马克思主义认识论以民族的形式内容,也为马克思主义认识论在中国的发展增加了新的内容。

毛泽东还批判继承了中国传统文化中的辩证法思想,并用这些思想为马克思主义辩证法做出了重要的贡献。中国传统文化中的矛盾学说是中国朴素辩证法思想的精华。毛泽东在《矛盾论》一文中深刻阐述了矛盾普遍性与特殊性的关系问题。毛泽东指出:“对于物质的每一种运动形式,必须注意它和其他各种运动形式的共同点。但是,尤其重要的,成为我们认识事物的基础的东西,则是必须注意它的特殊点,就是说,注意它和其他运动形式的质的区别。”[①] 毛泽东将矛盾普遍性、矛盾特殊性这一“共性、个性”“绝对相对的道理”规定为“事物矛盾的问题的精髓”。在此基础上,毛泽东要求中国共产党人必须运用马克思主义基本原理和方法,不仅要从总体性、全局性把握问题,还要从具体性、历史性方面相互联系地对问题加以解决。因此,要从中国特殊国情出发,总结中国革命的独特经验和特殊规律,从而更好地指导实践。

此外,毛泽东在成为马克思主义者之后,虽然对传统治国思想做了批判,但是他对其中的民本思想,重视道德教育、施仁政、尚贤等思想,以及法不阿贵、刑以禁奸等思想,在长期革命实践中加以了吸取和发挥,并运用马克思主义唯物史观,创立了“一切为了群众,一切依靠群众”“从群众中来,到群众中去”的群众路线,实现了对中国古代民本思想的超越和升华,肯定了人的主体地位和作用,符合最广大人民群众的根本利益,对中国特色社会主义文化建设起到了巨大的促进作用。

综上所述,马克思主义与中国传统文化有一定的契合点,这是马克思主义在中国得以迅速而广泛传播的重要文化条件;以毛泽东同志为主要代表的中国共产党人,将马克思主义与传统文化融合,开创了马克思主义中国化的道路,促成了中国文化新模式的建构。而马克思主义与中国传统文化的融合,包含两个方面的意思:一是用中国文化的表达方式和中国老百姓所喜闻乐见的语言形式,深入浅出地阐述马克思主义基本原理;二是要在马克思主义的指导下,促进中国传统文化的现代转型,即实现中华优秀传统文化的创造性转化和创新性发展,同时要用传统文化中仍然具有生命力的内容丰富和发展马克思主义。

毛泽东思想的产生和发展为中国文化的更新开辟了道路。毛泽东通过马克思主义思想的指导作用,结合中国的文化实践构建起中国历史上从未有过的新型文化体系,赋予了中国文化在向现代社会转型中的主动精神,马克思主义的唯物史观、辩证唯物主义哲学,使中国传统哲学中注重主体实践、实事求是的辩

① 《毛泽东选集》第1卷,人民出版社1991年版,第308页。

证思维等方面的内容得到发展,从而创造了具有中国特色的理论和实践。近代中国面对先进的西方文化,经历了中体西用、西体中用、全盘西化等思潮的更迭,但它们都没从根本上解决中国先进文化的发展问题。直到马克思主义传入中国,中国共产党人在科学世界观和方法论的指导下,创造了新的文化模式。实践证明,只有在马克思主义的自觉指导下,才能科学地、辩证地对中国传统文化进行创造性转化与创新性发展;也只有在马克思主义的指导下才能坚守中国文化立场,不忘本来、吸收外来、面向未来,为实现中华文化的伟大复兴而奋斗。

2.3 宝贵的革命精神

从1919年到1949年,中国共产党领导中国人民取得了新民主主义革命的伟大胜利,实现了民族独立、人民解放。革命实践孕育着革命精神,伟大的革命精神就形成于新民主主义革命时期的奋斗实践中。革命精神是马克思主义基本原理同中国革命具体实践相结合的精神结晶,是在中国共产党领导全国人民进行新民主主义革命和社会主义改革过程中形成的精神史诗,集中体现了中国共产党人的意志品质、思想道德和工作作风。研究革命精神的丰富内容及其历史意义与时代价值,对于涵养社会主义核心价值观、坚定文化自信具有十分重要的作用。

中国共产党革命精神的形成与新民主主义革命的不同历史时期的实践紧密联系在一起,中国共产党先后经历了建党初期和大革命时期、土地革命时期、抗日战争时期以及解放战争时期,每个时期都充满了艰苦卓绝的斗争,攻克了一个又一个看似不可攻克的难关,形成了宝贵而伟大的精神史诗,主要有"红船精神""井冈山精神""苏区精神""长征精神""延安精神""西柏坡精神"。

一、"红船精神":革命精神之源

"红船精神"是中国共产党革命精神的历史起点,是在中国共产党创建党组织的过程中形成的。1921年,中国共产党第一次全国代表大会在浙江嘉兴南湖红船上胜利闭幕,宣告了中国共产党的诞生,从此中国共产党开启了领导中国新民主主义革命的伟大历程,成为新民主主义革命坚强的领导者。习近平2005年

6月21日在《光明日报》上发表了题为《弘扬“红船精神” 走在时代前列》的文章，指出了“红船精神”就是“开天辟地、敢为人先的首创精神，坚定理想、百折不挠的奋斗精神，立党为公、忠诚为民的奉献精神”①。“开天辟地、敢为人先”，走在时代前列是“红船精神”的核心内涵，是中国革命的精神之源。中国共产党在民族危亡的忧患中，不懈地探索真理，将产生于西方的马克思主义先进理论用来指导中国革命实践，充分体现了中国共产党是一个勇于创新、走在时代前列的马克思主义政党。“红船精神”作为中国革命精神的基因，贯穿着整个新民主主义革命的发展进程，它既是中国共产党革命精神的源头，也是中国共产党开启中华民族伟大复兴梦想的源头。

习近平多次强调要不忘初心，他说：“一个民族、一个国家，必须知道自己是谁，是从哪里来的，要到哪里去，想明白了、想对了，就要坚定不移朝着目标前进。”② “我们从哪里来，我们走向何方？中国到了今天，我无时无刻不提醒自己，要有这样一种历史感。”③ 他在纪念中国共产党建党95周年大会上的讲话中说道：“一切向前走，都不能忘记走过的路；走得再远、走到再光辉的未来，也不能忘记走过的过去，不能忘记为什么出发。”④ 他提出了“不忘初心，继续前进”的要求。党的十九大报告再次把“不忘初心，牢记使命”作为报告的主题。而中国共产党在建党初期的实践和其他革命实践活动中形成的以红船精神为代表的勇敢执着的革命精神是革命的初心，蕴含着中华优秀传统文化的深厚底蕴，规定了革命传统的基本特征，影响深远。

二、“井冈山精神”：敢闯新路之勇气

井冈山斗争孕育了“井冈山精神”。大革命失败以后，以毛泽东同志为主要代表的中国共产党人积极探索中国革命的发展道路，以实事求是、敢创新路的气魄提出了以农村包围城市、武装夺取全国政权的重要论断。井冈山革命根据地是中国共产党创建的第一块革命根据地，这里点燃了工农武装割据的燎原之火，指出了农村包围城市、武装夺取全国政权的道路的新方向，在此形成的“井冈山精神”，标志着照搬苏联城市中心论的革命道路模式的结束。实践也证明，井冈

① 习近平：《弘扬“红船精神” 走在时代前列》，《光明日报》2005年6月21日，第2版。

② 习近平：《青年要自觉践行社会主义核心价值观——在北京大学师生座谈会上的讲话》，《人民日报》2014年5月5日，第2版。

③ 《阔步走在中华民族伟大复兴的历史征程上——记以习近平同志为总书记的党中央推进全方位外交的成功实践》，《人民日报》2016年1月5日，第2版。

④ 习近平：《在庆祝中国共产党成立95周年大会上的讲话》，《人民日报》2016年7月2日，第2版。

山道路是中国革命走向胜利的唯一正确道路。

2001年,江泽民在视察江西时对“井冈山精神”的内涵进行了科学的解释,他指出:“井冈山精神最重要的方面就是坚定信念、艰苦奋斗,实事求是、敢创新路,依靠群众、勇于胜利。井冈山精神,是我们不断前进的强大精神动力。在新世纪的征途上,全党和全国上下始终要大力弘扬井冈山精神。”[①] 习近平在2016年2月考察井冈山时也特别强调:“要结合新的时代条件,坚持坚定执着追理想、实事求是闯新路、艰苦奋斗攻难关,依靠群众求胜利,让井冈山精神放射出新的时代光芒。”[②] 实事求是、敢闯新路是“井冈山精神”的核心。1927年10月,当中国革命陷入低潮,在按照苏联模式进行武装暴动纷纷失败的生死关头,毛泽东根据中国具体实际,经过艰辛探索,最终决定将工作重心由城市转入农村,开辟了中国特色的革命道路,取得了革命的胜利。今天我们在推进中国特色社会主义事业的实践中,也必须从实际出发,开拓进取、解放思想,实事求是,敢闯新路,敢于走前人没有走过的路,这样才能将处于关键历史时期的各项改革推向深化,中国特色社会主义事业才能与时俱进。

三、“苏区精神”:执政为民之理念

苏区时期是中国共产党建立政权、执政为民的重要实践时期。“苏区精神”是中国共产党在领导创建、发展革命根据地的实践中培育并形成的伟大的革命精神。2011年11月4日,习近平在“纪念中央革命根据地创建暨中华苏维埃共和国成立80周年座谈会”上明确提出:“我们要始终大力弘扬苏区精神,推动创先争优,不断开创各项工作新局面。在革命根据地的创建和发展中,在建立红色政权、探索革命道路的实践中,无数革命先辈用鲜血和生命铸就了以坚定信念、求真务实、一心为民、清正廉洁、艰苦奋斗、争创一流、无私奉献等为主要内涵的苏区精神。”[③]

苏区时期孕育了中国共产党执政的初期经验。从这一时期开始,中国共产党“全心全意为人民服务”的工作作风和“群众路线”的根本工作路线就已形成。1934年,毛泽东在第二次全国苏维埃代表大会上批评了不关心群众、不注

① 《结合群众实践 加强党的建设 深入基层为百姓办实事好事》,《人民日报海外版》2001年6月4日,第4版。

② 《弘扬井冈山精神 加快老区振兴发展(深入学习贯彻习近平同志系列重要讲话精神)》,《人民日报》2017年10月9日,第7版。

③ 习近平:《在纪念中央革命根据地创建暨中华苏维埃共和国成立80周年座谈会上的讲话》,《人民日报》2011年11月5日,第2版。

意工作方法的错误倾向,他提出:“我们对于广大群众的切身利益问题,群众的生活问题,就一点也不能疏忽,一点也不能看轻”,“就得真心实意地为群众谋利益。”[①]“我们应该深刻地注意群众生活的问题,从土地、劳动问题,到柴米油盐问题。……一切这些群众生活上的问题,都应该把它提到自己的议事日程上。”[②]在毛泽东的号召和带动下,苏区干部关心群众生活,真心为群众着想,形成了密切联系群众的优良作风,也形成了执政为民的“苏区精神”。

四、“长征精神”:攻坚克难之气概

“九一八”事变以后,中国共产党高举抗日旗帜,提出了停止内战、建立抗日统一战线的主张,但是国民党仍然坚持“攘外必先安内”的反动政策,对中央苏区继续“围剿”。在此关键时期,中国共产党内部又出现了以王明为代表的“左”倾主义路线,这给党的建设和发展带来了严重的损失。在中央苏区第五次反“围剿”失败以后,红军被迫进行战略转移,开始了两万五千里的长征。遵义会议精神是“长征精神”的重要组成部分。遵义会议是长征途中党和革命在极其危急的情况下召开的重要会议,此次会议打开了中国革命的新局面,是党的历史上一个生死攸关的转折点。遵义会议的核心精神,就是认识到中国革命必须从自己的实际情况出发,在马克思列宁主义的指导下,走自己的道路。而在长征中红军所体现的不畏艰难困苦、排除万难争取胜利的革命英雄主义深入人心,对后世产生了深远的影响。

2016 年 10 月 21 日,习近平在“纪念红军长征胜利 80 周年大会”的讲话中高度凝练了“长征精神”的五个内涵。他说,伟大的长征精神“就是把全国人民和中华民族的根本利益看得高于一切,坚定革命的理想和信念,坚信正义事业必然胜利的精神;就是为了救国救民,不怕任何艰难险阻,不惜付出一切牺牲的精神;就是坚持独立自主、实事求是,一切从实际出发的精神;就是顾全大局、严守纪律、紧密团结的精神;就是紧紧依靠人民群众,同人民群众生死相依、患难与共、艰苦奋斗的精神”[③]。这五个方面的概括,全面、深刻地揭示了“长征精神”的基本内涵,“长征精神”五个内涵是一个辩证统一的整体,而其中的坚定理想信念是其精神的核心。八十多年前,在中国革命的危急关头,抱着“革命理想高于天”的理想信念,红军队伍在长征路上顽强拼搏、英勇战斗,克服困难,赢得胜利。

① 《毛泽东选集》第 1 卷,人民出版社 1991 年版,第 136~138 页。
② 《毛泽东选集》第 1 卷,人民出版社 1991 年版,第 138 页。
③ 习近平:《在纪念红军长征胜利 80 周年大会上的讲话》,《人民日报》2016 年 10 月 22 日,第 2 版。

而今天,"长征精神"依然是我们实现"两个一百年"奋斗目标、实现中华民族伟大复兴的中国梦的精神支撑,因此弘扬伟大的"长征精神",坚定共产主义最高理想和中国特色社会主义共同理想,是实现中国梦的首要要求。

五、"延安精神":凝聚着优良传统与作风

从1935年到1949年,中国共产党领导全国各族人民进行了保家卫国、实现国家统一和民族团结的抗日战争和解放战争,这一艰苦卓绝的斗争形成了以实事求是为核心特征的"延安精神"。"延安精神"是中国共产党革命精神的集中体现,内涵非常丰富。"延安精神"的内涵主要体现在三个方面:一是自力更生、艰苦奋斗的优良作风。1939年,抗日战争进入相持阶段以后,根据地出现了严重的经济困难。中共中央在根据地逐步开展大生产运动,将自力更生、艰苦奋斗的革命精神不断发扬光大,形成了闻名于世的"南泥湾精神",这是"延安精神"的重要组成部分。二是实事求是的思想路线。在开展大生产运动的同时,全党还开展了整风运动,即反对主观主义以整顿学风、反对宗派主义以整顿党风、反对党八股以整顿文风。按照实事求是的精神促进了理论联系实际,实现了在马克思主义基础上的团结统一,推进了马克思主义的中国化。三是全心全意为人民服务的价值取向。1943年6月,毛泽东《关于领导方法的若干问题》的发表标志着党的群众思想路线达到成熟,其中指出在对待人民群众的立场上,要坚持一切为了群众,一切从群众的利益出发,全心全意为人民服务。

"延安精神"集中体现了党的性质和宗旨,体现了党的优良传统和作风。虽然时代不断变迁,党的历史任务也有所不同,但"延安精神"并没有过时,其在加强党的建设、弘扬社会主义核心价值观等方面仍然具有不可替代的当代价值。

六、"西柏坡精神":关于新征程的新宣言

"西柏坡精神"是一种代表历史转折的革命精神。在西柏坡,中国共产党不仅取得了新民主主义的胜利,而且为实现党的工作重心的转移,为从新民主主义向社会主义过渡开辟了路径。在新中国即将成立之时,毛泽东指出:"因为胜利,党内的骄傲情绪,以功臣自居的情绪,停顿起来不求进步的情绪,贪图享乐不愿再过艰苦生活的情绪,可能生长。"[①] 根据这一判断,毛泽东等中国共产党人在西

---

① 《毛泽东选集》第4卷,人民出版社1991年版,第1438页。

柏坡提出了“两个务必”，即“务必使同志们继续地保持谦虚、谨慎、不骄、不躁的作风，务必使同志们继续地保持艰苦奋斗的作风”[①]；“两个敢于”，即敢于斗争、敢于胜利的精神；“两个善于”，即“我们不但善于破坏一个旧世界，我们还将善于建设一个新世界”[②]。这些精神都是在革命时期向建设时期转变的历史背景下形成的。其中，“两个务必”精神成为“西柏坡精神”的核心特点。艰苦奋斗、谦虚谨慎贯穿于中国共产党在整个西柏坡时期的革命实践活动中，作为中国共产党人长期执政的思想武器，“西柏坡精神”体现了中国共产党对执政后发展规律和发展趋势的科学判断。

从“红船精神”到“西柏坡精神”，虽然六种“精神”各自具有不同的鲜明特点，但是它们是一脉相承的，都是中国共产党在领导中国人民进行和完成新民主主义革命的历史进程中积累的宝贵的精神财富，是中国共产党的优良传统和作风的集中体现。这些宝贵的革命精神，以马克思主义为指导，又充分继承了中华优秀传统文化，不仅是革命取得胜利的保证，也是实现中华民族伟大复兴中国梦的重要指引。

① 《毛泽东选集》第4卷，人民出版社1991年版，第1438~1439页。

② 《毛泽东选集》第4卷，人民出版社1991年版，第1439页。

第3章　走中国特色的文化发展之路

3.1　以马克思主义为指导思想

文化建设的指导思想决定了文化的性质和发展方向，而马克思主义唯物史观的文化理论始终是发展中国文化的理论基础和指导思想，是推动中国特色社会主义文化创新发展的最根本的理论渊源。习近平在中共中央政治局第四十三次集体学习时明确指出："在人类思想史上，就科学性、真理性、影响力、传播面而言，没有一种思想理论能达到马克思主义的高度，也没有一种学说能像马克思主义那样对世界产生了如此巨大的影响。这体现了马克思主义的巨大真理威力和强大生命力，表明马克思主义对人类认识世界、改造世界、推动社会进步仍然具有不可替代的作用。"① 而这一科学的文化理论主要包括：人的生产实践是文化产生的源泉；人民群众是文化创造的主体；先进文化是社会变革的主导等。尤其是马克思关于人类改造世界和改造人本身的活动是文化产生的源泉的思想，在文化发展史上具有重大的意义。

① 《深刻认识马克思主义时代意义和现实意义　继续推进马克思主义中国化时代化大众化》，《人民日报》2017年9月30日，第1版。

马克思主义在中国文化建设中的指导地位，是指以马克思主义基本原理为指导，结合中国的实际和时代特点，深入研究文化建设的基本规律，制定切合实际的方针政策来指导中国的文化建设。新中国成立以来，中国发生了深刻的社会变革，在每一个不同的历史发展阶段，中国共产党都能够立足时代特点，推动马克思主义时代化，深刻把握中国文化发展的脉络和走向。新民主主义革命时期，以毛泽东同志为主要代表的中国共产党人以马克思主义为指导，结合中国实际，对新文化的建设进行了理论探索与实践，为中国文化发展模式的形成奠定了重要基础，具有深远的指导意义。改革开放以来，以邓小平同志为主要代表的中国共产党人，在现代化建设的伟大实践中开辟了中国特色社会主义道路，形成了中国特色的社会主义理论，为新时期文化建设提供了基本遵循。1997年，党的十五大报告把文化建设列为党在社会主义初级阶段基本纲领的重要组成部分，并且明确提出了"中国特色社会主义的文化"的概念，即"建设有中国特色社会主义的文化，就是以马克思主义为指导，以培育有理想、有道德、有文化、有纪律的公民为目标，发展面向现代化、面向世界、面向未来的，民族的科学的大众的社会主义文化"①。随着实践的发展，党对中国特色社会主义文化建设的认识进一步加深。党的十八大以来，中国共产党科学把握当今文化发展趋势，重申文化建设是中国特色社会主义事业的重要组成部分，强调文化是民族的血脉、是人民的精神家园，并且根据时代发展要求进一步提出了文化自信的时代命题。党的十九大报告进一步将文化自信、文化繁荣兴盛上升到关系中华民族伟大复兴的高度加以阐释，为实现中华民族伟大复兴的中国梦提供了科学指南和强大的精神力量。党的十九大报告明确指出："要坚定文化自信，推动社会主义文化繁荣兴盛。牢牢掌握意识形态工作领导权；培育和践行社会主义核心价值观；加强思想道德建设；繁荣发展社会主义文艺；推动文化事业和文化产业发展。"②

文化是国家的根基和灵魂，正确的文化发展道路是一个国家、一个民族繁荣发展的根本保证。中国特色社会主义文化发展道路是由中国共产党在推进中国特色社会主义事业的伟大进程中，将马克思主义文化发展理论与中国实际结合起来，探索出的一条适合中国国情的文化发展之路。从马克思主义到毛泽东思想、邓小平理论、"三个代表"重要思想、科学发展观再到习近平新时代中国特色社会主义思想，这一科学的理论体系不仅为中国特色社会主义文化的建设提供了科学的世界观和方法论指导，同时也阐明了中国特色社会主义文化建设

① 《坚持社会主义初级阶段基本路线是我们事业胜利前进最可靠保证》，《人民日报》1997年9月13日，第2版。

② 习近平：《决胜全面建成小康社会 夺取新时代中国特色社会主义伟大胜利——在中国共产党第十九次全国代表大会上的报告》，《人民日报》2017年10月28日，第1版。

的基本内容和原则,指明了中国文化的前进方向。习近平在党的十九大报告中指出,经过长期努力,中国特色社会主义进入了新时代,这是我国发展新的历史方位。[①]一个时代的前行,必须有思想的指引。习近平新时代中国特色社会主义思想,"开辟了马克思主义新境界、中国特色社会主义新境界,是党和人民实践经验和集体智慧的结晶,是中国特色社会主义理论体系的重要组成部分,是全党全国人民为实现中华民族伟大复兴而奋斗的行动指南。"[②]在今天,中华民族正以昂扬的姿态屹立于世界民族之林,这不仅要有经济实力的支撑,而且要有文化软实力的支撑。科学的理论指导是提高文化软实力的根本保障。实践是理论之源,中国特色社会主义伟大实践已证明中国特色社会主义理论体系是内容丰富、结构严谨,并且随着实践的发展不断成熟的科学理论。坚持该理论体系,"就是真正坚持马克思主义。"[③]因此,坚持走中国特色社会主义文化发展之路,不断开辟马克思主义发展新境界,是提高民族文化自信、实现中华民族伟大复兴中国梦的根本保证。

3.2 以民族的科学的大众的为基本特征

在新民主主义革命时期,毛泽东在理论上继承和发展了马克思主义文化观,从辩证唯物主义的视角论述了文化与政治、经济的关系,并且结合中国的文化实践构建起中国历史上从未有过的新型文化体系,开创了中国文化发展的新时代。改革开放以来,科学的实践带来了中国政治、经济、文化等各个领域深刻的变革,但是毛泽东的新民主主义文化思想仍然是构建中国特色社会主义文化的理论根基。

在《新民主主义论》一文中,毛泽东根据中国发展的实际及前进方向,指出中国共产党人的奋斗目标是要建立一个新社会和新中国,而"在这个新社会和新国家中,不但有新政治、新经济,而且有新文化。这就是说,我们不但要把一个政治上受压迫、经济上受剥削的中国,变为一个政治上自由和经济上繁荣的中国,而且要把一个被旧文化统治因而愚昧落后的中国,变为一个被新文化统治因

① 习近平:《决胜全面建成小康社会 夺取新时代中国特色社会主义伟大胜利——在中国共产党第十九次全国代表大会上的报告》,《人民日报》2017年10月28日,第1版。

② 《新思想引领中国阔步前行》,《人民日报》2017年10月23日,第1版。

③ 习近平:《紧紧围绕坚持和发展中国特色社会主义 学习宣传贯彻党的十八大精神》,《求是》2012年第23期,第5页。

而文明先进的中国。一句话,我们要建立一个新中国。建立中华民族的新文化,这就是我们在文化领域中的目的"[①]。并且,他用较多篇幅重点论述了中国新文化的问题,指明了当时中国文化发展的未来方向,构建了中国文化建设方针的基本思路。

毛泽东将文化与政治、经济并列,认为政治、经济、文化是人类社会的三大并列结构,对文化的概念做了明确而具体的阐发。他说:"一定的文化(当作观念形态的文化)是一定社会的政治和经济的反映,又给予伟大影响和作用于一定社会的政治和经济;而经济是基础,政治则是经济的集中的表现。这是我们对于文化和政治、经济的关系及政治和经济的关系的基本观点。"[②] 这一定义,通过树立一定的文化是一定的经济和政治的反映,并影响作用于一定的经济和政治这一历史唯物主义文化观,坚持了马克思主义基本立场,并且赋予了中国文化在向现代化转型过程中的主动精神,打破了自1840年鸦片战争以来"中体西用"的体用循环封闭模式,改变了中国传统文化的变迁方式。

在《新民主主义论》一文中,毛泽东不仅探讨了新文化的性质和发展方向,而且第一次全面系统地提出了中国新文化建设的纲领,即建设民族的科学的大众的文化。毛泽东指出:"民族的科学的大众的文化,就是人民大众反帝反封建的文化,就是新民主主义的文化,就是中华民族的新文化。"[③]

首先,新民主主义文化是民族的文化。所谓民族的,就是"反对帝国主义压迫,主张中华民族的尊严和独立的。它是我们这个民族的,带有我们民族的特性"[④]。毛泽东强调文化的民族性,批判"全盘西化"的观点,他说:"所谓'全盘西化'的主张,乃是一种错误的观点。形式主义地吸收外国的东西,在中国过去是吃过大亏的。"[⑤] 以毛泽东同志为主要代表的中国共产党人在学习和研究马克思主义的同时,强调不能割断历史,要继承从孔子到孙中山等人的优秀文化遗产,强调必须将马克思主义的普遍真理与中国革命的具体实践,即与民族的特点相结合,具备一定的民族形式,才有用处。"中国文化应有自己的形式,这就是民族形式。"[⑥] 在《反对党八股》中,毛泽东进一步强调要警惕洋八股、教条主义,"而代之以新鲜活泼的、为中国老百姓所喜闻乐见的中国作风和中国气派。"[⑦] 毛泽东

① 《毛泽东选集》第2卷,人民出版社1991年版,第663页。
② 《毛泽东选集》第2卷,人民出版社1991年版,第663~664页
③ 《毛泽东选集》第2卷,人民出版社1991年版,第708~709页。
④ 《毛泽东选集》第2卷,人民出版社1991年版,第706页。
⑤ 《毛泽东选集》第2卷,人民出版社1991年版,第707页。
⑥ 《毛泽东选集》第2卷,人民出版社1991年版,第707页。
⑦ 《毛泽东选集》第3卷,人民出版社1991年版,第844页。

本人非常善于从中国传统文化中寻找优秀的文化资源，发掘中国文化的民族特征，在其代表性哲学著作《实践论》和《矛盾论》中，他从中国历史上的文学著作、成语典故中吸收了大量的思想精华，用以说明马克思主义观点的精神实质，使马克思主义哲学的深刻道理在生动活泼的民族作风和气派中得以体现。坚持文化的民族性与文化的世界性并不冲突。对此，毛泽东指出保持民族个性的同时要吸收西方进步文化的养分，他说："中国应该大量吸收外国的进步文化，作为自己文化食粮的原料……，凡属我们今天用得着的东西，都应该吸收。"[①] 但也绝不能毫无批判地吸收，"形式主义地吸收外国的东西，在中国过去是吃过大亏的。"[②] 换言之，学习外国的东西，目的是吸收和借鉴其合理成分，并以此改进和发扬中国的东西，即"洋为中用"，这也是毛泽东对待外来文化的基本态度。

毛泽东关于新民主主义文化的论述始终是中国共产党人文化思想的源头活水。党的十八大以来，以习近平为核心的中国共产党人在对文化的民族性有着深刻理解的基础上，强调民族性是增强文化自觉与文化自信的重要前提。习近平说道："每一个国家和民族的文明都扎根于本国本民族的土壤之中，都有自己的本色、长处、优点。"[③] 而中国传统文化思想"体现着中华民族世世代代在生产生活中形成和传承的世界观、人生观、价值观、审美观等，其中最核心的内容已经成为中华民族最基本的文化基因。这些最基本的文化基因，是中华民族和中国人民在修齐治平、尊时守位、知常达变、开物成务、建功立业过程中逐渐形成的有别于其他民族的独特标识"[④]。"我们生而为中国人，最根本的是我们有中国人的独特精神世界，有百姓日用而不觉的价值观。"[⑤] 新时期，中国特色社会主义事业进入了为实现"两个一百年"和中华民族伟大复兴的中国梦而奋斗的新的发展历程，以习近平为代表的中国共产党人更加重视文化建设，高度重视和弘扬中华优秀传统文化，并将其作为文化自信的主体内容及治国理政的重要思想文化资源。

民族性是文化的天然属性。一个民族的文化与一个民族的语言和生活习惯有密切的联系，文化没有民族特点，就不会被人民群众喜闻乐见。我们建设中国特色社会主义文化，增强文化自信，必须强调文化的民族性，而文化的民族性强

---

① 《毛泽东选集》第 2 卷，人民出版社 1991 年版，第 706~707 页。

② 《毛泽东选集》第 2 卷，人民出版社 1991 年版，第 707 页。

③ 习近平：《在纪念孔子诞辰 2565 周年国际学术研讨会暨国际儒学联合会第五届会员大会开幕会上的讲话》，《人民日报》2014 年 9 月 25 日，第 2 版。

④ 习近平：《在纪念孔子诞辰 2565 周年国际学术研讨会暨国际儒学联合会第五届会员大会开幕会上的讲话》，《人民日报》2014 年 9 月 25 日，第 2 版。

⑤ 习近平：《习近平谈治国理政》，外文出版社 2014 年版，第 171 页。

调文化的继承性，它来源于对优秀传统文化的继承。任何一个时代的文化都是在传统的基础上继承和发展而来的，这个传承的过程使一个民族的文化具有了相对稳定的特质，保持了与其他民族文化相区别的特色和个性，因而维系了民族认同感和归属感。中国传统文化已经有5 000多年的历史演进，博大精深、源远流长，在不断发展中构成了丰富的思想文化宝库。这些思想文化宝库体现了中华民族的思维方式、生活习惯、道德情操及风俗习惯，具有鲜明的民族风格和中国气派，是实现中华民族伟大复兴中国梦的“根”与“魂”，更是我们在世界文化激荡中站稳脚跟的根基。

其次，新民主主义文化是科学的文化。所谓科学的，就是主张“反对一切封建思想和迷信思想，主张实事求是，主张客观真理，主张理论和实践一致的”[①]。科学的文化不仅指普及科学知识、发展科学事业，更是以科学的理论基础和指导思想来建设文化。唯心论是非科学的文化，毛泽东强调：“中国无产阶级的科学思想能够和中国还有进步性的资产阶级的唯物论者和自然科学家，建立反帝反封建反迷信的统一战线；但是决不能和任何反动的唯心论建立统一战线。”[②] 马克思主义唯物史观始终是指导中国发展的科学思想理论，并且经过中国共产党的改革创新，在实践中展现了巨大的活力。马克思主义普遍真理与中国具体实践相结合而形成的毛泽东思想，构成了马克思主义中国化的第一次飞跃。自党的十一届三中全会以来，邓小平等中国共产党人回答了怎样建设社会主义、怎样建设党、怎样推动发展等一系列重大的理论与实践问题，形成了基于中国实践的具有鲜明中国特色的社会主义理论。党的十八大以来，习近平等中国共产党人致力于具有许多新的历史特点的伟大斗争，进一步探索社会主义发展的规律和人类社会的发展规律，回答着怎样发展的问题。中国问题更多地与时代问题相结合，具有特殊性的中国特色向更具有普遍性的中国道路发展，向世界贡献着更多中国智慧，为人类对更好社会制度的探索提供中国方案。文化建设一旦失去正确指导思想的指引就只能沦为空谈，因此，推动社会主义文化的大发展、大繁荣必须以马克思主义为指导，结合中国实际，深刻理解中国特色社会主义文化产生的理论基础和根源，自觉遵循文化发展的规律，构建科学合理的文化发展格局。

科学性的不足是中国传统文化的一个弱点，封建迷信思想盛行严重影响了科学精神的确立。对此，毛泽东着重阐述了中国传统文化与建设新文化的关系，即古今文化的关系问题。他说：“中国的长期封建社会中，创造了灿烂的古代文

---

① 《毛泽东选集》第2卷，人民出版社1991年版，第707页。

② 《毛泽东选集》第2卷，人民出版社1991年版，第707页。

化。清理古代文化的发展过程,剔除其封建性的糟粕,吸收其民主性的精华,是发展民族新文化提高民族自信心的必要条件","必须将古代封建统治阶级的一切腐朽的东西和古代优秀的人民文化即多少带有民主性和革命性的东西区别开来。"① 毛泽东强调要辩证看待传统文化,一方面要总结和继承珍贵的文化遗产,另一方面要清理传统文化中的糟粕和缺陷。例如,毛泽东提出要坚持唯物主义,否定孔子的"观念论"体系;在与范文澜探讨经学问题的信中,毛泽东称赞了范文澜用马克思主义清算经学的尝试。②

科学的核心在于与时俱进的创新精神。文化具有时代性,任何一种文化要想世代相传,就必须根据时代发展的要求,完成从内容到形式的现代化转型。在新的时代背景下,习近平强调对待传统文化要坚持马克思主义的方法,采取马克思主义态度,要取其精华:"深入挖掘和阐发中华优秀传统文化讲仁爱、重民本、守诚信、崇正义、尚和合、求大同的时代价值。"③ 同时要去其糟粕,有扬弃地继承:"传统文化在其形成和发展过程中,不可避免会受到当时人们的认识水平、时代条件、社会制度的局限性的制约和影响,因而也不可避免会存在陈旧过时或已成为糟粕性的东西。这就要求人们在学习研究、应用传统文化时坚持古为今用、推陈出新,结合新的实践和时代要求进行正确取舍,而不能一股脑儿都拿到今天来照套照用。"④ 并且,要对传统文化中的优秀文化基因进行创造性转化、创新性发展,使之符合时代发展的要求。所谓创造性转化,就是要按照时代特点和要求,对那些至今仍有借鉴价值的传统文化内涵加以改造,赋予其当代的具体实践特色,对其陈旧的表现形式加以改造,"以人们喜闻乐见、具有广泛参与性的方式推广开来。"⑤ 创新性发展,就是要按照当代中国文化理念,对中华优秀传统文化的内涵加以补充和完善,增强其影响力,使之成为实现中华民族伟大复兴中国梦的精神动力。

最后,新民主主义文化是大众的文化。所谓大众的,就是"为全民族中百分之九十以上的工农劳苦民众服务,并逐渐成为他们的文化"⑥。人民群众在文化建设中的主体地位是新文化区别于旧文化的最大特点,也是毛泽东文化发展观的基本观点。毛泽东说:"新民主主义的文化是大众的,因而即是民主的。"⑦ 是

① 《毛泽东选集》第2卷,人民出版社1991年版,第707~708页。
② 《毛泽东文集》第2卷,人民出版社1993年版,第296页。
③ 习近平:《习近平谈治国理政》,外文出版社2014年版,第164页。
④ 习近平:《在纪念孔子诞辰2565周年国际学术研讨会暨国际儒学联合会第五届会员大会开幕会上的讲话》,《人民日报》2014年9月25日,第2版。
⑤ 习近平:《习近平谈治国理政》,外文出版社2014年版,第161页。
⑥ 《毛泽东选集》第2卷,人民出版社1991年版,第708页。
⑦ 《毛泽东选集》第2卷,人民出版社1991年版,第708页。

民主的就是反封建的,因此毛泽东重新阐述了文化由什么人创造、为什么人服务的问题。新民主主义文化的这种大众化,既是群众性的社会实践的需要,也是文化本身发展的需要。

"为什么人的问题,是检验一个政党、一个政权性质的试金石。"[①] 社会主义性质的文化是面向最广大人民群众的文化,其根本任务和目的是为社会主义服务、为人民服务,这就决定了发展社会主义文化事业必须以马克思主义为指导,坚持文化事业的社会主义性质。"大众化"是中国特色社会主义文化建设的价值取向,也是社会主义文化与资本主义文化的本质区别。民众的社会实践是文化的源头,因此广大的人民群众才是文化的真正创造者。这颠覆了中国文化主要靠精英推动的思维模式,使人民大众成为文化的创造者和直接推动者。同时,这也冲破了文化只为少数统治阶级服务的藩篱,开创性地提出了文化要为人民服务、为社会主义服务的重要论断。这一论断及其实践,团结了一切可以团结的人,为新民主主义革命的胜利和社会主义文化建设提供了智力支持和精神保障。

广大的文艺工作者是文化传承的载体,负有传播文化的重要职责,因此,毛泽东在《在延安文艺座谈会上的讲话》以及《文化工作中的统一战线》等文章中明确提出了对文艺工作者的要求。他说:"什么叫做大众化呢? 就是我们的文艺工作者的思想感情和工农兵大众的思想感情打成一片。"[②] 他要求"我们的文化是人民的文化,文化工作者必须有为人民服务的高度的热忱,必须联系群众,而不要脱离群众"[③]。毛泽东还指出:"人民生活中本来存在着文学艺术原料的矿藏,这是自然形态的东西,是粗糙的东西,但也是最丰富、最生动、最基本的东西。"[④] 因此,文艺工作者在其文化创作过程中,必须深入体察人民群众的生活,把自己的思想感情和社会大众进行沟通。文学作品要真实地反映社会大众的生活内容,起到满足大众需要、普及大众知识的作用。半个多世纪以来,中国共产党人始终将为人民服务作为文化建设的出发点和落脚点,文化建设方面的核心依然是"大众的"。习近平在文艺座谈会上的讲话中阐述的有关人民与文艺的关系,就是对毛泽东"大众的"文化思想的继承与发展。习近平强调推动文艺的繁荣发展,要牢固树立马克思主义文艺观,始终"坚持以人民为中心的创作导

① 习近平:《决胜全面建成小康社会 夺取新时代中国特色社会主义伟大胜利——在中国共产党第十九次全国代表大会上的报告》,《人民日报》2017年10月28日,第1版。

② 《毛泽东选集》第3卷,人民出版社1991年版,第851页

③ 《毛泽东选集》第3卷,人民出版社1991年版,第1012页。

④ 《毛泽东选集》第3卷,人民出版社1991年版,第860页。

向”[①]。他指出:“社会主义文艺,从本质上讲,就是人民的文艺。”[②] 人民需要文艺深刻揭示出文化是为人民服务的,文化的发展要以满足人民需要为宗旨。这一论断在文艺的本质属性上进一步明确了文艺的人民性。同时,习近平也强调“文艺需要人民”[③],这是对人作为文化的创造者和主体的深刻认识。人民群众的实践活动是一切文化的源泉,因此文化艺术要根植于人民群众的实践和生活中,以此获得繁荣发展的力量。习近平指出:“艺术可以放飞想象的翅膀,但一定要脚踩坚实的大地。文艺创作方法有一百条、一千条,但最根本、最关键、最牢靠的办法是扎根人民、扎根生活。”[④]

马克思主义以人民为中心的价值观是以人民创造历史、推动社会发展进步的历史观为基础的。在社会主义制度下,人民是国家和社会的主人,坚持以人民为中心推进中国特色社会主义伟大事业,是马克思主义唯物史观的内在要求,是中国特色社会主义的根本特征和动力所在。中国共产党把“以人民为中心”作为自己的宗旨的根本价值取向,是中国共产党实现对传统文化根本性创新的重要标志。习近平在党的十九大报告中把坚持以人民为中心作为新时代坚持和发展中国特色社会主义的重要内容。他强调:“人民是历史的创造者,是决定党和国家前途命运的根本力量。必须坚持人民主体地位,坚持立党为公、执政为民,践行全心全意为人民服务的根本宗旨,把党的群众路线贯彻到治国理政全部活动之中,把人民对美好生活的向往作为奋斗目标,依靠人民创造历史伟业。”[⑤] 这些重要的论述充分彰显了中国共产党始终坚持以人民为中心的价值自觉和价值自信,为新时代中国特色社会主义不断前进提供了价值遵循。

3.3 坚持“二为”方向与“双百”方针

“文艺是时代前进的号角,最能代表一个时代的风貌,最能引领一个时代的风气。”[⑥] 文艺是精神文明的重要组成部分,它作用于人的精神,并对人的思想感

① 习近平:《在文艺工作座谈会上的讲话》,《人民日报》2015年10月15日,第2版。
② 习近平:《在文艺工作座谈会上的讲话》,《人民日报》2015年10月15日,第2版。
③ 习近平:《在文艺工作座谈会上的讲话》,《人民日报》2015年10月15日,第2版。
④ 习近平:《在文艺工作座谈会上的讲话》,《人民日报》2015年10月15日,第2版。
⑤ 习近平:《决胜全面建成小康社会　夺取新时代中国特色社会主义伟大胜利——在中国共产党第十九次全国代表大会上的报告》,《人民日报》2017年10月28日,第1版。
⑥ 习近平:《在文艺工作座谈会上的讲话》,《人民日报》2015年10月15日,第2版。

情的变化及民族精神产生重大的影响。文艺对整个文化结构起着调节作用,优秀的文艺作品对社会的作用是主动而积极的。在领导中国人民进行革命和建设的历史进程中,中国共产党对文艺在党和人民的伟大事业中的重要地位和作用都有深刻的认识。毛泽东在《在延安文艺座谈会上的讲话》中明确指出:"在我们为中国人民解放的斗争中,有各种的战线,就中也可以说有文武两个战线,这就是文化战线和军事战线。"① 邓小平也强调:"不论是对于满足人民精神生活多方面的需要,对于培养社会主义新人,对于提高整个社会的思想、文化、道德水平,文艺工作都负有其他部门所不能代替的重要责任。"② 2014年10月15日,习近平在文艺工作座谈会上的讲话中指出:"文艺事业是党和人民的重要事业,文艺战线是党和人民的重要战线。"③ 党的十九大报告也明确提出了繁荣发展社会主义文艺的要求。习近平对文艺的地位与作用的深刻认识一方面继承了中国化的马克思主义文艺观;另一方面又立足于建设文化强国的新高度,针对当今时代的特点和文艺创作的实际,阐发了发展中国特色社会主义文艺的重要性。

毛泽东是一位伟大的思想家,在文艺思想方面,他继承了古代传统文艺理论的一些思想,并运用马克思主义基本原理对其加以改造,形成了一系列新的论断,极大地丰富了马克思主义文艺理论的宝库。1956年,随着我国农业、手工业、资本主义工商业改造的基本完成,正确处理人民内部矛盾、调动一切积极因素进行社会主义建设成为党和国家面临的新任务。同时,基于过去盲目学习苏联的教训,为摆脱教条主义,中国共产党决定探索一条适合中国国情的社会主义建设道路。而"在苏共党内,文艺是被干涉最多的一个领域,有无数的清规戒律"④。这在中国共产党党内产生了许多不良影响,因此应该破除对苏联的迷信。在此背景下,毛泽东在1956年4月28日的中央政治局扩大会议做总结发言时说:"艺术问题上的百花齐放,学术问题上的百家争鸣,我看应该成为我们的方针。"⑤ 并且,他主张要准确把握这一方针的内涵,把握其对于发展文化的意义。1956年5月2日,在最高国务会议上,毛泽东正式宣布了"百花齐放、百家争鸣"的方针。同年9月,党的八大的政治报告和决议对"双百"方针也进行了阐述,指出为了保证科学和艺术的繁荣,必须坚持"百花齐放、百家争鸣"的方针。刘少奇在党的八大政治报告中说:"科学上的真理是愈辩愈明的,艺术上的风格是必须兼容

---

① 《毛泽东选集》第3卷,人民出版社1991年版,第847页。

② 《邓小平文选》第2卷,人民出版社1994年版,第209页。

③ 习近平:《在文艺工作座谈会上的讲话》,《人民日报》2015年10月15日,第2版。

④ 夏杏珍:《发展繁荣社会主义文化的成功之路——"双百"方针、"二为"方向述论》,《当代中国史研究》2006年第3期,第20页。

⑤ 《毛泽东文集》第7卷,人民出版社1999年版,第54页。

并包的。党对于学术性质和艺术性质的问题，不应当依靠行政命令来实现自己的领导，而要提倡自由讨论和自由竞赛来推动科学和艺术的发展。”① 其后，毛泽东在《关于正确处理人民内部矛盾的问题》讲话中对“双百”方针的历史背景、性质、实施必要性等做了全面、深入的阐述，他说，“百花齐放、百家争鸣”的方针“是根据中国的具体情况提出来的”②“是促进艺术发展和科学进步的方针，是促进我国的社会主义文化繁荣的方针。”③ 同时他说明了对待人民内部的思想问题，只有采取讨论、说理的方法才能真正发展出正确的意见。1957 年 3 月 12 日，毛泽东在《在中国共产党全国宣传工作会议上的讲话》中明确指出了“双百”方针是指导中国社会主义文化建设的一个基本性的、长期性的方针。他还进一步拓展了“双百”方针的实施范围：“百花齐放、百家争鸣这个方针不但是使科学和艺术发展的好方法，而且推而广之，也是我们进行一切工作的好方法。这个方法可以使我们少犯错误。”④

“双百”方针的提出具有特殊的意义，它符合文艺和科学研究发展的客观规律。社会生活是千姿百态的，这就决定了反映社会生活的文学艺术也应该是丰富多彩的。不同的形式和风格、不同的创作题材应该自由发展，不同的学派、不同的观点应该可以自由讨论，通过批评、争论和探讨在更高层次上达到统一，从而产生新的文化成果，促进文艺、学术更高层次的繁荣发展。同时，精神文化领域是一个需要极力发挥个体创造性的领域，有了外部自由的环境，才能使个体潜能得到激发。而“双百”方针的提出肯定了文艺工作者的主体能动作用，给文艺创作以广阔的天地，同时充分激发了艺术家和科学家的创造才能和积极精神。

但是伴随着社会主义建设在探索中曲折发展，“双百”方针在执行过程也出现了曲折。在 20 世纪五六十年代，由于政治上的失误，“文艺为无产阶级政治服务”作为“以阶级斗争为纲”的附属品演化为文艺为阶级斗争服务，成为阶级斗争的工具。从 1957 年的“反右”斗争，接着“反修正主义”斗争，直到“文化大革命”发展到了极端，“双百”方针的实施方向出现严重偏离。

党的十一届三中全会以后，“实事求是、解放思想”思想路线的确立使“双百”方针重新回到了正确的轨道。1978 年 3 月，第五届全国人民代表大会第一次会议将“双百”方针写入了《中华人民共和国宪法》。鉴于历史的经验，邓小平对“双百”方针从不同角度进行了强调。1978 年 12 月，在为党的十一届三中全会做准备的中央工作会议闭幕会上，邓小平就指出：“对于思想问题，无论如何不

① 《刘少奇选集》下卷，人民出版社 1985 年版，第 239 页。
② 《毛泽东文集》第 7 卷，人民出版社 1999 年版，第 229 页。
③ 《毛泽东文集》第 7 卷，人民出版社 1999 年版，第 229 页。
④ 《毛泽东文集》第 7 卷，人民出版社 1999 年版，第 279 页。

能用压服的办法，要真正实行‘双百’方针。”[①] 1979年3月，他在党的理论工作务虚会上强调：“无论如何，思想理论问题的研究和讨论，一定要坚决执行百花齐放、百家争鸣的方针，一定要坚决执行不抓辫子、不戴帽子、不打棍子的‘三不主义’的方针。”[②] 最为重要的是，邓小平在重申“双百”方针时，不再突出其作为阶级斗争方法的一面。在1979年10月召开的“中国文学艺术工作者第四次代表大会”上，邓小平在祝词中指出：“党对文艺工作的领导，不是发号施令，不是要求文学艺术从属于临时的、具体的、直接的政治任务，而是根据文学艺术的特征和发展规律，帮助文艺工作者获得条件来不断繁荣文学艺术事业，提高文学艺术水平，创作出无愧于我们伟大人民、伟大时代的优秀的文学艺术作品和表演艺术成果。”[③] 1980年1月，邓小平在题为《目前的形势和任务》的讲话中进一步强调：“不继续提文艺从属于政治这样的口号，因为这个口号容易成为对文艺横加干涉的理论根据，长期的实践证明它对文艺的发展利少害多。”[④] 邓小平反对“文艺从属于政治”的提法，但并不意味着文艺可以脱离政治。邓小平说“这当然不是说文艺可以脱离政治。文艺是不可能脱离政治的”[⑤]，即邓小平反对文艺从属于政治，尤其是临时的、具体的、直接的政治任务，但是要求文艺工作坚持社会主义总的政治方向和基本原则，当前最大的政治是社会主义现代化建设。因此，邓小平强调：“要求在安定团结的基础上进行社会主义现代化建设。这是全国人民的最大利益。‘双百’方针当然要为这个最大利益服务，而决不能反对这个最大利益。”[⑥]

邓小平也进一步发挥了毛泽东关于文艺与人民关系的思想。他说：“我们的文艺从属于人民。”[⑦] “人民是文艺工作者的母亲。一切进步文艺工作者的艺术生命，就在于他们同人民之间的血肉联系。忘记、忽略或是割断这种联系，艺术生命就会枯竭。人民需要艺术，艺术更需要人民。”[⑧] 因此，文艺要将人民群众的需要作为出发点，“自觉地在人民的生活中汲取题材、主题、情节、语言、诗情和画意，用人民创造历史的奋发精神来哺育自己。”[⑨] 只有这样，文艺才能将最好的精神食粮贡献给人民。邓小平还从人民群众个性审美的角度强调：“我国历史悠

---

① 《邓小平文选》第2卷，人民出版社1994年版，第145页。

② 《邓小平文选》第2卷，人民出版社1994年版，第183页。

③ 《邓小平文选》第2卷，人民出版社1994年版，第213页。

④ 《邓小平文选》第2卷，人民出版社1994年版，第255页。

⑤ 《邓小平文选》第2卷，人民出版社1994年版，第255~256页。

⑥ 《邓小平文选》第2卷，人民出版社1994年版，第256页。

⑦ 《邓小平文选》第2卷，人民出版社1994年版，第209页。

⑧ 《邓小平文选》第2卷，人民出版社1994年版，第211页。

⑨ 《邓小平文选》第2卷，人民出版社1994年版，第211~212页。

久,地域辽阔,人口众多,不同民族、不同职业、不同年龄、不同经历和不同教育程度的人们,有多样的生活习俗、文化传统和艺术爱好。雄伟和细腻,严肃和诙谐,抒情和哲理,只要能够使人们得到教育和启发,得到娱乐和美的享受,都应当在我们的文艺园地里占有自己的位置。”① 这为文艺创作在“双百”方针的指导下充分满足人民丰富多彩的文化需要指明了方向。邓小平将文艺与人民的关系作为“问题的中心”,把人民群众的需要作为出发点,充分体现了人民的主体地位,是马克思主义的唯物史观。

邓小平还进一步将文艺工作放到实现“四个现代化”的总目标下,指出文艺工作者要“在意识形态领域中,同各种妨害四个现代化的思想习惯进行长期的、有效的斗争,要批判剥削阶级思想和小生产守旧狭隘心理的影响,批判无政府主义、极端个人主义,克服官僚主义”②,要为建设高度发展的社会主义精神文明做出积极的贡献。邓小平这一系列讲话精神为改革开放新时期“二为”方向的提出奠定了思想理论基础。

1980 年 7 月 26 日,《人民日报》发表了题为《文艺为人民服务、为社会主义服务》的社论,指出,“最近,党中央提出,我们的文艺工作总的口号应当是:文艺为人民服务,为社会主义服务。这个口号是在文艺界贯彻党的十一届三中全会方针,解放思想、拨乱反正,总结革命文艺运动历史经验的基础上提出来的,为我国社会主义新时期的文艺工作指出了正确方向。”③ 该社论对“二为”方向的文艺发展口号做了进一步阐述:“为人民服务,这是一切革命工作的唯一宗旨,社会主义是现阶段人民利益的根本所在。……为人民服务,就是为除了一小撮敌对分子外的全体人民群众,包括广大的工人、农民、士兵、知识分子、干部和一切拥护社会主义事业、热爱祖国的人服务,首先是为工农兵服务。为社会主义服务,就是为社会主义的经济、政治、军事、文化等各项事业的根本需要服务,在今天,就是为社会主义现代化建设的伟大事业服务。”④

为人民服务、为社会主义服务的“二为”方向高度概括了我国现阶段文化建设的性质和任务,从根本上反映了我国人民的文化利益,符合中国特色社会主义文化发展的客观规律。“二为”方向提出后受到了广大文艺工作者的拥护。广大文艺工作者的积极性、创造力、责任感得到空前提高。“二为”方向指明了中国特色社会主义文化事业的总方向和总目标,大力倡导文化成果应由人民群众享有的社会主义文化发展主张。而“双百”方针允许不同形式的艺术作品和风

① 《邓小平文选》第 2 卷,人民出版社 1994 年版,第 210 页。
② 《邓小平文选》第 2 卷,人民出版社 1994 年版,第 209 页。
③ 《文艺为人民服务、为社会主义服务》,《人民日报》1980 年 7 月 26 日,第 1 版。
④ 《文艺为人民服务、为社会主义服务》,《人民日报》1980 年 7 月 26 日,第 1 版。

格自由成长、发展，允许不同学派的科学理论自由交流与对话，其目的是促进社会主义文化的繁荣发展，是实现“二为”方向的途径和方式。“双百”方针必须坚持“二为”方向，但是“二为”方向在贯彻执行中也不是一帆风顺的。与“双百”方针贯彻时受到的阻碍不同，“二为”方向在贯彻时更多是受到来自“右的”、资产阶级自由化的干扰。针对这一情况，邓小平说：“三中全会以来，我们花了很大气力纠正‘文化大革命’及其以前的一些政治运动和思想斗争中的‘左’的错误，是完全正确的。这类‘左’的错误决不允许重犯。但是，不少同志片面地总结历史教训，认为一讲思想斗争和严肃处理就是‘左’，只提反‘左’不提反右，这就走到软弱涣散的另一个极端。”① 他严肃批评了一些人对于文艺为人民服务、为社会主义服务的口号表示淡漠的行为，“他们却热心于写阴暗的、灰色的、以至胡编乱造、歪曲革命的历史和现实的东西。”② 并且指出一定要及时处理，因为这关系党和国家的命运和前途。“不及时注意和采取坚定的措施加以制止，而任其自由泛滥，就会影响更多的人走上邪路，后果就可能非常严重。”③

从“百花齐放、百家争鸣”的“双百”方针到“为人民服务、为社会主义服务”的“二为”方向，是中国共产党人在探索如何繁荣发展本国文化时形成的文化方针，也是我国文学艺术、新闻出版、广播影视等相关文化事业发展的重大战略，蕴含了几十年来党对文艺发展道路的智慧的总结。今天，在建设社会主义文化强国，树立高度的文化自觉和文化自信的同时，这些深刻的历史经验依然值得我们继承与弘扬。习近平在文艺工作座谈会上的讲话继承了中国共产党发展社会主义文化的精神主旨，坚持了文艺的“双百”方针和“二为”方向，立足于新时期建设社会主义文化强国的新高度，重新阐述了文艺和文艺工作者的重要地位和使命，提出了坚持以人民为中心的创作导向，加强和改进党对文艺工作的领导，创造性地回答了在新的历史条件下如何做好文艺工作等根本性问题，在马克思主义文艺理论发展史上具有里程碑作用。在党的十九大报告中，习近平进一步指出社会主义文艺是人民的文艺，“必须坚持以人民为中心的创作导向，在深入生活、扎根人民中进行无愧于时代的文艺创造。要繁荣文艺创作，坚持思想精深、艺术精湛、制作精良相统一，加强现实题材创作，不断推出讴歌党、讴歌祖国、讴歌人民、讴歌英雄的精品力作。发扬学术民主、艺术民主，提升文艺原创力，推动文艺创新。倡导讲品位、讲格调、讲责任，抵制低俗、庸俗、媚俗。加强文艺队伍建设，

① 《邓小平文选》第3卷，人民出版社1993年版，第37~38页。
② 《邓小平文选》第3卷，人民出版社1993年版，第43页。
③ 《邓小平文选》第3卷，人民出版社1993年版，第45页。

造就一大批德艺双馨名家大师，培育一大批高水平创作人才。”①

中国特色社会主义进入了新时代，习近平说：“今天，我们比历史上任何时期都更接近中华民族伟大复兴的目标，比历史上任何时期都更有信心、有能力实现这个目标。”② 文艺是时代的产物，文艺因时代而繁荣，伟大的时代必将为文艺的繁荣发展提供更多的机遇。

3.4 坚持“三个面向”的基本要求

文化发展要坚持“三个面向”，即“面向现代化，面向世界，面向未来”③。这一提法最早是邓小平针对教育改革与发展而提出的战略方针，也是中国共产党人在新时期关于中国特色社会主义文化发展的新理念。“三个面向”为整个新时期的文化建设指明了方向，具有广泛而深远的影响。

教育是文化的重要组成部分，是文化的传递者。邓小平的教育理论是马克思主义中国化的重要组成部分。马克思主义理论的创新是以实践的发展为基础的，邓小平的“三个面向”是在当时特定的社会历史背景下提出的我国教育改革与发展的重要战略思想。早在 1977 年 5 月，邓小平就从实现现代化的战略高度指出了教育的重要性，他在《尊重知识，尊重人才》的讲话中指出：“我们要实现现代化，关键是科学技术要能上去。发展科学技术，不抓教育不行。”④“一定要在党内造成一种空气：尊重知识，尊重人才。”⑤ 此后，他在多个场合反复强调了这一观点。

1977 年 7 月，党的十届三中全会通过决议，恢复邓小平在党内的一切职务。重新参加工作以后，邓小平就“自告奋勇管科教方面的工作”⑥。在教育领域，邓小平针对一些方针性问题作出了一系列重要决策：在教育领域进行拨乱反正；恢复高考制度，掀起了学习文化知识的热潮；尊重教师，关心教师的生活待遇，提高了教师的政治和社会地位；办重点学校，以推动教育事业的迅速发展；培养“四

① 习近平：《决胜全面建成小康社会　夺取新时代中国特色社会主义伟大胜利——在中国共产党第十九次全国代表大会上的报告》，《人民日报》2017 年 10 月 28 日，第 1 版。

② 习近平：《决胜全面建成小康社会　夺取新时代中国特色社会主义伟大胜利——在中国共产党第十九次全国代表大会上的报告》，《人民日报》2017 年 10 月 28 日，第 1 版。

③《邓小平文选》第 3 卷，人民出版社 1993 年版，第 35 页。

④《邓小平文选》第 2 卷，人民出版社 1994 年版，第 40 页。

⑤《邓小平文选》第 2 卷，人民出版社 1994 年版，第 41 页。

⑥《邓小平文选》第 2 卷，人民出版社 1994 年版，第 48 页。

有”新人等。

邓小平的教育思想，立足于改革开放这一历史时期中国教育的实际情况，既是对毛泽东教育思想的继承与发展，也是对传统教育思想的升华。在邓小平看来，中国要实现现代化，关键是要实现科学技术的现代化，而科学技术需要人来发明创造，更需要人来掌握使用与普及，这就需要教育。因此，抓科技必须同时抓教育。邓小平说：“我们向科学技术现代化进军，要有一支浩浩荡荡的工人阶级的又红又专的科学技术大军，要有一大批世界第一流的科学家、工程技术专家。造就这样的队伍，是摆在我们面前的一个严重任务。”[①] 教育的目的首先是为现代化建设提供人才，这实际上强调的是教育的经济功能。1988 年，邓小平提出了“科学技术是第一生产力”[②] 的著名论断，自然更是重视教育问题。教育的发展必须与国民经济的发展相适应，教育是经济发展的战略重点。中国自古重视教育，《礼记·学记》中说“古之王者建国君民，教学为先”[③]，教育在中国传统文化中具有特别重要的地位。但是，中国传统教育重视人与人的关系，其核心是伦理道德的教育，教育的目的在于培养“笃信好学，守死善道”[④] 的君子用以服务于社会政治。而邓小平强调科学技术的发展，强调教育的“经济功能”，即突破了传统教育思想中以伦理为本位的思维定式。

邓小平在强调教育的经济功能的同时，十分重视教育的道德教化作用，要求继承和弘扬传统教育思想中重视道德教育的优点。邓小平根据改革开放的新形势，提出了培养有理想、有道德、有文化、有纪律的“四有”人才的目标。这一论述是毛泽东关于培养德智体全面发展人才的思想在改革开放新的历史条件下的发展。1978 年，邓小平在全国教育工作会议上的讲话中指出：“培养人才有没有质量标准呢？有的。这就是毛泽东同志说的，应该使受教育者在德育、智育、体育几方面都得到发展，成为有社会主义觉悟的有文化的劳动者。”[⑤] 而“革命的理想，共产主义的品德，要从小开始培养”[⑥]。邓小平十分重视思想政治教育工作，强调：“我们要大力在青少年中提倡勤奋学习、遵守纪律、热爱劳动、助人为乐、艰苦奋斗、英勇对敌的革命风尚，把青少年培养成为忠于社会主义祖国、忠于无产阶级革命事业、忠于马克思列宁主义毛泽东思想的优秀人才，将来走上工作岗位，成为有很高的政治责任心和集体主义精神，有坚定的革命思想和实

---

① 《邓小平文选》第 2 卷，人民出版社 1994 年版，第 91 页。
② 《邓小平文选》第 2 卷，人民出版社 1994 年版，第 91 页。
③ ［元］陈澔注：《礼记集说》，《四书五经》中册（影印），天津市古籍书店 1988 年版，第 198 页。
④ ［宋］朱熹注：《论语章句集注》，《四书五经》上册（影印），天津市古籍书店 1988 年版，第 34 页。
⑤ 《邓小平文选》第 2 卷，人民出版社 1994 年版，第 103 页。
⑥ 《邓小平文选》第 2 卷，人民出版社 1994 年版，第 105 页。

事求是、群众路线的工作作风，严守纪律，专心致志地为人民积极工作的劳动者。”① 1983 年，邓小平在讲话中指出，建设社会主义精神文明，“最根本的是要使广大人民有共产主义的理想，有道德，有文化，守纪律。”② 这实际上包含了对文化素质和道德素质的综合要求。后来，他又强调：“这四条里面，理想和纪律特别重要。”③

关于教育原则，即理论与实践的问题，邓小平指出，教育与生产劳动相结合是“培养理论与实际结合、学用一致、全面发展的新人的根本途径”④。马克思主义认为教育与生产劳动相结合，在改造客观世界中具有重要的作用。生产劳动与教育的早期结合不仅是改造现代社会的最强有力的手段之一，而且能够促进人的自由全面的发展。这是因为“虽然工厂儿童上课的时间要比正规的日校学生少一半，但学到的东西一样多，而且往往更多”⑤。所以，“从工厂制度中萌发出了未来教育的幼芽，未来教育对所有已满一定年龄的儿童来说，就是生产劳动同智育和体育相结合，它不仅是提高社会生产的一种方法，而且是造就全面发展的人的唯一方法。”⑥ 毛泽东在 1958 年提出了“教育与生产劳动相结合”的指示，强调书本指示与劳动实践的结合，强调学以致用。⑦ 这是对马克思恩格斯等人的思想的继承和发展，同时这一思想也丰富和发展了传统教育思想关于“知”与“行”的关系理论，纠正了传统教育思想轻视人与自然关系知识的学习的缺陷。但是在“文化大革命”期间，过于重视生产劳动实践的直接经验，导致忽略了书本知识，轻视了学校教育的重要性。邓小平根据新的时代特点，同样强调教育与生产实践相结合，但又提出：“现代经济和技术的迅速发展，要求教育质量和教育效率的迅速提高，要求我们在教育与生产劳动结合的内容上、方法上不断有新的发展。”⑧ 邓小平认为首先要破除对生产劳动的狭隘理解，他说：“无论是从事科研工作的，还是从事教育工作的，都是劳动者。”⑨ 他还说，提高教育的质量，不仅要重视与生产有直接关系的理论，还要重视基础理论，“哲学、社会科学同自然科学一样，决不能忽视基础理论的研究，这些研究是理论工作的任何巨大前进所

① 《邓小平文选》第 2 卷，人民出版社 1994 年版，第 106 页。
② 《邓小平文选》第 3 卷，人民出版社 1993 年版，第 28 页。
③ 《邓小平文选》第 3 卷，人民出版社 1993 年版，第 110 页
④ 《邓小平文选》第 2 卷，人民出版社 1994 年版，第 107 页。
⑤ 《马克思恩格斯全集》第 44 卷，人民出版社 2001 年版，第 556 页。
⑥ 《马克思恩格斯全集》第 26 卷，人民出版社 2014 年版，第 340 页。
⑦ 《建国以来毛泽东文稿》第 7 册，中央文献出版社 1992 年版，第 338 页。
⑧ 《邓小平文选》第 2 卷，人民出版社 1994 年版，第 107 页。
⑨ 《邓小平文选》第 2 卷，人民出版社 1994 年版，第 50 页。

不可缺少的。”①

邓小平的教育思想弘扬了传统教育思想中重视道德教育、尊师重教等优点，突破了传统教育思想中以伦理为本位的思维定式，强调科学技术的发展；克服了忽略书本知识、过于重视直接经验和直接功用的局限性，为我国教育改革和发展指明了方向。

1983年，邓小平为景山学校题词："教育要面向现代化，面向世界，面向未来。"② 这一题词是邓小平自身教育思想的精辟概括。1985年，《中共中央关于教育体制改革的决定》明确提出："教育必须为社会主义建设服务，社会主义建设必须依靠教育。社会主义现代化建设的宏伟任务，要求我们不但必须放手使用和努力提高现有的人才，而且必须极大地提高全党对教育工作的认识，面向现代化、面向世界、面向未来，为九十年代以至下世纪初叶我国经济和社会的发展，大规模地准备新的能够坚持社会主义方向的各级各类合格人才。"③ 这实际上是确立了我国教育改革与发展的战略方向，实现了教育思想真正为现代化服务的根本转变。从长远看，这一方针不仅仅是针对新的历史时期的教育工作提出的发展方向，也是发展中国特色社会主义文化事业需要长期牢记的方针，其对社会主义文化建设事业具有重要的指导价值和作用。

"面向现代化"，是以经济建设为中心的政治路线在文化思想上的具体体现，这就要求从现代化建设的社会经济实际出发，为社会主义现代化建设培养在数量、质量、结构上适应现代化建设的人才。而且文化作为一个国家、一个民族的"根"和"魂"，其在经济建设和政治建设中的价值功能也日益凸显，文化不仅要为物质文明服务，还要为现代化建设提供精神动力和智力支持，以促进社会的全面发展。中国特色社会主义文化要面向现代化，就是要强化时代意识，把握时代的基本特征和发展脉络，既要符合社会主义初级阶段的实际，也要深刻把握社会主义现代化建设的方向和目标，将立足点与发展目标统一起来，处理好现代化进程中的文化问题。当今我国经济的发展已经成为一种卓然的现实成果，那么文化本身的发展必然成为题中应有之义。而且，文化本身的发展还必须是一种呼应和引领，而不是被动地附和跟进。在日益频繁的文化交流中，世界文化呈现出统一性和多样性的辩证关系特征，一方面各个国家和地区在全球化大潮中逐渐达成一种文化共识，文化的统一性逐渐增强；另一方面不同文化之间的碰撞也更加激烈，文化多元化深入发展，社会思潮多样多变。面对这样的新形势，需要

① 《邓小平文选》第2卷，人民出版社1994年版，第179页。
② 《邓小平文选》第3卷，人民出版社1993年版，第35页。
③ 《中共中央关于教育体制改革的决定》，《人民日报》1985年5月29日，第1版。

我们冷静客观地进行判断，做出正确的抉择。为此，应该树立问题意识，推进深入扎实的文化建设，通过社会主义文化建设重塑社会主义核心价值体系，弘扬和践行社会主义核心价值观，提升精神境界，重建社会主义生活方式，在中国特色社会主义现代化建设中开拓文化发展的新境界，在创新中国特色社会主义文化建设中不断推进实践的发展。

“面向世界”，即不仅教育要与世界接轨，整个文化的发展都要在坚定民族文化的前提和基础上，以开放的视野和包容的态度，吸收和借鉴其他国家和民族的优秀文化成果，实现教育以及整个文化事业的长远发展。中国特色社会主义文化具有与时俱进的开放性和吸收性，这种开放性和吸收性始终与世界文明联系在一起。在顺应世界文明的大潮中推进中国特色社会主义文化建设，必须处理好民族特色与世界共性的关系，努力克服自我封闭与全盘西化的极端片面性。① 正如习近平所说：“每一个国家和民族的文明都扎根于本国本民族的土壤之中，都有自己的本色、长处、优点。我们应该维护各国各民族文明多样性，加强相互交流、相互学习、相互借鉴，而不应该相互隔膜、相互排斥、相互取代，这样世界文明之园才能万紫千红、生机盎然。”② 中国特色社会主义文化是科学的文化，理应了解和学习其他国家和民族的优秀文化，了解国外文化建设的经验，尤其在我国建设社会主义文化强国、增强文化自信的背景下，更应当借鉴别国经验为我所用。虽然每个国家的实际有所不同，但是文化自觉、文化自信是不同文化在传承创新中所面临的共性问题，这一问题在微观策略与具体经验层面上是有共通之处的。“虚心学习、积极借鉴别国别民族思想文化的长处和精华，这是增强本国本民族思想文化自尊、自信、自立的重要条件。”③ 在此基础上批判地分析和借鉴一切有价值的成果，实现“以我为主”和“为我所用”。要坚守中国文化主体性，向世界推广中华优秀传统文化，展示中国文化建设的成果。

“面向未来”是指正确把握文化发展规律，并结合我国文化发展中的历史经验与实际情况，制订科学的、符合人民大众利益的长远战略目标。建设中国特色社会主义文化是一项背靠历史，既着眼现实又指向未来的宏伟事业。总结历史、“立足现实、面向未来，是马克思主义作为科学理论的基本特点。”④ 在马克思主义指导下的中国特色社会主义文化建设同样要以历史性和战略性的眼光，把历

---

① 郝立新：《坚持“三个面向” 推进理论创新》，《人民日报》2015 年 7 月 24 日，第 7 版。

② 习近平：《在纪念孔子诞辰 2565 周年国际学术研讨会暨国际儒学联合会第五届会员大会开幕会上的讲话》，《人民日报》2014 年 9 月 25 日，第 2 版。

③ 习近平：《在纪念孔子诞辰 2565 周年国际学术研讨会暨国际儒学联合会第五届会员大会开幕会上的讲话》，《人民日报》2014 年 9 月 25 日，第 2 版。

④ 郝立新：《坚持“三个面向” 推进理论创新》，《人民日报》2015 年 7 月 24 日，第 7 版。

史、现实、未来统一起来，正确把握文化发展道路的前进方向，在开创未来的实践中不断丰富文化发展理论、深入文化建设。在文化发展过程中，要继承自身文化发展的历史积淀和人类优秀的文化遗产，将对人类发展有益的积极文化因素融入现代文化发展的理论经验中，充分发挥文化在社会发展中的价值功能。习近平指出："中国优秀传统文化的丰富哲学思想、人文精神、教化思想、道德理念等，可以为人们认识和改造世界提供有益启迪，可以为治国理政提供有益启示，也可以为道德建设提供有益启发。"① 不仅如此，"包括儒家思想在内的中国优秀传统文化中蕴藏着解决当代人类面临的难题的重要启示。"② 因此，要将中华优秀传统文化进行创造性转化与创新性发展，使其具有与时俱进的品格，不断推动现代社会的发展。面向未来不能脱离现实，但又必须超越现实，要强化思维的创新性和前瞻性，正确把握中国、世界的未来走向；要把促进社会的全面进步和人的全面发展作为未来发展中国文化的出发点和归宿，并用发展着的马克思主义指导中国特色社会主义文化事业，建设社会主义文化强国。未来的道路，只有坚持马克思主义的科学真理，坚持社会全面进步和人的全面发展的价值目标，不断在实践基础上推动理论创新，在先进理论的指导下进行文化建设，坚定最根本的"文化自信"，才能推动中华民族伟大复兴的中国梦的实现。

3.5 坚持"三贴近"的基本原则

"三贴近"是指贴近实际、贴近生活、贴近群众，是党的十六大以来，中国共产党在新的历史条件下提出的宣传思想战线的指导原则。"三贴近"从对文化工作者的要求，以及要落实的主体出发，解决文化在发展中的立足点问题，是我国社会主义文化建设的基本原则，同时其真实体现了马克思主义人民群众是历史的创造者、以人为本、实践的根本观点。"三贴近"原则与中国共产党的思想宣传工作的优良传统一脉相承。在宣传工作中，中国共产党先后提出了新闻宣传通俗化、群众化思想，新闻宣传大众化思想，全党办报、群众办报思想，联系实

① 习近平：《在纪念孔子诞辰2565周年国际学术研讨会暨国际儒学联合会第五届会员大会开幕会上的讲话》，《人民日报》2014年9月25日，第2版。

② 习近平：《在纪念孔子诞辰2565周年国际学术研讨会暨国际儒学联合会第五届会员大会开幕会上的讲话》，《人民日报》2014年9月25日，第2版。

际、联系群众,开展批评和自我批评的思想等。[①] 这些产生于不同时期的指导思想具有内在一致性,是“三贴近”思想的历史来源。“三贴近”的基本原则与“双百”方针和“二为”方向,以及“三个面向”的基本要求紧密联系,共同致力于满足广大人民群众文化需求的伟大实践。

“三贴近”具有丰富的内涵。“贴近实际”就是立足我国国情,始终坚持解放思想、实事求是、与时俱进,适应现阶段我国经济、政治、文化发展的实际情况和要求,真实反映现代化建设实践。践行“三贴近”方针就是要坚定不移地立足于当下我国还处于并将长期处于社会主义初级阶段的这个最大的实际,着眼于当前实现“两个一百年”目标以及实现中华民族伟大复兴的中国梦的现实需要,处理好文化建设与政治建设、经济建设的关系,深刻认识文化建设在社会主义现代化建设总体布局中的重要性。文化工作者要时刻树立立足实践的观点,坚持马克思主义在文化领域的主导地位,一切从实际出发,不脱离实际,不搞形式主义。另外,“贴近实际”必须从实际出发制定各项文化政策,扩大公共服务和产品的共享范围,推动文化的大繁荣大发展。“贴近生活”就是要深入到现实生活中去,客观反映各群体真实的文化生活,把握主流,关注社会各个阶层的文化诉求,打造具有生命力的文化产品,创造出能够体现人民群众现实生活的真实作品,以使文化产品更好地融入生活、服务生活和引导生活。“贴近群众”是指要扎根于群众之中,更好地代表最广大人民的根本利益,用通俗易懂、积极健康的作品为群众服务。人民群众是文化建设最广泛的推动者。随着实践的发展,人民群众在中国特色社会主义文化建设中的主体地位越来越突出,满足人民群众日益增长的物质文化需求也是当时中国特色社会主义文化建设的根本目的。因此,“贴近群众”还要吸引群众广泛参与,注重群众的主体地位,以满足群众多层次、多方面、多样化的精神文化生活的需求,保证人民群众能够在文化发展的实践中受益。

“三贴近”的基本原则与党的思想宣传工作的优良传统一脉相承。2003年李长春在《从“三贴近”入手 改进和加强宣传思想工作》一文中指出,围绕着贴近实际、贴近生活、贴近群众,毛泽东、邓小平、江泽民等党的历代领导人都有很多重要论述。[②] 早在新民主主义革命时期,毛泽东就倡导民族的科学的大众的文化,特别是毛泽东在延安文艺座谈会上的讲话使大众化的文化深入人心。在新闻报道方面,毛泽东提出要“在报纸上正确地宣传党的方针政策,通过报纸

① 徐新平、许静:《“三贴近”传统的历史演进》,《湖南大学学报》(社会科学版)2008年第2期,第137页。

② 李长春:《从“三贴近”入手 改进和加强宣传思想工作》,《求是》2003年第10期,第3~8页。

加强党和群众的联系”[①],倡导以广大工农群众喜闻乐见的方式大力报道人民群众的生活经验。邓小平也指出:“人民需要艺术,艺术更需要人民。”[②]他强调文化发展要始终面向广大群众,文化作品要考虑社会效果,要把最好的精神食粮献给人民。关于新闻和思想宣传工作,邓小平在多个场合谈到要“让群众讲话”,他说:“办好报纸有三个条件:结合实际、联系群众、批评与自我批评。”[③]“报纸真的同实际、同群众联系好了,报纸办好了,对领导是最大的帮助。”[④]在推进中国特色社会主义建设的伟大实践中,以习近平为核心的党的领导人都对新时期党的宣传工作提出了新的要求,这也说明如何更好地贯彻党的思想宣传的群众路线,更好地为社会主义服务和为人民群众服务始终是一个不变的主题。

“三贴近”的基本原则也反映了新形势下对党的思想宣传工作的新要求。以互联网媒体为代表的新媒体平台已经成为舆论传播的重要平台,各种思想舆论在网上相互叠加,带来了多元价值观的冲击。而任何一个社会,为了维护社会的和谐稳定和政治、经济的有序发展,都要在社会中倡导和推行一种主导的价值体系和价值观。文化的灵魂就是核心价值观,它决定了文化质的规定和方向,有什么样的核心价值观就有什么样的文化立场和取向。而我国目前的实际是必须对当前全球化背景下的文化多元化做出积极反映,即在强大的资本主义市场经济利益和价值引领面前,如何使核心价值观深入人心和扎根社会,让其成为社会和民族的精神是我们面临的文化发展的重要课题。因此,必须提高社会主义核心价值观宣传的针对性和有效性。我们今天所倡导的社会主义核心价值观,是在原有的优秀的文化传统和资源的基础上,通过理论创新而创造的具有强大的社会整合力的文化价值观,代表着先进的文化,但是主流意识形态的价值观通过简单地背诵条文、空洞说教的形式是难以深入人心的。“只有贴近实际的文化才是最真实的文化。”[⑤]人民群众永远是推动社会发展的原动力。文化工作者和思想宣传工作人员要始终依据党的思想路线,落实“群众观”,深入到群众的实际中去,以人民群众喜闻乐见、通俗易懂、贴近生活的形式宣传社会主义核心价值观,从而使人民群众对其中蕴含的价值观的理解顺理成章,水到渠成,从而真正地使人民群众心悦诚服,积极践行核心价值观,不断增强文化自信。

---

① 《毛泽东选集》第 4 卷,人民出版社 1991 年版,第 1 319 页。

② 《邓小平文选》第 2 卷,人民出版社 1994 年版,第 211 页。

③ 《邓小平文选》第 1 卷,人民出版社 1989 年版,第 146 页。

④ 《邓小平文选》第 1 卷,人民出版社 1989 年版,第 150 页。

⑤ 李贵忠:《十八大对中国特色社会主义文化建设理论的创新及其意义》,《前沿》2013 年第 11 期,第 174 页。

3.6 以促进人的全面发展与培养社会主义新人为目标

人的全面发展是马克思主义基本原理之一，在马克思主义中，人的全面发展是社会主义的本质规定。人在经历了对人的依赖阶段、对物的依赖阶段后，进入第三个阶段，即人类社会历史发展的最高形态——共产主义社会阶段，能够摆脱对人、对物的依赖，个体的个性和能力得到极大发展，从而实现了自由而全面的发展。“代替那存在着阶级和阶级对立的资产阶级旧社会的，将是这样一个联合体，在那里，每个人的自由发展是一切人的自由发展的条件。”[①] 在共产主义社会，由于生产资料公有制占主导地位，人的能力的发展、需求的满足、个性的张扬获得了经济、政治制度的保证，因此人的自由而全面的发展具有了现实性。

马克思恩格斯认为，现代社会的劳动分工使社会成员处于片面发展的状态，为了摆脱这种状态，无产阶级必须争取受教育的权利，而教育的意义在于使社会成员能够全面地发挥他们各方面的才能。而在理想社会，每个人的自由发展是一切人的自由发展的条件。马克思恩格斯认为造就全面发展的人需要具备以下三个条件，“第一：智育。第二：体育，即体育学校和军事训练所教授的那种东西。第三：技术教育，这种教育要使儿童和少年了解生产各个过程的基本原理，同时使他们获得运用各种生产的最简单的工具的技能。”[②] 并且，“把有报酬的生产劳动、智育、体育和综合技术培训结合起来，就会把工人阶级提高到比贵族和资产阶级高得多的水平。”[③]

中国特色社会主义文化以培养有理想、有道德、有文化、有纪律的社会主义公民为目标，体现了马克思主义“以人为本”的价值观。马克思主义的人的全面发展理论是邓小平有理想、有道德、有文化、守纪律“四有”新人思想的理论来源。“四有”新人思想是在建设中国特色社会主义的实践过程中，在深入分析我国具体国情的基础上，对马克思主义人的全面发展理论的发展与创新。中国共产党人以马克思主义为指导，无论是在革命时期，还是社会主义建设时期，始终坚持以人为本的价值取向，将人民群众的根本利益放在第一位。毛泽东在民主革命时期指出：“没有几万万人民的个性的解放和个性的发展……建立起社会主

① 《马克思恩格斯文集》第 2 卷，人民出版社 2009 年版，第 53 页。
② 《马克思恩格斯全集》第 16 卷，人民出版社 1964 年版，第 218 页。
③ 《马克思恩格斯全集》第 21 卷，人民出版社 2003 年版，第 271 页。

义社会来,那只是完全的空想。”① 早在1917年4月1日,毛泽东就在《新青年》杂志第3卷第2号发表了《体育之研究》一文。在该文中,毛泽东提出了德、智、体全面发展的概念,他说:“夫知识则诚可贵矣,人之所以异于动物者此耳……道德亦诚可贵矣,所以立群道平人己者此耳……体者,载知识之车而寓道德之舍也。”② 他论述了德、智、体的关系,认为德、智、体是一个相互联系、相互促进的整体,并且肯定了体在德与智发展中的基础性地位。新中国成立以后,1956年年底,毛泽东在《关于正确处理人民内部矛盾的问题》中,提出了全面发展的教育方针,他说:“我们的教育方针,应该使受教育者在德育、智育、体育几方面都得到发展,成为有社会主义觉悟的有文化的劳动者。”③ 德、智、体全面发展是毛泽东关于人的全面发展思想的重要内容。关于体育,毛泽东很早就认识到了它对人才培养的重要性。他认为,体育是知识之载、道德之舍,是人全面发展的重要保障,只有具备了强健的体质,才能为德育和智育提供必要的物质基础,即所谓“德智皆寄于体”④。关于德育,在他看来,“发展共产主义的情操、风格和集体英雄主义的气概,就是我们时代的德育。”⑤ 除此之外,还要培养艰苦朴素、艰苦奋斗的作风。抗日战争时期,毛泽东就提出了艰苦朴素、艰苦奋斗的作风。新中国成立后,毛泽东在谈到学校教育工作要加强政治思想教育的同时,再次提出了艰苦奋斗的问题。他说:“要提倡勤俭建国。要使全体青年们懂得,我们的国家现在还是一个很穷的国家,并且不可能在短时间内根本改变这种状态,全靠青年和全体人民在几十年时间内,团结奋斗,用自己的双手创造出一个富强的国家。社会主义制度的建立给我们开辟了一条到达理想境界的道路,而理想境界的实现还要靠我们的辛勤劳动。”⑥ 关于智育,毛泽东在不同场合多次提到提高科学文化水平的重要性,他说:“为了建成社会主义,工人阶级必须有自己的技术干部的队伍,必须有自己的教授、教员、科学家、新闻记者、文学家、艺术家和马克思主义理论家的队伍……共产党员、共青团员和全体人民,人人都要懂得这个任务,人人都要努力学习。有条件的,要努力学技术、学业务、学理论、造成工人阶级知识分子的新部队(这个新部队,包含从旧社会过来的真正经过改造站稳了工人阶级立场的一切知识分子)。”⑦

---

① 《毛泽东选集》第3卷,人民出版社1991年版,第1060页。
② 《毛泽东早期文稿》,湖南出版社1990年版,第67页。
③ 《毛泽东文集》第7卷,人民出版社1999年版,第226页。
④ 《毛泽东早期文稿》,湖南出版社1990年版,第66页。
⑤ 《毛泽东文集》第7卷,人民出版社1999年版,第398~399页。
⑥ 《毛泽东文集》第7卷,人民出版社1999年版,第226页。
⑦ 《建国以来毛泽东文稿》第6册,中央文献出版社1992年版,第550页。

邓小平继承了毛泽东德、智、体全面发展的教育思想，邓小平说，培养人才的质量标准就是："像毛泽东同志说的，应该使受教育者在德育、智育、体育几方面都得到发展，成为有社会主义觉悟的有文化的劳动者。"[①] 并且他提出，要"把毛泽东同志提出的培养德智体全面发展、有社会主义觉悟的有文化的劳动者的方针贯彻到底，贯彻到整个社会的各个方面"[②]，使之具有更为普遍的意义。

社会主义新人是邓小平关于社会主义时期人的发展目标的提法。1980 年 12 月，邓小平论述了有关社会主义精神文明问题，他认为："所谓精神文明，不但是指教育、科学、文化（这是完全必要的），而且是指共产主义的思想、理想、信念、道德、纪律，革命的立场和原则，人与人的同志式关系，等等。"[③] 他强调："要努力使我们的青少年成为有理想、有道德、有知识、有体力的人，使他们立志为人民作贡献，为祖国作贡献，为人类做贡献，从小养成守纪律、讲礼貌、维护公共利益的良好习惯。"[④]1983 年，邓小平在建设社会主义的物质文明和精神文明的讲话中提出建设社会主义精神文明的根本要求是"要使广大人民有共产主义的理想，有道德，有文化，守纪律"[⑤]，即培养"四有"新人是精神文明的最根本的任务。根据这个精神，1984 年通过的《中共中央关于教育体制改革的决定》提出了各种人才应该有理想、有道德、有文化、有纪律的要求。这是因为"中国的事情能不能办好，社会主义和改革开放能不能坚持，经济能不能快一点发展起来，国家能不能长治久安，从一定意义上说，关键在人"[⑥]。

这里的理想，既包括实现共产主义的最高理想，同时也强调把建设中国特色的社会主义、实现社会主义现代化，坚定中华民族的伟大复兴作为现阶段党和各族人民的共同理想。理想作为一种观念形态，是人们的世界观、人生观和价值观在奋斗目标上的集中体现。它推动人们为了实现理想而不断地改造、变革现实，也督促人们为了实现理想而进行自我修养。当人们正确地树立起自己的理想，并进而转化为坚定的信念时，它将激励人们坚韧不拔地投身于变革现实的奋斗。邓小平说："我们一定要经常教育我们的人民，尤其是我们的青年，要有理想。为什么我们过去能在非常困难的情况下奋斗出来，战胜千难万险使革命胜利呢？就是因为我们有理想，有马克思主义信念，有共产主义信念。"[⑦] 共产主义

① 《邓小平文选》第 2 卷，人民出版社 1994 年版，第 103 页。
② 《邓小平文选》第 2 卷，人民出版社 1994 年版，第 106~107 页。
③ 《邓小平文选》第 2 卷，人民出版社 1994 年版，第 367 页。
④ 《邓小平文选》第 2 卷，人民出版社 1994 年版，第 369 页。
⑤ 《邓小平文选》第 3 卷，人民出版社 1993 年版，第 28 页。
⑥ 《邓小平文选》第 3 卷，人民出版社 1993 年版，第 380 页。
⑦ 《邓小平文选》第 3 卷，人民出版社 1993 年版，第 110 页。

理想作为关于人类未来前景最科学的理想,以马克思主义科学理论为基础,是无产阶级世界观及其社会政治立场在人类未来社会的目标上的集中表现。它是人们思想行为规范的目标导向,为推进社会变革提供巨大的精神动力。党的十八大以来,以习近平为代表的中国共产党人继续高扬理想信念的伟大旗帜,强调:“坚定理想信念,坚守共产党人精神追求,始终是共产党人安身立命的根本”,“理想信念就是共产党人精神上的‘钙’,理想信念坚定,骨头就硬,没有理想信念,或者理想信念不坚定精神上就会‘缺钙’,就会的‘软骨病’。”[①] 习近平还强调:“我们共产党人锤炼党性,首要的就是坚定共产主义远大理想和中国特色社会主义共同理想。”[②] 党的十九大报告提出“中国特色社会主义进入新时代,意味着近代以来久经磨难的中华民族迎来了从站起来、富起来到强起来的伟大飞跃”[③] 的重要论断。事实证明,中国之所以能取得如此巨大的发展和成功,归根结底是因为“中国共产党一经成立,就把实现共产主义作为党的最高理想和最终目标,义无反顾肩负起实现中华民族伟大复兴的历史使命,团结带领人民进行了艰苦卓绝的斗争,谱写了气吞山河的壮丽史诗”[④]。并且,中国共产党始终坚持共产主义理想信念不动摇,坚定不移地走中国特色社会主义道路。

共同理想是实现最高理想的必经阶段。把我国建设成富强、民主、文明、和谐、美丽的社会主义现代化强国,实现中华民族伟大复兴的中国梦是现阶段我国人民的共同理想。共同理想集中了我国工人、农民、知识分子和其他劳动者、爱国者的利益和愿望,所以它是保证全国人民在政治上、道义上和精神上团结一致,克服任何困难,争取胜利的强大精神武器。党的十八大以来,习近平提出了“中国梦”的重要思想,阐明了“中国梦”的科学内涵:实现中华民族伟大复兴的中国梦,就是要实现国家富强、民族振兴、人民幸福。这是近代以来中国人民最伟大的梦想,体现了中华民族和中国人民的整体利益。而实现中国梦必须走中国道路,这就是中国特色社会主义道路,必须以以爱国主义为核心的民族精神和以改革创新为核心的时代精神为精神动力,以全国各族人民的大团结为力量源泉。邓小平的“四有”新人思想仍然是引导人们为实现“中国梦”而奋斗的精神力量。有理想,就是要增强中国特色社会主义理论自信、道路自信、制度自信

---

① 习近平:《紧紧围绕坚持和发展中国特色社会主义 学习宣传贯彻党的十八大精神——在十八届中共中央政治局第一次集体学习时的讲话》,《人民日报》2012年11月19日,第2版。

② 习近平:《在纪念邓小平同志诞辰110周年座谈会上的讲话》,《人民日报》2014年8月21日,第2版。

③ 习近平:《决胜全面建成小康社会 夺取新时代中国特色社会主义伟大胜利——在中国共产党第十九次全国代表大会上的报告》,《人民日报》2017年10月28日,第1版。

④ 习近平:《决胜全面建成小康社会 夺取新时代中国特色社会主义伟大胜利——在中国共产党第十九次全国代表大会上的报告》,《人民日报》2017年10月28日,第1版。

和文化自信,用中国特色社会主义理论武装自己,坚定对中国特色社会主义的信心,为实现中华民族的伟大复兴而奋斗。

道德是人们对社会生活的规范。在邓小平看来,社会主义新人就要以共产主义道德规范来约束自身的言行,以集体利益为重。他强调:“要教育全党同志发扬大公无私、服从大局、艰苦奋斗、廉洁奉公的精神,坚持共产主义思想和共产主义道德。”[①] 同时他还主张要有计划、有层次地对广大人民群众进行道德教育,逐步引导他们形成崇高的共产主义道德。爱祖国、爱人民、爱劳动、爱科学、爱社会主义是社会主义道德的基本要求。此外,“全心全意为人民服务”“大公无私”“毫不利己、专门利人”这些都是道德的要求。对道德的论述,同样也弘扬了中国传统伦理思想的精华。中国传统社会十分重视伦理,强调用道德来规范人们的行为、评判社会生活。其中为民族、为国家的整体精神,是中国优良道德传统的一个重要方面。从《诗经》中的“夙夜在公”[②] 到贾谊的“国耳忘家,公耳忘私”,从范仲淹提出的“先天下之忧而忧,后天下之乐而乐”到林则徐倡导的“苟利国家生死以,岂因祸福避趋之”都体现了一种为整体而献身的高尚境界和道德追求。但是,邓小平强调培养崇高的共产主义道德的同时主张不能否认人们对自身利益的合理追求。“革命是在物质利益的基础上产生的,如果只讲牺牲精神,不讲物质利益,那就是唯心论。”[③] “我们提倡按劳分配,承认物质利益,是要为全体人民的物质利益奋斗。”[④] 但他又强调,承认个人的物质利益并不是提倡个人抛开集体和国家,他同时要求社会主义“四有”新人一定要有集体主义观念,“为了国家和集体的利益,为了人民大众的利益,一切有革命觉悟的先进分子必要时都应当牺牲自己的利益。”[⑤] 这是因为在社会主义国家中,国家、集体和个人的利益在根本上是一致的。

2013 年 5 月 4 日,在同各界优秀青年代表座谈时,习近平勉励广大青年“要把正确的道德认知、自觉的道德养成、积极的道德实践紧密结合起来,自觉树立和践行社会主义核心价值观,带头倡导良好社会风气。要加强思想道德修养,自觉弘扬爱国主义、集体主义、社会主义思想,积极倡导社会公德、职业道德、家庭美德”[⑥]。党的十九大报告中仍然强调要“深入实施公民道德建设工程,推进社会公德、职业道德、家庭美德、个人品德建设,激励人们向上向善、孝老爱亲,忠于祖

① 《邓小平文选》第 2 卷,人民出版社 1994 年版,第 367 页。
② 刘松来编著:《诗经》,青岛出版社 2011 年版,第 10 页。
③ 《邓小平文选》第 2 卷,人民出版社 1994 年版,第 146 页。
④ 《邓小平文选》第 2 卷,人民出版社 1994 年版,第 337 页。
⑤ 《邓小平文选》第 2 卷,人民出版社 1994 年版,第 337 页。
⑥ 习近平:《在同各界优秀青年代表座谈时的讲话》,《人民日报》2013 年 5 月 5 日,第 2 版。

国、忠于人民”①。良好的道德修养对于个人修身立业和国家的长治久安具有重要作用。中华民族是一个有浓厚尚德传统的民族，将中华优秀传统文化的道德精华实现创造性转化与创新性发展，为新时代践行社会主义道德规范提供借鉴，为实现中国梦凝聚强大精神力量有重要意义。

学习和掌握先进的科学文化知识是对“四有”新人的一个重要要求。邓小平对科学知识极为重视，他率先提出了“科学是第一生产力”的科学论断：“劳动者只有具备较高的科学文化水平，丰富的生产经验，先进的劳动技能，才能在现代化的生产中发挥更大的作用。”② 他提出了“尊重知识、尊重人才”的口号：“我们要实现现代化，关键是科学技术要能上去。发展科学技术，不抓教育不行。靠空讲不能实现现代化，必须有知识，有人才。”③ 邓小平尤其强调知识和人才对于社会主义建设的重要意义。科学精神是一种求知探索的精神，是创新的精神。弘扬科学精神，普及科学知识是新时代构建创新性国家，推动社会发展的需要。在党的十九大报告中，习近平指出：“创新是引领发展的第一动力，是建设现代化经济体系的战略支撑。”④ 而加快建设创新型国家，发展科学技术是关键。同样，“人才是实现民族振兴、赢得国际竞争主动的战略资源。”⑤ 培养造就具有国际一流水平的战略科技人才是新时代实现“两个一百年”奋斗目标、实现中华民族伟大复兴的中国梦的重要保障。

在“四有”新人的培养要求中，邓小平首先强调纪律，认为没有纪律，就会是“一盘散沙”⑥。他多次强调，在20世纪五六十年代的中国社会，那时的人们很守纪律，照顾大局，把个人利益放在国家利益当中。“五十年代，广大党员和人民讲理想，讲纪律，讲为人民服务，爱党，爱国家，爱社会主义，这样的社会风气和道德面貌不是很好吗？”⑦ “你们如果是五十年代、六十年代初来，可以看到中国的社会风尚是非常好的。在艰难的时候，人们都很守纪律，照顾大局，把个人利益放在集体利益当中，放在国家利益、社会利益当中，自觉地同国家一道来渡过

① 习近平：《决胜全面建成小康社会 夺取新时代中国特色社会主义伟大胜利——在中国共产党第十九次全国代表大会上的报告》，《人民日报》2017年10月28日，第1版。

② 《邓小平文选》第2卷，人民出版社1994年版，第88页。

③ 《邓小平文选》第2卷，人民出版社1994年版，第40页。

④ 习近平：《决胜全面建成小康社会 夺取新时代中国特色社会主义伟大胜利——在中国共产党第十九次全国代表大会上的报告》，《人民日报》2017年10月28日，第1版。

⑤ 习近平：《决胜全面建成小康社会 夺取新时代中国特色社会主义伟大胜利——在中国共产党第十九次全国代表大会上的报告》，《人民日报》2017年10月28日，第1版。

⑥ 《邓小平文选》第3卷，人民出版社1993年版，第111页。

⑦ 《邓小平文选》第3卷，人民出版社1993年版，第318页。

困难。”[①] 邓小平强调，在有理想、有道德、有文化、有纪律这四条里面，“理想和纪律特别重要。”[②] 这是因为封建主义思想残余的影响和资本主义腐朽思想的侵蚀，是精神文明建设的主要障碍。尤其是在强大的资本主义经济和价值引领面前，只有坚定的理想和信念，才能坚持改革的社会主义方向，积极践行社会主义核心价值观。邓小平还断言：“由于社会主义制度的这些特点，我国人民能有共同的政治经济社会理想，共同的道德标准。以上这些，资本主义社会永远不可能有。”[③]

邓小平关于培养“四有”人才的论断，对于我国社会主义建设意义重大。这是因为人的素质的现代化，是社会现代化的一个极为重要的条件和目的。邓小平继承了马克思主义关于人的全面发展的理论，又从中国传统的人文主义精神中发掘了富有生命力的内容，弘扬中国优秀的伦理道德，这对于推动精神文明建设具有十分重要的意义。更为重要的是，邓小平扬弃了中国传统伦理本位的思维方式，在唯物主义的基础上阐述了道德在社会发展中的地位与作用。邓小平认为，一方面，物质文明建设是精神文明建设的基础，精神文明建设是建立在物质文明建设基础之上的：“物质是基础，人民的物质生活好起来，文化水平提高了，精神面貌会有大变化。”[④] 因此，精神文明建设必须紧紧围绕经济建设这个中心。另一方面，精神文明建设要为物质文明的建设服务，为经济建设和改革开放提供精神动力和智力支持。邓小平说：“不加强精神文明的建设，物质文明的建设也要受破坏，走弯路。”[⑤] 新时代，在以习近平同志为核心的党中央的领导下，实现中华民族伟大复兴的中国梦是我们为之奋斗的目标，而有理想、有道德、有文化、有纪律仍然是我们尤其是青年为中国梦奋斗所要具备的重要素质。

① 《邓小平文选》第2卷，人民出版社1994年版，第233页。
② 《邓小平文选》第3卷，人民出版社1993年版，第110页。
③ 《邓小平文选》第2卷，人民出版社1994年版，第167页。
④ 《邓小平文选》第3卷，人民出版社1993年版，第89页。
⑤ 《邓小平文选》第3卷，人民出版社1993年版，第144页。

第4章　建设社会主义核心价值观

4.1　理论、意识形态和价值

2012年11月，党的十八大报告中第一次明确提出："倡导富强、民主、文明、和谐，倡导自由、平等、公正、法治，倡导爱国、敬业、诚信、友善，积极培育和践行社会主义核心价值观。"[①] 这是中国共产党首次科学而具体地表述社会主义核心价值观的基本内容。之前在2006年10月，党的十六届六中全会通过的《中共中央关于构建社会主义和谐社会若干重大问题的决定》中已明确提出了"社会主义核心价值体系"这个重大科学命题。在党的十七届六中全会上，社会主义核心价值体系被定位为"兴国之魂，是社会主义先进文化的精髓，决定着中国特色社会主义发展方向"[②]。而社会主义核心价值观是社会主义核心价值体系的内核和集中表达，体现了社会主义核心价值体系的根本性质。2013年12月，中共中央办公厅印发的《关于培育和践行社会主义核心价值观的意见》将党的十八

① 《胡锦涛文选》第3卷，人民出版社2016年版，第638页。

② 《中共中央关于深化文化体制改革推动社会主义文化大发展大繁荣若干重大问题的决定》，《人民日报》2011年10月26日，第1版。

大报告中社会主义核心价值观的内容表述进一步凝练为二十四个字,并号召积极培育和践行社会主义核心价值观,这也标志着社会主义核心价值观正式成为中国社会主义建设事业的重要内容。

党的十八大以来,习近平在不同场合面对不同的对象多次提及和论述了社会主义核心价值观。2013年4月28日,在同全国劳动模范代表座谈时,习近平号召工人阶级“要自觉践行社会主义核心价值观,发扬我国工人阶级的伟大品格,用先进思想、模范行动影响和带动全社会,不断为中国精神注入新能量,始终做弘扬中国精神的楷模”[①]。2013年5月4日,在同各界优秀青年代表座谈时,习近平勉励广大青年“要把正确的道德认知、自觉的道德养成、积极的道德实践紧密结合起来,自觉树立和践行社会主义核心价值观,带头倡导良好社会风气。要加强思想道德修养,自觉弘扬爱国主义、集体主义、社会主义思想,积极倡导社会公德、职业道德、家庭美德”[②]。2014年2月17日,在省部级主要领导干部学习贯彻十八届三中全会精神全面深化改革专题研讨班开班式上习近平指出:“推进国家治理体系和治理能力现代化,要大力培育和弘扬社会主义核心价值体系和核心价值观,加快构建充分反映中国特色、民族特性、时代特征的价值体系。”[③] 在中共中央政治局第十三次集体学习时,习近平强调:“核心价值观是文化软实力的灵魂、文化软实力建设的重点。这是决定文化性质和方向的最深层次要素。一个国家的文化软实力,从根本上说,取决于其核心价值观的生命力、凝聚力、感召力。”[④] 可见,社会主义核心价值观是习近平治国理政思想的重要组成部分,构建具有中国特色和中国气派的社会主义核心价值体系是一项需要加快进行的重大战略任务。培育和践行社会主义核心价值观需要党员和先进优秀人员起到模范带头作用,需要各级领导干部的重视和贯彻,也需要广大人民群众的自觉参与和弘扬。而建设社会主义核心价值观事关社会的和谐稳定和国家的长治久安,有着极其重要的价值和意义。

一、社会主义核心价值观孕育于中国特色社会主义理论

价值观是指主体的人面对客体时判断是非对错的基本准则,它存在于社会

---

① 习近平:《在同全国劳动模范代表座谈时的讲话》,《人民日报》2013年4月29日,第2版。

② 习近平:《在同各界优秀青年代表座谈时的讲话》,《人民日报》2013年5月5日,第2版。

③ 《完善和发展中国特色社会主义制度、推进国家治理体系和治理能力现代化》,《人民日报》2014年2月18日,第1版。

④ 《把培育和弘扬社会主义核心价值观作为凝魂聚气强基固本的基础工程》,《人民日报》2014年2月26日,第1版。

生活的各领域,涉及对人与自然、人与他人以及人与自己等各种关系的认知和评价,是一系列价值判断观念的集合。它最鲜明的特征是历史性和社会性,即在不同的时代和不同类型的社会生活中,人的价值观是不一样的。正如价值观从来不是凭空出现的,社会主义核心价值观是在中国特色社会主义伟大实践的时代背景下,从中国特色社会主义理论体系中孕育而来的。

党的十八大之前,中国特色社会主义理论体系是指包括邓小平理论、“三个代表”重要思想以及科学发展观在内的科学理论体系,是对马克思列宁主义、毛泽东思想的坚持和发展,是几代中国共产党人带领全国人民进行社会主义实践的智慧结晶,是马克思主义与中国具体实践第二次相结合的理论成果。党的十一届三中全会以后,党和国家以经济建设为中心,走上了改革开放之路。邓小平不仅提出要坚定共产主义信念,走中国特色的社会主义道路,还创造性地提出贫穷不是社会主义,指明“社会主义的本质,是解放生产力,发展生产力,消灭剥削,消除两极分化,最终达到共同富裕”[①]。在这里,“共同富裕”既是社会主义的本质,又是社会主义的根本价值目标,是邓小平理论中蕴含的社会主义价值观。资本主义自工业革命以来虽然也发展了生产力,经济取得了提升,但穷富悬殊明显,两极分化严重。社会主义是要在发展生产力、物质极大丰富的基础上实现共同富裕,这从表面上看是社会的一种经济发展目标,但本质上是一种理想信念和价值诉求,是为广大人民群众谋福祉。而且这种共同富裕包含了物质和精神两方面,最终促进的是所有人的全面发展。在改革开放的历史新时期,江泽民阐述了“三个代表”重要思想:“我们党所以赢得人民的拥护,是因为我们在革命、建设、改革的各个时期,总是代表着中国先进生产力的发展要求,代表着中国先进文化的前进方向,代表着中国最广大人民的利益,并通过制定正确的路线方针政策,为实现国家和人民的根本利益而不懈奋斗。”[②] 这一方面创造性地回答了建设什么样的党、怎么建设党的问题,另一方面也明确了价值主体和价值目的:先进生产力和先进文化指的是物质和精神两方面的先进性,而这两种先进性是为最广大人民的利益服务的。这是共同富裕价值观的进一步发展。进入 21 世纪,胡锦涛提出了科学发展观和构建和谐社会的思想。科学发展观回答了为谁发展、怎么发展的问题,强调全面发展、协调发展和可持续发展,核心是以人为本,造福全体人民是党的一切奋斗和工作的目的;和谐社会的特征则是“民主法治、公平正义、诚信友爱、充满活力、安定有序、人与自然和谐相处”[③],这已经是社会

① 《邓小平文选》第 3 卷,人民出版社 1993 年版,第 373 页。
② 《十五大以来重要文献选编》中,中央文献出版社 2011 年版,第 283 页。
③ 《十六大以来重要文献选编》中,中央文献出版社 2011 年版,第 706 页。

主义核心价值观非常具体的雏形了。2013年5月17日,习近平在第十二届全国人民代表大会第一次会议闭幕会上发表重要讲话时指出:“实现全面建成小康社会、建成富强民主文明和谐的社会主义现代化国家的奋斗目标,实现中华民族伟大复兴的中国梦,就是要实现国家富强、民族振兴、人民幸福。”① 这是对“中国梦”的详尽阐述,同时也是对社会主义核心价值观的形象表达。

由此可见,中国特色社会主义理论体系是随着中国特色社会主义建设的不断深化而不断发展和推进的,而社会主义核心价值观正是随着中国特色社会主义理论体系的发展和推进而发展的。中国特色社会主义理论体系和社会主义核心价值观的差异体现在范围和层级上,前者是全部和整体,涉及政治、经济、文化、军事和外交等各个领域;后者则是前者的价值表达,是中国核心价值目标和价值准则的凝练,体现了一个国家的软实力。从根本上来看,中国特色社会主义理论体系是既一脉相承又与时俱进的理论体系,是中国特色社会主义建设的指导思想和全国各族人民团结奋斗的共同思想基础,也是社会主义核心价值观的理论基础和根据。而社会主义核心价值观体现了国家意识形态的本质,它的建设必须在马克思主义的指导下,围绕着中国特色社会主义理论来进行。

二、社会主义核心价值观体现了意识形态的本质

意识形态(Ideology)这一概念通常被认为是由孔狄亚克的学生特拉西(Destutt de Tracy)所创造的。从词源上看,ideo-的希腊词源是柏拉图的“理念或相”,-logy的希腊词源是“逻各斯”(logos),词面上的意思是“理念学”或“观念学”。特拉西之所以创设意识形态这个词是“试图为一切观念的产生提供一个真正科学的哲学基础”②。他认为思想的产生是来自外部物质的刺激,人的一切知识都可以还原到感觉经验,而“观念学”研究的是观念的形成过程,其能让人拨云见日,为包括政治学、伦理学等在内的所有科学奠定基础。实际上特拉西是想通过意识形态来改变社会和人的生活,可见这个概念从一诞生就与政治紧密联系在一起。马克思最早谈及意识形态是在他的博士学位论文中:“我们的生活需要的不是玄想(Ideologie,对应的正是特拉西的idéologie‘意识形态’——笔者注)和空洞的假设,而是我们能够过没有迷乱的生活。”③ 意识形态在这里与空洞的假设并列,表达的是消极意义上的虚幻。后来,马克思在《德意志意识形态》中比

---

① 习近平:《在第十二届全国人民代表大会第一次会议上的讲话》,《人民日报》2013年3月18日,第1版。

② 俞吾金:《意识意识形态:哲学之谜的解答》,《求是学刊》1993年第1期,第3~7页。

③ 《马克思恩格斯全集》第1卷,人民出版社2002年版,第57页。

较集中地讨论了意识形态问题，对费尔巴哈和布·鲍威尔等人的唯心主义历史观进行了批判分析，认为意识形态是一种颠倒了存在与意识关系的虚假观念，并指出："统治阶级的思想在每一时代都是占统治地位的思想。这就是说，一个阶级是社会上占统治地位的物质力量，同时也是社会上占统治地位的精神力量。支配着物质生产资料的阶级，同时也支配着精神生产资料。因此，那些没有精神生产资料的人的思想，一般地是隶属于这个阶级的。"① 恩格斯更是指出这是一种虚假的意识，意识形态是由主体有意识地以虚假的意识完成的过程，资本主义意识形态是资产阶级对劳动人民的一种欺骗；马克思在批判特拉西的意识形态概念的同时，发展了黑格尔在《精神现象学》里提出的概念—— "Die Gestalten des Bewusstseins"（意识诸形态）。② 黑格尔的《精神现象学》导论里说"全体的各个环节就是意识的各个形态"③，显然，黑格尔讲述的是人的整体精神发展史，表达的是人类意识在社会历史发展各阶段所呈现的各种形态。马克思在《〈政治经济学批判〉序言、导言》中阐述道："人们在自己生活的社会生产中发生一定的、必然的、不以他们的意志为转移的关系，即同他们的物质生产力的一定发展阶段相适合的生产关系。这些生产关系的总和构成社会的经济结构，即有法律的和政治的上层建筑竖立其上并有一定的社会意识形式与之相适应的现实基础。"④ 马克思的这种阐述是对黑格尔哲学阐述的一种颠倒，即意识的产生不是随心所欲的，其总是在一定的社会条件下与人的实践活动和现实生活的语言交织在一起的。从根本上来说，意识形态来源于实践，是具体社会中人对实践的一种理解，但它属于社会中不可或缺的组成部分，且有自身的演化和发展，实际上是一种观念性的社会存在。综上所述，意识形态不止有否定性和消极的面向。总的来说，意识形态有两种：一种是虚假性的意识形态，这种意识形态是由统治阶级从自身利益出发主观建构的，带有欺骗性和扭曲性。另一种是科学的意识形态，这种意识形态是对社会存在的客观反映，显现了历史发展的规律。马克思主义的意识形态理论正是从存在与意识二者之间的辩证关系出发，建基于马克思的唯物史观，是一种科学的意识形态。

那么意识形态与社会核心价值观之间是什么关系呢？这需要分析意识形态的内部结构。意识形态的内部结构大体上可以"划分为价值理想、理论学说、

① 《马克思恩格斯全集》第 3 卷，人民出版社 2002 年版，第 52 页。

② 马克思意识形态概念的两个来源：意识形态（Ideologie）和意识诸形态（Die Gestalten des Bewusstseins），二者的差异参见周民锋：《马克思意识形态概念的两个来源及其两重含义》，《学术研究》2008 年第 6 期，第 36~41 页。

③ ［德］黑格尔：《精神现象学》上卷，贺麟、王玖兴译，商务印书馆 2009 年版，第 5 页。

④ 《马克思恩格斯全集》第 13 卷，人民出版社 1998 年版，第 8 页。

政策主张三个层次"[①]。在意识形态构成的这三要素中,首先,理论学说是基础和根据,因为意识形态作为一种思想观念体系是从它所处的时代背景和社会现实中产生出来的,其最突出的表现形式是理论学说,主导型的意识形态对国家和社会有极其重要的指引和凝聚功能。中国特色社会主义理论体系的形成是改革开放以来中国意识形态理论学说建设方面所取得的最重要成果,也是全国人民的指路明灯。其次,政策主张是意识形态在实现方面的具体实践,包括国家的法律和制度、具体的方针政策以及思想宣传等,意识形态只有在社会成员的心中扎根并得到大家的一致认同才能发挥作用,这需要政策主张来落实和保障。而且意识形态不仅仅只是思想观念,其还是一种能影响和制约人们社会生活的实践力量,这种影响和制约也是通过政策主张来实现的。最后,价值理想,即价值观则是意识形态的核心和灵魂,一个社会的核心价值观体现了该社会意识形态的本质。这是由于意识形态总是反映社会群体在物质和精神层面的利益追求,任何一种意识形态必然包含着价值取向,必然包含着核心价值观。而核心价值观的培育和践行使得意识形态具有更强的协调整合社会各利益群体的能力,并使得核心价值观自身的体系更具有合法性、稳定性和兼容性。党的十七大报告曾对核心价值体系和意识形态的关系做了详细的论述:"建设社会主义核心价值体系,增强社会主义意识形态的吸引力和凝聚力。社会主义核心价值体系是社会主义意识形态的本质体现。要巩固马克思主义指导地位,坚持不懈地用马克思主义中国化的最新成果武装全党、教育人民,用中国特色社会主义共同理想凝聚力量,用以爱国主义为核心的民族精神和以改革创新为核心的时代精神鼓舞斗志。用社会主义荣辱观引领风尚,巩固全党全国各族人民团结奋斗的共同思想基础。"[②]社会主义核心价值观是社会主义价值体系的内核和精髓,体现了社会主义意识形态的本质。

从意识形态涵盖的领域来说,马克思认为是某一国家或社会的政治、法律、道德、宗教、形而上学等的精神生产,主要表现形式为这一国家或社会的观念、制度、语言和心理情绪等。所以意识形态与一个国家的安全、社会稳定和民族团结息息相关。对此,列宁阐明了马克思主义理论对工人运动和工人阶级政党建设的指导意义,并指出社会主义学说是由革命的社会主义思想家创立的,工人阶级单靠自己的力量只能产生工联主义意识,工人的社会民主主义意识只能从外面灌输进去。而要做到这一点,必须同资产阶级意识形态进行不调和的斗争。[③]

① 韩源:《意识形态发展模型研究——兼论中国主导意识形态建设的战略取向》,《马克思主义与现实》2008年第2期,第185~188页。

② 《十七大报告辅导读本》,人民出版社2007年版,第33页。

③ 《列宁选集》第1卷,人民出版社2012年版,第6页。

同样,在和平建设时期,意识形态依然有着重要的作用。拉斯韦尔指出:“一种意识形态一旦被人们接受之后便会以非凡的活力永久存在下去。在这个国家里出生的人们会把他们的一些爱投向支持这个制度的各种象征:共同的名称、共同的英雄、共同的使命、共同的需要。”[①] 这说明意识形态可以通过对国家中的公民进行引导并给予影响,从而使得这个国家有很强的凝聚力和向心力。中国社会主义意识形态的发展历程充分说明了这一点。中国特色社会主义道路始终坚持马克思主义的指导地位,丰富和发展了马克思主义的意识形态理论,实现了从“革命”到“建设”再到“和谐”三次意识形态的转型和创新,充分体现了中国共产党领导下的意识形态具有继承性、发展性和开放性。也正是中国社会主义意识形态的这种转型和创新,很好地适应了时代的发展,解放了思想,极大地释放出蕴藏在广大人民身上的创造力,使得中国经济发展取得了举世瞩目的成就,人们的物质文化水平也取得了巨大进步。所以,意识形态的建设始终被党和国家放在重要位置,成为党和国家工作的重中之重。2013 年 8 月 19 日,习近平在全国宣传思想工作会议上的重要讲话中强调,意识形态工作是党的一项极端重要的工作,要不断巩固马克思主义在意识形态领域的指导地位,巩固全党全国人民团结奋斗的共同思想基础。只有物质文明和精神文明都搞好了,中国特色社会主义事业才会顺利向前推进。[②]2017 年 10 月 18 日,习近平在党的十九大报告中肯定了“加强党对意识形态工作的领导,党的理论创新全面推进,马克思主义在意识形态领域的指导地位更加鲜明”[③],指出了“意识形态领域斗争依然复杂”[④],提出了“意识形态决定文化前进方向和发展道路”[⑤],并要求“培育和践行社会主义核心价值观,不断增强意识形态领域主导权和话语权”[⑥]。可见,意识形态工作有无比的必要性和极端的重要性。意识形态工作做得怎么样,直接关系社会的进步和人民生活的提高,而做好意识形态工作的关键和核心要义就是要培育和践行社会主义核心价值观。

---

① [美]哈罗德·D. 拉斯韦尔:《政治学——谁得到什么?何时和如何得到?》,杨昌裕译,商务印书馆 1992 年版,第 138 页。

② 倪光辉:《胸怀大局把握大势着眼大事 努力把宣传思想工作做得更好》,《人民日报》2013 年 8 月 21 日,第 1 版。

③ 习近平:《决胜全面建成小康社会 夺取新时代中国特色社会主义伟大胜利——在中国共产党第十九次全国代表大会上的报告》,《人民日报》2017 年 10 月 28 日,第 1 版。

④ 习近平:《决胜全面建成小康社会 夺取新时代中国特色社会主义伟大胜利——在中国共产党第十九次全国代表大会上的报告》,《人民日报》2017 年 10 月 28 日,第 1 版。

⑤ 习近平:《决胜全面建成小康社会 夺取新时代中国特色社会主义伟大胜利——在中国共产党第十九次全国代表大会上的报告》,《人民日报》2017 年 10 月 28 日,第 1 版。

⑥ 习近平:《决胜全面建成小康社会 夺取新时代中国特色社会主义伟大胜利——在中国共产党第十九次全国代表大会上的报告》,《人民日报》2017 年 10 月 28 日,第 1 版。

三、社会主义核心价值观塑造价值共识

随着社会的进步和时代的变化，社会主义理论体系和意识形态也会随之得到发展和推进，但无论怎么变化，二者的落脚点都体现在价值共识层面，因为价值共识对一个国家和民族来说至关重要。当前我们正处于一个社会大变革的时代，全球化浪潮席卷世界，各个国家和民族自觉或不自觉地被卷入其中，各种文化、思想观念和价值观之间不断地进行碰撞和交融，多元性、差异性和离散性明显。美国著名社会学家 J. C. 亚历山大曾这样描述现代社会生活："对于确定现代社会生活的实际特征、它所面临的紧迫威胁，以及它的现实前景而言，分化概念比当代的任何其他概念都更为贴切。"[①] 这种分化概念的提出是对当今时代特征的一种把握，而互联网的兴起更是让这种分化更进一步。互联网的出现是一场颠覆性的革命，它的最大特征是去中心化，个体是分散和互联的，每个人也因此获得了平等登上舞台的机会。这种机会能够让个人自主和开放地表达自己，同时也让个人必须面对浩瀚的网络信息海洋。这样快捷丰富的信息接收和思想交流，会滋生出多元的思想和价值观。而一旦各种价值观缺乏主流价值观的引导，就会各行其是，很容易形成价值观的混乱，这对国家和民族的团结危害极大。布坎南曾提出："凡团体成员中个人成员认为与一个集体单位、一个社会是一致的，而不认为他们是孤立的个人，道德社会就存在于这批人中间。"[②] 可以预见，如果个体间没有形成价值共识，就会很容易陷入道德的无政府状态。因此，一个社会的价值认同对于每一个成员来说都很重要。社会主义核心价值观正是确立了社会共同的价值目标，塑造了全体成员的价值共识。同时，西方社会凭借其工业革命以来所取得的经济优势一直对外进行意识形态的输出，并试图将西方的价值观确立为世界主导价值观。塞缪尔·亨廷顿所说的文明的冲突在不同层面上一直存在。我们是否能有效抵制西方思潮的侵袭和威胁，就看我们有没有立足于自身的优势，有没有自己的价值共识。在西方意识形态中，个体作为至高无上的出发点，被放在了第一位，社会被认为是由一个个孤立的原子似的个体所组成的。相对应的是，每个个体在社会中都有一套自身的价值观念，个体价值凌驾于国家整体价值之上，整个社会呈现多样化的价值观，各种价值观之间缺乏一致性，对立和冲突不断，这种价值共识的缺失导致整个社会的价值观处于支离破碎

---

① [美]亚历山大：《分化理论：问题及其前景》，载苏国勋、刘小枫主编：《社会理论的诸理论》，上海三联书店 2005 年版，第 65 页。

② [美]布坎南：《自由、市场与国家——80 年代的政治经济学》，吴良健、桑伍、曾获译，北京经济学院出版社 1988 年版，第 110 页。

和无序的混乱状态。社会主义制度相比于西方资本主义制度有无可比拟的优越性，邓小平曾指出："我国人民能有共同的政治经济社会理想，共同的道德标准。以上这些，资本主义社会永远不可能有。资本主义无论如何……不能形成共同的理想与道德，不能避免各种极端严重的犯罪、堕落、绝望。"① 中国社会主义核心价值观是在应对当前中国面临的国际挑战和顺应历史发展要求的基础上提出来的，代表了中华民族共同的道德标准和价值目标，是在由全球化和互联网所带来的多元化时代背景下引导和凝聚全国各阶层团结奋进的价值力量。要发挥社会主义核心价值观的社会功能，实现从理论形态向实践形态的转化，需要从以下三个方面来推进。

1. 要树立社会主义核心价值观的主导地位。著名的心理学家弗洛伊德认为，认同是"个体或群体在感情上、心理上趋同的过程"②。一个社会要形成统一的价值认同，必须要有一个鲜明的主导性价值观让每个个体去趋同。要树立社会主义核心价值观的主导地位，除政策主张之外，关键在于营造一个准确传递社会主义核心价值观的主导性宣传环境。当前包括电视广播、报纸杂志以及互联网等新媒体在内的各类传播媒介在思想交流、信息传播等方面具有重要的作用，我们要牢牢地占据这些宣传阵地，协同配合，广泛地宣传社会主义核心价值观，这样才会使人民群众从心理和思想上产生认同感。

2. 要加强社会主义核心价值观的大众化解释和表述。社会主义核心价值观是中国共产党在新时期的重大理论创新，用 24 个字高度概括的社会主义核心价值观基本内容表述有利于宣传普及和人民群众的记忆。主导性舆论的宣传会让广大群众获得最直观的感性认同，但要使个体将社会主义核心价值观内化为自己的意识和思想观念，还必须让每个人的认识从"知其然"上升到"知其所以然"，而这就需要社会主义核心价值观的大众化解释和表述。理论工作者必须要大众化地阐述"24 个字"所蕴含的基本内容和深刻内涵，论述清楚国家、社会和个人三个层面的价值观之间的逻辑联系和内在关系，这样才能让每个个体做到真正地领会、真正地遵循和实践。

3. 要推进三位合体式的价值观践行。马克思指出："全部社会生活在本质上是实践的。凡是把理论引向神秘主义的神秘东西，都能在人的实践中以及对这个实践的理解中得到合理的解决。"③ 社会主义核心价值观要实现它的社会功能必然要求将其落实到实践中。这种价值观的践行需要政府、社会组织和个人

---

① 《邓小平文选》第 2 卷，人民出版社 1994 年版，第 167 页。

② 车文博：《弗洛伊德主义原著选辑》，辽宁人民出版社 1988 年版，第 375 页。

③ 《马克思恩格斯全集》第 3 卷，人民出版社 2002 年版，第 5 页。

三位合体式的共同推进。政府起到管理和引导的作用,其负责制定相关的政策和准则,进行引导性舆论宣传,号召全体成员一同践行社会主义核心价值观。社会组织起到中介和辅助的作用,其既要辅助传播社会主义核心价值观,又要表达人民群众的心声和具有特殊性的价值诉求,做好价值观践行的润滑剂。广大人民群众起到主体作用,人民群众从来都是创造文明的主体力量,是社会主义核心价值观的源泉,也是推进社会主义核心价值观践行的主体力量。只有人民群众投身其中,受动与主动达到辩证统一,践行实现从自发到自觉的过渡,社会主义核心价值观建设才能真正取得实效。

自改革开放以来,我国的经济建设取得了巨大成就,人们的生活水平得到了极大的提高。同时,科技的快速发展和各个国家间的丰富交流带来了各种思潮的涌动,不少人在多元的价值观面前无所适从甚至迷失,使社会上出现了一些信仰的虚无、道德的缺乏或价值观的扭曲等消极现象。社会主义核心价值观的建设能引领社会思潮,凝聚中国社会全体人民的价值共识,从而为实现中华民族伟大复兴的中国梦提供共同的思想基础和强大的精神动力。

4.2 社会主义核心价值观的内涵

在党的十八大报告提出社会主义核心价值观之前,学术界对当代中国社会主义核心价值观的内涵等问题有过探讨。大多数学者主张将自由、公正、富强、民主、文明、和谐、仁爱、互助、发展、人本、创新等诸多范畴并列,作为当代中国社会主义核心价值观来分析与研究;少数学者概括性地提出了社会主义的"首要价值""最高价值"或者"终极价值"。党的十八大报告提出:"倡导富强、民主、文明、和谐,倡导自由、平等、公正、法治,倡导爱国、敬业、诚信、友善,积极培育和践行社会主义核心价值观。"[①] 这是立足于对社会主义价值思想、马克思主义价值理论以及现实社会主义实践的历史考察,紧密结合社会主义本质和社会主义初级阶段历史使命而进行的概括。"倡导富强、民主、文明、和谐""倡导自由、平等、公正、法治""倡导爱国、敬业、诚信、友善",从国家、社会、个人三个层面明确了社会主义核心价值观的基本理念和具体内容。正确理解社会主义核心价值观的内涵,有利于加深对社会主义核心价值观的培育和践行,有利于推进社会主义核心价值体系建设,有利于用社会主义核心价值体系引领社会思潮、凝聚社会共识。

① 《胡锦涛文选》第 3 卷,人民出版社 2016 年版,第 638 页。

一、社会主义现代化国家层面的价值目标:富强、民主、文明、和谐

富强、民主、文明、和谐是立足国家制度层面提出的要求,这一要求既是我国社会主义现代化国家的建设目标,也是从价值目标层面对社会主义核心价值观基本理念的凝练,在社会主义核心价值观中居于最高层次,对其他层次的价值理念具有统领作用。

(一) 富强:社会主义经济建设的价值目标

富强,意味着将实现人民群众共同富裕、提高生产力水平、增强国家的综合国力作为社会主义经济建设的价值目标。中国很早就有富民强国的思想,例如《论语》的"足民"主张、《管子》的"富民"主张等。中国共产党论述的"富强",经历了三个时期的发展:在新民主主义革命时期和新中国刚刚成立的时期,在1945年党的七大上,毛泽东就在题为《论联合政府》的政治报告中提出"将中国建设成为一个独立、自由、民主、统一和富强的新国家"①;在社会主义建设时期的20世纪50年代末、60年代初,毛泽东提出,要通过"四化"建设社会主义现代化强国;在改革开放的新时期,1978年我国进入改革开放新时期后,邓小平主张让人民富裕起来,并且提出"先富带后富";在党的十八大报告中,"富强"又一次被提及。由此可见,随着社会主义社会的全面发展,"富强"的基本内涵从相对较为简单、模糊发展为具体、实际、全面。

首先,富强的内涵可以从宏观层面质的规定和微观层面量的指标来理解和把握:从宏观层面来看,"富强"主要包括国家的工业现代化、农业现代化、国防现代化、科技现代化、信息网络化、环境保护生态化以及人的现代化等方面;从微观层面来看,"富强"涉及各个领域和各项经济指标的内容、数量,以及各项指标的要素之间的权重比例等方面。其次,富强的内涵还可以从主体即广大人民群众和客体即价值目标这两个层面来理解和把握。对于广大人民群众来说,富强即党的十八大报告中所提出的:"人民生活水平全面提高。基本公共服务均等化总体实现。全民受教育程度和创新人才培养水平明显提高,进入人才强国和人力资源强国行列,教育现代化基本实现。就业更加充分。收入分配差距缩小,中等收入群体持续扩大,扶贫对象大幅减少。社会保障全民覆盖,人人享有基本医疗卫生服务,住房保障体系基本形成,社会和谐稳定。"② 作为价值目标的富强,其内涵是随着时代的发展和社会的进步而不断发展的:近期的目标是,到

① 《毛泽东选集》第3卷,人民出版社1991年版,第1 030页。
② 《胡锦涛文选》第3卷,人民出版社2016年版,第626页。

中国共产党成立一百周年时,全面建成小康社会;中长期目标则是在新中国成立一百周年时建成富强、民主、文明、和谐、美丽的社会主义现代化国家;从党的十八大到2020年间,要全面建成小康社会和全面深化改革开放。

(二)民主:社会主义政治建设的价值目标

民主,即人民民主,其实质和核心是人民当家作主。民主是社会主义政治建设的价值目标。我国古代思想家很早就提出了"以民为本""立君为民"的政治理念,如《尚书》记载的"民惟邦本,本固邦宁""皇天无亲,惟德是辅。民心无常,惟惠之怀"[①]成为后世儒家"民本"思想的来源;孟子提出"民为贵,社稷次之,君为轻""得乎丘民而为天子"[②]的命题,形成了后世"民贵君轻"的仁政思想传统;黄宗羲在《明夷待访录》一书中提出"天下为主,君为客"[③]和"天下之治乱,不在一姓之兴亡,而在万民之忧乐"[④]的政治思想命题,形成了"民主君客"的新民本思想范式。英文的democracy(民主)源于古希腊文demokratia。古希腊实行公民直接治理国家的模式,这一模式被誉为西方民主的起源。公元十五六世纪,随着资本主义生产方式的形成和壮大,资产阶级为了保护自己的利益,提出了建立民主政治的要求。

人民民主是中国共产党自成立伊始就始终高扬的旗帜。正如邓小平所指出的:"没有民主就没有社会主义,就没有社会主义的现代化。当然,民主化和现代化一样,也要一步一步地前进。社会主义愈发展,民主也愈发展。"[⑤]习近平2012年12月在"首都各界纪念现行宪法公布施行30周年大会"上也强调:"我们要坚持国家一切权力属于人民的宪法理念,最广泛地动员和组织人民依照宪法和法律规定,通过各级人民代表大会行使国家权力,通过各种途径和形式管理国家和社会事务、管理经济和文化事业,共同建设,共同享有,共同发展,成为国家、社会和自己命运的主人。"[⑥]社会主义的民主理念,包含三层含义:民主意味着以民作主,即人民是国家的主人;民主意味着为民作主,即发展和维护人民的根本利益;民主意味着由民作主,即人民治理国家的政治机制。

---

① 李民、王健撰:《尚书译注》,上海古籍出版社2004年版,第93页、第334页。

② 万丽华、蓝旭译注:《孟子》,中华书局2006年版,第324页。

③ 《黄宗羲全集》第1册,浙江古籍出版社1985年版,第2页。

④ 《黄宗羲全集》第1册,浙江古籍出版社1985年版,第5页。

⑤ 《邓小平文选》第2卷,人民出版社1994年版,第168页。

⑥ 习近平:《在首都各界纪念现行宪法公布施行30周年大会上的讲话》,《人民日报》2012年12月5日,第2版。

（三）文明：社会主义文化建设的价值目标

文明是指人类社会的进步程度和开放状态。作为社会进步的重要标志，文明是社会主义文化建设的价值目标。人类已经有几千年的文明史，任何一个国家、民族，都是在承先启后、继往开来中走到今天的。中华文明已绵延5 000多年，不仅滋养着中华民族生生不息、发展壮大，也对世界文明做出了重大贡献。《周易》曾提出："见龙在田，天下文明。"[①] 唐代孔颖达注疏《尚书》时说："'天下文明'者，阳气在田，始生万物，故天下有文章而光明也。"[②] 这里的文明是指一种美好的状态。

改革开放初期，邓小平对"两个文明"建设创建性地提出"两手抓，两手都要硬"[③] 的思想。1986年党的十二届六中全会和1996年党的十四届六中全会通过的两个关于社会主义精神文明建设的决议是迄今为止最为系统、最为重要的文献，这两个决议对社会主义精神文明建设的一系列基本问题都进行了系统阐述。2007年党的十七大召开，进一步提出了建设物质文明、精神文明、政治文明、生态文明、社会文明"五位一体"协调发展的和谐社会新目标。

物质文明是指人类在社会历史发展过程中所创造的、体现社会生产力发展进步的成果，是人类改造自然界的物质成果的总和。物质文明的内容包括社会生产力的发展、生产工具和技术的改进、生产规模的扩大、社会财富的积累、人们的物质生活水平的改善等方面。

精神文明是指人类在改造客观世界和主观世界的过程中所取得的精神成果的总和，是人类智慧、道德的进步状态。精神文明包含两方面含义：在科学文化方面，精神文明包括社会文化、知识、智慧的状况，以及教育、科学、文化、艺术、卫生、体育等各项事业的发展规模和发展水平；在思想道德方面，包括社会的政治思想、道德面貌、社会风尚，人们的世界观、理想、情操、觉悟、信念以及组织性、纪律性的状况。

政治文明是指人类社会政治生活的进步状态和政治发展取得的成果。政治文明主要包括政治制度和政治观念两个层面的内容：在政治制度层面，主要表现为由于经济基础和阶级力量对比的变化所引起的国家管理形式、结构形式的进化发展，即政体或国体、政体范围内的政治体制机制等方面发展变化的成果；在

---

① 周振甫译注：《周易译注》，中华书局1991年版，第7页。

② 十三经注疏整理委员会整理：《周易正义》，北京大学出版社2000年版，第24页。

③ 邓小平"两手抓，两手都要硬"的思想最早可以追溯到1979年10月30日。邓小平在中国文学艺术工作者第四次代表大会上指出："我们要在建设高度物质文明的同时，提高全民族的科学文化水平，发展高尚的丰富多彩的文化生活，建设高度的社会主义精神文明。"参见《邓小平文选》第2卷，人民出版社1994年版，第208页。

政治观念层面，主要表现为政治价值观、政治信念和政治情感的更新变化。社会主义政治文明是中国共产党领导的政治文明，是人民当家作主的政治文明，是坚持依法治国与以德治国相结合基本方略的政治文明。

生态文明是人类为保护和建设美好生态环境而取得的物质成果、精神成果和制度成果的总和，是贯穿于经济建设、政治建设、文化建设、社会建设全过程和各方面的系统工程，反映了一个社会文明的进步状态。作为社会文明在人类赖以生存的自然环境领域的扩展和延伸，生态文明既与物质文明、精神文明和政治文明的发展互为保证、相互促进，又作为一种独立的文明形态对物质文明、精神文明和政治文明的发展发挥着不可替代的作用。

社会文明有广义和狭义两种解释。从广义来看，社会文明指人类社会的开化状态和进步程度，是人类改造客观世界和主观世界所获得的积极成果的总和，是物质文明、政治文明、精神文明和社会文明等方面的统一体。从狭义来看，社会文明是指与物质文明、政治文明、精神文明、生态文明并列的"五个文明"之一，是社会领域的进步程度和社会建设的积极成果，包括社会主体文明、社会关系文明、社会观念文明、社会制度文明、社会行为文明。

在"五个文明"中，生态文明是前提，物质文明是基础，政治文明是保障，精神文明是灵魂，社会文明是目的。"五个文明"协调发展、相互影响、相互制约，共同构成一个完整而全面的文明体系。

（四）和谐：社会主义生态建设的价值目标

"和谐"是人类新文明的灵魂与核心，是社会主义生态建设的价值目标。和谐是中国传统文化的基本理念，集中体现了学有所教、劳有所得、病有所医、老有所养、住有所居的生动局面。例如孔子的"君子和而不同，小人同而不和"[①]，庄子的"天地与我并生，而万物与我为一"[②]，《左传》的"八年之中，九合诸侯，如乐之和，无所不谐"[③]，《尚书》的"克明俊德，以亲九族。九族既睦，平章百姓。百姓昭明，协和万邦"[④]，《礼记》的"中也者，天下之大本也；和也者，天下之达道也。致中和，天地位焉，万物育焉"[⑤]等，就是从国家、社会、个人等各个层面阐释和谐理念。传承至今，"和谐"之义出现在党的十八大报告中，成为社会主义核心价值观的基本内容。实际上，构建和谐社会是中国共产党执政兴国的一贯诉求。2004年党的十六届四中全会首次明确提出"和谐社会"的概念。2006年党

① 杨伯峻译注：《论语译注》，中华书局2006年版，第159页。

② 孙通海译注：《庄子》，中华书局2007年版，第39页。

③ 李梦生撰：《左传译注》，上海古籍出版社1998年版，第697页。

④ 李民、王健撰：《尚书译注》，上海古籍出版社2004年版，第1页。

⑤ 陈戍国撰：《礼记校注》，岳麓书社2004年版，第416页。

的十六届六中全会通过了《中共中央关于构建社会主义和谐社会若干重大问题的决定》,该决定指出要切实把构建社会主义和谐社会作为贯穿中国特色社会主义建设全过程的长期历史任务和全面建设小康社会的重大现实课题抓紧、抓好。2012 年党的十八大报告提出“两个一百年”奋斗目标,并把“必须坚持促进社会和谐”作为在新的历史条件下夺取中国特色社会主义新胜利必须牢牢把握的八个基本要求之一。

马克思在他的共产主义理想中做了这样的描绘:“这种共产主义,……是人和自然界之间、人和人之间的矛盾的真正解决,是存在和本质、对象化和自我确证、自由和必然、个体和类之间的斗争的真正解决。”① 未来理想社会的本质特征之一,就在于它完全实现了人与自然的和谐、人与人的和谐。和谐,作为社会主义生态建设的价值目标,勾画的是一个民主法治、公平正义、诚信友爱、充满活力、安定有序、人与自然和谐相处的社会,而不是不能实现的柏拉图式的“理想国”或者是儒家所追求的“天下大同”,更不是空想社会主义者康帕内拉和莫尔所描绘的“太阳城”“乌托邦”;我们的和谐是全体人民各得其所、各依其序、各尽其能的社会,是民主与法治相统一、公平与效率相统一、活力与秩序相统一、人与自然相统一的全面小康社会。②

二、社会主义现代化社会层面的价值目标:自由、平等、公正、法治

自由、平等、公正、法治是立足社会层面提出的要求,反映了社会主义社会的基本属性,是我们党和国家矢志不渝、长期实践的核心价值理念。

(一)自由:社会主义社会的价值目标

在党的十八大报告关于社会主义核心价值观的“三个倡导”中,“自由”第一次与“平等、公正、法治”一起作为社会主义核心价值观社会层面的要求被写入执政纲领之中。自由作为一种人生价值和社会理想一直被赋予神圣崇高的意义。如庄子在《逍遥游》中就提出了人格自由、不为物役的自由价值理想;孔子也曾提出“随心所欲不逾矩”③ 的自由思想;梁启超、谭嗣同等指出中国的富强始于自由;孙中山将自由作为资产阶级革命的价值目标。可见,自由是中华民族的重要文化积淀和精神追求。自由成为社会主义核心价值观的基本要素,是以中国传统文化为依托的。

① 《马克思恩格斯全集》第 3 卷,人民出版社 2002 年版,第 297 页。

② 《法学专家解析社会主义核心价值观“和谐”内涵》,中国文明网:http://www.wenming.cn/specials/zxdj/hxjz/hxjz_yj/201407/t20140721_2072122.shtml,最后访问日期:2018 年 1 月 26 日。

③ 杨伯峻译注:《论语译注》,中华书局 2006 年版,第 13 页。

中国共产党自成立之日起就始终不渝地坚持马克思主义指导思想,将实现共产主义作为最高理想。社会主义核心价值观倡导的自由是劳动者在经济、政治和思想等各个方面的自由、平等和解放,是一种真正意义上的自由、平等和解放。社会主义核心价值观倡导的自由是具体的、历史的自由,是随着社会主义制度的不断完善和发展而进一步获得保障和实现的自由。

马克思主义关于"实现人的自由全面发展"这个最高理想,是社会主义核心价值观的理想目标。恩格斯曾深刻地指出,社会主义作为共产主义的初始阶段,是对资本主义社会普遍存在的奴役、剥削和压迫等不自由现象的反抗,是追求"人的自由全面发展"的伟大事业,"我们的目的是要建立社会主义制度,这种制度将给所有的人提供健康而有益的工作,给所有的人提供充裕的物质生活和闲暇时间,给所有的人提供真正的充分的自由。"① "人的自由全面发展",是社会主义的价值理想和价值旨归,是社会主义价值需求、价值创造、价值实现的根本方向,是人类社会的价值追求的理想图景。它指导着社会主义的奋斗目标和前进方向,通过经济、政治、文化、社会等各个领域相应的核心价值观、基本价值观、具体价值观表现出来,贯穿于社会主义伟大实践之中。

(二)平等:社会主义社会的发展前提

平等要求尊重和保障人权,人人依法享有平等参与、平等发展的权利,这是社会主义社会的发展前提。平等是人类不懈的社会价值追求。在人类发展史上,追求平等经历了漫长的过程。关于平等的内涵,在不同的时代有不同的理解。西方古代民主所依赖的平等观念,倾向于"数量上的平等"和"多数成为主宰";欧洲十七八世纪的启蒙思想家明确提出了"天赋人权"的思想,认为每个人都生而自由平等,这一思想成为资产阶级反对封建等级和特权的有力武器。卢梭认为,社会平等实质上是权利平等,"人们尽可以在力量上和才智上不平等,但是由于约定并且根据权利,他们却是人人平等的。"②

马克思恩格斯高度评价了卢梭的平等观,同时阐明了马克思主义平等思想的内涵。他们认为,平等应当不仅是表面的,还应当是实际的;不仅在国家层面实行,还应当在社会的、经济的领域实行。人的社会地位的平等主要包括经济平等、政治平等以及法律平等。其中,经济平等包括人们在经济生活中的机会平等、结果平等;政治平等是指人们平等地享有参与国家社会政治生活的各项权利,如平等地享有民主权利、人身权利和其他自由权利;法律平等是指公民在遵守和适用法律方面都被平等地对待。

---

① 《马克思恩格斯全集》第21卷,人民出版社2003年版,第570页。

② [法]卢梭:《社会契约论》,何兆武译,商务印书馆1997年版,第8页。

（三）公正：社会主义社会的本质要求

公正即社会公平和正义，它以人的解放、人的自由平等权利的获得为前提，是社会主义社会的本质要求。理解公正的内涵，可以从以下几方面把握：公正具有历史性，例如我国在西周时就已出现了体现公平的市场管理制度；公正具有相对性，任何社会形态的社会公正都是由该社会的生产方式决定的；公正具有具体性，社会公正是让所有社会成员共享社会发展成果，包括经济、政治、文化和教育等各方面的利益合理分配以及各种义务的合理承担；公正是运动发展的，由于随着不同社会形态的更替，生产力水平在劳动者的创造中不断发展与提升，社会财富也在不断充裕，而按照马克思主义政治经济学理论，生产力决定生产关系，生产关系必须适应生产力的发展，因此社会公正是随着社会的发展而发展、时代的进步而进步的。

中国共产党自成立之日起，就以人民的根本利益为出发点，以维护社会公正为己任。例如胡锦涛主张，维护与实现社会公正是中国社会主义制度的本质要求。党的十六届六中全会通过的《中共中央关于构建社会主义和谐社会若干重大问题的决定》指出："社会公平正义是社会和谐的基本条件。"党的十八大更是把公平正义提高到社会主义核心价值体系的高度进行建设。马克思主义经典著作揭示出阶级社会不公正、不平等的根源在于剥削制度的存在，只有消灭了私有制和阶级压迫，建立生产资料的公有制，不断促进生产力的发展，增加社会财富，才能为实现公平正义创造物质基础和制度条件。"真正的自由和真正的平等只有在公社制度下才可能实现；要向他们表明，这样的制度是正义所要求的。"① 马克思主义把公平正义与人的全面发展结合起来，指明人的解放是社会公平正义的标志。作为社会主义核心价值观的公正是辩证的，它包括两个层面的内容：一是程序公正，即主要表现在度量衡、尺度等规则标准上，要求所有人在制度面前平等；二是结果公正，即以追求最大多数的社会成员的福祉为目的，通过发展生产力来保障人们的生存权、受教育权、就业权与社会保障权等，进而从最本质的意义上实现社会发展的基本宗旨。

（四）法治：社会主义治国理政的基本方式

法治是社会主义治国理政的基本方式，它通过法制建设来维护和保障公民的根本利益，是实现自由平等、公平正义的制度保证。法治反映了人类文明社会法律制度成长与变迁的基本目标，而将法治确立为社会主义核心价值观的重要内容，源自当代中国改革开放和国家现代化建设的实践，以及党对建设中国特色社会主义事业的历史教训和基本经验的科学总结。1978 年党的十一届三

① 《马克思恩格斯全集》第 3 卷，人民出版社 2002 年版，第 482 页。

中全会深刻总结了“文化大革命”严重破坏法治的惨痛历史教训，确立了法制建设的指导方针，有力地推动了当代中国法治化的时代进程。1982年第五届全国人民代表大会第五次会议通过的《中华人民共和国宪法》确立了法制统一原则。1997年党的十五大郑重提出了坚持依法治国、建设社会主义法治国家的战略任务。1999年第九届全国人民代表大会第二次会议通过的《中华人民共和国宪法修正案》，把依法治国、建设社会主义法治国家的基本方略载入了宪法。2007年党的十七大对全面落实依法治国基本方略，加快建设社会主义法治国家作出了战略部署。2012年党的十八大进一步把“依法治国基本方略全面落实，法治政府基本建成，司法公信力不断提高，人权得到切实尊重和保障”[①]确立为到2020年全面建成小康社会宏伟目标的重要内容。2013年党的十八届三中全会《中共中央关于全面深化改革若干重大问题的决定》指出：“推进法治中国，必须坚持依法治国、依法执政、依法行政共同推进，坚持法治国家、法治政府、法治社会一体建设。”[②]2014年党的十八届四中全会《中共中央关于全面推进依法治国若干重大问题的决定》，进一步强调要坚定不移走中国特色社会主义法治道路，并提出全面推进依法治国的总目标是建设中国特色社会主义法治体系，建设社会主义法治国家。

法治，即“法律之治”，其基本内容应当包括：建立中国特色的社会主义法律制度体系；法律至上并成为社会治理的普遍范式；法律一经公布就必须维持其稳定性；维护司法裁决的终局性；培育社会的守法品格和精神。法治是个人自由的保障。在人类社会中，法律是个人自由的保证，没有法律就很难实现自由。法治是社会平等的保证。法律适用于所有人，法律面前人人平等。法治还是社会公正的保障。法治可以克服统治者个人欲望情感对决策的影响，在法治条件下进行的公共权力分配具有公正性。

三、社会主义现代化个体层面的价值目标：爱国、敬业、诚信、友善

爱国、敬业、诚信、友善涵盖了社会主义公民道德行为的各个环节，贯穿了社会公德、职业道德、家庭美德、个人品德的各方面，是立足公民个人层面提出的要求，体现了社会主义价值追求和公民道德行为的本质属性。

（一）爱国：社会主义道德价值观的主体脉络

爱国，从古至今都是中国社会始终强调的个人品格，也是中华民族标志性

---

① 《胡锦涛文选》第3卷，人民出版社2016年版，第626页。

② 《中共中央关于全面深化改革若干重大问题的决定》，《人民日报》2013年11月16日，第1版。

的集体精神。早在两千多年前的《诗经·无衣》中，就表现了秦国军民团结互助、共御外侮的高昂士气和乐观精神，激昂雄壮、同仇敌忾的风格正是秦人爱国主义精神的反映。近至清代顾炎武在《日知录》中提出“保天下者，匹夫之贱，与有责焉耳矣”[①]，凸显了“以天下为己任”的全民爱国情怀。中华民族之所以生生不息，尤其是在生死攸关的关键时刻，都是爱国主义精神在起决定性的作用。在当代，爱国是提升全民族素质的需要，是引导人们树立正确理想与信念的基础，也是建设社会主义和谐社会的强大正能量。党和国家也历来重视爱国主义的精神力量，早在 2001 年，《公民道德建设实施纲要》就将“爱祖国、爱人民、爱劳动、爱科学、爱社会主义”作为公民道德建设的基本要求。

作为社会主义核心价值观的爱国，同社会主义建设紧密结合在一起，要求人们以振兴中华为己任，促进民族团结、维护祖国统一、自觉报效祖国。爱国主要包括三个层面的内涵：一是爱国土，领土是国家存在的基础，因此维护领土权益必然是爱国的最直接反映；二是爱人民，即维护民族团结，爱护同胞手足也是爱国的重要体现；三是爱文化，即爱护民族文化，立足当代，不忘过去，传承昨天，面向明天，成为一个具有中国传统文化修养的现代公民。

（二）敬业：社会主义道德价值观的外化表现

在党的十八大报告所倡导的社会主义核心价值观中，敬业是对公民职业行为准则的价值评价，其要求公民忠于职守、克己奉公、服务人民、服务社会，将社会主义核心价值观付诸行动、自觉践行，因而敬业也是社会主义道德价值观的外化表现。

敬业是指人们从事职业活动的总体态度和精神状态，包括态度和效果两方面的内容。一方面，敬业强调人们从事职业活动的态度，要求人们认真对待自己从事的职业，忠于职守，勤于学习，愿意为职业付出艰辛的努力；另一方面，敬业强调职业的效果，即实现每个人自我层面的价值实现，其后通过个人影响力来促进事业本身，进而形成对社会、对时代，乃至对整个人类历史都有所助益的有力影响。从这个意义上说，敬业反映了主体的社会需要和社会认可，也体现了社会的价值评判。

（三）诚信：社会主义道德价值观的基本要素

诚信，即诚实守信，是社会主义道德价值观的基本要素。在中国传统思想中，诚信不仅是一个基本的伦理概念，更是人们修身、处世、治国的基本品质。《礼记》把“诚”视为礼的核心范畴，认为诚笃之德是达至“天人合一”境界的前提。

① 顾炎武：《日知录集释》中，黄汝成集释，上海古籍出版社 2006 年版，第 757 页。

《大学》提出"格物,致知,诚意,正心,修身,齐家,治国,平天下"①,将"诚"视为人们认识、修为和治国的重要环节。孔子强调"人而无信,不知其可也"②,将"信"作为朋友相交的重要原则。汉代董仲舒将"信"与"仁、义、礼、智"③并列为"五常",并将"信"视为最基本的社会行为规范。显然,在儒家文化传统中,诚信、守信居于价值观的核心地位。

党的十八大报告第一次将诚信纳入社会主义核心价值观系统,具有重要的理论与现实意义。诚信不仅是对个人道德涵养的基本要求,更是社会主义市场经济健康发展的道德基石。首先,诚信是个体生存和发展的命脉,是个人安身立命的根本。诚信要求言必信、行必果,强调言论的真实与客观,重视对于言论的践行与笃守,一诺千金、一言九鼎。其次,诚信是市场经济持续发展的道德基础。市场经济是法制经济、契约经济,也是诚信经济。对于市场经营主体而言,诚信不仅是无形资产,也是有形资产;不仅意味着较好的信誉,更意味着更高的竞争优势。最后,诚信是政府主体的执政信念。孔子指出,要为政以德④,将诚信道德上升为治国的基本方略。为政者如果损信于民则国必乱,失信于民则国必危。政府诚信在社会上能够起到示范效应,通过社会的传播而影响民众的观念和行为。党和政府应该成为践行社会主义核心价值观的楷模,引导全社会的价值取向,做社会主义道德的示范者、诚信风尚的引领者、公平正义的维护者。

(四)友善:社会主义道德价值观的基本准则

友善,即亲近和睦,是处理人际关系时应该遵循的基本准则。友善是中华民族的优良道德传统,早在两千多年前,儒家思想家就主张仁者爱人,即以友善的态度对待别人,对自己强调修身、慎独,对他人则要友善、宽厚,己所不欲,勿施于人。时至今日,友善的价值观越来越为人们所认同。在党的十八大报告中,"友善"作为社会主义核心价值观体系的重要一环被提出,这是在认同友善这一价值理念的基础上,自觉将其提炼为指导思想的行为。

友善包括多层次的关系,在处理包括人与人、人与群体、人与社会、人与自然在内的各种关系时都应该遵循友善的原则。其一,在处理人与人、人与群体、人与社会的关系时,应遵循友善原则。友善是维系社会成员之间和谐关系不可或缺的纽带。在市场经济运转过程之中,竞争压力不可避免地带来人际关系的紧张,各种社会矛盾凸显。培育和践行社会主义友善价值观,无疑能为缓解社会矛盾、维护社会良序、促进社会和谐提供坚实的价值基础。其二,在处理人与自

---

① 王国轩译注:《大学·中庸》,中华书局2007年版,第4页。

② 杨伯峻译注:《论语译注》,中华书局2006年版,第22页。

③ 班固:《汉书》第8册,中华书局1962年版,第2 505页。

④ 杨伯峻译注:《论语译注》,中华书局2006年版,第11页。

然的关系时,应遵循友善原则。全社会都应采取有利于环境保护的生产方式、生活方式、消费方式,建立人与环境良性互动的关系。对此,党的十八大报告也强调要把生态文明建设放在更加突出的地位,提出强化生态意识、加强环境教育、加快建设环境友好型社会,以"友善"推动生态文明建设。

综上所述,社会主义核心价值观的三个层面是有机联系、相互作用、相互影响、密不可分的逻辑整体。"三个倡导"相互联系、相互贯通,体现了国家、社会与个人在价值目标上的统一。"富强、民主、文明、和谐"是社会主义中国的价值目标,表达了最广大人民群众的普遍愿望和价值诉求,其在社会主义核心价值观中居于目标指引的地位;"自由、平等、公正、法治"是社会主义形态和制度的价值导向,具有导向性和方向性;"爱国、敬业、诚信、友善"是公民个人践行的价值准则。因此,"三个倡导"是内在融贯的统一体,既在价值目标的实现过程中遵循一定的价值导向和价值准则,价值导向和价值准则反过来又保证了价值目标的实现。

4.3　价值观碰撞与引领

一、当代中国价值观的碰撞

在经济全球化的背景下,当今中国正经历前所未有的大变革,由科学技术的迅速进步、物质生活的极大丰富而带来的经济、政治、文化、制度等方面的变化让人们的价值观念、社会观念发生了极大的变化,这势必与传统价值观念产生严重的冲突,且各种思想和观念之间也存在不可避免的碰撞和冲突。概括起来,当今中国社会面临着五种基本的价值碰撞,即全球化背景下中国与西方的价值碰撞、市场经济背景下传统与现代的价值碰撞、个体本位与群体本位价值观的碰撞、道德价值与功利价值的碰撞,以及公平价值与效率价值的碰撞。

(一) 全球化背景下中国与西方不同价值观的碰撞

马克思指出:"人们的观念、观点和概念,一句话,人们的意识,随着人们的生活条件、人们的社会关系、人们的社会存在的改变而改变。"[①] 在全球化的过程中,国家与国家之间、人与人之间的交往方式和交往空间发生了深刻的变化,这

① 《马克思恩格斯文集》第2卷,人民出版社2009年版,第50~51页。

使得更多的有差别的价值观的碰撞与冲突成为可能，而这一价值碰撞是非常复杂的。

从历史发展的角度看，西方价值观念是指西方从古至今发展的，包括古希腊古罗马时期的幸福主义、中世纪的以上帝为轴心的价值体系、近代以个体为轴心的价值体系和当代以个性的自由发展为轴心的价值体系；从思想基础的角度来说，西方的价值观念以个人主义为核心；从价值观的目标来看，西方价值观念的总体目标是个体的幸福。[①] 因此，西方的价值观念是强调主体的自主精神和自身的选择。此外，公平和正义的道德观念与法律概念是西方社会的一条基本价值准则。

相对于西方价值观念，中华价值观则有所不同。[②] 其一，中华价值观强调个人对他人、社群甚至自然界所负有的责任，体现强烈的责任意识。例如，古往今来关于忠、信、仁、义、孝、让、敬等德行的推崇，以及“先天下之忧而忧，后天下之乐而乐”“天下兴亡，匹夫有责”等基本价值取向，都强调了个人对他人、对社会的责任。其二，中华价值观更强调义务优先于权利。现代新儒家的代表人物之一梁漱溟认为，中国文化在人与人的关系中强调义务为先，互相承担义务是中国伦理的一个根本特色。其三，中华价值观强调个人与群体的交融、个人对群体的义务，以及社群整体利益的重要性。例如，古代思想家以“家”“国”“社稷”“天下”等概念具体表达社群的意义和价值，强调社群和社会对个人的优先性和重要性。其四，中华价值观更强调社会和谐，追求“和而不同”，强调“天人合一”，这一价值理想是西方价值观念所没有的。

随着全球化进程的推进，中西方不同的价值观必然会产生碰撞和冲突。这种价值碰撞可以带来社会发展创新的动力，但也有可能使中国传统文化中优秀的价值观念被渐渐地否定或者背离，出现一些道德失范或错误的价值取向。

（二）市场经济背景下传统与现代价值观的碰撞

在传统中国社会中，虽然存在不同的社会阶层，但阶层之间利益差异相对较小，社会成员的个人利益被忽略，国家利益、集体利益至上。“这种以个体经济为基础所形成的价值观念基本上是自我封闭、单一内向的，同现代市场经济的开放性、外向型、多元化的价值取向是根本对立的。同时，建立在血缘关系基础之上的祖宗观念、家族观念、宗法权力观念、长官意志、惟我独尊等非理性价值意识同现代平等观念、民主观念、合作观念、竞争观念、法制观念等也是格

① 江畅：《西方价值观念的影响及我们的对策》，《湖北大学学报》（哲学社会科学版）1996年第3期，第5~6页。

② 陈来：《充分认识中华独特价值观——从中西比较看》，《人民日报》2015年3月4日，第7版。

格不入的。”[①]

改革开放后,我国社会主义市场经济的发展加快了社会结构的调整,催生了新的社会阶层。“对传统的和边缘化的社会来说,往往意味着社会集团的重组,意味着新的社会分化和更高层次的组合;特别是它将导致更多人的多方面的解放。”[②] 而“多种社会利益关系,不同的社会存在,造成了主体的多元,主体的多元造成了价值的多元”[③]。伴随着社会主义市场经济的发展、社会产品的极大丰富,尤其是文化生活领域的开放,人们的全局意识、集体意识和国家意识有所淡薄,价值观从集体主义的一元主导向集体与个人价值观并重的多元方向发展。社会发展过程中内部的各种思想观念的矛盾和冲突也不断地在现实生活中被反映出来。

（三）个体本位与群体本位价值观的碰撞

如前文所述,中国传统社会一直奉行和提倡集体主义价值观,重视群体利益,强调个人利益要服从国家和群体的利益,强调个人的思想和行为要以集体利益为重。随着改革开放的不断深入,我国社会主义市场经济的完善和发展使得过去计划经济对个人利益的忽视与束缚所造成的影响逐渐消除,个人利益逐渐得到彰显,个性的独立、个人利益和个体本位、个人为中心的价值观念被不断提升,群体本位价值观甚至受到怀疑乃至否定。

然而,集体主义价值观有其强大的惯性,其观念意识依旧存在于当今社会的方方面面,因而就存在个体本位价值观与群体本位价值观的碰撞和冲突。一方面,片面追求个体本位价值观,会将个人与群体对立起来;另一方面,片面追求群体本位价值观,则会限制个人合法权益。因此,对于个体本位和群体本位价值观的冲突需要寻求调和机制。当前,尊重集体主义价值观的同时充分实现个性,适度地追求自由和个人的价值选择,应当成为新的价值选择。

（四）道德价值与功利价值的碰撞

功利价值与道德价值是两类最基本的价值。功利价值即人们追求和认可物质利益或生活中的实际利益的价值,道德价值即人们对道德理想精神的追求和认可的价值;前者可归结为主体与客体在关系意义上的价值,后者可归结为主体与主体在关系意义上的价值。中国传统社会的主流价值观实质上是一种伦理道德型的社会价值观,正如梁漱溟所说:“纳国家于伦理,合法律于道德,而以教化代政治。自周孔二三千年,中国文化趋重于此,久据中国而不可去者,是伦理理

① 张军:《走出黑洞:当代中国失范现象批判》,中国经济出版社 2000 年版,第 233~234 页。

② [德]迪特·森格哈斯:《文明内部的冲突与世界秩序》,张文武等译,新华出版社 2004 年版,第 158 页。

③ 李德顺:《关于社会主义核心价值观的几个问题》,《上海党史与党建》2007 年第 7 期,第 13~15 页。

念。"[①] 新中国成立以后至改革开放之前,我国传统的社会价值观的核心理念、基本精神、总体框架被承传了下来。从总体看,它是一种以伦理道德为中心,以理想化的道德人格为根本或主导诉求、追求的价值观,其所蕴含的最高价值评价标准是伦理道德标准。

在当前社会的转型时期,各种新旧事物的并存,使得人们的思想观念受到了各种各样的冲击。市场经济从本性上看是一种趋利经济。在市场经济条件下,任何经济活动主体都是以"经济人"的本能来追逐自身的特殊利益。随着市场经济的发展,功利价值观念日益被强化,而伦理道德、理想等精神性价值观念在社会生活中的影响则日渐弱化。这就使得一方面,人们的创造性和积极性被极大地激发,从而给社会生产注入了空前的活力,推动了社会的整体发展;但是另一方面,功利价值观在一定程度上也滋生了拜金主义、享乐主义的思想,给传统道德体系带来了负面影响,甚至会出现突破社会伦理道德底线的现象。正如有学者所指出的:"这种拜金观念甚至已渗透到社会各权力机构之中,以权钱交易为主要内容的社会腐败现象已相当严重地侵蚀着我们的社会肌体,以至于如果不有效地加以遏制,就可能亡党、亡国、亡社会主义。"[②]

(五)公平价值与效率价值的碰撞

公平和效率始终是人类在社会生产生活中不懈追求的两个目标,二者统一于人类社会实践的基础上。但从人类发展的历史来看,二者之间的矛盾一直存在。当人类还处在原始社会时,极端低下的生产力和极其匮乏的生活资料决定人们的社会关系只能是原始共产主义性质的平均分配,这种绝对公平是与极其低下的效率相适应的。人类进入阶级社会后,公平与效率常常相互冲突。在资本主义社会的发展历程中,出现了新的诸如等价交换、机会均等、平等竞争的公平观念,这对效率的提高产生了积极意义。但因为资本主义雇佣关系的实质是榨取剩余价值,所以最终这种表面的公平由于严重的社会不公而重新导致公平与效率之间的矛盾表现得异常尖锐和突出。在中国建设社会主义市场经济的过程也经历着公平与效率的矛盾和冲突。在计划经济时期,国家包办、"大锅饭"、平均分配,这种绝对的公平带来的是效率的失衡与低下。市场经济打破了计划经济条件下平均分配的格局,公平与效率问题又逐渐成为人们关注的焦点问题。尽管人们逐渐认识到公平不应该是靠牺牲和排斥效率来实现的绝对公平,但在人们的观念意识中,公平与效率之间的平衡仍然存在一些难以契合的点,从而引发观念的碰撞和冲突。

① 梁漱溟:《中国文化要义》,学林出版社1987年版,第139~259页。

② 张军:《走出黑洞:当代中国失范现象批判》,中国经济出版社2000年版,第241页。

实际上,公平与效率并非不可兼得、此消彼长,而是相互依存、相互制约的:公平是提高经济效率的社会保证,效率是改善社会公平状况的物质保证。在效率低下、物质财富短缺的社会,公平不可能真正实现。维护社会公平,必须以相应的经济效率为基础。只有公平与效率的二者兼顾和有机结合,才能实现社会的和谐、健康发展。

二、当代中国多元价值观碰撞的应对

在当代中国,多元价值观念并存和冲突是一种普遍现象。如果不能有效地调适上述价值观的冲突,任其进一步扩大,很可能会危及社会稳定甚至导致社会阶层间的分裂与对抗。由于价值观碰撞并不仅仅具有负面影响,其还有可能产生积极的社会影响,因此对于价值观碰撞的应对不在于是否认同这一现象,而在于如何通过调适寻找应对的方式和途径。

(一) 应对的前提

对当代中国价值观碰撞的全面认知是正确应对之前提。作为一种不可避免的现象,价值观碰撞存在负面影响。多元价值观的存在使得社会没有一个统一的价值标准,或者因社会主导价值观的模糊而致使总体价值观导向功能弱化,带来了多元化的价值观混乱、集体主义价值观的迷失、精神价值观的迷茫,进而造成价值观失衡和价值观乱象。对于个人,则表现为内心精神世界与外在功利性之间的冲突、个体与群体之间利益的冲突,从而导致个人价值选择行为的混乱与失范。如果长期处于这种无序与混乱的状态,则可能导致人的主体性的迷失、社会的价值观的沦陷,甚至社会的毁灭。

价值观碰撞实际上是一把双刃剑,它既可以使社会在转型期陷入迷茫与混乱甚至倒退,也具有积极意义,即促进社会的进步与发展。汤因比在《历史研究》第 19 章中就主张,由于古代文明社会瓦解而导致的社会混乱感,一方面消极地表现出原有社会主导价值体系的解体,但另一方面正是在这种充满混乱感的社会中,正是在原有社会价值观念的衰败与失落中,又促成与孕育了新的价值观念与新的文明社会的形成与发展。[①] 价值观的多元化为人类社会的丰富多彩带来动力。正是在多元的价值观的彼此碰撞和冲突之中,人们的思想观念非常活跃,精神文化得以繁荣发展,社会的核心价值观得以提升,由此建构起更高层次的社会价值体系,使整个社会走上新的良性发展之路。

① [英]汤因比:《历史研究》,曹未风译,上海人民出版社 1966 年版,第 255~303 页。

（二）应对的原则

对当代中国社会多元化价值观碰撞和冲突的处理，应遵循一定的原则，从而在发挥价值观碰撞的积极效应，促进社会和人的发展的同时，最大限度地消解其负面效应。

首先，尊重多元价值观的和谐共存，以开放、平等、包容的态度对待价值观碰撞。在全球化程度日益加深的今天，多元文化和多元价值观的并存与碰撞不可避免，要用开放的和建设性的态度，批判地吸收各种外来价值观念，利用一切有利于建立社会主义价值观念体系的元素。以辩证的思维方式探求和化解价值观冲突的现实路径，既批判地继承传统，又批判地吸收外来价值观念，使中国未来社会价值观的变迁实现一元价值观与多元价值观的互动、整体价值观与个体价值观的融合、道德价值观与功利价值观的共存，如此才能更好地促进社会和谐发展。

其次，建立符合时代要求的新的主导价值观体系，充分发挥其价值观的引领功能。正如霍华德·谢尔曼指出的："一种制度如果其自己的思想辩护不居支配地位，那么这种制度就不能存在下去。"[①] 因此，应当建立起居于主导地位、发挥主导作用的符合时代要求的新的主导价值观体系，并使其涵盖如下内容：新集体主义、中华民族伟大复兴的共同理想、以爱国主义为核心的民族精神和以改革创新为核心的时代精神，以及社会主义荣辱观。

第一，在新集体主义的理念中，真实的集体是真正的自由人的联合体，必须以承认个人的自由发展为前提；集体主义的实现方式是通过具体的个人来进行的，离开了每个人的活动，就谈不上集体的活动。

第二，实现中华民族伟大复兴的中国梦，是近代以来一代又一代中国人的共同理想。改革开放40年来，社会主义制度在除弊创新中不断自我完善和发展，国家发展取得了举世瞩目的伟大成就，这极大地坚定了全国各族人民对实现共同理想的信念，激励着我们为了中国特色社会主义的光明前途和中华民族的伟大复兴而继续团结奋斗，这也成为当代中国主导价值观的主题。

第三，民族精神和时代精神是构成一个民族精神状态、精神支柱和精神动力的核心内容。民族精神是时代精神的基础和渊源，时代精神是民族精神在当代的继承和发展。民族精神和时代精神是相互交融的，深深熔铸在当代中国主导价值观之中，是当代中国主导价值观的精髓。

第四，以"八荣八耻"为主要内容的社会主义荣辱观，将中华民族的传统美德、党领导人民在长期奋斗中形成的革命道德同社会主义新时代的道德要求紧

① [美]霍华德·谢尔曼：《激进政治经济学基础》，云岭译，商务印书馆1993年版，第63页。

密结合起来，为社会生活中确定价值取向、做出道德判断提供了基本准则，因此社会主义荣辱观应当是当代中国主导价值观的基础。

三、社会主义核心价值观的价值引领

习近平在党的十九大报告中高屋建瓴地指出：“要以培养担当民族复兴大任的时代新人为着眼点，强化教育引导、实践养成、制度保障，发挥社会主义核心价值观对国民教育、精神文明创建、精神文化产品创作生产传播的引领作用，把社会主义核心价值观融入社会发展各方面，转化为人们的情感认同和行为习惯。”① 要巩固社会主义意识形态的主导地位，必须在正确认识多元价值观碰撞的基础上，尊重差异，包容多样，对当代中国的各种社会思潮进行有效的引领。

（一）价值引领的必然性

社会主义核心价值观的引领，是指发挥社会主义核心价值观的导向作用，引领社会精神生活，并通过精神生活的引领来促进人的发展和社会进步，进而引导整个社会精神生活的走向，从而保证社会主义意识形态在当代中国社会精神生活中占据统摄与支配地位。其中，引领社会发展是社会主义核心价值观的引领功能在宏观层面上的体现；引领多元化的价值观，消解价值观碰撞的负面影响，最大限度地形成价值观共识，是社会主义核心价值观引领功能在中观层面上的体现；引领人的精神发展，是社会主义核心价值观的引领功能在微观层面上的体现。

社会主义核心价值观具有价值引领功能的必然性源于其自身的目标性、民族性和人民性、先进性和时代性、包容性。

首先，社会主义核心价值观的目标性是其具有价值引领功能的前提。社会主义核心价值观以马克思主义为指导思想，坚持中国特色社会主义共同理想，科学地回答了什么是社会主义、怎样建设社会主义，建设什么样的党、怎样建设党，实现什么样的发展、怎样发展等重大理论问题。社会主义核心价值观在阐明社会发展的总体方向的基础上，指明了中国社会发展的具体目标和基本路径，将党在社会主义初级阶段的目标、国家的发展、民族的振兴与个人的幸福紧密联系在一起，将各阶层、各群体的共同愿望有机结合在一起，因此社会主义核心价值观必然会成为引领人们奋勇前进的精神动力。

其次，社会主义核心价值观的民族性和人民性是其具有价值引领功能的基

① 习近平：《决胜全面建成小康社会　夺取新时代中国特色社会主义伟大胜利——在中国共产党第十九次全国代表大会上的报告》，《人民日报》2017年10月28日，第1版。

础。社会主义核心价值观科学地概括并扬弃继承了儒家“格物致知、诚意正心、修身齐家、治国平天下”的传统格局，把涉及国家、社会、公民的价值要求融为一体，着眼中国传统文化与民族特色，充分吸收中国传统文化中“天人合一”“自强不息”“厚德载物”“勤俭廉政”“克己奉公”“仁爱孝悌”“仁义礼智信”等思想精华，凝结了传统美德中最重要的道德要求和核心价值，充分体现了对中华优秀传统文化的传承和升华，具有鲜明独特的民族性。社会主义核心价值观以全心全意为人民服务为理念，强调为最广大的人民群众谋利益，反映了全国各族人民普遍认同的价值观“最大公约数”，是社会普遍认同的价值理想、价值信念、价值信仰的集中反映，因而能够成为引领广大人民万众一心、凝心聚力、团结奋进的精神力量和团结和睦的精神纽带。

再次，社会主义核心价值观的先进性和时代性是其具有价值引领功能的保障。社会主义核心价值观的先进性和时代性源于其内涵的先进性和时代性。马克思主义指导思想、中国特色社会主义共同理想、以爱国主义为核心的民族精神和以改革创新为核心的时代精神、社会主义荣辱观构成社会主义核心价值观的基本内容，“富强、民主、文明、和谐、自由、平等、公正、法治、爱国、敬业、诚信、友善”构成了社会主义核心价值观。其中，马克思主义正确揭示了自然界和人类社会发展的客观规律，为无产阶级提供了正确认识世界和改造世界的立场和方法；中国特色社会主义共同理想指明了中国社会发展的正确方向，体现了中国人民的共同愿望；以爱国主义为核心的团结统一、爱好和平、勤劳勇敢、自强不息的民族精神是维系中华各民族人民共同生活的精神纽带，支撑中华民族生存、发展的精神支柱，推动中华民族走向繁荣强大的精神动力；以改革创新为核心的时代精神把握了社会发展的趋势和方向，并随着时代的发展而不断丰富、深化和拓展，同时符合时代潮流，对社会发展进步具有推动作用；社会主义荣辱观集中反映了中华民族传统美德和时代要求，是形成良好社会风气的重要基石。由此可知，社会主义核心价值观的内涵决定了社会主义核心价值体系和核心价值观的强大引领力，从最高的价值层面引导着价值观的变迁及其方向。

最后，社会主义核心价值观的包容性和开放性是其具有价值引领功能的关键。社会主义核心价值观在价值导向、文化来源、社会阶层及具体要求等方面都极大地体现了包容性和开放性特征：在价值导向上，社会主义核心价值观反映了当代中国国家、社会、个人三个层面各自的价值目标和价值取向，追求全面；在文化来源上，社会主义核心价值观既立足于中国传统优秀文化，又吸纳了世界近代文明优秀成果和价值观，兼收并蓄；在社会阶层上，社会主义核心价值观追求新时期爱国统一战线的全部四个层面和三大范围社会力量的大团结；在具体要求上，社会主义核心价值观对每个层面都严格遵循认识规律和逻辑顺序提出具体、实在的内容要求，全面系统。[①] 社会主义核心价值观的包容性和开放性，使其能够得到社会各阶层的认同，引领各阶层形成思想共识。

（二）价值引领的方式

习近平强调，要用社会主义核心价值观引领中国梦的实现。其中，富强、民主、文明、和谐是国家层面的价值引领，自由、平等、公正、法治是社会层面的价值引领，爱国、敬业、诚信、友善是公民个人层面的价值引领。发挥社会主义核心价值观引领功能的方式主要从两个层面进行。

首先，在国家和社会发展层面，发挥社会主义核心价值观引领功能的方式主要有方向指引和精神支撑。社会主义核心价值观倡导“富强、民主、文明、和谐”与“自由、平等、公正、法治”，体现了中华民族伟大复兴的百年夙愿，规划了中国社会发展的理念、目标、战略、模式，为全社会指明了建设中国特色社会主义的正确方向。同时，社会主义核心价值观所包含的指导思想、共同理想、民族精神、时代精神，构成了支撑中华民族生存、发展的精神支柱和推动中华民族走向繁荣强大的精神动力。

其次，在个体发展层面，发挥社会主义核心价值观引领功能的方式主要有理想激励与道德昭示。社会主义核心价值观是以马克思主义为指导思想，结合中国基本国情而做出的价值选择，其既符合社会发展一般规律，又反映了各个群体的共同愿望，因而必然能够激发人的热情，树立人的信心，坚定人的锐意进取的意志，进而使整个中华民族始终保持一种昂扬向上的精神状态。同时，社会主义核心价值对道德规范做出了清晰的界定，昭示了社会主义国家所倡导的凝聚全党、全社会的价值共识的个人价值准则，必然能够使每一个人在潜移默化中得以健康成长和全面发展，从而集聚成全面建成小康社会、实现中华民族伟大复兴中国梦的强大正能量。

在社会主义核心价值观发挥引领作用的过程中，对于多元化价值观的碰撞和冲突，社会主义核心价值观能够以高度的理论自觉，充分吸纳、借鉴多元化价值观中的有益成分，不断超越和发展自己，同时在充分尊重多元化价值观的基础上，通过对话、讨论、交流等方式，引导其与社会主义核心价值观的价值共识的建立，引导其与社会主义核心价值观相适应。此外，对于多元化价值观中的错误和消极的成分，应予以及时、有力的批判和抵制。

（三）价值引领的路径

首先，发挥社会主义核心价值观的引领功能必须坚持用中国特色社会主义理论体系武装全党、教育人民。胡锦涛特别强调：“要坚持不懈地用马克思主义

---

① 徐光寿：《简论社会主义核心价值观的包容性》，《思想政治课研究》2015 年第 1 期，第 26~29 页。

中国化的最新成果武装全党、教育人民，使之真正深入头脑、扎根人心，转化为广大干部群众的自觉行动。"① 作为马克思主义中国化的最新理论成果，中国特色社会主义理论体系是开展引领工作所依赖的重要主体，因此必须充分发挥其在价值引领中的积极作用。

其次，发挥社会主义核心价值观的引领功能必须把社会主义核心价值观融入国民教育的全过程，尤其是要通过把握党对高校意识形态工作的主导权，充分发挥高校思想政治理论课的主渠道和主阵地作用，大力坚持高校哲学社会科学的正确导向作用，充分发挥干部和教师的示范作用等措施，积极发挥高校在社会主义核心价值观教育中的积极推动作用。

再次，发挥社会主义核心价值观的引领功能必须加强文化建设和思想道德建设，提高思想道德觉悟，改进思想政治工作，在弘扬中华优秀传统和批判吸收西方文明成果的基础上建设中华民族共有精神家园，促进人们核心价值观念的形成。

最后，发挥社会主义核心价值观的引领功能必须加强舆论平台的建设与管理。舆论平台是传播社会主义核心价值观的重要途径，也是用社会主义核心价值观引领多元化价值观和社会思潮的有效途径。因此，必须加强舆论平台的建设与管理，坚持正确的舆论导向，充分发挥各种传播媒体的作用，规范和发展各种类型的传播载体，同时提高国际传播能力，打破西方媒体垄断格局，不断提高我国的舆论平台影响国际舆论的能力。

4.4 价值观的道德践行

一、我国社会主义道德建设历程简述

新中国成立后，全国人民投入了火热的社会主义改造和建设的事业中，党和国家开展了"延安精神""树立标兵"等共产主义思想道德建设活动，并通过雷锋和"铁人"王进喜等各行业先进模范人物的事迹和精神宣传在人们心中树立了艰苦奋斗和甘于奉献等道德观念和共产主义的理想，提高了社会道德风尚，为新中国的持续发展奠定了扎实的思想道德基础。党的十一届三中全会以后，

① 《十六大以来重要文献选编》下册，中央文献出版社 2008 年版，第 684~685 页。

国家的工作重心转到了经济建设上来，同时党中央提出了建设"社会主义精神文明"的战略命题，将精神文明建设作为国家发展的另一个重要面向，在全国范围内开展了"五讲四美三热爱"等精神文明创建活动。但经济建设取得的巨大成果让一些人的思想观念出现了腐化和堕落，道德文明建设面临着巨大挑战。对此，1986年9月，党的十二届六中全会在《中共中央关于社会主义精神文明建设指导方针的决议》中正式提出并使用了"道德建设"的概念，以此关注社会和国民道德建设。1996年10月10日，党的十四届六中全会通过的《中共中央关于加强社会主义精神文明建设若干重要问题的决议》指出："社会主义道德建设要以为人民服务为核心，以集体主义为原则，以爱祖国、爱人民、爱劳动、爱科学、爱社会主义为基本要求，开展社会公德、职业道德、家庭美德教育。在全社会形成团结互助、平等友爱、共同前进的人际关系。"同时，该决议强调："社会主义思想道德集中体现着精神文明建设的性质和方向，对社会政治经济的发展具有巨大的能动作用。"[①] 该决议全面论述了社会主义道德建设在社会主义现代化过程中的重要意义，进一步促进了国民道德文明素质的提高。2001年1月，党中央提出依法治国与以德治国相结合的治国方略，并于当年9月制定和颁布了《公民道德建设实施纲要》，明确要求"在全社会大力倡导'爱国守法、明礼诚信、团结友善、勤俭自强、敬业奉献'的基本道德规范，努力提高公民道德素质，促进人的全面发展，培养一代又一代有理想、有道德、有文化、有纪律的社会主义公民"[②]。《公民道德建设实施纲要》把公民道德建设列为核心，道德建设由此进入了规范化阶段。党的十七大报告提出："用社会主义荣辱观引领风尚……以增强诚信意识为重点，加强社会公德、职业道德、家庭美德、个人品德建设，发挥道德模范榜样作用，引导人们自觉履行法定义务、社会责任、家庭责任。"[③] 同时，党的十七大把践行社会主义核心价值体系和精神文明建设紧密结合在一起，丰富了道德建设的内容。党的十八大以来，以习近平同志为核心的党中央认识到实现"中国梦"与社会的道德水准以及整个民族的道德素质息息相关，不仅顺应历史新形势提出了社会主义核心价值观的概念，还将社会主义核心价值观实践和道德建设联系在一起。在2013年12月中共中央办公厅印发的《关于培育和践行社会主义核心价值观的意见》第五部分"开展涵养社会主义核心价值观的实践活动"中明确指出："广泛开展道德实践活动。以诚信建设为重点，加强社会公德、职业道德、家庭美德、个人品德教育，形成修身律己、崇德向善、礼让宽容的道

① 《中共中央关于加强社会主义精神文明建设若干重要问题的决议》，人民网：http://www.people.com.cn/GB/shizheng/252/5089/5106/5182/20010430/456601.html，最后访问日期：2018年2月1日。

② 李春秋：《公民道德建设通论》，青岛出版社2002年版，第2页。

③ 《十七大报告辅导读本》，人民出版社2007年版，第33页。

德风尚。”[①]道德实践活动被赋予了全新的意义。新中国道德建设的历程充分表明了中国共产党始终以人民为根本，高度重视社会主义道德文明建设，并不断对道德建设的理论和实践进行时代创新，打造全国人民团结奋斗的共同道德基础。

二、社会主义核心价值观与道德建设的关系

社会主义核心价值观是“从价值层面为深入回答社会主义本质特征提供根本价值遵循，在具体利益矛盾、各种思想差异之上最广泛形成价值共识。为国家的进步和社会发展提供先进的、根本的价值导向和理想信念，提供明确的、稳定的价值依据和评判标准”[②]。人在处理各种社会关系时是用价值观来指导自己的行为的，这种指导包含道德理想、道德价值、道德标准和道德行为等方面的指导。道德是“调整人与人之间以及个人与社会之间相互关系的标准、原则和行为规范的总和。它包括伦理思想和伦理思想指导下人的行为所体现的情感、品格、情操等”[③]。道德是一种依靠民族风俗、文化传统、人们的信念、舆论宣传和教育等共同塑造起来的精神力量，不同的时代、不同的社会以及不同的阶级有不一样的道德观念。从根本上来说，价值观与道德都与价值有关，它们具有天然的同质性。对于社会主义核心价值观与道德的关系，习近平在北京大学发表的讲话中做了明确的阐述：“核心价值观，其实就是一种德，既是个人的德，也是一种大德，就是国家的德、社会的德。国无德不兴，人无德不立。”[④]可见，国家的德、社会的德和个人的德合在一起就是社会主义核心价值观，而社会主义核心价值观立足国家价值目标层面的富强、民主、文明、和谐，立足社会价值取向层面的自由、平等、公正、法治，立足公民价值准则层面的爱国、敬业、诚信、友善，论述的就是国家、社会和个人三个层面的德的具体内容，也是道德建设的核心内容。道德建设的成效如何则直接关系着社会主义核心价值观的培育与践行的成功与否。

众所周知，价值观总是要表现为影响人的价值判断，在人的道德行为中表现出来。一个好的核心价值观发挥作用能使得人心凝聚、社会和谐，但其能不能发挥出应有的作用是有条件的。社会和谐与一个国家的道德水平紧密相关，核

---

① 《中共中央办公厅印发〈关于培育和践行社会主义核心价值观的意见〉》，《党建》2014年第1期，第11页。

② 《思想道德修养与法律基础》，高等教育出版社2013年版，第11页。

③ 杨春贵：《马克思主义哲学教程》，中共中央党校出版社2002年版，第293页。

④ 习近平：《青年要自觉践行社会主义核心价值观——在北京大学师生座谈会上的讲话》，《人民日报》2014年5月5日，第2版。

心价值观要在一个国家中成为所有成员的道德准则必须有良好的伦理环境和道德基础。2013 年 9 月 26 日,习近平在北京会见第四届全国道德模范及提名奖获得者时强调,道德模范是社会道德建设的重要旗帜,并指出:“我们要按照党的十八大提出的培育和践行社会主义核心价值观的要求,高度重视和切实加强道德建设,推进社会公德、职业道德、家庭美德、个人品德教育,倡导爱国、敬业、诚信、友善等基本道德规范,培育知荣辱、讲正气、作奉献、促和谐的良好风尚。”① 我国是一个有超过 13 亿人口、56 个民族的大国,一直以来有悠久的道德文化传统,这滋养着中华民族生生不息。但中国几千年来连绵不断的伦理道德体系在现代经济社会和外来思潮的冲击下岌岌可危,同时在物质水平快速提升的当今时代,社会结构剧烈调整,利益格局变动巨大,再加上人们的道德水平并没有取得相应的提高,以至于在一些人中功利主义盛行,他们将消费享受放在第一位,信仰缺乏、道德滑坡严重。如何在马克思主义指导下,立足中国,让传统与现代、历史与现实有效地结合起来,解决好道德领域内的冲突,做好新时期的道德建设是个重大的战略命题。因为道德建设的“意义在于要为社会成员提供一个新的生活价值取向,一种新的认同感。这种新的价值取向和认同感在赋予他们生活以新的意义的同时也为他们的社会行为提供一种软约束”②。只有社会有良好的道德风尚,全体社会成员有良好的道德素质和正确的价值判断,共同认同的价值观才好确立,社会主义核心价值观才有所依托和体现。所以总的来说,核心价值观为道德建设提供了价值引导和思想基础,而道德建设为社会主义核心价值观的培育和践行营造了良好的伦理环境。社会主义核心价值观只有融入公民的道德行为,转化为社会的道德准则和规范,升华为国家的精神旗帜和共同目标,才可能得到真正的践行和培育。

三、以道德建设来促进社会主义核心价值观的践行

社会主义核心价值观体现了中国特色社会主义的内在道德要求,而它的培育和践行也需要借助于社会主义道德建设的途径才能得到实现。对应核心价值观三个层面的基本内容,道德建设也是围绕这三个层面来展开的。

(一) 育民德必先修官德

人兴家兴国家兴,一个和谐稳定的国家是个人全面发展的基本前提。在社

---

① 《深入开展学习宣传道德模范活动,为实现中国梦凝聚有力道德支撑》,《人民日报》2013年9月27日,第1版。

② 郑永年:《通往大国之路:中国与世界秩序的重塑》,东方出版社 2011 年版,第 199 页。

会主义核心价值观中,建设一个富强、民主、文明、和谐、美丽的国家和实现中华民族伟大复兴的中国梦是国家的大德。道德建设是政府、社会组织和公民携手共同完成的,其中政府是主导。政府德行直接决定了社会道德风尚和社会主导价值观的形成和变化,而政府德行如何取决于政府的官员。我国是一个具有德治传统的国家,官德建设作为道德建设的一个重要组成部分,始终受到重视和强调。顾炎武在《与公肃甥书》中说:"诚欲正朝廷以正百官,当以激浊扬清为第一要义,而其本在于养廉。"[①] 育民德必先修官德,官德正不正决定了民德能不能培育好,所以道德建设的首要阵地在于官德。所谓官德,指的是官员的从政道德。孔子曰:"为政以德,譬如北辰,居其所而众星拱之。"[②] 可见,官员的道德修养状况对百姓有广泛而有力的引导和匡正作用。在现代社会,官德是一种特殊的职业道德,它基于一般的社会道德规范,又高于一般的社会道德规范,具有鲜明的政治性和榜样的示范性。党中央非常重视强调领导干部修德的重要性,习近平指出:"好干部的标准,大的方面说,就是德才兼备。"[③] 好干部光有才能是不够的,还必须要有德,这是大的前提。"德"成为衡量好干部的关键因素是因为领导干部在国家政治生活中处于举足轻重的地位,是关注的焦点,属于关键的少数,有强烈的示范作用。如果领导干部道德高尚,用自己的模范行为和高尚人格去感召群众、带动群众,那么社会风气就会良好,所以党的领导干部必须具备应有的政治态度、道德品质和思想作风。但有一些领导干部不能践行社会主义道德,以权谋私,腐化堕落,道德沦丧,给国家法治和整个社会道德建设带来了极其严重的负面影响和消极作用。可喜的是,党中央重拳反腐,"老虎""苍蝇"一起打,贪官堕落分子纷纷落马,反腐工作不断深入,风暴席卷各地,极大地振奋了民心。同时党中央加强了对领导干部的理想信念教育和社会主义荣辱观教育,使党员干部明是非、知荣辱、辨善恶、分美丑,不断增强社会责任意识,培养其高尚的道德情操。还有中央"八项规定""六项禁令""反四风""群众路线教育"等政策的纷纷出炉,塑造了良好的党风政风,也带动了社会风气的好转。通过制度和人民的监督把权力关进笼子,官德抓好了,我国公民的良好的道德观念也会逐步形成。

(二)诚信建设是打造社会道德之基

社会道德是指各个利益群体、阶层和个人之间在社会交往和公共生活中应该遵守的行为准则。社会道德是协调各种社会关系、调节矛盾冲突的道德规范,也是维护社会成员之间最基本社会关系秩序的道德要求。社会道德水平怎么样,直接

① 顾炎武:《顾亭林诗文集》,华忱之点校,中华书局1983年版,第56页。
② 杨伯峻译注:《论语译注》,中华书局2006年版,第11页。
③ 习近平:《习近平谈治国理政》,外文出版社2014年版,第412页。

关系到这个社会能不能营造一个和谐稳定和充满活力的公共空间,能不能保障公民在公共空间中的权利和尊严,所以社会道德建设是道德建设中极其重要的一环。

在中共中央办公厅印发的《关于培育和践行社会主义核心价值观的意见》中"广泛开展道德实践活动"部分第一句就指出要"以诚信建设为重点"。为什么"诚信建设"成为重点?这是由于诚信对一个人、社会以及国家来说都太重要了。在《论语·颜渊》中孔子云"自古皆有死,民无信不立"①,由此做进一步的延伸就是业无信不兴,国无信则衰。一个不讲诚信的人难以立足于世上,一个没有诚信的社会肯定混乱不堪,一个没有诚信的国家必然没有前途。社会诚信是社会道德之基,诚实守信既是做人的基本准则,也是中华民族的传统道德。党的十八大提出要加强政务诚信、商务诚信、社会诚信和司法公信建设。党的十八届三中全会进一步明确提出要建立健全社会征信体系,褒扬诚信,惩戒失信。这一方面可以看出党和国家对诚信建设的重视,另一方面也可以看出诚信建设的两个视角:法治和德治。信用体系和相关法律法规的确立是诚信建设的基础,这是底线。法律体现的是一种外在的约束;道德素质和道德水平的提高则是诚信建设的根本,道德体现的是一种发自内心的自我约束。我国的传统诚信实际上是属于道德范畴。要从道德层面做好诚信建设,首先,要吸取中国传统文化中关于诚信道德观念的精髓,再结合现代文明的成果,实现传统道德的现代转型,这是道德观念创新的工作。其次,要通过教育、舆论、立法等方式对公民进行诚信宣传教育,培养公民的诚信意识,要让焕发生机的传统诚信美德在每个公民心中生根发芽,开花结果。有了扎根的道德观念,自然会影响人的价值判断和行为,从而影响和改变社会的风气。这是对社会环境氛围和人意识的道德塑造工作。最后,要建立良好的褒扬诚信和惩戒失信的社会机制,这里的机制不是指法律意义上的那种机制,而是道德属性的社会评价机制。譬如,公开褒奖诚信模范,通过荣誉的授予、公开的宣传等方式来树立道德榜样,起到示范和引导的作用;还可以通过曝光和谴责失信人来进行惩戒,这既能起到惩罚和震慑当事人的作用,也能给其他人起到教育和警醒的作用。众口铄金,每个人都会非常重视社会的口碑和评价。大家一起来考核和评价,一起来监督和奖惩,社会道德评价机制的形成会极大促进社会诚信建设。诚信确立起来了,再结合社会公德和职业道德建设,加强引导和监管约束,遏制"破窗效应",社会道德便能发挥它应有的功能,为人的进步和国家的发展提供良好的社会环境。

(三)推进家庭美德建设,提高公民道德素质

个人既是道德的基本行动者和社会道德与国家道德的承载者,也是社会主

① 杨伯峻译注:《论语译注》,中华书局2006年版,第141页。

义核心价值观培育和践行的主体。归根结底,社会主义核心价值观的实现需要个体将社会主义核心价值观内化为自身的思想观念并通过它来指导自己的实践活动,个体的道德素质是培育和践行社会主义核心价值观的基础。全面提高公民道德素质,既是社会主义道德建设的基本任务,也是社会主义核心价值观践行的必然要求。公民道德的价值准则是核心价值观里的"爱国、诚信、友善、敬业",公民道德建设的内容主要是社会公德、职业道德、家庭美德和个人品德。从这四者关系来说,个人品德是社会公德、职业道德和家庭美德的基础,社会公德、职业道德和家庭美德是个人品德的外在表现。但个人品德作为这种基础不是一种单向的奠基和决定,它与家庭美德是一种双向的辩证关系。家庭是最原始的伦理共同体,其既有自然属性又有社会属性,也是联系个体与社会的中介。人在家庭中不仅满足了其自然需要和情感需求,还完成了自然人格的构建,获得身份的初始展示和认同,这是人思想观念和道德意识塑造的第一个阶段。习近平在中共中央政治局第十三次集体学习时指出:"要利用各种时机和场合,形成有利于培育和弘扬社会主义核心价值观的生活情境和社会氛围,使核心价值观的影响像空气一样无所不在,无时不有。"[①] 这种最基本的生活情境正是由家庭来营造的。好的家庭,会让家庭成员的心灵得到净化、道德得到提升、灵魂得到升华,也会对社会形成良好的辐射效应,推动社会的和谐和文明的进步。所以家庭美德建设不仅对个人品德修养的养成至关重要,是社会公德和职业道德建设的基础和起点,也为社会主义核心价值观的培育和弘扬提供温暖的土壤与和谐的环境。

在2001年9月颁布并实施的《公民道德建设实施纲要》中,中共中央界定了家庭美德,并提出了具体内容:"家庭美德是每个公民在家庭生活中应该遵循的行为准则……要大力倡导以'尊老爱幼、男女平等、夫妻和睦、勤俭持家、邻里团结'为主要内容的家庭美德,鼓励人们在家庭里做一个好成员。"[②] 要做好家庭美德建设,必须创新家庭美德的内涵。中华民族自古以来就非常重视家庭伦理,讲求的是父慈子孝、儿孙满堂,能享受天伦之乐被认为是人生的圆满与幸福。但在当今时代,随着全球化、市场化和城市化进程的推进,家庭的结构、功能、关系发生了翻天覆地的变化。婚姻观蜕变、闪婚闪离、单亲家庭增多、非婚生子、家庭暴力等现象的出现,现有的家庭伦理观念和家庭美德建设方法已难以应对当前严峻的形势。要做好家庭美德建设必须有新思想和新方法。首先,我们必须在弘扬优秀传统家庭价值观基础上,结合当今时代的现状和特点,与时俱进地进行

① 《把培育和弘扬社会主义核心价值观作为凝魂聚气强基固本的基础工程》,《人民日报》2014年2月26日,第1版。

② 《中共中央关于印发〈公民道德建设实施纲要〉的通知》,中发〔2001〕15号。

现代家庭伦理精神的重构，创新家庭美德的内涵。其次，要推进家庭美德建设，必须有合适的宣传形式和活动。不同地区、不同层次、不同类型和不同生活水准的家庭实际情况是不一样的，要使宣传工作起到引导和塑造作用，则必须因地制宜，量体裁衣，开展相应的宣传和有特色的活动，使得家庭美德观念形象化、具体化和大众化。最后，要扩宽家庭美德建设的外延，注意研究人们对家庭环境保护、心理问题和文化生活等方面的迫切需求。比如，现代社会人们心理问题越来越突出，如除了广场舞还有没有其他的活动形式能解决中老年人的文化生活需求，等等，这些外延的扩展有利于家庭成员的身心健康，提高家庭生活质量，从而让家庭美德建设取得事半功倍的效果。

总的来说，道德建设于国于民于中华民族都有重大的意义，社会主义核心价值观的道德践行需要在国家、社会和个人三个层面来展开。修官德以育万民，建诚信以立社会道德之基，化家庭美德以润个人，三个层面道德建设关键点的把握，为社会主义核心价值观的道德践行找到了切入点，也为社会主义核心价值观的培育和弘扬提供了道德基础和社会氛围。

第5章　构建当代中国的学术话语体系

习近平2016年5月17日在哲学社会科学工作座谈会上明确指出:"目前在学术命题、学术思想、学术观点、学术标准、学术话语上的能力和水平同我国综合国力和国际地位还不太相称。要按照立足中国、借鉴国外,挖掘历史、把握当代,关怀人类、面向未来的思路,着力构建中国特色哲学社会科学,在指导思想、学科体系、学术体系、话语体系等方面充分体现中国特色、中国风格、中国气派。"[①] 当前的国际竞争形势激烈,我们在不断增强经济实力的同时必须不断提升我国的文化软实力和创造力。一个国家如果没有繁荣的哲学社会科学是不可能走在世界的前列的,而学术话语体系是一个国家哲学社会科学构成中的重要组成部分,所以无论是出于理论创新还是基于中国国情的现实需求,如何构建当代中国的学术话语体系都是个极为迫切的重大问题。

5.1　价值观的学术表达

话语体系指的是人在一定社会情景中进行言语活动时所运用的范式,其承

① 习近平:《在哲学社会科学工作座谈会上的讲话》,《人民日报》2016年5月19日,第2版。

载着当下时代和社会的思想观念、情感心理和知识体系的表达，体现了话语群体的主观意志和思想。一种话语体系的形成与其所处的经济状况、文化环境、传统习俗及社会制度相关。学术话语体系则是指一个国家的学术共同体在学术研究活动中所形成和使用的一套学术概念系统，体现了学术指导原则、学术研究风格和质量等方面的内容。学术话语体系植根于一切学术活动之中，直接影响着学术生态环境和学术领域的再生产。由于在思想表达和知识传播中具有关键作用，因此学术话语体系本身传递了价值观并影响人的塑造。

一、西方学术中心论和价值观的输出

学术话语内容的生产包括话语逻辑的建构、概念的创新、话语形式的转换等都是由哲学社会科学来赋予的。西方的文艺复兴和启蒙运动解放了人的思想，工业革命使机器代替了人力，生产力水平得到了飞速的提升。与此时代相应的西方学术成果占据了世界文明的中心位置，正是一个个西方哲学思想家和西方发达的哲学社会科学造就了西方世界的话语体系，并通过殖民扩张、全球化的市场拓展和知识传播的价值观输出，使西方世界的话语体系在世界上确立了主导性地位。一个最典型的例子便是属于印欧语系的英语，它在 18 世纪之前还只是一种地方性语言，但由于 19 世纪“日不落帝国”英国以及 20 世纪“世界霸主”美国的文化、商业、军事、政治和科技水平在世界上的领先地位而使英语成为世界上使用国家最多的官方语言，也是世界普遍流行的国际第一语言。英语承载并传播世界上 85% 的知识信息，也是与计算机编程联系最密切的语言。

英语的全面普及和主导性地位奠定了它所代表的文明和文化的话语权，以英美为代表的西方文化话语在当前文明体系中成为主导性的力量。这种主导世界的力量，以西方社会进化的模式塑造了西方中心史观和西方价值观，形成了当下西方世界繁荣的话语体系和所谓的普世价值论。像霍布斯在《利维坦》中提出的，国家不是先定的，而是人为了避免“自然状态”下“一切人反对一切人的战争”而相互之间订立契约组成的；洛克在《政府论》里提出了天赋人生命权、财产权和自由权；卢梭提出了天赋人权；亚当·斯密在《国富论》里谈到的货币、生产劳动和分配、社会再生产以及自由贸易等自由主义经济思想等，这些哲学思想是西方话语体系中“民主、自由、平等、人权”等理念的理论基础和来源。而哲学在西方人眼里，几乎等同于西方哲学，因为哲学的范畴、概念甚至其讨论的问题都是由西方学者来建构的。

这直接导致西方人用自己的学术范式建构了对中国的认知，塑造了西方人眼中的中国。他们是用自己的学术话语方式来强行阐释中国，这是一种外在的强加和误解。西方的学术范式和西方著名学者的学术思想会衍生出很多西方主导性的国际话语方式，“大致可以分为三种类型：一是以其自由、民主、人权等价值观和意识形态为底色的国际政治话语；二是在具体国际议题或国际问题上的国际话语；三是一系列有关国际政治的新的概念、范畴和表述。第一种类型的话语，包括‘历史终结论’、‘文明冲突论’、‘霸权稳定论’、‘民主和平论’、‘社会主义失败论’、‘民主化第三波’、‘邪恶轴心论’、‘失败国家论’，以及直接针对中国的‘中国崩溃论’、‘中国威胁论’、‘霸权挑战论’、‘在非洲新殖民论’、‘国强必霸论’、‘中国责任论’，等等。第二种类型的话语，包括气候暖化议题和气候责任、反恐怖主义、反核扩散，以及直接与中国有关的美国‘重返亚太论’、‘南海航行自由论’，等等。第三种类型的话语，包括‘软实力’概念的提出、‘权力转移’的论证，等等。”[①] 这里面的很多话语来源于西方学者的学术成果，像塞缪尔·亨廷顿的“文明冲突论”认为，文明的差异是根本性的，随着不同文明相互影响的加深，文明之间的敌对情绪会不断加剧，而由于西方与非西方在军事、经济、社会制度方面的竞争，以及与基本价值观念及思想信仰有关的文化差异，未来文明冲突的核心将是西方与非西方的冲突。还有像查尔斯·P. 金德尔伯格的“霸权稳定论”是国际政治经济学中新现实主义者的理论核心，在西方发达国家学术界有广泛的影响。它不止是一种学术理论，而且还是现今美国对外政策的重要理论指导。金德尔伯格认为，世界经济想要稳定，就必须有一个稳定者——霸主。当世界有一个居于霸主地位或主宰地位的强国时，世界经济才会自由、开放和稳定。于是很多美国人据此想当然地认为世界应是由美国所主导的单极世界，向全世界推行美国的政治、经济和军事霸权不仅正当而且很有必要。尤其值得一提的是弗朗西斯·福山的“历史终结论”，福山在 1998 年发表的著作《历史的终结及最后之人》中声称：“自由民主制度即使理论上称不上为最正义的社会制度，也可以算作实际上的最正义的社会制度。”[②] 福山认为，东欧剧变和苏联解体等事件不仅仅意味着冷战的结束，更是见证了西方自由民主理念是人类意识形态变革的终点，并断言：共产主义已死，不论正处于何种形态社会的人们都会普遍接受“自由、民主”的理念，世界文明（包括中国在内）都将终结于自由民主的美国模式。福山的这种观点自提出以来便借助西方话语体系得到了广泛的传播，对许多国家造成了很大的冲击。[③] 由此可以看出，西方国家以理论观念和学

① 张志洲：《提升学术话语权与中国的话语体系构建》，《红旗文稿》2012 年第 13 期，第 4~7 页。

② ［美］弗朗西斯·福山：《历史的终结及最后之人》，黄胜强、许铭原译，中国社会科学出版社 2003 年版，第 380 页。

③ ［美］弗朗西斯·福山：《历史的终结及最后之人》，黄胜强、许铭原译，中国社会科学出版社 2003 年版，第 325~327 页。

术研究成果为基础，通过学术话语体系在世界舆论领域里的话语权和主导权向其他国家进行价值观推销、渗透和灌输。

无论是金德尔伯格的霸权理论还是福山的那种西方自由民主普适性的论调，以及上面那些针对中国的话语都已不仅仅是学术层面上的言说探讨，更是意识形态和价值观层面的偏见和侵袭。不认真审视和对待这种问题，就会威胁到我国的文化安全和国际话语权。但对于这些学术观点和相关的国际话语，我们不能通过简单的价值谴责或政治性的否定来表达我们的不认同和反驳，而是要结合中国的实际国情和具体实践，通过学理上的回应来驳斥其荒谬。这需要认清我们当下学术话语体系现状和定位，寻找有效的途径来进行理论创新，提升我们的学术水平，积极构建起中国特色的学术话语体系，确立我们的学术自主权和学术话语权，从而使得中国学术在世界学术舞台上占据与一个世界大国相匹配的位置。

二、中国学术话语的“学徒”状态

世界文化话语体系的西方化让西方文明处于中心位置，其他文明包括中华文明在内不断受到打压和排斥。中国无论是在学术研究还是在学术话语方面，面对西方时都充满了被动性，究其原因在于中国学术话语的“学徒”状态。我们进行学术研究的体系是西化的，所使用的术语、概念、框架和范畴等基本上都来源于西方。像有哲学学者提出：“可以说，无论在哪一‘学域’，‘西方话语’触目即是。就概念、范畴方面看，所谓‘异化’、所谓‘本体’、所谓‘现象’、所谓‘主体’、所谓‘客体’、所谓‘存在’、所谓‘文本’、所谓‘语境’、所谓‘前理解’等，无一不‘活跃’在当今中国哲学研究中；就学术思潮看，所谓‘人道主义’、所谓‘人类中心主义’、所谓‘人本主义’、所谓‘人文主义’、所谓‘存在主义’、所谓‘功利主义’等，也无一不‘忙碌’于当代中国哲学研究中；就研究方法看，系统论、信息论、控制论、耗散结构论、接受学、精神分析理论、现象学、解释学等，又无一不在当代中国哲学研究中扮演着重要角色；就学术问题看，诸如生态问题、生命哲学问题、全球化问题、现代化问题、后现代问题等，也都具有浓厚的‘西方话语’色彩。”[①] 也有史学界前辈直指问题之所在：“直到现在，我们还只有一种历史理论，这一理论是来源于西方的。我们亚、非、拉国家，虽然有悠久的历史，可是并没有发展出来属于自己的历史理论。”[②] 实际上，当前中国的经济学、法学、管理学、历

① 李承贵：《中国哲学研究中的“中国话语”情结》，《河北学刊》2005年第2期，第50~53页。

② 马克垚：《困境与反思：“欧洲中心论”的破除与世界史的创立》，《历史研究》2006年第3期，第3~22页。

史学、社会学、教育学、宗教学、美学、人类学、政治学，以及心理学等学科的概念、术语和范式，基本上都是来自西方。这使得中国的学术研究和学术话语体系存在相当大的问题。

（一）西方学科话语的大量输入和绝对主导地位的确立

自改革开放以来，随着我国国际学术交流的快速增加，我国大规模学习西方理论并引进各种西方学术著作。在很长的时间里，西方学术话语体系被奉为圭臬，引用西方的经典来解释中国问题成为时髦。国内的一些学科领域对西方学术话语体系和研究方法表现为全盘接受，学术研究工作在很大程度上成为西方思想理论的翻译和解释，一些所谓的著名学者被社会称为西方学术的“二道贩子”和“搬运工”。这些现象和“学徒”心理不仅使得马克思主义的思想和方法受到削弱，还使得我国自身的思想文化和学术话语受到忽视。诚然，西方思想理论是全人类思想文明的重要成果，对整个人类思想和学术的发展有巨大的贡献，以西方思想理论为奠基的西方话语体系对于促进中国思想文化的发展和学术话语的建构有很好的借鉴意义，但同时我们必须认识到西方学术思想和话语体系的局限性。众所周知，我们对生活的表述必须要借助概念框架才能完成。西方的学术话语是西方人长期以来对其实践生活的总结，这种西方人的生活经验和思考的总结既有普遍性的内容也有特殊性的内容。我们必须批判性厘清这二者的区别，弄明白西方理论和学术话语体系中哪些东西是可以通约的，哪些是不可通约的；哪些可以用来借鉴，哪些需要剔除。如果一味地生搬硬套，纯粹用西方的思想观念和话语范式来分析和述说中国经验和现象，往往会得出扭曲、滑稽和离题千里的结论。毋庸置疑的是，中国人在几千年的中华文明发展过程中积累并形成了自己独特的民族经验和体验，这种民族经验和体验是无法用任何其他民族和文明的话语来完整表达的，它必须由植根于本土的中国话语来言说，这种言说与经验有内在的一致性。所以说，当今中国学术研究和话语必须走出“学徒”状态，摆脱对外在权威的依赖。

（二）中国学术话语原创性的缺乏

随着经济的快速发展和经济实力的日益增强，我国对高等教育和学术领域的投入逐渐增加，高等教育和学术领域也取得了很多成果和进步。例如，中国的博士研究生教育起步很晚，由中国本土培养的第一批 18 名博士研究生 1978 年入学，1982 年 5 月，马中骐等 6 人通过博士学位论文答辩获得正式博士学位。但是，改革开放 40 年来，我国博士研究生教育的发展极其迅速，在校博士研究生数量和博士学位授予量迅速增加。从 2007 年起，我国的博士学位获得者数量超过美国，攀升至世界第一位。据 2015 年教育情况统计，我国在学博士研究生为

32.67 万人，博士研究生招生达到了 7.44 万人。[①] 从这些数据可以看出，我国高水平学术人才的数量已经位居世界第一，但博士研究生的学术素养以及博士学位论文的质量整体上跟美国等发达国家相比仍有很大的差距，而且博士研究生数量虽多，但在学术研究方面还存在横向的低水平重复性研究的现象，很多是对西方知识的翻译和复制，真正有创造性的研究和取得重大成果的却很少。还有在代表学术研究成果的论文方面，这些年来我国学术论文的发表数量突飞猛进。根据最新的媒体数据显示，我国科技人员发表的期刊论文数量也已经超过美国，位居世界第一位。但同时值得注意的是，这些科研论文的平均引用率排在世界 100 名开外，论文的篇均被引次数低于世界平均值，丰富的论文和学术著作并没有带来广泛而持久的国际学术影响力。可见，我国现在已经是博士研究生培养和学术论文发表的大国，但还不是强国，我们没有产生具有世界影响的思想大师，甚至还缺乏能与我国 20 世纪初的学术大师相媲美的人才。之所以会出现这样的情况，一个最重要的原因是我们的学术研究缺乏主体性和原创性。当下学术界存在两种倾向：一种倾向是想复制西方的概念系统和理论思维模式来解释中国，而忽视在自身主体性视角下从中国本土文化和具体实践出发来进行研究和思考。这样的学术研究生态环境自然形成不了属于我们自己的新的概念术语和理论范式，也孕育不出与之相对应的原创性学术话语体系。另一种倾向是“复古”，包括国学、“新儒学”等的兴起。要继承和挖掘中华优秀传统文化这是好事，问题在于这种倾向认为现在的东西都不好，且不好的原因就是现在丢弃了咱们老祖宗的思想学说，走出目前的困境的唯一办法是完全回到过去或对国学进行新的解释。这种对中国古代思想资源的自我沉醉实际上已经完全背离了当下的时代背景，也扼杀了新思想与新方法的诞生。

（三）中国国际话语权的弱小

习近平在哲学社会科学工作座谈会的重要讲话中指出：“在解读中国实践、构建中国理论上，我们应该最有发言权，但实际上我国哲学社会科学在国际上的声音还比较小，还处于有理说不出、说了传不开的境地。”[②] 由于当下西方学术话语体系在世界范围内的主导地位以及我们缺乏独立的学术精神和特有风格，使中国的学术话语权在国际学术界显得很弱小。一方面，面对西方世界主导的众多国际问题和针对中国提出的各种偏见性论调，我们常常难以在学理上进行有效的回应，中国学者处于“失语”状态；另一方面，中国极少能有原创性的学术概念和理论在国际上有竞争力并让西方学界普遍接受，“中国的学术话语权甚至

① 《2015 年全国教育事业发展统计公报》，《中国教育报》2016 年 7 月 7 日，第 4 版。
② 习近平：《在哲学社会科学工作座谈会上的讲话》，《人民日报》2016 年 5 月 19 日，第 2 版。

还不如20世纪下半期。20世纪50年代毛泽东发表《论十大关系》,西方报纸曾争相转载;60年代的'文化大革命'虽然错了,但却对西方国家的新社会运动产生了重要影响;70年代毛泽东提出'三个世界理论',更是引起世界各国的关注,至今还有相当大的影响。"[①] 中国的经济总量已经跃居世界第二位,但这并不意味着中国的文化软实力也是如此。国际话语权的弱小让中国在抵御外来文化的渗透和中国文化走向世界两方面都受到了很大的制约。

三、构建体现中国价值观的学术话语体系是一项重大的战略任务

话语体系虽然表现为人们言说和交流的概念框架和表达系统,但其承载的是这个言说共同体的价值取向和文化观念,它的核心是价值观。一个国家的价值观的建构、宣传和认同需要以学术思想作为理论背景,也需要通过学术话语体系来阐释、表达和传播。当下有很多人对学术话语体系与价值观之间的关系存在认识的误区,他们不认为二者之间有关联,还会片面地把二者割裂开来,认为学术领域存在的是纯粹的理论思考和学术研究,这是一种中立和客观的行为,并不含有价值的倾向性。这种看似科学的观点不仅没有认识到话语体系本身的价值属性,而且具有极大的危害性。话语总是含有其言说主体的主观意志,西方发达国家正是挟经济和军事之势,通过体现其霸权的学术话语体系对其他发展中国家进行价值干预、输出和渗透,所谓的普适性原则都是按照他们的利益取向来定义和塑造的。当国内一些学者全盘接受西方思想观念,不加批判地运用西方的学术话语体系时,他们往往自觉不自觉地成为西方自由主义价值观的接受者、传播者和维护者。西方价值观的内化带来的另一个后果就是否定中华优秀传统文化和马克思主义的指导地位,否定中国共产党领导中国社会主义实践所取得的伟大成就,最终否定中国特色社会主义理论、制度和道路。可见,国家间学术话语体系的差异有一个极重要的面向是体现了国家间文化软实力的博弈和价值观的较量。本土学术理论和话语体系的自主与自立,在正本清源和弘扬自身价值观方面起到了重要的作用。

当前学术界的价值观多元化状态需要中国特色学术话语体系。经济的全球化和网络的迅速发展使得各国的思想文化和价值观念呈现相互交流、共存和融合的态势,人们正处于前所未有的多元价值选择性环境之中。中国从传统的大一统计划经济走向多层次的市场经济带来了社会的整体转型,各阶层的利益

① 秦宣:《中国特色学术话语体系构建思路》,《人民论坛·学术前沿》2012年第11期,第11~17页。

出现了分化,利益主体的多元性和利益格局的复杂性也使得社会产生了多元性的价值观。国际和国内的这些变化也使得学术界价值观出现了多元化,“新左派”“自由派”“复古派”等代表的就是不同的价值倾向。要在更高层面上凝聚大家的价值共识,就要使得社会主义核心价值观成为中国学术界的主流价值观,因为社会主义核心价值观代表了中国的核心价值取向和国家利益,具有统摄性。但要让核心价值观能弥合分歧,形成统一的有精神感召力、思想穿透力和国际影响力的中国学术话语,就需要建构起中国特色的学术话语体系。

习近平在2016年12月7日至8日全国高校思想政治工作会议上发表重要讲话时指出:“要加快构建中国特色哲学社会科学学科体系和教材体系,推出更多高水平教材,创新学术话语体系,建立科学权威、公开透明的哲学社会科学成果评价体系,努力构建全方位、全领域、全要素的哲学社会科学体系。”① 这是对中国当下国情高屋建瓴的把握。虽然中国目前是世界第二大经济体,军事和科技实力也日趋强大,但文化软实力并不与这种情况相匹配。所以,无论从价值观的需要出发,还是鉴于我国学术研究和话语体系的现状,构建体现中国社会主义核心价值观的学术话语体系都是一项重大的战略任务。

5.2 中国文化的精神内涵

话语体系的形成和发展总是与“情景”(situation)和“语境”(context)相关,与特定的政治、经济特别是思想文化状况联系在一起。梳理思想史,我们可以看到,对一个国家在社会实践过程中所产生的独特问题的思考和解决都是从思想文化开始的。中国特色学术话语体系的建设和发展离不开中国文化这一土壤,我们必须理解和把握当代中国文化的精神内涵。

一、当代中国文化的构成

要考察当代中国文化,我们首先要弄清楚它的基本构成。总的来说,“当代中国文化主要是由以下三大板块构成的:一是中国的传统的或本位文化,但这一文化不仅融入了各少数民族的文化元素,也吸纳并消化了来自印度的佛教文化

① 《把思想政治工作贯穿教育教学全过程 开创我国高等教育事业发展新局面》,《人民日报》2016年12月9日,第1版。

的元素；二是主要从明代以来由西方传教士利玛窦等传入中国的，以基督教为背景、以资本主义和自由主义为标志的西方文化元素；三是主要通过苏联、日本等渠道传播进来的，以批判资本主义和弘扬社会主义、共产主义为标志的马克思主义文化元素。”①

（一）中国传统文化体现了中华民族的根性

文化是一个民族的灵魂，一个民族之所以成为一个民族，不是因为人们居住在同一个地方，而是因为人们共同具有的社会实践和历史体验，并共同创造和拥有了独特的文化和精神。因此梁启超说：“凡一国之能立于世界，必有其国民独具之特质。上自道德法律，下至风俗习惯、文学美术，皆有一种独立之精神，祖父传之，子孙继之，然后群乃结，国乃成。斯实民族主义之根柢、源泉也。”② 几千年绵延不绝的中国历史进程孕育了灿烂的中华文明。从先秦诸子的百家争鸣，汉朝“独尊儒术”的经学、魏晋风度，到隋唐佛学、宋明理学，中国的学术思想经历了一个又一个繁荣时期，也涌现了一个又一个伟大的思想家。中华文明是世界上唯一没有中断和消亡的文明，中华民族也为世界留下了许多宝贵的人类思想文化遗产。那么中国传统文化的基本内涵是什么呢？可以简单概括为以民为本、仁者爱人、天人合一、贵和尚中，等等。张岱年曾把中国传统文化的基本思想概括为刚健有为、和与中、崇德利用、天人协调四个方面。他认为，《易传》中提出的“天行健，君子以自强不息”③ 及“地势坤，君子以厚德载物”④ 两个命题，集中地体现了中国传统文化的精神实质。“自强不息”就是努力向上，绝不停止，它是中华民族不断进取、奋发有为精神的写照；“厚德载物”指君子应以大地一样的胸怀包容万事万物。中国传统文化是当代中国文化构成中最基础和最根本的部分。

（二）西学东渐

中国历史上有过三次“西学东渐”：第一次是明朝万历年间，耶稣会传教士进入中国，也带来了西学。这一时期的“西学东渐”主要以对西方科学著作的翻译为主。1605 年，利玛窦辑著《乾坤体义》，被《四库全书》编纂者称为“西学传入中国之始”，但这时的西学传播范围仅限于士大夫等上流阶层，并未得到普及。第二次是近代 1840 年鸦片战争前后，西方列强凭借科学技术和武器的优势打开了中国的大门，中国许多的仁人志士在落后挨打的情况下向西方学习，这种学习从魏源的《海国图志》中的“师夷长技以制夷”、洋务运动的“中学为体、西学为用”，到五四运动的“德先生、赛先生”达到了顶峰。对西学的学习也从刚开始的

---

① 俞吾金：《当代中国主流文化三论》，《湖北大学学报》（哲学社会科学版）2014 年第 1 期，第 15~17 页。

② 梁启超：《饮冰室合集：专集之四》，中华书局 1989 版，第 6 页。

③ 周振甫译注：《周易译注》，中华书局 1991 年版，第 3 页。

④ 周振甫译注：《周易译注》，中华书局 1991 年版，第 13 页。

只关注西方的先进武器到后来的学习西方自然科学和社会科学等全面的学术成果，甚至有些知识分子提出了要彻底废弃传统文化、全盘西化的主张。实用主义、无政府主义、新村主义、工读主义等各种学说并存，影响深远。第三次是改革开放后的20世纪80年代，我国的工作重点转到了以经济建设为中心。国门的打开、大量的西方学术著作被翻译，以及国人的求知欲旺盛使得20世纪80年代的社会思潮特别活跃，出现了“要康德还是要黑格尔”的争论、人道主义、萨特的存在主义、海德格尔的现象学、语言分析学等，个体思想得到极大的解放，个体意识得到了极大的增强。这次西学东渐一直延续到今天，国人学习西学的态度也日渐成熟，既没有一味排斥西方文化，也不再完全盲目崇拜西方的思想成果，而是开始批判性地吸收和融会西方文明的成果。

（三）十月革命送来了马克思主义

随着第一次世界大战和俄国十月革命的爆发，马克思主义传入了中国。李大钊和陈独秀等人在《新青年》《每周评论》《民国日报》《新潮》等一大批报纸和杂志上发表了一系列的文章，向社会大力宣传和介绍马克思主义学说，这让无数的青年接受马克思主义思想，走上了革命的道路，进而出现了一大批杰出的共产主义者。“问题与主义”之争进一步扩大了马克思主义学说的影响，大批的先进知识分子不再停留在学理上的探究，而是试图为改造中国寻找到科学的革命理论。他们比较详细地介绍了马克思主义的主要观点。在唯物史观方面，他们介绍了社会的发展根源于生产力与生产关系、经济基础与上层建筑的相互矛盾运动等观点。在阶级斗争学说方面，他们着重阐释了阶级和阶级斗争的定义，阶级的划分和阶级之间的斗争是基于经济利益的不同的观点，以及国家是阶级斗争的工具，无产阶级必须掌握政权，建立多数人对少数人的专政等基本思想。在剩余价值理论方面，他们着重围绕资本的本质，介绍了剩余价值是资本家通过生产过程无偿占有工人劳动的一部分，是对无产阶级的剥削，是资本积累的重要组成部分等观点。这些介绍使得人们对马克思主义有了完整的认识，最终马克思主义与中国的具体实际相结合，指导中国人民取得了新民主主义革命的胜利。新中国成立以来，中国共产党坚持马克思主义的指导地位，一方面坚持科学社会主义的基本原理，另一方面从我国实际情况和时代特征出发，破解和回答实践中的一系列重大课题，不断发展和丰富了马克思主义学说。因此，可以说中国特色社会主义理论是当代的马克思主义。

二、社会主义先进文化在当代中国文化中处于主导地位

先进文化是指符合人类社会发展方向，体现社会生产力发展要求，代表社

会最广大成员的根本利益，反映时代发展潮流的文化。社会主义先进文化，专指中国特色社会主义的先进文化，是马克思主义基本原理与中国文化相结合而产生的新文化。早在1940年，毛泽东就提出了新中国的文化纲领，即建立中华民族的新文化，是人民大众反帝反封建的文化，也就是民族的科学的大众的新民主主义文化。[①]新中国成立后，随着社会主义制度的建立，新民主主义文化逐步转变为社会主义先进文化。自改革开放以来，社会主义精神文明建设的推动进一步促进了社会主义先进文化的创新和发展。党的十五大报告把建设有中国特色社会主义文化与建设有中国特色社会主义经济、政治一起，共同纳入社会主义初级阶段的基本纲领，并正式提出："建设有中国特色社会主义的文化，就是以马克思主义为指导，以培养有理想、有道德、有文化、有纪律的公民为目标，发展面向现代化、面向世界、面向未来的，民族的科学的大众的社会主义文化。"[②]党的十七大从中国特色社会主义事业"四位一体"总体布局的战略高度，提出了掀起社会主义文化建设新高潮，推动社会主义文化大发展、大繁荣的战略任务。胡锦涛在庆祝中国共产党成立90周年大会上的讲话中指出："在前进道路上，我们要继续大力推动社会主义文化大发展大繁荣，坚定不移发展社会主义先进文化。"[③]可见，社会主义先进文化是马克思主义普遍原理指导下的符合时代发展和现代科学精神的中国文化，是我们党和人民经过长期革命和建设的实践经验的总结。

先进文化一定具有顺应和推动生产力发展的特征。先进的生产力是先进文化发展的物质基础，人类的文化是不会脱离人类的物质生产而孤立地存在和发展的，一定阶段和类型的文化都是建立在一定的生产方式的基础之上的。物质生产的发展状况，往往对文化有支配性影响。恩格斯曾强调指出："不论在法国或是在德国，哲学和那个时代的普遍的学术繁荣一样。也是经济高涨的结果。经济发展对这些领域也具有最终的至上权利，这在我看来是确定无疑的。"[④]当一种文化阻碍了生产力的发展和提升，这种文化就是腐朽的文化，落后的文化；当一种文化很好地适应了生产力水平并积极推动生产力发展，这种文化就是先进文化。中国社会主义先进文化代表了先进生产力的行进方向，体现了现代科学精神。

此外，先进文化必须具有前瞻性。一个时代的文化总是注入了那个时代的精神、活力和审美，也反映了那个时代的政治、经济状况。先进文化不仅要与时

① 《毛泽东选集》第2卷，人民出版社1991年版，第706~709页。

② 《江泽民文选》第2卷，人民出版社2006年版，第17~18页。

③ 胡锦涛:《在庆祝中国共产党成立90周年大会上的讲话》，《人民日报》2011年7月2日，第2版。

④ 《马克思恩格斯选集》第4卷，人民出版社2012年版，第612页。

俱进,还要面向未来,具有前瞻性和导向性。中国社会主义先进文化的发展正是面向未来,体现了鲜明的时代性和前瞻性。

中国社会主义先进文化的前进方向,体现了人类社会发展规律指出的方向,即代表了人类文明的发展方向。要把握这个方向,我们必须坚持社会主义先进文化在当代中国文化中的主导地位,必须坚持和巩固马克思列宁主义、毛泽东思想、邓小平理论、"三个代表"重要思想、科学发展观和习近平新时代中国特色社会主义思想在思想文化领域的指导地位。马克思主义学说深刻地揭示了自然界、人类社会、人类思维发展的客观规律,揭示了事物的本质、内在联系及发展规律,为人类社会进步指明了方向,是当代最科学、最先进、最革命的理论。它指导人们观察、分析世界并改造世界,是一切先进文化的旗帜。毛泽东思想、邓小平理论、"三个代表"重要思想、科学发展观和习近平新时代中国特色社会主义思想是当代中国的马克思主义,指导党和人民取得了新民主主义革命、社会主义革命和社会主义建设、改革开放的伟大成就,也是当代中国先进文化的指导思想和引路明灯。只有这样,才能确立社会主义先进文化在中国特色社会主义建设事业中的重要地位和作用,才能有效抵制和消除各种落后的、腐朽的思想文化的影响,保证我国的文化建设事业沿着正确方向健康发展。

三、当代中国文化的精神内涵

绵延几千年的中华民族的奋斗历程和智慧积累形成了无比深厚的历史底蕴和文化传统,独特的中华文明延续了我们国家和民族的精神血脉,铸造了中华民族特有的思维模式、伦理价值和精神品质,奠定了中国特色社会主义的文化自信。当代中国文化是以马克思主义文化为指导,吸收世界上其他国家文化的精华,在中华大地这片沃土上应运而生的。当代中国文化的精神内涵极其丰富,涉及许多方面。概括来说,主导精神主要体现在以下三个方面。

(一)以人为本

中国传统文化中很早就有"民惟邦本,本固邦宁"[①]的思想观念,孔子讲仁者爱人,"大畏民志,此谓知本"[②],统治者应该"富民"和"教民";孟子则进一步提出"民为贵,社稷次之,君为轻"[③],阐述了民众比国家社稷、君主还重要的思想;老子认为"圣人无常心,以百姓心为心"[④],荀子则最早把君主与人民的关系比作

① 李民、王健撰:《尚书译注》,上海古籍出版社2004年版,第93页。

② 陈成国点校:《四书五经·大学》,岳麓书社1991年版,第2页。

③ 万丽华、蓝旭译:《孟子》,中华书局2007年版,第324页。

④ 饶尚宽译注:《老子》,中华书局2007年版,第119页。

"舟"与"水"的关系:"君者,舟也;庶人者,水也。水则载舟,水则覆舟。"[①] 这种民本思想对后世产生了深远的影响。

在西方,古希腊时期的亚里士多德就把人定义为政治性和逻各斯动物,思想将人与其他一切自然物区分开来。中世纪西方基督教兴起后,人被认为是上帝的杰作,管理其他万物。近代启蒙运动以后,人作为个体被置于至高无上的地位,人的生命和尊严神圣不可侵犯。西方这些学术思想给我们提供了一些有益的借鉴。

马克思对人有极其精彩和深刻的论述,他在《1844 年经济学哲学手稿》中指出:"一个种的全部特性、种的类特性就在于生命活动的性质,而人的类特性恰恰就是自由的自觉的活动。"[②] 而人的幸福状态在马克思看来是人的全面而自由的发展,如何实现人的全面而自由的发展呢? 马克思在《共产党宣言》中指出:"代替那存在着阶级和阶级对立的资产阶级旧社会的,将是这样一个联合体,在那里,每个人的自由发展是一切人的自由发展的条件。"[③] 只有在自由联合体内,才能真正实现人的自由和解放。

中国共产党人将马克思主义与中国实际相结合,始终谋求最广大人民群众的最大福祉,毛泽东 1944 年 9 月在纪念张思德追悼会上发表了题为《为人民服务》的讲话,强调了人民利益的至高性。此后,全心全意为人民服务成为中国共产党人的工作宗旨,历经社会主义建设的各个时期,并且体现为"以人为本"的执政理念和时代精神。党的十七大报告中指出:"科学发展观,第一要义是发展,核心是以人为本。"[④] 这强调了人的重要性。科学发展观不仅主张人是发展的根本目的,回答了为什么发展、发展"为了谁"的问题;而且主张人是发展的根本动力,回答了怎样发展、发展"依靠谁"的问题,价值导向是实现人的全面发展。习近平在"全国宣传思想工作会议"上的讲话中指出:"党性和人民性从来都是一致的、统一的……坚持人民性,就是要把实现好、维护好、发展好最广大人民根本利益作为出发点和落脚点,坚持以民为本、以人为本。要树立以人民为中心的工作导向,把服务群众同教育引导群众结合起来,把满足需求同提高素养结合起来……丰富人民精神世界,增强人民精神力量,满足人民精神需求。"[⑤] 可见,"以人为本"不仅是党和国家的出发点和落脚点,也是时代文化精神中最基本和最

---

① 王先谦:《荀子集解·王制》,中华书局 1998 年版,第 152~153 页。

② 《马克思恩格斯文集》第 1 卷,人民出版社 2009 年版,第 162 页。

③ 《马克思恩格斯文集》第 2 卷,人民出版社 2009 年版,第 53 页。

④ 胡锦涛:《高举中国特色社会主义伟大旗帜 为夺取全面建设小康社会新胜利而奋斗——在中国共产党第十七次全国代表大会上的报告》,《人民日报》2007 年 10 月 25 日,第 1 版。

⑤ 习近平:《习近平谈治国理政》,外文出版社 2014 年版,第 154 页。

厚重的部分。最广大人民群众不仅是文化服务的对象,也是文化创造的主体,更是文化创新和发展的最根本价值导向。

(二) 实事求是

"实事求是"一词最早出现于《汉书·河间献王刘德传》:"修学好古,实事求是。"① 讲的是刘德对中国文化古籍的收集、整理和治学态度极为严谨,绝不弄虚作假。后来唐人颜师古对"实事求是"作注曰:"务得事实,每求真是也。"② 其实这种思想的来源可以追溯到先秦诸子时期,那时虽没有实事求是这个概念,但其思想内核已经出现,如孔子认为"知之为知之,不知为不知,是知也"③,就是一种实事求是的态度。其后实事求是的思想被不断延续和发展,表现在各个方面。可以说,从春秋战国以后各个时期,中国哲学和思想文化里始终贯穿着实事求是思想。

马克思恩格斯虽然没有直接用实事求是这个词,但他们的辩证唯物主义和历史唯物主义突出强调的就是实事求是。马克思认为实践是人的生命活动的展开,人不仅在实践过程中生产物质资料和改造自然界,也在实践过程中生产和改变自己。这与传统的孤立静止的形而上学有根本的不同,马克思主义学说的理论品质在于现实性、批判性和开放性。所以恩格斯指出:"马克思的整个世界观不是教义,而是方法。它提供的不是现成的教条,而是进一步研究的出发点和供这种研究使用的方法。"④

毛泽东创造性地将马克思主义理论中国化,并同中国传统文化中的实事求是思想进行了结合,他在1941年发表的《改造我们的学习》一文中第一次对"实事求是"一词做了阐述:"'实事'就是客观存在着的一切事物,'是'就是客观事物的内部联系,即规律性,'求'就是我们去研究。我们要从国内外、省内外、县内外、区内外的实际情况出发,从其中引出其固有的而不是臆造的规律性,即找出周围事变的内部联系,作为我们行动的向导。"⑤ 这是对马克思世界观和方法论的科学概括,也揭示了实事求是的基本内涵,实事求是由此成为毛泽东思想的出发点和根本点。社会主义革命和建设事业的兴旺发达靠的就是实事求是,邓小平曾称自己是"实事求是派",他在1978年12月13日中共中央工作会议闭幕会上发表的题为《解放思想,实事求是,团结一致向前看》的讲话中指出:"过去我们搞革命所取得的一切胜利,是靠实事求是;现在我们要实现四个现代化,

---

① 班固:《汉书》,中华书局1962年版,第2410页。
② 《辞源》,商务印书馆1979年版,第860页。
③ 杨伯峻译注:《论语译注》,中华书局2006年版,第19页。
④ 《马克思恩格斯文集》第10卷,人民出版社2009年版,第691页。
⑤ 《毛泽东选集》第3卷,人民出版社1991年版,第801页。

同样要靠实事求是。”[①] 实事求是讲的是一切都要从实际出发，理论联系实际，反对一切经验主义和教条主义，这是我们做好任何工作的不二法门。无数的事实证明，背离了实事求是的原则，我们的工作就会遇到挫折；坚持了实事求是的原则，我们的事业就能不断取得成功和进步。2012 年 5 月 16 日习近平在中共中央党校春季学期第二批入学学员开学典礼上做了题为《坚持实事求是的思想路线》的讲话，论述了坚持实事求是的重大意义，明确了坚持实事求是的基本要求：“坚持实事求是，关键在于‘求是’，就是探求和掌握事物发展的规律。对事物客观规律的认识，只能在实践中完成。勇于实践、善于实践，在实践中积累经验、进行理论升华，再用以指导实践、推动实践，在实践中使认识得到检验、修正、丰富和发展，这是认识客观规律的根本途径，也是把握客观规律的必由之路，还必须始终坚持一切为了群众、一切依靠群众，从群众中来、到群众中去的群众路线。”[②] 几代中国共产党人的实践历程和集体智慧创造性地诠释了实事求是的思想精髓。它不仅是党和国家的思想路线，也是每个人的行动原则；它不仅应用于政治、经济领域，也是学术和文化事业取得大发展必备的思想品质。实事求是不仅是一种发展观、认识论和真理观，也是当代中国文化的重要精神内涵。

（三）团结和谐

在中国传统文化中，“和谐”的思想源远流长。早在三千多年前，甲骨文中就有了“和”字，《周易·乾·彖辞传》中云“大哉乾元，万物资始，乃统天……乾道变化，各正性命，保合太和，乃利贞。首出庶物，万国咸宁”[③]，核心意思是讲在天道的主宰下，万物在变化中获得自己独特的禀赋和性命，各物有各物的价值和位置，相互共存并不杂乱无序，万物协调并济的相互作用，形成了最高的和谐，称之为“太和”。这种和谐不是指万物一样，而是指具有差异性的不同事物的结合、统一和共存。和谐社会自然也包含在这意蕴之中，其内涵包含着两个方面，即人与自然之间的“天人合一”状态，以及人与人之间尊尊亲亲、长幼有序的伦理和谐状态。中国传统文化中的这种家和、国和与万邦和的观念无疑给我们当下提供了深厚的思想资源和智慧启迪。

西方古希腊时期，毕达哥拉斯认为整个天就是一个和谐，和谐是宇宙最高的规律，和谐是善，不和谐是恶，城邦正义的实现是城邦实现和谐的必要条件。而柏拉图在《理想国》中提出所谓的城邦正义就是各守其职，各安其分。这些观念与中国文化中的“和谐”有异曲同工之妙。近代法国社会学家涂尔干关于和谐社会

---

① 《邓小平文选》第 2 卷，人民出版社 1994 年版，第 143 页。

② 习近平：《坚持实事求是的思想路线》，《学习时报》2012 年 5 月 28 日，第 1 版。

③ 周振甫译注：《周易译注》，中华书局 1991 年版，第 2 页。

的观点是“社会团结”，所谓社会团结，是指不同个体之间、不同群体之间以及个体与群体之间协调一致、相互结合的关系，主要强调社会的一致性和结构的整合性。建立在社会中个人之间的相同性或相似性即同质性基础上的一种社会联系叫机械团结，这时的社会分工往往不发达，社会成员的信仰、情感、意愿具有高度同质性；建立在社会分工和个人异质性基础上的一种社会联系叫有机团结，社会分工发达，个人之间的差异性使得社会成员相互依赖。涂尔干的这种团结观是对现代社会的一种深刻而有价值的思考。在马克思恩格斯看来，和谐社会就是在人类全面、协调、可持续的科学实践基础上形成的人与自然、人与人以及人与自身的融洽和谐与有机统一的状态，“人终于成为自己的社会结合的主人，从而也就成为自然界的主人，成为自身的主人——自由的人。”① 而根据马克思的描述：“在共产主义社会里，任何人都没有特殊的活动范围，而是都可以在任何部门内发展，社会调节着整个生产，因而使我有可能随自己的兴趣今天干这事，明天干那事，上午打猎，下午捕鱼，傍晚从事畜牧，晚饭后从事批判，这样就不会使我老是一个猎人、渔夫、牧人或批判者。”② 这种图景便是一种最高层次和谐社会的状态。

团结和谐事关社会中的每一个人，和谐社会也是每一位成员心中的愿景。2004年9月，党的十六届四中全会首次提出了构建社会主义和谐社会的历史任务，明确提出要适应我国社会的深刻变化，把和谐社会建设摆在重要位置，形成全体人民各尽其能、各得其所而又和谐相处的社会。在此基础上，2006年10月，党的十六届六中全会专门作出《中共中央关于构建社会主义和谐社会若干重大问题的决定》，提出了2020年构建社会主义和谐社会的美好目标。习近平在参观“复兴之路”的展览时表达了“三个坚信”：坚信到中国共产党成立100年时全面建成小康社会，坚信到新中国成立100年时建成富强民主文明和谐的社会主义现代化国家，更坚信中华民族伟大复兴的梦想一定会实现。中国民族正在促进和谐社会进程中实现中国梦，团结和谐也理所当然是当下中国文化的主导精神内涵之一。

由以上论述可以看出，人的全面而自由的发展是最根本的价值取向，实事求是是我们的方法论和实践观，团结和谐是我们的目标和追求。只有深刻地理解这三方面的精神内涵，才能更好地理解和把握我们当前时代的文化物质与内涵，从而构建起中国特色的学术话语体系。③

---

① 《马克思恩格斯全集》第19卷，人民出版社2006年版，第247页。

② 《马克思恩格斯全集》第3卷，人民出版社2002年版，第37页。

③ 《承前启后　继往开来　继续朝着中华民族伟大复兴目标奋勇前进》，《人民日报》2012年11月30日，第1版。

5.3 融通中外的概念凝练

2013年8月19日,习近平在全国宣传思想工作会议上强调:"对世界形势发展变化,对世界上出现的新事物新情况,对各国出现的新思想新观点新知识,我们要加强宣传报道,以利于积极借鉴人类文明创造的有益成果。要精心做好对外宣传工作,创新对外宣传方式,着力打造融通中外的新概念新范畴新表述,讲好中国故事,传播好中国声音。"[①] 当前时代,西方大国在国际话语权上处于主导性地位,新兴国家和发展中国家则处于话语权的弱势地位。要传递中国声音,讲好中国故事,向全世界展示中国特色的文明和价值观,就必须构建起融通中外的中国特色学术话语体系,其核心点是要"着力打造融通中外的新概念新范畴新表述"[②],这是一项极为紧迫的重要课题。而融通中外的概念凝练需要基本的条件和科学的路径。

一、融通中外的概念凝练的三个条件

着力打造融通中外的新概念、新范畴、新表述需要以下几个基本的实质性条件来奠定基础。

(一) 良好的学术生态环境

2016年5月17日,习近平在关于哲学社会科学的座谈会讲话中再次重申了我国繁荣发展哲学社会科学的重要方针是"百花齐放、百家争鸣"。首先,理论创新和学术研究需要一个良好的学术生态环境,这是基本的前提。要形成良好的学术生态环境首先要有学术民主,不唯上,不搞一言堂管制。这主要体现在不能设研究禁区,不能用行政手段压制观点的表达,真理总是越辩越明的。毛泽东曾说"这种学术也可以讲,那种学术也可以讲,不要拿一种学术压倒一切"[③],因为"马克思主义是科学真理,不怕批评,它是批评不倒的"[④]。学术上的百家争

---

① 《习近平在全国宣传思想工作会议上强调胸怀大局把握大势着眼大事 努力把宣传思想工作做得更好》,《人民日报》2013年8月21日,第1版。

② 《习近平在全国宣传思想工作会议上强调胸怀大局把握大势着眼大事 努力把宣传思想工作做得更好》,《人民日报》2013年8月21日,第1版。

③ 《毛泽东文集》第7卷,人民出版社1993年版,第54~55页。

④ 《毛泽东文集》第7卷,人民出版社1993年版,第278页。

鸣非但不会削弱马克思主义的指导地位,相反还会丰富它的内涵并巩固它的地位。具体像高校里的学者,应该遵循的原则是课堂讲授有纪律、学术研究无禁区,要营造民主的学术氛围,要鼓励学者大胆进行学术探索,才有可能做好中外概念的融通。其次,理论创新和学术研究要倡导学术自由。大家都知道,一个好的土壤才会孕育出好的果实,哲学社会科学和学术的繁荣绝对离不开自由和宽松的氛围。陈寅恪的“独立之精神,自由之思想”是中国思想史上的宝贵精神遗产,让无数学人铭记在心,这也是文化与思想能取得大发展的一个极重要前提。最后,理论创新和学术研究要倡导批判精神。“批判”(critique)不等同于批判,其真正的本义是:区分、探究、辨别和判定。真正的学术批判是要关注当下社会现实,要对社会现实问题做出准确的揭示和判断,并形成深刻的见解。西方学术就有批判的传统,像康德的纯粹理性、实践理性和判断力的三大批判,黑格尔批判,法兰克福学派批判理论等。正是由于有这种批判传统,西方学术思想才不断取得发展,硕果累累。马克思继承并超越了西方学术的批判传统,对德国古典哲学、英国古典政治经济学和法国空想主义等进行了深刻的批判和吸收,从而形成了马克思主义学说。因此,批判精神是学术话语体系最可贵的精神。我们必须继承和发扬马克思主义彻底的批判精神,让我们的学术研究具有批判意识,这样的学术话语体系才具有活力和创新性。

(二)打造一支高水平的学术队伍

学术研究的主体是学术人才,一支学识渊博、理论深厚和实践经验丰富的学术队伍是构建当代中国学术话语体系的根本保证。首先,打造一支高水平的学术队伍要有科学的知识分子政策作为根本方向。习近平在哲学社会科学的座谈会上指出:“要认真贯彻党的知识分子政策,尊重劳动、尊重知识、尊重人才、尊重创造,做到政治上充分信任、思想上主动引导、工作上创造条件、生活上关心照顾,多为他们办实事、做好事、解难事。”[①] 党和国家对知识分子的政策支持和切实关心是学术人才队伍得以建成的先决条件,知识分子只有得到充分的尊重、信任和关心,才能心无旁骛和动力十足地扎实工作及勇于开拓,才能充分发挥自己的学术想象力与创造力。像在“文化大革命”时期,知识分子被戴上了“臭老九”的帽子,成为被批斗和改造的对象,自身的尊严丧失殆尽,国家和社会的进步也受到了巨大的影响。一个理性的民族应该为知识分子营造一个利于生存和发展的社会氛围和环境,使他们能够最大限度地发挥自身的潜能和优势为国家和民族的进步做出贡献。其次,要打造一支高水平的学术队伍,要有科学的学术人才制度作为基本保障。学术人才的发现、培育和成长需要科学的整体发展战略,这

① 习近平:《在哲学社会科学工作座谈会上的讲话》,《人民日报》2016 年 5 月 19 日,第 2 版。

表现为必须遵循人才培养的内在规律,构建起种类齐全、梯队合理的人才体系,要将学生、学术和学科的建设融为一体,以发挥其最大的协同效应和加倍的效果。同时,需要建立科学合理的人才遴选制度和奖励制度,这表现为这些制度的建立和实施要科学、规范和公正,尤其要打破一些领域内所谓的“学霸”或“学术权威”对该领域学术资源的垄断和霸占。当下一些学术领域内还存在拉帮结派、学术资源被少数“学官”或“学霸”控制的现象,必须切断利益输送链条,解构这种长期以来的利益固化和沉淀,提拔和重视那些默默无闻、被边缘化的有真才实学的学者,给予他们应得的尊重、荣誉和奖励,这样学风和学术研究才会纯粹,才会不断培养出各种学术精英。最后,要打造一支高水平的学术队伍,要着重培养和挖掘学术人才的创新能力。学术创新是指研究要取得新的成果或突破,比如发掘出新史料和新证据、创造出新范式和新思维、孕育出新思想和新理论,这是学术的生命和灵魂。所以,高水平学术队伍的一个核心能力是学术创新能力,“学术创新学术能力主要包括三个方面:一是提出问题的能力。创新型马克思主义理论工作者必须不断总结和概括实践经验,善于通过科学的思维方法概括出新的时代问题。二是分析问题的能力。良好的学术素养、科学的思维方法、实事求是的科学态度、持之以恒的拼搏精神,都是提高分析问题能力的基本要求。三是提炼问题的能力。提炼问题的能力就是做出结论的能力,一个正确论断的做出必须要占有真实、前沿、系统的客观资料,同时要通过感性到理性、理性到实践的不断反复。”① 一个新问题的提出和解决,往往开创出新的学科并给这个学术领域带来革命性的变革,因此中国学术话语体系的构建和发展离不开学术创新能力。

(三)搭建广阔的国际学术交流平台

要进行中外概念的融通,就必须让中外学术话语进行充分的交流和碰撞。众所周知,学术交流是学术研究的重要组成部分,是学术研究人员向同行获取信息、发表研究成果以及获得反馈和肯定的重要渠道。如果学术话语处于封闭的系统,自说自话,即便取得了学术成果,也走不出国门,得不到国际的承认。我们的学术话语体系必须立足于民族根本,保持向外开放、对话和交流的状态,这样才能吸收和融合其他国家的学术话语从而发出自己的声音,形成国际影响力。要构建这样的学术话语体系,关键在于搭建广阔的国际学术交流平台,这样才会使得各国之间的学术得到很好的交流和融合,使我们的学术话语保持活力并不断创新。国际学术交流平台的搭建主要有以下几个路径:国际性学术组织和海

---

① 苏星鸿:《努力构建当代中国学术话语体系——新时期马克思主义价值观构建研究之八》,《郑州轻工业学院学报》(社会科学版)2013 年第 4 期,第 4~8 页。

外中国学术中心的设立,高质量的学术会议和论坛的举办,以及优秀外文学术网站和学术期刊建设等。一直以来,重要的国际学术组织、学术期刊和学术评价系统都由西方世界来主导,这也是由西方学术话语权的强势地位来支撑的。英国学者汤林森曾说:"至少在西方世界是以私人资本家企业为主的各种出版公司,它们的主要营运目标是学术书籍、期刊等等市场。因此,究竟哪些书得以出版(也就是'谁在说话'的问题),主要也在于商业标准,亦即市场需求。经此运作的结果,乃是某些书籍与期刊得以在最具有权势、最富裕的国家当中流通,而这些流通的著作通常也就被举作代表了某项特定问题的'全球性辩论'。然而,不管从哪一个层次来说,这些文本的流通,都是由西方那些(相对来说)较为富裕的学术机构所决定的,而这些机构代表的又都是资本主义的利益,提供了(通常是多国籍的)学术出版公司所需要的市场。再怎么看,这等情势绝对不能等同于'全球性辩论',如果我们当真指的是'全球'。"① 从这番对学术出版的评论中可以看出,资本主义借助全球化主导问题的讨论,掌握着学术的走向和导向。国际学术交流平台的建立能让中国学术更好、更客观地了解西方学术话语,让中国学术在与西方学术进行平等对话的状态中相互交融,同时为中国学术话语赢得相应的空间和尊重,并让中国学术获得更广泛的国际传播。

二、融通中外的概念凝练的实现路径

具备了以上三个基本的实质条件,中外概念的融通便有了扎实的基础,但这只是一个前提和基础,中外概念的融通要得到真正的实现还需要具体的思路和方法。中外概念的融通其实包含两层意思:一是中国学术话语和外国学术话语的交流和融通;二是二者融通凝练成新概念、新范畴、新表述。这就要求我们不仅要注意方式、方法,还要立足于国情并有所创新。

(一) 大力发展基础性的哲学社会科学

哲学社会科学的水平直接体现了一个民族的思维能力和精神内涵,其也是一个国家综合国力和国际竞争力的重要组成部分。同时,一个国家学术话语的生产和创新离不开哲学社会科学的奠基。一套学术话语体系的基本元素包括概念、术语和范畴等,以及问题建构、逻辑原则和理论假设前提等,这些都是由哲学社会科学赋予的。西方话语体系的发达和能占据主导地位正是因为西方发达和繁荣的哲学社会科学为其提供了极其丰富的理论源泉。我们要构建中国特色学术话语体系,提升中国学术话语体系的国际影响力,就必须首先在哲学社会科学

① [英]汤林森:《文化帝国主义》,冯建三译,上海人民出版社1999年版,第28页。

理论研究上下足功夫。而做好哲学社会科学研究工作的前提是要有高度的文化自信,这种文化自信是一个民族最基本和最深沉的力量。德国思想家雅斯贝尔斯在1949年出版的《历史的起源与目标》中提出了著名的“轴心时代”理论:公元前5世纪左右,世界上相互隔绝的几个地方同时出现了人类文明精神取得重大突破的现象,并且这些地方都出现了伟大的精神导师——古希腊有苏格拉底、柏拉图、亚里士多德,以色列有犹太教的先知,古印度有释迦牟尼,中国有孔子、老子等,他们的思想智慧启迪和塑造了不同的文化传统,同时在这些思想成果中有很多相通的地方。具有独特历史文化的中国,必须立足于自己民族几千年的历史底蕴和灿烂文明成果,拥有独立自主的理论根基,这样才能让自己不在学术上依附于西方世界,才能孕育出自己的学术体系,也才能让中国的概念带着主体性与西方概念进行融通。当然,中国传统文化必须通过完成现代性转换来满足当代中国的发展要求,从而为中国学术话语体系的构建提供独特和奠基性的思想资源。此外,中国哲学社会科学的发展也离不开对其他文明的积极吸收和借鉴。全球化的今天,学术理论研究必须具备国际视野,既不能片面排斥其他民族的优秀学术成果,也不能把外来的学术理论奉为教条,而是要在比较、分析、批判、吸收和提升的基础上吸纳所有人类创造的有益的理论观点和学术成果,做到古为今用、洋为中用,这样才能融通各种资源,从而推动中外概念的融通和创新。

(二)中外概念融通的关键是问题意识

马克思说过:“一个时代的迫切问题,有着和任何在内容上有根据的因而也是合理的问题共同的命运:主要的困难不是答案,而是问题。因此,真正的批判要分析的不是答案,而是问题。”① 理论思维的活动来源于人的存在和实践,理论的创新和发展都是从问题开始的。通过对学术史和思想史的梳理就可以发现,重要的学术成果和学术发现无一例外地来自学者对其所处时代和现实的关切和考察,这种关切和考察不是停留在肤浅的认知和流水账式的描述上,而是发问出切中时代和现实需要的真问题。所以,一种学术理论的诞生过程其实就是发现问题、研究问题和解决问题的过程。中外概念融通的关键之处在于要有问题意识,因为发端于中国现实的问题体现了中国学术概念的主体性和原创性。自新中国成立以来,中国的社会主义事业和现代化之路取得了举世瞩目的成就,中国人民创造了世界奇迹,可以说中国的实践和经验是当前世界经验和文化体系中最具创造性的部分。当前中国的伟大实践和社会变革既不是我国传统文化的简单延续,也不是任何一个其他国家实践的再版,而是具有鲜明的独特性、时代性

① 《马克思恩格斯全集》第1卷,人民出版社2002年版,第203页。

和创造性。如果用西方学术话语和表达范式,既无法准确道出中国问题的本质,也会使中国问题的呈现失去中国特色。只有置身于中国人的存在境况、生命经验和时代背景之中的中国学术话语才能解释和言说中国实践,而且也正是在对中国发展道路和中国人民奋斗历程的不断言说中才能提炼出新概念、新范畴和新表述。

(三) 中外概念融通要面向世界

建构中国特色学术话语体系,进行中外概念融通需要立足于中国文化传统和精神特质,扎根于当下的中国现实。但同时,中国学界必须面向世界、关注世界和研究世界。习近平在哲学社会科学座谈会上明确指出,我们要按照立足中国、借鉴国外,挖掘历史、把握当代,关怀人类、面向未来的思路着力构建中国特色哲学社会科学,并强调我们的哲学社会科学研究既要向内看、深入研究关系国计民生的重大课题,又要向外看、积极探索关系人类前途命运的重大问题,要聚焦国际社会共同关注的问题。① 在我们的学术话语体系建设中,研究中国与研究世界是并行不悖的。值得一提的是,面向世界有两层意思:一是以中国本土为根基的主体性概念要在世界共同视域下与外国的概念进行融通;二是中国学界要对人类社会共同面对的问题提交中国答卷。中外概念要进行好的融通,需要中国话语体系以面向世界的开放与包容的心态和世界进行好的沟通及交流。要做好这一点,一方面需要我们有广阔的国际视野,熟悉外国的学术思想、思维方式和语言习惯,另一方面要让外国学界了解中国的思想与话语。中国与其他文明在这种相互熟悉的过程中形成共同的问题域,即各个文明虽有其独特性,但并不是完全的割裂或平行的,而是有可通约的规则和对一些问题的共同交集,彼此在这种规则和共同的问题域中以主体身份平等地进行对话,从而形成话语融通。同时,中国学界要密切关注和研究世界共同面对的问题和人类共同的命运,因为中华文明是世界文明的重要组成部分,理应为人类社会的发展方向和发展道路提供中国视角和中国方案,并为人类文明的共同进步做出自己的贡献。

在当前全球化和信息化的时代,构建融通中外的学术话语体系,是一项长期、艰巨、复杂的系统工程,既需要有学理奠基、理论创新、国际交流平台和人才队伍,也需要有开阔的学术视野、海纳百川的胸怀和切实的问题意识,更需要一步一个脚印地进行实践探索。

---

① 习近平:《在哲学社会科学工作座谈会上的讲话》,《人民日报》2016年5月19日,第2版。

5.4 讲好中国故事

在2014年11月28日召开的中央外事工作会议上，习近平强调，要提升我国软实力，讲好中国故事，做好对外宣传。这是习近平继2013年在全国宣传思想工作会议上发表重要讲话以来再次强调要讲好中国故事。在2015年5月，习近平就《人民日报海外版》创刊30周年作出重要批示，他希望《人民日报海外版》以创刊30周年为起点，总结经验、发挥优势、锐意创新，用海外读者乐于接受的方式、易于理解的语言，讲述好中国故事，传播好中国声音，努力成为增信释疑、凝心聚力的桥梁纽带。在此，习近平又一次强调了讲述好中国故事、传播好中国声音的重要性。[①]2016年2月19日，习近平在党的新闻舆论工作座谈会上着重指出，要加强国际传播能力建设，增强国际话语权，集中讲好中国故事，同时优化战略布局，着力打造具有较强国际影响的外宣旗舰媒体。[②]由此可见，"讲好中国故事"不仅是习近平的明确要求，也成为他治国理政的重要方略。讲好中国故事、传播好中国声音事关国家战略，是一项意义重大的任务。这个重大课题本身蕴含两个基本问题需要回答，即为什么要讲好中国故事以及怎么讲好中国故事。

一、为什么要讲好中国故事

正如习近平指出的那样，讲中国故事是时代命题，讲好中国故事是时代使命。中国故事不止关乎中国，更是与世界相连。

（一）让世界全面认识中国

新中国成立以来，中华民族和中国社会取得了伟大的社会进步和举世瞩目的成就，中国已经成为世界第二大经济体，但现实中国与中国的世界印象之间存在相当的反差，国际社会对中国的认识还存在一定程度的误解和失真。这一方面在于西方大国主导了国际话语权，并由于其意识形态和价值观的偏见故意抹黑中国和扭曲外界对中国的认知；另一方面在于中国的话语权相对弱势，既不能很好地叙述自己，让外界真实地了解中国，也不能很好地将中国话语传播出去让

① 《用海外乐于接受方式易于理解语言　努力做增信释疑凝心聚力桥梁纽带》，《人民日报》2015年5月22日，第1版。

② 《坚持正确方向创新方法手段　提高新闻舆论传播力引导力》，《人民日报》2016年2月20日，第1版。

更多的人知道，常常陷入“有理说不出”“说了传不开”“传开叫不响”的困境。所以，讲好中国故事首先具有的重大意义是让世界全面认识中国。

讲好中国故事是要塑造良好的中国形象，向世界展示当代中国民主、法治、繁荣、进步的现代国家形象是我们的基本诉求。美国专家乔舒亚·库珀·雷默曾指出：“国家形象对当代中国来说是最为根本的问题，假如把这个问题解决好了，那么许多其他困惑和难题都可以迎刃而解。国家形象问题是中国当前最棘手的战略问题。国家形象在某种意义上将决定中国改革发展的前途和命运。”① 塑造良好的国家形象对我们来说相当重要。习近平在全国宣传工作会议上指出：“在全国对外开放的条件下做宣传思想工作，一项重要的任务是引导人们更加全面客观地认识当代中国、看待外部世界，宣传阐释中国特色，要讲清楚每个国家和民族的历史传统，文化积淀，基本国情不同，其发展道路必然有着自己的特色；讲清楚中华文化积淀着中华民族最深沉的精神追求，是中华民族生生不息、发展壮大的丰厚滋养；讲清楚中华优秀传统文化是中华民族的突出优势，是我们最深厚的软实力；讲清楚中国特色社会主义植根于中华文化沃土、反映中国人民意愿、适应中国和时代发展的进步要求，有着深厚历史渊源和广泛基础。”② 这“四个讲清楚”，是讲好中国故事的基本要求和叙事方向。讲好中国故事，从根本上来说要立足中国文化和中国基本国情。当今中国，正在进行一场波澜壮阔的伟大变革。全面建成小康社会、全面深化改革、全面依法治国和全面从严治党的战略布局已然拉开，中华民族伟大复兴的中国梦成为各族人民奋发向上的精神动力。但也要注意到，当前我国经济增长进入换档期，改革进入深水区，新旧矛盾和各种社会问题交织在一起，情况相当复杂。讲好中国故事，既要真实又要生动；既要讲伟大成果和中国奇迹，又要讲过程的曲折和存在的问题，毋庸讳言我们发展中面临的各种困难和问题，主动帮助西方世界将他们关于中国的片面或歪曲的印象矫正过来，向世界展示一个全面、真实、立体的中国形象。

讲好中国故事关系提升中国软实力。国家软实力，实际上是一个国家的文化实力，其是相对于基于国家经济和军事等硬实力而言的。它是一国综合国力的重要体现。美国人约瑟夫·奈提出了软实力的概念，他认为软实力即国家的文化力量，包括三种力量，一是对他国产生的文化吸引力；二是本国的政治价值观；三是具有合法性的和道德威信的外交政策。根据《文化软实力蓝皮书：中国文化软实力研究报告(2010)》的数据显示，美欧占据世界文化市场总额的77%，而在

① ［美］乔舒亚·库珀·雷默等：《中国形象：外国学者眼里的中国》，沈晓雷等译，社会科学文献出版社2006年版，第8页。

② 《胸怀大局把握大势着眼大事　努力把宣传思想工作做得更好》，《人民日报》2013年8月21日，第1版。

亚洲、南太平洋国家所占的19%的份额中，日本和韩国各占10%和3.5%，我国文化产业在世界文化市场上的份额不足4%。从这里可以看出，我国的软实力与我国的经济实力及世界地位还相当不匹配。讲好中国故事不仅有利于塑造国家形象，也关系着提升国家软实力。这在于它有助于向世界展示可以与西方大国平等对话的中国精神和价值体系，提升中国文化对其他民族和国家的吸引力、影响力和感召力，增强外界对中国的认同和接受，提升中国文化和价值理念在国际舞台上的地位，从而全面提升中国的国家竞争力。可以说，要大力推进中国国家形象、国际话语权和文化软实力这些战略核心目标，讲好中国故事是关键的一环。

（二）中国故事具有世界性意义

中国故事不仅能让世界全面地认识中国，而且具有世界性意义。世界上每一个国家的道路和文化都是普遍性和特殊性的结合体。新中国成立特别是改革开放以来，中国坚持从自己的国情出发，走自己的路，使得全国各行业取得飞速发展，人民生活水平发生了翻天覆地的变化。中国作为世界第二经济体成为世界经济增长的引擎和风向标，成功开辟了中国特色社会主义道路。同时，中国道路和中国故事也是属于世界的。一方面中国故事与其他国家的故事具有相通性，另一方面中国的道路实践对世界现代化和人类文明发展进程都有深远的影响，“中国和其他一些发展中国家虽然曾经站在大致相同的发展起点上，但由于选择了不同的发展道路，得到的结果可谓天壤之别：中国道路使中国发展成就辉煌，而西方道路则使很多发展中国家陷入困境。尤其是在拉美新自由主义政策破产、亚洲金融危机和国际金融危机接踵而至的世界形势下，中国不仅经受住了各种危机和困难的考验，而且为本地区乃至全球经济的复苏和发展做出了重要贡献、提供了中国经验，中国道路因此备受世界关注。很多发展中国家从事实中认识到西方发展模式的弊端，发现了中国道路所具有的优势和潜力，体会到了中国经验的宝贵价值，因此更加注重借鉴中国的发展经验，更加注重探索符合自身国情的发展模式。”① 从更广阔的视野来看，中国故事源于中国而属于世界和全人类，它折射的是人类改革创新的成功探索，启发人类对未来发展趋势的思考，为全球社会发展和人类文明的共同进步提供极宝贵的实践借鉴和思想资源。

正如习近平所说：“要积极树立双赢、多赢、共赢的新理念，摒弃你输我赢、赢者通吃的旧思维，‘各美其美，美人之美，美美与共，天下大同’。”② 经济和信息的全球化，早已将各个国家紧密联系在一起，各国彼此之间相互依存，任何一个

① 王明生：《中国道路的世界历史意义》，《人民日报》2016年12月28日，第7版。

② 习近平：《弘扬和平共处五项原则　建设合作共赢美好世界》，《人民日报》2014年6月29日，第1版。

国家已不可能关起门来搞发展。对此,习近平 2013 年在莫斯科国际关系学院演讲时指出:“这个世界,各国相互联系、相互依存的程度空前加深,人类生活在同一个地球村里,生活在历史和现实交汇的同一个时空里,越来越成为你中有我、我中有你的命运共同体。”① 命运共同体的概念既体现了中国超越民族国家和文明的全球观,也表达了中国追求和平发展,与各国合作共赢的理念。习近平强调:“和平、发展、公平、正义、民主、自由,是全人类的共同价值,也是联合国的崇高目标。当今世界,各国相互依存、休戚与共。我们要继承和弘扬联合国宪章的宗旨和原则,构建以合作共赢为核心的新型国际关系,打造人类命运共同体。”② 这表明了中国领导人以全球一体化的思维来战略性地思考人类的公共价值和共同命运。讲好中国故事不仅要把中国发生的各种生动故事叙述出来,还要把中国故事的世界意义内涵阐发出来,并让世界知道中国理念和智慧。这关系到增进中国与其他国家相互之间的了解,关系到更好地促进相互认同和达成共识,并实现世界各国一同发展。这对共同打造命运共同体以达到共赢的局面,具有重大战略意义。

二、怎么讲好中国故事

“为什么要讲好中国故事”讨论的是意义和目标,“怎么讲好中国故事”则是要落到实处,关注实施路径和方式方法。当前我国的一些对外宣传工作还只是停留在讲中国故事层次,离讲好中国故事还有一定的距离。出现这种情况既有外部原因,也有内部原因。从外部因素来看,国际舆论格局失衡,西方媒体几乎控制了世界 90% 的新闻发布量,西方国家主导着国际舆论走向,中国媒体在国际上的宣传影响力还比较小,而且中西之间基于文化和意识形态的话语体系差异导致双方难以充分地进行交流和融通;从内部因素来看,我国的话语体系建设相对滞后,当下挖掘故事、讲述故事的能力和方法还不足,传播理念、传播渠道和传播能力与西方国家相比也存在差距。要走出这种现实困境,讲好中国故事,需要从以下几个方面着手。

(一) 打造中国对外话语体系

要讲好中国故事,打造中国对外话语体系是一个必要和关键的环节,因为对外话语体系建设水平直接决定了我们讲故事的水平。一个故事讲得好不好,

① 习近平:《顺应时代前进潮流　促进世界和平发展》,《人民日报》2013 年 3 月 24 日,第 2 版。

② 习近平:《携手构建合作共赢新伙伴　同心打造人类命运共同体》,《人民日报》2015 年 9 月 29 日,第 1 版。

要看我们的话语表达是否真实、生动、形象，是否深刻地表达了我们特有的经历、理念和文化，是否有情感、接地气，是否能让别人听得懂，从而形成影响力、吸引力和感召力。同时，没有系统、强大和富有创新力的对外话语体系，就不能构建起有影响力的国际话语来展示中国形象和阐述中国理论，从而导致我国在国际话语权的竞争中处于不利的境地。要打造好中国对外话语体系，必须有扎实的基础性资源和理论支撑。这要求我们加大哲学社会科学的建设力度，以创造出更多既具有中国特色又符合国际标准的概念和表述。也可以说融通中外的学术话语体系是中国对外话语体系的基础性思想资源。对于语言的创造和表达，毛泽东做过十分精辟的论述："要向人民群众学习语言。人民的语汇是很丰富的。生动活泼的，表现实际生活的……要从外国语言中吸收我们需要的成分。我们不是硬搬或滥用外国语言。是要吸收外国语言中的好东西，于我们适用的东西。因为中国原有语汇不够用．现在我们的语汇中就有很多是从外国吸收来的……我们还要学习古人语言中有生命的东西。由于我们没有努力学习语言，古人语言中的许多还有生气的东西我们就没有充分地合理地利用。"① 只有在继承性、原创性和话语融通这三方面下足功夫，才能打造好中国对外话语体系。

（二）加强对外传播能力建设

有了中国好故事的素材，也就有了中国对外话语的构建基础，但是，如果对外传播能力跟不上，也不可能讲好中国故事。加强对外传播能力建设，主要体现在传播理念、传播队伍和传播渠道等方面。

文化交流和传播有自身的规律性，需要认真地学习、认识和把握。互联网时代一个显著的特征是信息的更新和传播速度都非常快，涉及的面也很广。传播领域也是一个面临许多新问题、新情况和不断发展的领域，我们对传播的认知和实践不能因循守旧，而是要跟上时代的步伐，组织有关专家和传播人才对国际传播理论进行机制性和系统性的专题研究，摸清它的规律性，以增强我们话语的传播效果。需要立足于中国现实国情，运用全球化的视角来选取中国故事题材，以展现其独特的魅力。讲述中国故事时要考虑他国受众的文化背景、思维方式及其对我国的态度和重要程度等因素的不同，来制订不同的传播策略，"针对特定的传播对象，明确传播目标，提供具有针对性的内容，通过多层次信息组合，讲述中国发展的故事，展现中国与世界的融合。在传播信息的接收过程中，受众具有明显的选择性特征：选择性接触、选择性理解、选择性记忆。并最终影响其选择性行为。因此，对外讲述中国故事影响受众首先要促发国外受众的选择性接

① 《毛泽东选集》第3卷，人民出版社1991年版，第837~838页。

触。”[①] 只有这样，中国故事才容易得到外国民众的接受和认同，中国的文化和价值理念才会在国际上得到广泛的传播。

中国故事的国际传播需要专业化、强有力和多层次的传播队伍。目前中国媒体从业人员数量非常庞大，但真正具有国际视野、精通外语、对中国文化有深入了解以及能够清晰理解目标受众的国际传播人才非常不足。我们需要培养讲好中国故事的人才，这里包括创作型人才和对外宣传人才。要培养各种文本形式的创作人员走出城市的高楼大厦，深入基层和乡村，去深刻感受人民群众的心声和中国改革发展的实践，这样才能使他们写出原汁原味、真实动人和有思想深度的中国好故事。这样的一支创作队伍既是挖掘者也是传播者。我们要大力培养既具有专业知识又有广博知识面的复合型国际传播人才，包括招募世界顶尖人才和专业团队，使得我们的对外宣传呈现出专业化和多层次特征。传播主体也要从官方传播模式向全民传播的模式转变，各领域和各层次的人都参与到中国好故事的传播工作中来，形成政府机构、大众媒体、企业高校，以及民众团体等多元化传播主体协同配合的传播新局面。比如，培养领导讲故事的能力，让其在国际交流中发挥传播表率作用；鼓励民众积极创作故事，传播故事，以此建立对外宣传素材库；还可以通过华人、华侨、留学生和国际友人讲述中国故事的方式来塑造不同视角的中国形象。

加强国际传播能力建设需要拓宽对外传播渠道。互联网时代，信息的传播早已超越了单一媒体的传播模式，呈现无中心、即时性、多元化的传播特点。“发挥互联网在文化实践和国际传播中的重要作用，一方面，在文化实践中，媒体间的协作、融合成为一种发展趋势。多媒体制作，跨媒介合作，视频、音频、文字、图片、动画、图表等多种表现形式和表达方式，社交网络、微博、博客、网站论坛等各种故事传播渠道，结合影视、音乐、漫画、游戏等不同产品形式，都为故事的多重表达和多样解读提供了可能。”[②] 新兴的传播形式和科学技术的发展深刻地改变了人们的感受与认知，我们要对外讲好中国故事就必须熟悉新媒体，顺应国外受众的互联网思维和阅读习惯、符合互联网传播特点，只有这样才能取得好的传播效果。

（三）提升我国的翻译水平

讲中国故事，最终还是要通过别国的语言呈现在国外受众的面前。如果不能准确、恰当和形象地将我们的故事转译出来，就不可能让外界很好地了解和

---

① 高宪春：《对外传播讲好中国故事的“五化”原则》，《中国记者》2015年第6期，第104~105页。

② 方毅华、郝赫：《如何向世界讲好中国故事》，《吉林师范大学学报》（人文社会科学版）2016年第4期，第74~77页。

认同中国。自改革开放以来,我们的外语科研和教学水平取得了长足的进步,但我们的翻译能力还跟不上我国对外开放的步伐,跟不上形势的发展和我国对外宣传工作的需要。主要表现是,中国传统文化经典著作和中国新时期的理论著作等方面的中译外翻译水平一般,一些核心政治词汇和概念、术语的翻译很不统一,影响外国受众的准确理解甚至会对中国的发展道路和理念产生误读和误解。王刚毅、陈明明等专家建议,要从国家层面加强重大翻译项目的策划,建立话语翻译标准的研究和发布机制,召集翻译方、高校的专家和媒体机构,与文件起草部门一起研究核心概念、表述,以及如何对外进行翻译传播。要建立重要话语产生过程中的咨询机制,在重要文件起草时邀请翻译界或传播界的专家参与,同步考虑如何使翻译的文件能更好地为国际社会所了解和传播。要建立翻译文件概要的策划机制,在起草中文全文的同时写好中文概要,翻译好外文简读本,便于向国际社会推出我们的核心观点。在发布重要文件时,在重大问题、重要事件上要提前发声,在对外发布中文版本的同时发布权威外文译本,抢占舆论制高点。[①] 很多时候,我们觉得翻译没问题,没有语法和文字错误,但对外国受众来说,很可能又是另一番意思。翻译工作没做好,会令我们在对外传播的第一时间失去话语主动权和主导权。我们必须大力推动翻译类的外语科研和教学工作,提升我们的翻译水平,使中国故事通过“信达雅”的翻译而焕发光彩。

讲好中国故事关系着我国的文化安全,其已成为我国国家安全战略的重要组成部分。这是一项在国家主导下由政府、社会和公民共同参与和努力的事业,也是一项包含战略方针、内容挖掘、话语体系和对外传播等各方面统筹推进的系统工程。中国文化和中国道路实践通过一个个中国好故事所展现的深刻内涵和奇迹将会给全世界以启迪和借鉴,中国与其他国家也会因此而加深彼此间的了解和共识,从而实现合作共赢,共同建设美好的人类家园。

---

① 陈亦琳、李艳玲:《构建融通中外的新概念、新范畴、新表述——中国政治话语传播研讨会综述》,《红旗文稿》2014 年第 1 期,第 27~29 页。

第6章 发展社会主义教育事业

6.1 教育要面向现代化、面向世界、面向未来

当前时代,科学技术发展日新月异,互联网技术、生物基因技术、新能源、人工智能等发展迅速,信息革命给世界带来了颠覆性的变化。全球化让世界各国连为一体,也让国际竞争日趋激烈,这种国际竞争比的是各国的综合国力,其中人才是根本性因素。可以说,教育在一个国家的发展中起着基础性和全局性的作用。十年树木,百年树人,教育是立国之本,民族兴旺之基。要推动中国社会主义建设事业不断向前,必然要大力发展教育事业,而办好教育要面向现代化、面向世界、面向未来。

一、"面向现代化、面向世界、面向未来"是发展教育事业的指导思想

1983年10月1日,邓小平为北京景山学校题词"教育要面向现代化,面向世界,面向未来",这是自党的十一届三中全会以来,党和国家领导人在教育改革的关键时期,为中国的教育事业指明的道路和发展方向,短短的十六个字在中国

教育史发展史上有里程碑的意义。1985年5月27日通过的《中共中央关于教育体制改革的决定》指出:"社会主义现代化建设的宏伟任务,要求我们不但必须放手使用和努力提高现有的人才,而且必须极大地提高全党对教育工作的认识,面向现代化、面向世界、面向未来,为九十年代以至下世纪初叶我国经济和社会的发展,大规模地准备新的能够坚持社会主义方向的各级各类合格人才。"[①]这里再一次提到了邓小平题词中的"三个面向",并明确把"三个面向"作为教育工作的指导思想和发展方向。"三个面向"还进入了随后颁布的《中共中央关于改革学校思想品德和政治理论课程教学的通知》中。1993年2月31日,中共中央和国务院颁布的《中国教育改革和发展纲要》指出:"在新的形势下,教育工作的任务是:遵循党的十四大精神,以建设有中国特色的社会主义理论为指导,坚持党的基本路线,全面贯彻教育方针,面向现代化,面向世界,面向未来,加快教育的改革和发展,进一步提高劳动者素质,培养大批人才,建立适应社会主义市场经济体制和政治、科技体制改革需要的教育体制,更好地为社会主义现代化建设服务。"[②]1997年9月,党的十五大报告将"三个面向"纳入了党在社会主义初级阶段的基本纲领。2012年11月,党的十八大报告在"教育"部分指出:教育是民族振兴和社会进步的基石。要坚持教育优先发展,全面贯彻党的教育方针,坚持教育为社会主义现代化建设服务、为人民服务,把立德树人作为教育的根本任务,培养德智体美全面发展的社会主义建设者和接班人。并且,党的十八大报告指出要扎实推进社会主义文化强国建设:推动社会主义精神文明和物质文明全面发展,建设面向现代化、面向世界、面向未来的,民族的科学的大众的社会主义文化。可见,从教育体制改革方向的确立到《教育体制改革和发展纲要》的颁布,再到社会主义文化建设的纲领性目标的提出,"三个面向"始终指导着中国教育事业的发展,其内涵也随着时代和社会的发展而不断发展和丰富。同时,改革开放以来中国社会主义建设的历史经验充分证明了"三个面向"的正确性和前瞻性。它基于中国的基本国情,明确了教育与中国现代化事业建设全局的关系,突出了教育的战略地位,是邓小平理论的重要内容,也是全党和全国人民的宝贵思想财富。所以说,"三个面向"既是对传统教育理论的重大突破也是对现代教育理论的重大创新,中国的教育事业正是在"三个面向"思想的指导下取得了巨大的进步。随着时代的变迁和教育事业发展的进一步深入,我们不仅要充分认识"三个面向"的指导价值和精神实质,而且要与时俱进,不断领会它的时代内涵并赋予它新的内容和价值。

---

① 《中共中央关于教育体制改革的决定》,《民主与科学》2009年第5期,第44页。

② 《中国教育改革和发展纲要》,《中国高等教育》1993年第4期,第8页。

二、"面向现代化、面向世界、面向未来"的思想内涵

"三个面向"是邓小平教育思想的精髓,其言简意赅,却有丰富而深刻的思想内涵。其中,"面向现代化"是核心和教育的基本目标,三个部分相互联系,构成了一个不可分割的有机整体。

教育要面向现代化,包含了两层意思:一是教育要为社会主义现代化建设服务。现代化是中国广大人民群众的普遍诉求和共同心声,邓小平领导的集体及时拨乱反正,使党和国家工作的指导思想从"以阶级斗争为纲"转变为"以经济建设为中心",这是一个历史性的转变。邓小平指出:"我们当前以及今后相当长一个历史时期的主要任务是什么?一句话,就是搞现代化建设。能否实现四个现代化,决定着我们国家的命运、民族的命运。"① 社会主义现代化代表的是中国人民最大的也是最根本的利益。那么如何实现现代化呢?邓小平强调:"我们要实现现代化,关键是科学技术要能上去。发展科学技术,不抓教育不行。靠空讲不能实现现代化,必须有知识,有人才。没有知识,没有人才,怎么上得去?"② 这里阐述了现代化、科技和人才的关系,现代化的实现关键看科技,而科技要上去,根本上在于人。没有大批的人才,现代化事业不可能取得成果,关于这一点,邓小平在 1992 年南方谈话时再次着重强调:"中国的事情能不能办好,社会主义和改革开放能不能坚持,经济能不能快点发展起来,国家能不能长治久安,从一定意义上说,关键在人。"③ 而人才的培养在于教育,在邓小平看来,不抓好教育,"四个现代化"就没有希望,就会成为一句空话。可见中国现代化的实现需要教育作为基础,教育要为现代化事业服务。"教育要面向现代化"包含的另一层意思是教育本身要实现现代化。教育现代化是社会现代化的一部分,是指要改革旧有的教育思想、教学内容和教育体制,并且随着国家建设进程的推进,教育建设必须在"硬件"和"软件"等方面不断进行更新、突破和完善。教育现代化主要包括教育观念现代化、教育内容现代化、教育装备现代化、师资队伍现代化、教育管理理念现代化等。总的来说,教育现代化要超越传统教育,表现为教育水平适应时代的整体革新和转换,呈现一个国家教育发展的较高水平状态。2010 年 7 月 29 日,我国颁布了《国家中长期教育改革和发展规划纲要(2010—2020 年)》,提出要"按照面向现代化、面向世界、面向未来的要求,适应全面建设小康社会、

---

① 《邓小平文选》第 2 卷,人民出版社 1994 年版,第 162 页。

② 《邓小平文选》第 2 卷,人民出版社 1994 年版,第 40 页。

③ 《邓小平文选》第 2 卷,人民出版社 1994 年版,第 380 页。

建设创新型国家的需要,坚持育人为本,以改革创新为动力,以促进公平为重点,以提高质量为核心,全面实施素质教育,推动教育事业在新的历史起点上科学发展,加快从教育大国向教育强国、从人力资源大国向人力资源强国迈进,为中华民族伟大复兴和人类文明进步作出更大贡献"①。不仅到2020年中国要实现全面建设小康社会的战略目标,还要在那时形成全民学习和终身学习的学习型社会。创新型国家需要创新型教育,无论是全面素质教育还是终身学习,都是教育现代化的应有内容,最终的目的都是要所有的人得到全面而自由的发展。

教育要面向世界,也包含两层含义:一是中国教育事业的建设和发展需要向其他国家与民族学习和借鉴先进的科学技术及成功的教育经验。邓小平在改革初期指出:"独立自主不是闭关自守,自力更生不是盲目排外。科学技术是人类共同创造的财富。任何一个民族、一个国家,都需要学习别的民族、别的国家的长处,学习人家的先进科学技术。我们不仅因为今天科学技术落后,需要努力向外国学习,即使我们的科学技术赶上了世界先进水平,也还要学习人家的长处。"②在清朝末年,闭关锁国的政策让中国大大地落后于西方列强,沦为了半殖民地半封建国家,这是中国沉痛的历史教训。当前世界,国家与国家之间已通过经济全球化和互联网而交往日益密切,同一个地球、同一个家园的格局已然显现。任何一个国家要发展,如果把自己封闭起来,不加强国际交往并引进发达国家的经验和技术,是不可能获得成功的。教育面向世界就是要求中国的教育需要突破封闭式的教育理念和模式,秉持一种开放的态度向世界学习,了解世界上科学、教育、文化的发展现状和趋势,学习世界上一切国家和民族的成功教育发展经验和优秀文明成果,引进国外先进的教育理念、科学技术和优秀人才,探索新时代下教育发展的规律,培养高水平的学生,使中国的教育达到世界先进水平。但"中国有自己的特点,所以我们只能按中国的实际办事,别人的经验可以借鉴,但不能照搬"③,教育面向世界的前提是立足于中国的国情,从中国的实际出发,博采各国之长而不是生搬硬套,这样才能构建起中国特色的教育体系。二是中国教育也要积极走向世界。几千年以来的中国优秀文化、中国革命和建设的经验以及教育传统对世界其他国家来说有很好的借鉴和参考价值。中国教育要勇于"走出去",多开辟交流渠道,多创新教育载体,推动留学基地、孔子学院等平台的建设,逐步形成完善的教育对外开放基地和平台。我们要通过这些平台和国际交流活动积极把中国的文化和教育介绍给国际社会。这样,既能在世

① 《国家中长期教育改革和发展规划纲要(2010—2020年)》,《人民教育》2010年11期,第2页。

② 《邓小平文选》第2卷,人民出版社1994年版,第91页。

③ 《邓小平文选》第2卷,人民出版社1994年版,第229页。

界舞台上扩大我们的文化影响力，也有利于提高中国在世界上的地位，更是为世界教育做贡献。

教育要面向未来，指的是教育要着眼于中国现代化建设的未来，同时要具备战略思维，适应未来世界的发展趋势。它强调了教育是面向未来的前瞻性事业，必须具有超前性、预见性和指向性，并依据未来社会的需求来发展。邓小平指出："我们培养训练专门家和劳动后备军，也应该有与之相适应的周密的计划。我们不但要看到近期的需要，而且必须预见到远期的需要；不但要依据生产建设发展的要求，而且必须充分估计到现代科学技术的发展趋势。"① 随着现代科技的不断突破性发展，知识更新周期越来越短。这就要求教育必须具有未来意识，传授的观念和知识能适应未来社会发展的要求，培养出的人才能适应未来科技和社会快速发展的需要。但超前意识不是凭空产生的，首先，它需要我们密切关注和研究我们当下的时代，把握时代的脉搏，认清世界发展的新变化和趋势，并在此基础上培养和储备各级各类人才，以迎接未来的挑战。其次，我们要以发展的眼光，在实践中不断创新，形成教育新理念，创立我国未来发展所需要的新学科，并不断开发满足未来发展需要的新课程，为未来而教，为未来而学。同时，教育是一项长期的工程，人才的培养绝非一日之功，必须有长远规划和安排。邓小平强调"现在小学一年级的娃娃，经过十几年的学校教育，将成为开创二十一世纪大业的生力军。中央提出要以极大的努力抓教育，并且从中小学抓起，这是有战略眼光的一着。如果现在不向全党提出这样的任务，就会误大事，就要负历史的责任"②，他还预见："一个人才辈出、群星灿烂的新时代必将很快到来。科学的未来在于青年。青年一代的成长，正是我们事业必定要兴旺发达的希望所在。"③ 面向未来的教育需要从娃娃抓起，归根结底是要培养出社会主义事业建设的未来人才，这也是民族兴旺发达之所在。

总的来说，面向现代化是基本目标，面向世界是实现途径，面向未来是基本要求。三者之间既是一个整体，又相互密切联系："面向现代化，是在世界范围内，满足未来发展的现代化；面向世界，不仅是面向当下的世界，也是面向未来的世界，面向现代化发展的世界；面向未来，是面向世界的未来，面向现代化发展的未来。因此，'三个面向'是一体化的，是共同发展、协调共进的，而不是各自独立的三个方面。"④ "三个面向"的辩证统一体现了邓小平对教育本质和发展规律的

① 《邓小平文选》第2卷，人民出版社1994年版，第108页。

② 《邓小平文选》第3卷，人民出版社1993年版，第120~121页。

③ 《邓小平文选》第2卷，人民出版社1994年版，第95页。

④ 李冲锋：《邓小平"三个面向"思想的历史意义与当代价值》，《中国浦东干部学院学报》2014年第5期，第29页。

全面而深刻的把握，对当代教育事业的发展有重大的指导意义。

三、“面向现代化、面向世界、面向未来”的当代意义

改革开放以来，我国科学技术取得了飞速的发展，各种突破不断涌现，移动互联网、云计算、物联网、大数据、人工智能、虚拟现实……社会的生态、人们的生活和工作方式发生了根本性的改变。这种根本性的改变必然带来传统教育的存在形态、运作模式和人才培养的变革，其对人才素质的要求也会不一样：“具有信息化能力和综合职业能力，能够将自身价值与社会价值、人类价值紧密结合起来；具有较高的科学文化素养、跨学科的知识背景、终身学习能力和创新精神；具有较强的团队精神、合作意识和与他人分享的意识；具有健康的身心；具有亲近自然、热爱社会的素养。”① “面向现代化”对当下教育有重要的指导价值，中国教育现代化是国家和人民的共同诉求，而要实现现代化则要适应信息社会和现代教育的特点。信息社会的基本特征是全球化、智能化和未来化，这实际上包含在“三个面向”的战略思考中；而在信息时代，现代教育也有自身的典型特征：(1)教育的民主性和公平性；(2)教育的终身性和全时空性；(3)教育的生产性和社会性；(4)教育的个性和创造性；(5)教育的多样性与差异性；(6)教育的信息化与创新性；(7)教育的国际性与开放性；(8)教育的科学性与法制性。② 这是当今世界教育发展的共同特性。无论是现代化、国际化、一体化，还是未来性，“三个面向”的教育思想都可以让我们很好地应对信息时代所带来的挑战。

深入学习和研究“三个面向”教育思想有助于我国更好地认识和落实科教兴国战略。1995年5月6日颁布的《中共中央国务院关于加速科学技术进步的决定》首次提出在全国实施科教兴国的战略：发展科技、教育事业以振兴国家，并用科技和教育使国家强大、振兴起来，这也是21世纪加速中国社会主义现代化建设的重要方针之一。“科学技术是第一生产力”，“教育为本”，这些都是对邓小平思想的继承和发展，一个国家的科技实力和人才资源是增强这个国家综合国力的决定性因素。“三个面向”可以指导我们尊重知识，崇尚科学，尊重人才，建立科学的人才培养机制，努力营造有利于创新的社会氛围，把我国建设成为科技和人才的强国。

“三个面向”助推中国梦的实现。习近平提出了要实现中华民族伟大复兴的中国梦，这是中华民族近代以来最伟大的梦想，也是对中国未来发展方向的指

① 周洪宇、鲍成中：《第三次工业革命与人才培养模式变革》，《教育研究》2013年第10期，第5页。

② 具体参见顾明远：《试论教育现代化的基本特征》，《教育研究》2012年第9期，第6~9页。

引。实现中国梦的过程，就是物质文明和精神文明比翼双飞的发展过程，关键的一点是解放思想，改革开放。不难看出，教育在其中起着基础性和先导性的作用。中国在“三个面向”教育思想指导下，会培养出全球化背景下有竞争力的各类创新人才，助推中国梦的早日实现。

6.2 构建中国特色的教育体系

十年树木百年树人，教育是立国之本，是民族振兴、社会进步的基石，也是一个国家提高国民素质、促进人的全面发展的根本途径。中华民族的伟大复兴关键在于教育，因为好的教育才能源源不断地培养出好的人才，推动知识迭代和科技创新，使得一个国家真正富强。

新中国成立以来，党和国家高度重视教育，中国教育面貌发生了翻天覆地的变化，广大人民群众普遍获得了接受良好教育的机会。1949 年全国人口中有 80% 是文盲，少数民族中文盲率高达 95%。经过全党、全社会几十年的同心同德和共同奋斗，截至 2010 年第六次全国人口普查时，文盲率已下降为 4.08%，创造了教育史上的奇迹。随着党的十一届三中全会的召开和改革开放的深入，我国教育投入大幅增加，办学条件持续改善，教育结构逐渐优化，办学水平不断提高，并于 2006 年修正实施了《中华人民共和国义务教育法》，城乡全面实现了免费义务教育。根据 2016 年全国教育事业发展统计公报提供的数据：全国共有幼儿园 23.98 万所，入园儿童 1 922.09 万人，学前教育毛入园率达到 77.4%；义务教育阶段学校共有 22.98 万所，在校生 1.42 亿人，专任教师 927.69 万人，九年义务教育巩固率为 93.4%；全国高中阶段教育共有学校 2.47 万所，在校学生 3 970.06 万人，高中阶段毛入学率为 87.5%；全国共有普通高等学校和成人高等学校 2 880 所，全国各类高等教育在学总规模达到 3 699 万人，高等教育毛入学率达到 42.7%；全国共有特殊教育学校 2 080 所，各级各类民办学校 17.1 万所。[①] 总的来看，全面义务教育的发展保障了全体公民平等接受教育的权利，高等教育进入大众化阶段，职业教育快速发展，民办教育生机勃勃。

进入 21 世纪以来，全球处于几千年未有之大发展、大变革的格局之中。各国间联系日益密切，交流日益深入，科技进步日新月异，国与国之间的竞争也日趋激烈；随着时代的发展和人们生活水平的提高，广大人民群众对各种知识的渴

① 《2016 年全国教育事业发展统计公报》，《中国教育报》2016 年 7 月 11 日，第 4 版。

求和接受良好教育的需求也不断提升。2010年中共中央和国务院联合印发了《国家中长期教育改革和发展规划纲要(2010—2020年)》,该纲要明确指出了当前我们教育还不完全适应国家经济社会发展和人民群众接受良好教育的要求,存在以下问题:教育观念相对落后,内容方法比较陈旧,素质教育推进困难;学生适应社会和就业创业能力不强,创新型、实用型、复合型人才紧缺;教育体制机制不完善,学校办学活力不足;教育结构和布局不尽合理,城乡、区域教育发展不平衡,贫困地区、民族地区教育发展滞后;教育投入不足以及教育优先发展的战略地位尚未得到完全落实等。同时,该纲要阐述了我国教育的总体战略、发展任务、体制改革和保障措施,提出了"到2020年,基本实现教育现代化,基本形成学习型社会,进入人力资源强国行列"[①]的战略目标。可见,党和国家对当前的形势和未来的目标有深刻的洞察和高瞻远瞩的考量,在这前所未有的机遇和挑战面前,我国最终是要"办出具有中国特色、世界水平的现代教育"[②]。

可以看出,新中国成立近70年来,在党的领导下已建成了多层次构成、世界最大规模的教育体系,极大地提高了全民族素质,开创了一条"人民教育人民办,办好教育为人民"的具有中国特色社会主义的教育发展道路。在当前的时代背景下,无论是国际大环境,还是国内的政治、经济、文化和科技等情况都发生了很大的变化,显然教育的发展也必须跟得上这新的变化。因此,我们不仅要巩固已有的教育事业成果,还要依据党和国家制定的《国家中长期教育改革和发展规划纲要(2010—2020年)》进一步创建和完善中国特色社会主义教育体系,这要从以下几个方面来重点思考。

一、深入研究中国特色社会主义教育理论

要进一步创建和完善中国特色社会主义教育体系,首先就必须有成熟的中国特色社会主义教育理论做指导,而中国特色社会主义教育理论的建设和发展是与几代领导人带领全国人民进行的社会主义教育实践紧密联系在一起的。新中国成立后,毛泽东与党和国家第一代领导集体高度重视教育事业,创造性地将马克思主义与中国具体实践结合起来,提出了切合中国国情的教育思想。1957年,毛泽东在《关于正确处理人民内部矛盾的问题》中指出:"我们的教育方针,应该使受教育者在德育、智育、体育几方面都得到发展,成为有社会主义觉悟的、

---

① 《国家中长期教育改革和发展规划纲要(2010—2020年)》,《人民教育》2010年第17期,第13页。
② 《国家中长期教育改革和发展规划纲要(2010—2020年)》,《人民教育》2010年第17期,第13页。

有文化的劳动者。”[①]这一论断体现了中国教育的社会主义性质和方向。1958年，毛泽东在视察天津大学时又强调应“把教育与生产劳动结合起来”，这是对马克思主义教劳结合思想的继承、丰富和发展，也是对我国教育实践经验的凝练，这一论断已成为我国教育指导方针的重要构成。《中华人民共和国教育法》也规定，教育必须与生产劳动相结合。毛泽东的教育思想对建设具有中国特色的社会主义教育体系有深远的指导意义。邓小平是中国社会主义改革开放和现代化建设的总设计师，他认为实现社会主义现代化的关键是科学技术能上去，而科学技术人才的培养基础在教育，所以教育在社会主义现代化全局中处于优先和基础地位。1983年邓小平给北京景山学校的题词“教育要面向现代化，面向世界，面向未来”极具时代性和前瞻性，高度概括了现代教育的本质特征，成为我国新的历史时期教育改革和发展的战略指导方针与目标方向。同时，邓小平指出要明确社会主义办学方向，反复强调要培养“有理想、有道德、有文化、有纪律”的人才，还提出要尊重知识和人才，加强教师队伍建设以及加强和改善党对教育工作的领导等。在跨世纪的新的历史时期内，国内外的政治、经济、科技和教育等方面出现了许多新的形势，以江泽民为代表的党和国家第三代领导集体继承和发展了邓小平的教育思想，认为当今世界，各国之间的竞争越来越表现为科学技术和人才的竞争，要把教育放在优先发展的战略地位，积极发挥我国巨大的人才资源，培养同现代化要求相适应的以创新精神和实践能力作为素质教育核心目标的各种人才，并根据时代的要求和历史的需要提出实行科教兴国战略，有力地促进了我国人才培养和教育思想创新。进入21世纪后，我国的教育发展也进入了新的时期。2010年胡锦涛在全国教育工作会议上强调大力发展教育事业，是全面建设小康社会、加快推进社会主义现代化、实现中华民族伟大复兴的必由之路，并号召坚持育人为本，以改革创新为动力，以促进公平为重点，以提高质量为核心，推动教育事业在新的历史起点上科学发展，加快从教育大国向教育强国、从人力资源大国向人力资源强国迈进。党的十八大以来，以习近平同志为核心的党中央站在历史和时代的高度，结合当前的国际形势和中国的具体实际，对我国的教育事业提出了一系列新理念、新思想、新战略，强调“始终把教育摆在优先发展的战略位置，……大力推动教育改革发展”[②]，倡导“以教育公平促进社会公平正义”[③]，提出“发展具有中

① 《毛泽东文集》第7卷，人民出版社1999年版，第226页。

② 《习近平主席在联合国“教育第一”全球倡议行动一周年纪念活动上发表视频贺词》，《人民日报》2013年9月27日，第3版。

③ 《全面贯彻落实党的教育方针　努力把我国基础教育越办越好》，《人民日报》2016年9月10日，第1版。

国特色、世界水平的现代教育”[①]。2016年12月习近平在全国高校思想政治工作会议上指出，坚持把立德树人作为中心环节，把思想政治工作贯穿教育教学全过程，实现全程育人、全方位育人。我国的教育事业为人民服务，为中国共产党治国理政服务，为巩固和发展中国特色社会主义制度服务，为改革开放和社会主义现代化建设服务。这些重要思想丰富和发展了中国特色社会主义教育理论，为我国新时期教育改革与发展指明了方向。

综上所述，新中国几代领导人教育思想的演进历程就是我国教育理论形成和发展之路，因为在毛泽东思想、邓小平理论、“三个代表”重要思想、科学发展观，以及习近平新时代中国特色社会主义思想中，都包含着对教育的理论阐述，与时俱进，一脉相承。可以看出，中国特色社会主义教育理论是中国特色社会主义理论体系的重要组成部分，它坚持和发展了马克思主义，全面总结了我国教育改革发展的实践经验和系统认识，在立足我国国情的基础上不断深入思考和回答“培养什么样的人”“如何去培养”“什么是中国特色社会主义教育”“如何发展好中国特色社会主义教育”等一系列重要理论与重大实践问题。所以，一方面要组织人文社会科学专家和教育研究人员从不同的角度、不同的层次、不同的方面对中国特色社会主义教育理论进行深入的研究与探讨，进一步认识教育在经济、社会中的地位、作用，以及教育与社会主义现代化的关系，形成一批有影响的学术成果；另一方面要结合具体实际，在实际教育工作中确立课题、进行研究，使得教育理论成为教育实践的支撑，并能解决实际问题。可见，只有不断地深入研究中国特色社会主义教育理论并认真学习和领会其中蕴含的思想、理念、战略，只有始终坚持中国特色社会主义教育理论的指导，才能真正不断创建和完善中国特色社会主义教育体系。

二、优化教育体系的内部结构，加强教育制度创新

要创建和完善中国特色社会主义教育体系，需要优化我国的教育体系内部结构。现行的教育体系主要由四部分构成：第一部分是基础教育。它是整个教育体系的基础部分，包括学前教育、义务教育和高中教育等。第二部分是高等教育。这是在完成中等教育的基础上进行的专业教育，承担着培养高级专门人才、发展科学技术文化、促进社会主义现代化建设的重大任务。高等教育一般包括大学专科教育、本科教育、硕士研究生教育、博士研究生教育和博士后教育等。高等教育的发展水平是一个国家发展水平和发展潜力、国际竞争力的重要标志。

---

① 习近平：《习近平向全国广大教师致慰问信》，《人民教育》2013年18期，第2页。

第三部分是职业教育。它是指让受教育者获得某种职业或生产劳动所需要的职业知识、技能和职业道德的教育,包括职业学校教育和职业培训。职业学校教育是学历性的教育,分为初等、中等和高等职业学校教育。职业教育的目的是满足个人的就业需求和工作岗位的客观需要,进而推动社会生产力的发展,加快国家产业结构的调整与转型。第四部分是继续教育。这是面向学校正规教育之后所有社会成员的教育活动,主要是对专业技术人员进行知识更新、补充、拓展和能力提高的一种高层次的追加教育。继续教育包括成人教育、老年大学等,是终身学习体系的重要组成部分,也是教育现代化的重要组成部分,事关全民学习、终身学习的学习型社会的形成。这四个部分是相互联系、相互作用的有机整体,形成的结构可直接影响教育体系功能的实现效果。长期以来,我国教育体系内部是由前三个部分组成的一个底面大、层次多、重心低的近似于"金字塔"的立体结构,这种结构在推动教育发展的同时带来了学生学业负担过重、学生素质片面发展、创新精神和实践能力欠缺等教育问题。新时期对教育体系有新的和更高的要求,这就要不断深化教育改革。教育体系内部结构需要从两方面来优化:一方面要逐步改变传统的"金字塔"式的教育体系结构为梯形结构;另一方面要优化教育体系的内部结构,要巩固基础教育,加强中等职业技术教育,有计划、有步骤地发展高等教育,进一步形成有利于教育发展的办学体制和竞争机制,持续推进继续教育的发展和提升,最终要形成一个学校教育同家庭教育、社会教育有机结合的大教育体系。①

教育制度是一个国家各级各类教育机构与组织体系有机构成的总体及其正常运行所需的种种规范、规则或规定的总和,属于社会制度的一种,是国家教育方针制度化的体现。一个国家的教育制度有筛选人才、推动创新、促进个人和经济发展以及传播文化等诸多功能,直接关系着教育理论的实践和教育方针的实施。任何教育制度都不可能是完美的,也不可能一劳永逸地有利于人的自由发展和教育进步。在不同的历史时期,教育制度也会有所不同,必须因时因地地进行教育制度创新。当前的教育体制目标是要全面形成与社会主义市场经济体制和全面建设小康社会目标相适应的充满活力、富有效率、更加开放、有利于科学发展的教育体制机制,而教育体制的改革和创新需要遵循以下几方面的价值与理念。

(一) 以人为本

教育工作的核心是以人为中心、以育人为本,其价值取向是以人为尊、以人为重。各项制度改革和创新自然要围绕如何更好地促进个体全面而自由的发展

① 刁维国:《中国特色社会主义教育体系的实践与探索》,《哈尔滨学院学报》2004 年第 7 期,第 80 页。

这个中心，所以人才培养体制改革是教育体制改革的核心。在21世纪，必须更新人才培养观念，鼓励个性化发展，努力造就德、智、体、美全面发展的高素质人才培养机制，并形成体系开放、机制灵活、渠道互通、选择多样的人才培养体制；在创新人才培养模式方面，要创新教育教学方法，探索多种培养方式，注重学思结合，注重知行统一，注重因材施教；还要建立科学的、多样的评价标准，改进人才评价及选用制度，为人才培养创造良好环境，最终形成育人、成才和成功的科学人才培养机制。

（二）教育公平

现代教育不仅能有力地推动和促进经济建设和科技发展，而且是和谐社会的稳定基石。在建设和谐社会的进程中，促进社会公平和教育公平不仅是一种理想，也是一个现实的发展目标。一般来讲，教育公平有三个层次：起点公平、过程公平和结果公平，即确保人人都享有平等的受教育的权利和义务、提供相对平等的受教育的机会和条件，以及教育成功机会和教育效果的相对均等。我国的教育事业取得了巨大的成就，但也要看到，当前我国教育改革和发展的现状与经济社会发展、与人民群众的要求和期待还不太相称，特别是教育公平问题比较突出。个体在接受教育的机会、程度和质量等方面在地区之间、城乡之间、校际以及不同社会群体之间存在较大差异，主要表现在择校问题严重，弱势、困难群体无法得到相对公平的受教育机会，区域教育水平差距大等方面。[①] 导致教育不公平的原因有很多，包括我国区域间经济发展水平的不同、各地方传统和历史积淀的差异等，当前特别值得重视的是导致教育不公平的制度性原因。需要通过制定有效的公共政策，合理配置教育资源，促进义务教育均衡发展，努力缩小而非扩大客观存在的各种教育差距和社会差距。

（三）公共性

好的教育制度创新必然是基于公共理性实施的协商对话的教育制度创新，面向21世纪的中国教育需要新的教育哲学和教育理想，要与建设市场经济体制和发展民主政治的社会现代化方向相一致。当前要通过教育制度创新来重建教育的公共性，这就意味着要分散和下放教育管理权力，促进办学体制的灵活性和多样化，使教育重新成为全社会共同参与的公共事业。在教育多元化、社会化、地方化的格局中，要重建教育在社会生活中的主体性。与此同时，需要确立学术自由、学术自治、师生平等、社会参与等价值导向；确立知识分子的学术权力和在教育、科研中的中心地位；建立科学化、民主化的教育决策体制和机制；建立学校与家长、学校与社区紧密联系的参与机制。

---

① 韩潇：《对我国教育公平问题的反思与对策探讨》，《西部学刊》2014年第5期，第47~48页。

三、加大教育投入,建设高素质教师队伍

好的教育体系必须要有得力的保障措施,尤其重要的是在教育投入和教师队伍建设这两方面。教育投入是教育事业的物质基础,是支撑国家教育长远发展的基础性、战略性投资。我国自改革开放以来,经济高速发展,人民生活水平得到显著提高,同时教育投入也大幅增长。1978 年,我国财政教育投入为 76.23 亿元,到 2006 年增长到 5 795.61 亿元。2006 年,我国财政教育投入是 1978 年的 76 倍,远远高于同期的消费价格指数(471%)。我国教育经费总投入快速增长,从 1978 年的 94.23 亿元,增长到 2006 年的 9 815.31 亿元。2006 年,我国教育经费总投入是 1978 年的 104 倍。1978 年以来,我国财政性教育经费的增长,比教育经费总投入增长要慢,这是由于 1985 年以来我国实行了多渠道教育经费筹措体制,拓宽了教育经费来源渠道,弥补了财政性教育经费投入的不足。[①] 到 2015 年,全国教育经费总投入已达到 36 129.19 亿元,国家财政性教育经费(主要包括公共财政预算安排的教育经费、政府性基金预算安排的教育经费、企业办学中的企业拨款、校办产业和社会服务收入用于教育的经费等)为 29 221.45 亿元。[②]

改革开放以来,我国教育投入有了较大幅度的增长,但仍不能适应教育事业发展的需要。我国是世界人口第一大国,教育规模庞大,办学资金不足,教育物质基础还很薄弱。教育事业要取得不断进步和发展,必须健全以政府投入为主、多渠道筹集教育经费的体制,大幅度增加教育投入。国家要在经济发展的基础上,加大教育投入力度,提高国家财政性教育经费支出占国内生产总值比例,把教育作为财政支出重点领域予以优先保障。同时,要调动全社会兴办教育的积极性,充分发动全社会力量,进一步扩大社会资源进入教育的途径,完善社会捐赠教育和学校筹款的激励机制,鼓励和引导社会力量兴办教育,健全公共财政对民办教育的扶持政策。这种多渠道教育经费筹措机制能很好地增加教育投入,促进教育发展。

教育大计,教师为本。教师是人类灵魂的工程师,承担着神圣使命。有好的教师,才有好的教育。好老师的标准是什么呢? 2014 年 9 月 10 日,习近平与北京师范大学师生座谈时提出了好老师的“四个标准”:理想信念、道德情操、扎实学识和仁爱之心。要办好我国的教育事业,必须有一批这样的“四有”好老师,

① 沈百福:《改革开放以来我国财政教育投入研究》,《复旦教育论坛》2008 年第 6 期,第 5 页。

② 《2015 年全国教育经费执行情况统计公告》,《中国教育报》2016 年 11 月 11 日,第 2 版。

教师队伍建设是教育发展的关键。[①]2012年8月20日,《国务院关于加强教师队伍建设的意见》对如何全面加强教师队伍建设、创新教师管理体制、改善教师工作薄弱环节等关键问题提出了具体的任务、要求和措施,并提出到2020年形成一支师德高尚、业务精湛、结构合理、充满活力的高素质专业化教师队伍。由教育部提供的数据显示:截至2015年,全国各级各类学校共有专任教师1 539万人。其中,学前教育阶段205万人、义务教育阶段918万人、高中教育阶段(含中等职业教育)254万人、高等教育阶段(含高等职业教育)157万人、特殊教育阶段5万人。他们工作在51万所学校,支撑起了2.6亿名在校学生这个世界上最大规模的教育体系,为我国实现从人口大国向人力资源大国的转变做出了巨大贡献。总的来看,教师队伍总量增加,配置状况总体改善;教师年龄结构不断优化,中青年教师成为中小学和高校教师的主体。中小学教师中40岁以下占56%、高校教师中45岁以下占71%;教师学历结构不断改善,高学历教师比例增加。[②]同时,我国的教师队伍建设还存在一些问题,像教师待遇低和心理压力大、教师队伍结构不太合理和不太稳定、教师培养缺乏针对性和层次性、农村教师队伍建设任务艰巨等。

要建设一支高素质教师队伍,首先,要提高教师地位和待遇,通过教师地位的提升以及教师工作、学习和生活条件的改善,来吸引优秀人才长期从教、终身从教。据2012年美国芝加哥大学国际高等教育研究中心的一项调查显示,单论工资,在全球28个国家的教师中,中国几乎排到了垫底的位置。在中国,刚入行的大学教师收入按购买力平均计算,为每月259美元(约合人民币1 632元),是全球"最低价",中国大学教师的平均工资也仅为720美元(约合人民币4 537元)。[③]从经济学上讲,当今社会,尤其是在中国社会,教师这个群体是权利和义务最不对等的群体之一,被称为精神上的极大富有者,物质上的极度匮乏者。加强教师队伍建设,提高教师地位、待遇是当务之急。其次,要提高教师专业水平和教学能力,完善教育培训体系。正如习近平所说,扎实的知识功底、过硬的教学能力、勤勉的教学态度、科学的教学方法是教师的基本素质,其中知识是根本基础。[④]教师的专业水平和教学能力直接关系着教学质量和教学效果。这需要充分利用校内外、国内外资源,通过研修培训、学术交流、项目资助等灵活多样的方式,提供必要的经费和条件保障,制定和完善相关的政策。主要以农村教师为

① 《做党和人民满意的好老师》,《光明日报》2014年9月10日,第1版。

② 2016年8月31日教育部召开新闻发布会,公布我国目前教师队伍建设情况。参见《中青年成我国教师队伍主力》,《中国教育报》2016年9月1日,第1版。

③ 《资讯》,《商周刊》2012年第8期,第10页。

④ 习近平:《做党和人民满意的好老师》,《人民日报》2014年9月10日,第2版。

重点，提高中小学教师队伍整体素质；以“双师型”教师为重点，加强职业院校教师队伍建设；以中青年教师和创新团队为重点，建设高素质的高校教师队伍，着力培养学术带头人和校长，造就一批教学名师和学科领军人才。最后，要加强师德师风建设。立德树人是教育的根本任务，教育的最终目的是培养德才兼备的人才，而师德是立德的基本前提。“学高为师，身正为范”，教师要以道德情操、人格魅力和学识魅力感染学生，做学生健康成长的指导者和引路人。所以，要加强教师职业理想和职业道德教育，增强广大教师教书育人的责任感和使命感。建立健全教育、宣传、考核、监督与奖惩相结合的师德建设工作机制。开展各种形式的师德教育，把教师职业理想、职业道德、学术规范以及心理健康教育融入职前培养、准入、职后培训和管理的全过程。加大优秀师德典型宣传力度，促进形成重德养德的良好风气。

总之，党和国家的目标是要努力办好人民满意的教育。在新世纪，我国教育改革和发展的战略目标是进一步创建和完善中国特色社会主义教育体系，这也是实现中华民族伟大复兴中国梦的必然要求。只有全体公民共同参与到教育事业中来，群策群力，才能应对新时期教育所面临的新矛盾和新问题的挑战，也才能让我们的教育事业适应现代化需要和满足每个个体的需求，共同构建中国特色社会主义教育体系。

6.3 “双一流”高校发展战略

2015 年 8 月，中央深化改革领导小组审批了新一轮关于“双一流”（一流大学与一流学科）的建设意见。2015 年 10 月 24 日，国务院对外公开发布《统筹推进世界一流大学和一流学科建设总体方案》，明确了“双一流”建设的总体要求、建设和改革任务以及组织实施和支持措施，提出了“坚持以中国特色、世界一流为核心，以立德树人为根本，以支撑创新驱动发展战略、服务经济社会发展为导向，加快建成一批世界一流大学和一流学科”的目标和要求。这是继“211 工程”和“985 工程”之后，我国高等教育面向未来改革和发展的全新国家战略，也是新形势下我国高等教育发展的新思路、新要求和新愿景，具有重大意义。那么，世界一流大学的办学理念和建设经验是怎样的？我国“双一流”建设的基本内涵以及行动思路是什么？这些都是很值得思考和研究的问题。

一、世界一流大学的办学理念和建设经验

现代意义上的大学起源于西方，开始于 19 世纪初，通常是指经历启蒙运动改造，特别是指以德国威廉·冯·洪堡 1809 年创办的柏林大学为代表的新型大学。柏林大学设立了很多新的学科，培养了很多世界著名的科学家、哲学家和艺术家，包括几十位诺贝尔奖得主，它的创立是人类教育发展史上的里程碑。了解洪堡的柏林大学办学理念对我国高等教育改革发展和"双一流"建设有重要的启示意义，因为它不仅给现代大学的发展起到了开端性作用，也曾对我国大学有重大影响。洪堡和柏林大学的核心教育理念概括起来有三点：一是关于人的全面教育。洪堡认为，教育应是为一切人提供全面的教育，目的是使人性趋于均衡、和谐和完美。也就是说，大学教育不应该只注重纯粹的专业知识或技能培训，还应注重人的全面理想教育，甚至应将人的个性和修养教育排在第一位。二是关于大学的任务。洪堡在《论柏林高等学术机构的内部和外部组织》的开篇便明确表达了大学应有的概念内涵，"高等学术机构(大学)负有使命，去开展最深刻又最广泛意义上的科学(Wissenschaft，或译'学术')之工作，并且把科学当作一种并非有意地、但自发合乎目的地得到准备的材料而献给精神和道德教化，使科学为后者所用。因此，高等学术机构的本质在于：在内部，把客观科学与主观教养(Bildung，或译'教化')联系起来，在外部，把已完成的学校教学与刚开始的受自己引导的大学学习联系起来，或者毋宁说，导致从客观科学向主观教养的过渡，从已完成的学校教学向自我引导的大学学习的过渡。"① 换言之，大学有双重使命：深刻而广泛的科学研究和人类教化。探索科学的过程就是个性培养和人类教化的过程，教学必须贯穿人文思想。三是关于大学的支配原则。洪堡认为在大学范围内起支配作用的原则应是寂寞与自由。寂寞是指：其一，大学作为纯粹学术机构，独立于国家所有组织形式，不应受到国家的任何干预。其二，大学致力于纯粹学术和修养，故大学应独立于社会经济生活，不可夹缠于世事俗务。其三，大学师生应沉潜问学，持守寂寞，② 即学者能够独立、自持和专注。自由是指教的自由与学的自由：教师可以自由地选择研究课题和方向、自由讲学、自由发表研究成果；而学生与教师是平等的，学生可以自由选择教师和课程，自主研修等。正是洪堡这些先进的理念和柏林大学精神突破了欧洲中世纪大学的

---

① ［德］洪堡：《文集》第 4 卷，1982 年。转引自孙周兴：《威廉姆·洪堡的大学理念》，《同济大学学报》(社会科学版)2007 年第 2 期，第 10 页。

② 陈洪捷：《德国古典大学观及其对中国大学的影响》，北京大学出版社 2002 年版，第 39 页。

宗教束缚，推动了德国的教育事业和科学技术的发展，使得德国在19世纪初到20世纪初成为世界人文与科技的中心，并对世界高等教育产生了深远影响。21世纪的今天重新审视洪堡和柏林大学的这种教育思想，对于我们思考中国的教育改革和“双一流”建设仍然有很好的借鉴意义。

同欧洲相比，美国的高等教育虽是后起之秀，但美国却拥有世界上最多的一流大学和一流学科。美国也因此成为世界上高等教育最发达的国家。美国高等教育之所以取得这样的成功，主要在于它不仅吸收了英国和德国大学的优秀传统，还立足于自己的国情，结合自身的社会构成和地域特点，走出了一条具有美国特色的高等教育发展之路。美国大学的先驱者、著名教育家弗莱克斯纳说：“我一向主张大学与现实世界保持接触，同时继续保持不承担责任……，我认为大学必须而且能够做到这一点。这是一个观念和组织的问题。大学可以在不牺牲理性、正直的同时，从实验的目的出发，提出建议，观察后果。”① 在他看来，大学的职能是保存和解释知识，从事科研和培养学生。他的这些观点体现了20世纪30年代以来美国大学理念的变化，促进了美国高等教育的快速发展。从整个发展历程来看，美国高等教育有自己鲜明的特征：

其一，多样性和开放性。由于美国是典型的移民国家，较少受本土深远历史和文化传统的束缚，因此构建了一个新型的开放、包容和多元化的高等教育体系。美国的大学既有公立的也有私立的，既有综合大学也有特色专科学校和各类社区学院，这种多样性的教育形式满足了各个层面学生的发展需求，学生可以自由灵活地选择大学、专业和课程。同时，美国大学向社会和世界开放，积极吸纳社会力量一起办学，不断借鉴其他国家高等教育改革经验和先进教育方法，并使美国成为吸纳全球优秀教师和学生的中心。

其二，创新性。开拓和创新精神是美国文化的精髓，从“五月花号”抵达北美大陆到美国《独立宣言》的诞生，美国的建国历程就已充分说明了这种精神特质，而这也是美国高等教育的灵魂。哈佛大学前校长艾略特说：“当美国新型大学降临时，它将不是一个德国大学的摹本，而是根植于美国社会和政治传统而逐渐地和自然地结成的硕果。它是富有开拓精神的，因而是举世无双的。”② 美国在国家层面上从法律、制度和文化等方面大力促进高等教育创新。不同类型的高等学校的创新侧重点也不一样，像研究型大学注重学术创新，社区学院注重技能创新等。各个大学的办学理念也各具特色，根据自身特点而进行创新性建设。

① ［美］亚伯拉罕·弗莱克斯纳：《现代大学论——美英德大学研究》，徐辉、陈晓菲译，浙江教育出版社2001年版，第11页。

② 郭健：《哈佛大学发展史研究》，河北教育出版社2000年版，第102页。

每个大学的课程设置、日程表、教育宗旨，连发给各个教学员工的工资都不一样，致力于学生的个性化和多元化发展。可以说，创新性已遍及美国高等教育体系的各个角落。

其三，社会性。美国高等教育彻底改变了以前传统大学专注教学和学术研究、脱离社会的象牙塔模式，而是如弗莱克斯纳所说的那样，与现实世界保持密切接触。美国大学在强调教学和科研的同时，更加注重社会服务，所以在办学方向、管理体制和经费来源等方面有鲜明的社会性特征，往往社会中存在的亟待解决的问题就是大学科研的方向，技术研发和应用研究都是面向人和社会的需求。美国当代高等教育学家伯顿·克拉克在《高等教育系统——学术组织的跨国研究》一书中根据各国高等教育系统权力分配特点概括出三种典型的权力分配模式，分别为大陆型、英国型及美国型，其中美国模式正是属于以市场调节为主。也正是因为如此，美国高等教育对美国社会经济的发展起到了极其重要的促进作用，美国高等教育的发展也始终与社会发展紧密联系在一起。所以，美国高等教育走在世界的最前列根源于其独特的理念和模式，而这些对我国的高等教育发展有很好的启示作用。

二、从“211工程”“985工程”到“双一流”建设

高等教育是中等教育之后专门培养高级人才的教育，承担着科技发展、应用创新以及促进现代化建设的重大任务。1978年改革开放以后，随着我国的工作重点转移到社会主义现代化建设上来，我国的高等教育走上了快速发展的道路并重新面向世界。国家颁布了一系列高等教育方面的法律法规，尤其是1998年8月，全国人民代表大会制定并颁布了《中华人民共和国高等教育法》，这是新中国成立以来制定并颁布的第一部高等教育法。经过几十年的改革和发展，我国已初步形成了多种层次、多种形式和学科门类基本齐全的高等教育体系。特别在20世纪90年代，面对即将到来的21世纪，国家相继推出了“211工程”和“985工程”建设规划。

（一）“211工程”和“985工程”

20世纪90年代，为了全面落实科学技术是第一生产力的思想，增强国家的科技实力及实现生产力转化的能力，提高全民族的科技文化素质，党和国家提出了科教兴国战略和人才强国战略，并对高等教育的改革与发展作出新的部署。我国于1995年11月经国务院批准后正式启动“211工程”，即面向21世纪、重点建设100所左右的高等学校和一批重点学科、专业，使其达到世界一流大学的水平的建设工程。“211工程”是新中国成立以来由国家立项在高等教育领域进

行的规模最大、层次最高的重点建设工作，是中国政府实施科教兴国战略的重大举措，也是中华民族面对世纪之交的国内外形势而作出的发展高等教育的重大决策。1995 年 11 月，经国务院批准，国家计划委员会、国家教育委员会和财政部联合下发了《“211 工程”总体建设规划》，这标志着“211 工程”正式启动。2002 年 9 月，经国务院批准，国家计划委员会、教育部和财政部联合下发了《关于“十五”期间加强“211 工程”项目建设的若干意见》。从整个实施情况来看，截至 2011 年 3 月 31 日，全国共有 112 所“211”工程大学。虽然其仅占全国普通高校的 6%，但是承担了全国 4/5 的博士生、2/3 的硕士生、1/2 的留学生和 1/3 的本科生的培养任务，拥有 85% 的国家重点学科和 96% 的国家重点实验室，占有 70% 科研经费。① 中央政府和各级政府为“211 工程”的 112 所高校先后投入了大量专项经费，改善了一批高校的教学和科研条件，增强了创新人才培养和队伍建设，一批重点学科已成为国家科技创新和高层次人才培养的重要基地和平台。可以说，“211 工程”是我国重点建设一批高校和学科、极大提升我国高等教育建设水平和发展质量的重大工程。

1999 年，党和国家立足于我国现代化建设全局，根据 21 世纪经济、科技和社会发展形势的变化，在世纪之交作出了实施“985 工程”的重大决策。国务院批转教育部《面向 21 世纪教育振兴行动计划》里提出：“要相对集中国家有限财力，调动多方面积极性，从重点学科建设入手，加大投入力度，对于若干所高等学校和已经接近并有条件达到国际先进水平的学科进行重点建设。今后 10—20 年，争取若干所大学和一批重点学科进入世界一流水平。”这标志着“985 工程”正式启动建设。“985 工程”一期建设率先在北京大学和清华大学开始实施，并将两校定位为“国家优先发展大学”。最初入选“985 工程”的高校有九所，被称九校联盟。2004 年，根据《2003—2007 年教育振兴行动计划》，教育部、财政部印发《关于继续实施“985 工程”建设项目的意见》，启动了“985 工程”二期建设。2010 年，根据《国家中长期教育改革和发展规划纲要(2010—2020 年)》，教育部、财政部印发《关于加快推进世界一流大学和高水平大学建设的意见》，新一轮“985 工程”建设开始实施。截至 2011 年年末，“985 工程”共有 39 所高校。“985 工程”建设任务为机制创新、队伍建设、平台建设、条件支撑和国际交流与合作五个方面；采取国家、共建部门(有关主管部委或地方政府)和高校三级管理方式，以高校自我管理为主；建设实行项目管理和绩效考评。从总体实施情况来看，“985 工程”一期主要用于硬件建设，二期主要用于软件即科研平台建设，三期则主要用于学科和高层次人才引进工作。“985 工程”从 1999 年实施开始至 2007

① 王宏等：《以质量为核心　建设高水平大学》，《天津日报》2007 年 3 月 16 日，第 2 版。

年的头8年间就完成投资669亿元，其中中央专项资金331亿元。[①]“985工程”的实施使得高校硬件水平和人才队伍建设跃上新台阶，自主科技创新能力快速提升，发展方向更加明确。“985工程”高校承担对国民经济发展和科学技术进步具有全局性和带动性的重大科研任务的能力显著增强，从根本上提高了我国高校的整体水平和国际竞争力，缩小了与世界一流大学的差距。

（二）从“211工程”“985工程”到“双一流”建设的转型

2011年12月30日，教育部前部长袁贵仁在参加十一届全国人大常委会第二十四次会议时表示，“211工程”和“985工程”的规模已经稳定，不再新设这两个工程的学校。2016年6月，教育部网站宣布《关于继续实施“985工程”建设项目的意见》《“985工程”建设管理办法》《“211工程”建设实施管理办法》等一批规范性文件失效。对此教育部的解释是：中央对新时期高等教育重点建设作出了新部署，将“985工程”“211工程”统一纳入世界一流大学和一流学科建设。从“211工程”“985工程”到“双一流”建设的转型，从根本上来看是由于“211工程”“985工程”自身存在的局限，导致这样的高等教育体系已难以应对当前国内外发展形势变化和面向未来发展的需要。

毋庸置疑，“211工程”和“985工程”的实施有力地促进了我国高等教育的整体发展，同时其存在的问题也逐渐显现，可谓有得有失。

首先，最大的问题是入选后身份固化所导致的各种教育不公平。“211工程”和“985工程”设计的不是一种动态竞争淘汰机制，入选的高校等同于获得了终身制“重点大学”的身份，当然这种“重点大学”身份也分三六九等。入选“211工程”和“985工程”名单的高校分布本身就存在争议，像全国共有112所“211工程”高校，分布在31个省、自治区、直辖市。但从各省、自治区、直辖市拥有的“211工程”高校数量和所占比来看，差距悬殊：北京有24所，居首位，而北京总共有84所普通高校，“211工程”高校占比达28.57%。再看河南省和河北省普通高校数量均超过100所，可是“211工程”高校均各有1所，分别占比0.83%和0.99%，排在最后两位，且两省拥有的“985工程”高校数量均为0。这样的分布状况无论从哪方面来看，都不是合理和公平的。同时，有没有入选“211工程”“985工程”，几乎成为一个高校贫富和发展前景好坏的一个分水岭，因为这意味着这个高校能不能获得国家政策、经费和其他教育资源的倾斜。据2009年至2013年的公开数据显示，占全国高校总量14.3%的“211工程”和“985工程”高校拿走了全国七成的政府科研经费，“211工程”高校拿走19.3%，为510.66

① 李雨潜等：《985、211工程建设的得与失》，《中国社会科学报》2016年8月18日，第4版。

亿元，“985 工程”高校拿走 52.7%，为 1 394.94 亿元，其他高校共同拥有 28%。[①] 高校教育是需要各种资源的高投入事业，没有相应的资金、政策和其他教育资源，就不可能吸引来好的人才，也很难有好的项目和科研成果。同时还有招收学生的生源水平不均等、毕业生的被区别看待，等等，这一系列情况会导致恶性循环：少数“985 工程”“211 工程”高校发展会越来越快，越来越好，而其他大多数普通高校则会被越来越甩在后面。但实际上特色学科不只是在“985 工程”“211 工程”高校，优秀毕业生不只出自“985 工程”“211 工程”高校，我国的高等教育也不仅仅由“985 工程”“211 工程”高校组成，更有数目庞大的普通高校。所以说，这种身份固化、竞争缺失所带来的教育不公平已成了我国高等教育发展所亟待解决的问题。

其次，“211 工程”“985 工程”仍然是传统重点大学建设模式的延伸。在相当长时间内，资源总是稀缺的，当我们要打破“大锅饭”式的均分模式时，自然而然会选择另一种有侧重的集中建设模式。从主要的教育经费项目来看，我国高校的主要资金来源是国家的财政拨款，这类拨款占高校整个资金来源的一半以上。入选“211 工程”和“985 工程”的高校会享有国家专门下拨的“211 工程”专项资金和“985 工程”专项资金。“211 工程”所需建设资金，由国家、高校主管部门、地方政府和高校共同筹集；“985 工程”专项资金来源包括中央财政专项资金、地方人民政府共建资金、项目高校主管部门共建资金以及项目高校自筹资金，资金数额较大。由此可以看出，这是一种典型的政府主导的计划经济配置资源思维，这种传统思维已跟不上新形势下高等教育发展的要求。

最后，“211 工程”和“985 工程”的建设模式难以适应现代科技创新的要求。学术研究和科技创新等在重点高校的建设模式下体现为以本校为基本单位来进行校级竞争，这种传统思路与近几十年来的三个外部创新模式有很大的冲突。三个外部创新模式主要是指：20 世纪 80 年代出现的以高校为依托的全球科技创新园区对高校研究方式的冲击，包括人员参与、项目合作、共建模式；世纪之交全球科技研发通过跨国公司、跨国基金、跨境科技途径展开的空间技术、基因技术、生物技术等前沿技术的跨国合作性研究；智能互联网提供的快捷、互通、共享、经济的创新平台。[②] 协同创新将是未来科研创新的重要方式，跨校、校企以及跨国合作已成为一种潮流和趋势。从这几方面可以看出，通过国家财政拨款的“工程”来重点支持一些高校办学的方式，已不能完全适应当前我国高等教

① 任俊杰等：《关于人才选拔中“学历区别对待”的思索》，《管理观察》2015 年第 28 期，第 115 页。

② 康宁、张其龙、苏慧斌：《“985 工程”转型与“双一流方案”诞生的历史逻辑》，《清华大学教育研究》2016 年第 5 期，第 17 页。

育发展的需要。要应对21世纪国内外科技和社会发展形态以及未来的发展,必须转换原有的“211工程”和“985工程”建设思路和制度安排,而“双一流”建设的提出正是恰逢其时。

(三)“双一流”建设的基本内涵

“双一流”建设是继“211工程”“985工程”之后,中国在新时期高等教育领域的又一重大顶层设计和系统战略部署。2015年,国务院正式印发了《统筹推进世界一流大学和一流学科建设总体方案》,方案中提出了总体要求、建设和改革任务以及支持措施和组织实施保障。从方案中,可以提炼出以下几个关键词来理解“双一流”建设的基本内涵。

1. “特色”。“双一流”建设指向的是“一流大学”和“一流学科”两个方向的特色发展,充分考虑了不同类型高校和学科的特点和基本状况。在我国高等教育长期发展的过程中,许多高校形成了各具特色的办学理念和大学文化,各自的侧重点和优势也不相同,普通高校有理工类、文科类和综合类等之别。高校建设要突出自身的学校特色,形成显著的不可复制的办学特点和核心竞争力;学科特色也是如此,不能片面地追求学科的大而全,盲目地跟风设置热门学科,而应该根据高校自身的传统积淀和未来发展方向选取优势特色学科来重点建设,把有限的资源用在刀刃上,使众多高校的学科建设形成百花齐放的局面。可见,“一流大学”建设重在拥有一定数量国内领先、国际前列的高水平学科基础上的学校整体建设、重点建设,全面提升人才培养水平和创新能力;“一流学科”建设重在优势学科建设,促进特色发展。这是“双一流”建设的基本内涵。

2. “竞争”。“双一流”建设充分吸取了“211工程”和“985工程”建设的经验与教训,为了避免身份固化,打破以往的终身制,采取的是动态竞争机制。“双一流”建设面向所有高校开放,无论是部属高校还是地方高校,有学科优势和特色的高校都有可能获得政府财政支持。也就是说,之前没入围“211工程”和“985工程”的普通高校也有机会入选“双一流”建设。而以前入选“211工程”和“985工程”的高校,并不一定会被确定为“双一流”。这种开放机制有利于调动所有高校的积极性,形成良性竞争并保证机会的公平。同时,“双一流”建设实行的是动态管理,即建立健全绩效评价机制,积极采用第三方评价,以绩效为杠杆来动态调整支持力度。高校入选“双一流”建设并不意味着获得了“铁饭碗”,从此每年就有固定经费了,而是会利用经常性评估来判定具体情况。资金分配体现“扶优扶强扶特”:对实施有力、进展良好、成效明显的高校,适当加大支持力度;对实施不力、进展缓慢、缺乏实效的,适当减少支持力度。而且对于“双一流”建设过程中出现重大问题、不再具备建设条件且经警示整改仍无改善的高校,将会直接调整出建设范围。从大的节奏来看,每五年一个周期,2016年开始新一轮建设，重视各类高校的自由竞争，进行动态评估、调整和淘汰。这种开放式动态竞争机制有利于激发各高校活力，推动高校聚焦任务、特色发展、争创一流。

3. “改革”。“双一流”建设是高等教育领域的进一步改革，无论是顶层设计还是具体安排都是新时期教育改革的深化。此轮教育改革要求建设高校结合综合改革方案，加强和改进党对高校的领导，牢牢把握高校意识形态工作领导权，不断坚定广大师生的中国特色社会主义道路自信、理论自信、制度自信、文化自信。同时《统筹推进世界一流大学和一流学科建设总体方案》还从师资队伍、创新人才、科研水平、文化传承、成果转化等更多方面进行整体规划，包括高校的内部治理结构、关键环节突破、社会参与机制、国际交流合作等，都要进行深入改革。总体上形成了以“双一流”建设深化高校综合改革，以综合改革推进“双一流”建设的良性互动，以构建中国特色现代大学制度。

《统筹推进世界一流大学和一流学科建设总体方案》还明确提出了“双一流”建设的发展目标和时间表：到 2020 年，若干所高校和一批学科进入世界一流行列，若干学科进入世界一流学科前列；到 2030 年，更多的高校和学科进入世界一流行列，若干所高校进入世界一流大学前列，一批学科进入世界一流学科前列，高等教育整体实力显著提升；到 20 世纪中叶，一流大学和一流学科的数量和实力进入世界前列，基本建成高等教育强国。显然要达到这样的发展目标，需要在理解“双一流”建设的基本内涵基础上，进一步推动“双一流”建设。

三、“双一流”建设的行动思路

“双一流”建设的方案明确了我国建设世界一流大学和一流学科的指导方针和整体框架，也表明我国高等教育改革和发展进入了全新的阶段。在此背景下，必须思考我们“双一流”建设的行动思路，并通过实际的奋斗和努力以达到我们的发展目标。

（一）立足于中国特色

放眼英国、德国和美国这些国家的一流大学建设和发展历程，可以看出，这些国家高等教育成功的最基本经验就是立足于本土的国情，走特色发展的道路。我国“双一流”建设的方案在“指导思想”部分就旗帜鲜明地指出要“坚持以中国特色、世界一流为核心”，指明了“双一流”建设要坚持的核心点。中国要建成世界一流大学和世界一流学科，首先必须扎根于中国大地，结合中国的现实国情，积极探索中国特色的高等教育发展之路。正如习近平在全国高校思想政治工作会议上强调的那样，我国有独特的历史、独特的文化、独特的国情，这决定了我国必须坚持以马克思主义为指导，创造性地传承中华民族优秀传统文化，走自己的高等教育发展道路，扎实办好中国特色社会主义高校，为改革开放和社会主义现代化建设服务。[①] 也就是说，我们的“双一流”建设不是要一股脑地丢掉我们长期形成的教育体系，也不是要舍弃自身的文化传统、理论话语体系，而是要求我们的行动思路必须要立足于中国特色，具有中国个性，要与中国的文化传统和社会发展的需求相契合。但“双一流”建设同时又要面向国际，因为建设世界一流大学和一流学科的目标是不可能关起门来靠自说自话来达到的，不可避免地要参照国际通行的按照学科规范建立起来的评价体系，包括大学办学理念、人才培养质量、硬件设施水平、科研创新能力、师资队伍水平、国际交流与合作程度、高质量论文产出和学术声誉等诸多指标。这些国际通行的指标用来评估大学和学科的质量和水平有其科学性和权威性，我们需要研究和借鉴这些体系指标来建立我国自身的系统化和常态化的大学和学科评估制度，并在这一过程中融入中国标准，为人类高等教育和世界标准的发展和丰富贡献中华民族的实践经验和思想智慧。可见，“双一流”建设是中国特色与世界一流有机融合、动态发展的过程。

（二）以世界一流学科建设为抓手

从组织形式来看，高校总是由各个学科组成的，学科是高校教学与科研等活动的基本功能单位，一所高校的学科质量和建设发展情况如何，直接关系着这所高校的生存和发展前景。可见，学科是高校的根基，没有一流学科就不可能有一流大学，这是必要条件和基本前提。要想建设世界一流大学首先应建设世界一流学科，而一般高校毋庸置疑会将其特色优势学科冲刺世界一流水平的建设放在首位。所以说，一流学科建设是“双一流”建设的抓手和核心。那么，当前我国学科发展水平怎样，中国高校的学科离世界一流学科有多大差距呢？武汉大学中国科学评价研究中心2015年发布的《世界一流大学及学科竞争力评价报告2015—2016》，根据基本科学指标数据库（ESI）划分的22个学科大类从定量角度对中国学科（不含港澳台地区）发展的质量进行了分析和研究，其中学科竞争力的评价指标主要由科研生产力、科研影响力和科研创新力三部分组成。有学者在分析这份研究报告的基础上认为：当前中国学科的发展已很全面，但多数学科的竞争力还较弱；中国已有一些科研机构的部分学科进入世界一流行列甚至前列，如化学、工程学和材料科学3个学科的排名整体比较靠前，学科竞争力较强；中国进入ESI排行的科研机构数、学科数及学科竞争力与美国相比还有一定差距，学科建设的主要力量在高校。[②]

① 《把思想政治工作贯穿教育教学全过程　开创我国高等教育事业发展新局面》，《人民日报》2016年12月9日，第1版。

② 赵蓉英、郭凤娇：《中国一流学科发展之质量》，《高教发展与评估》2016年第3期，第9页。

整体来看，我国的学科建设已经打下了扎实的根基，并在建设世界一流学科方面取得了一定的成效，但是努力和发展的空间还很大。对于学科建设来说，首先是人才，这是核心。更进一步说，一流的学术队伍是一个学科的核心资源和建设一流学科的基本保障，往往一个学术带头人或学术团队会极大地影响一个学科的兴衰，这也导致当前出现了有些高校恶性挖人和恶性竞争的现象，需要科学的制度来加以规范和约束。其次，科研经费和资源的大力支持。科研的深入与展开需要充足的经费、先进的仪器设备以及图书信息资料等相关资源来保障，这要求我们在建设一流学科时，要突出优势学科与特色学科的重要性和优先性，而不是平均用力，资源均分。最后，要建立高效有序的学科运行机制来促进人才的成长和学术的发展。好的运行管理机制，不仅能吸引优秀学术人才的加盟，而且能很好地促进原有人才的培养和成长。同时，现代学科已不再是单一的发展，而是需要与其他学科交叉，不同学科间的互动、交流和融合，包括协同创新等方面都需要开放性的科学机制来实现。总之，我们应当抓住当前“双一流”建设规划所提供的难得的历史机遇，以世界一流学科建设为抓手，将我国的学科质量提升到新的高度。

（三）建立政府、社会、学校相结合的共建机制

改革开放以来，我国的经济发展实现了从计划经济模式向市场经济模式的转变，并取得了举世瞩目的成就。但我国高等教育领域的体制转变相对滞后，虽然随着社会主义建设的深入，政府对高等教育逐步放权，但在重大决策上和宏观体制上并没有真正改变计划管理的模式，总体运行机制基本上属于政府集权管理模式，即高等教育是作为福利性和非营利性事业完全由政府包办，高校的自主权很有限，社会参与度低。以最典型的高等教育经费为例，在这种模式下，政府财政投入占一多半，民间投入主要体现在以学费为主体的事业收入上，民间捐资、高校投资收入的比例非常低。而在美国，高校的经费来源是多渠道的，包括政府拨款、学生学杂费、校企收入、彩票和比赛收入、企业及校友的捐赠，等等。值得一提的是，企业及校友的捐赠是美国大学经费来源的重要组成部分，美国联邦政府和各州政府为了鼓励企业、个人及慈善机构资助高等教育，还制定了专门的税收法律，形式非常成熟，值得我们借鉴。众所周知，世界上许多著名的一流大学都是私立的。在这方面，《统筹推进世界一流大学和一流学科建设总体方案》中提出：建设世界一流学科和一流大学，需要各方共同努力，完善政府、社会、学校相结合的共建机制，形成多层次推进、多元化投入的格局。说明在新的时期，政府要转变管理模式，扩大高校的自主权，拓宽社会参与渠道，充分调动民间力量，促进高校间良性竞争。形成政府、社会、学校相结合的共建机制，会使得高等教育的运行和发展具有制度性保障。

总之,建设世界一流大学和一流学科任重而道远,我们要清楚地认识到"双一流"建设为我国的高等教育发展提供了前所未有的机遇,我们正站在全新的历史起点上。只要立足于中国特色,以一流学科建设为抓手,调整好政府、社会、学校之间的相互关系,全社会共同参与,群策群力,我们的高等教育一定会屹立于国际舞台,为全人类的文明发展和社会进步做出独有的贡献。

6.4 建设中国特色新型高校智库

智库(英文为 think tank,又称智囊团、思想库),一般指以公共利益为研究导向,以社会责任为研究准则,开展公共政策和政府决策研究及咨询服务的专业社会组织,具有探求和提出思想、汇聚和培养人才、引导舆论及教化民众等多种重要功能,是一个国家"软实力"和"话语权"的重要组成部分。从组织形式和机构属性上看,智库既可以是具有政府背景的公共研究机构,也可以是不具有政府背景或具有准政府背景的私营研究机构;既可以是营利性研究机构,也可以是非营利性研究机构。2013 年 11 月 12 日,党的十八届三中全会通过的《中共中央关于全面深化改革若干重大问题的决定》,首次提出"加强中国特色新型智库建设,建立健全决策咨询制度"。2015 年 1 月 20 日,中共中央办公厅和国务院办公厅联合印发了《关于加强中国特色新型智库建设的意见》。2015 年 11 月,习近平主持中央全面深化改革领导小组会议,通过了国家高端智库建设试点工作方案,并强调要建设一批国家亟需、特色鲜明、制度创新、引领发展的高端智库,重点围绕国家重大战略需求开展前瞻性、针对性、储备性政策研究。2015 年 12 月,国家高端智库建设试点工作启动,第一批高端智库建立并开始运行。这些都意味着党和国家高度重视智库建设,我国智库建设已上升为国家战略。而高校智库是中国智库体系中极其重要的组成部分,这主要在于高校聚集了全国 80% 以上的社会科学研究力量,拥有庞大的人才队伍、齐全的学科门类、深厚的学术积累,具备建设高端智库的良好条件和独特优势。所以,建设好中国特色新型高校智库,发挥高校智库在社会发展中的作用和影响力具有重要意义。

一、美国高校智库建设的经验探析

近现代意义上的智库起源于西方。自工业革命和启蒙运动以后,民智渐渐开启,自 20 世纪初开始,智库逐步发展兴盛起来。近几十年来,西方国家的智库建设蓬勃发展并在这些国家内政外交政策的制定中发挥着日益重要的作用，其中美国智库的实力最强。据美国宾夕法尼亚大学最新公布的《全球智库报告2017》[①]显示，在全球7 815家智库中美国拥有1 872家，在全球智库十强排名中，美国独占5席，表明其智库研究能力和实力水平最为强大。而在“2017全球最佳高校智库90强”[②]中，美国大学智库占据27席，在众多国家中高居第一。可见，美国高校智库的实力水平在世界上具有明显领先优势，其成功的建设经验具有很好的借鉴价值。

（一）高校智库的专业性

美国高校智库有很强的专业性特点，每个高校的智库都会根据自身的学校特色和优势，有其很专业化和擅长的研究领域。例如，斯坦福大学胡佛研究院是世界上最大的政治、经济和社会变化史料文献收藏地之一，因此，这里的研究人员大多主攻历史学、经济学、政治学和社会学等学科，使命是在历史记录的基础上来对抗制造战争的行径并唤醒人们创造和保护和平的努力；而哈佛大学贝尔佛科学与国际事务研究中心则主要关注国际安全、科学技术和国际事务的关系等方面的研究，特别强调科技的因素，并在相应的公共政策研究与制定方面保持领先地位。也就是说，术业有专攻，美国的每个高校智库都有其明晰的定位，特色鲜明，力量集中于一个专门的领域，保证了质量和深度，便于树立一个强有力的品牌并形成持续的影响力。

（二）科学的运行机制

美国高校智库的成功还在于它有非常科学的运行机制，这保障了智库的健康和快速发展，主要包括开放性的运作模式、人才的流动与“旋转门”以及多渠道的资金来源，等等。首先，开放性的运作模式是指智库研究工作的开放性和国际交流的开放性。智库相对于高校来说有独立运作的管理系统，该管理系统主要起规划、宏观管理、协调和服务的作用，研究人员在大的战略规划之下可以根据自己的研究专长和研究兴趣来设定研究方向和研究主题，既可以针对国内问题，也可以针对国际问题。同时美国高校智库非常重视国际交流，与其他国际研究机构保持密切的联系和合作，这一方面便于自己的研究成果进入国际领域从而增加影响力，另一方面也有利于吸收其他机构的研究成果和人才。其次，美国高校智库研究人员具有开放性和流动性的特点。智库成员的素质水平如何，直接决定该智库的实力和发展前景，美国高校智库研究人员保持开放性和流动性，

---

① McGann, James G., “2017 Global Go To Think Tank Index Report”, 2018, *TTCSP Global Go To Think Tank Index Reports*, http://gotothinktank.com/, p.36.

② McGann, James G., “2017 Global Go To Think Tank Index Report”, 2018, *TTCSP Global Go To Think Tank Index Reports*, http://gotothinktank.com/, pp.157–159.

研究人员的专业方向也是多样化的,不同学科之间互相流动和交叉,而智库机构往往会用高薪以及宽松自由的学术环境和一流的硬件设备等优厚条件来吸引国内外专家和高端人才加盟。其中"旋转门"是美国高校智库人才流动的特色方式,即智库成员与政府精英之间的职位转换。"旋转门"产生的原因在于每次选举换届都会带来美国政府人员的大换血,一方面高校智库会邀请前一届政府精英加入,让其丰富的政治经验和智慧有新的用武之地;另一方面,新一届政府中不少成员包括部长等高级官员会由在高校智库中工作的专业人才担任,这样高校智库既是一个人才吸纳池也是一个人才储备池。最后,高校智库的资金来源是多渠道、多元化的。虽然部分资金来自政府和教育机构的拨款,但比重并不大,甚至占的比例相当小。较大部分的资金来源于企业、非政府组织及个人的赞助和捐赠,研究人员或智库团队通过研究项目申请来获得各类基金资助,以及出售智库的研究报告和各类思想产品等来获得资金。多渠道的资金来源既保证了智库拥有充足的研究经费,还使得智库的研究能保持很好的独立性、中立性和客观性。

(三) 广泛的影响力

美国高校智库在国内和国际有广泛的影响力,这一方面在于美国高校智库研究工作的卓越表现,另一方面也在于研究成果的有效推广与传播。我们都知道智库的基本职能是开展公共政策和政府决策研究与咨询服务,最直接有效的方式莫过于研究专家直接参政议政。"旋转门"的人才流动机制让许多高校智库的研究专家有机会进入政府部门工作,不仅能将研究成果近距离供具体决策者和决策部门参考,甚至自身就是决策者的一部分,将智库的思想观点付诸实践,这种影响力是不言而喻的。同时,高校智库还通过出版期刊、举办研讨会以及建立新媒体平台等多种方式与企业、大众进行广泛的交流,鼓励学者到企业或公共场所去做讲座和宣传,充分推广智库的研究成果,引导社会舆论,这使得高校智库在公共生活中发挥着举足轻重的作用。由于美国高校智库的研究领域以及对外交流有高度的国际化特征,世界各地的研究学者会去访问交流,其研究成果以及与美国政府的关系也让国际社会和相关机构对其有密切的关注和研究,这也让美国高校智库在国际上有很高的声望和很大的影响力。国内外广泛的影响力反过来又会促进美国高校智库获得更多的资源和更广阔的研究空间,进一步推动高校智库更好地发展。

二、我国高校智库目前存在的问题

我国的高校智库建设相对较晚,20世纪60年代我国在全国一些高校设立了独立于教学院系的专门国别研究机构,如北京大学的亚非研究所、吉林大学的日本问题研究室和朝鲜问题研究室等,旨在加强国际问题研究,为国家外交政策提供理论支持和决策咨询,这可以算是我国高校智库的雏形。改革开放以来,我国不仅经济建设取得了伟大成就,教育事业也取得了快速发展,教学研究形式和发展方向也得到进一步拓展,许多大学与政府部门合作建立了研究中心和研究基地,高校智库也进入了新的发展时期。到了21世纪,高校智库建设被国家提升到全新的战略高度,一些文件和规划纷纷出台,新的建设行动也在不断展开。截至2012年,全国智库总数约为2 400个,其中,高校智库约为700个,[①] 高校智库约占全国智库总量的1/3。2014年2月10日,为深入贯彻落实党的十八大、十八届三中全会精神,贯彻落实习近平关于加强智库建设的重要批示,教育部制定并印发了《中国特色新型高校智库建设推进计划》,对高校智库的建设目标、主攻方向、资源整合、人才培养、成果应用、平台建设、组织创新及保障进行了顶层设计,提出要推进中国特色新型高校智库建设,为党和政府的科学决策提供高水平智力支持。2015年12月,国家高端智库建设试点工作正式启动,入选首批国家高端智库建设试点单位的25家机构中依托大学和科研机构的专业性智库有12家,占了半壁江山,我国高校智库建设蓬勃发展。但高校智库目前仍然面临着一些问题,很值得重视。

(一)高校智库定位不明确

《中国特色新型高校智库建设推进计划》中明确提出了高校智库的功能定位:高校智库应当发挥战略研究、政策建言、人才培养、舆论引导、公共外交的重要功能。但在实际情况中,高校智库存在功能模糊、定位不明确的问题。这主要在于高校智库在智库体系中有一定的特殊性,本质上是高校与智库的结合体,有多重属性,在与高校、政府的错综复杂关系中很容易出现定位模糊情况。高校学科门类齐全、人才资源丰富,这给高校智库的发展提供了很好的知识支撑、人才支撑和平台支撑,但也容易使得很多时候高校与智库的功能混淆,具体表现为:在当前的"高校智库热"下,很多大学一哄而上,纷纷成立智库机构,将一些纯理论、纯学术的基础性学科研究纳入了智库建设之中,这就混淆了重大基础研究与以问题为导向的公共政策和对策研究之间的区别,模糊了智库的基本功能。同时,高校智库与政府的关系也会影响其定位,这具体表现为一些高校智库为了获得政府的项目和经费支持,一味顺从和迎合政府的意志,丧失了研究的独立性和客观性。而实际上,没有学术和研究的独立性,智库就不可能真正服务好政府,也不能满足民众的真正需要。高校智库应充分利用大学既有的学科、人才和科研优势,以问题为导向,开展全局性、战略性、前瞻性的研究,提出有针对性的政

---

① 徐晓虎、陈圻:《中国智库的基本问题研究》,《学术论坛》2012年第11期,第180页。

策咨询建议,服务政府、引导民众、满足社会需求,同时为政府和相关机构培养和输送各类专业性较强的或知识相对广博的研究人才,履行好自己的职能。

(二) 高校智库运行机制不健全

由于高校智库常常在独立与附属之间摇摆,加上对智库自身发展的规律认识不够,我国高校智库缺乏适宜和健全的运行机制。智库本质上是一种非营利性质的独立法人机构,独立性是其根本属性,但我国高校绝大部分的智库往往要依靠一个二级学院来建设和管理,在人、财、物上自主权很有限,智库内部管理体制和运行机制不顺畅。大体上来说,当前高校智库运行模式有三种:第一种,智库与科研院、重点实验室或者工程研究中心等科研管理部门一起,属于典型的"一套人马,多个牌子"现象,这种模式的智库没有固定的专职研究人员,经费也被纳入部门整体预算中,并且视成果情况而定。第二种,智库作为学校二级学院的附属机构存在,负责人常常由院领导兼任,也有的是由其他教师专任。这类智库在资源分配、人员安排等方面与学院存在一定的依附性,经费依赖于本学院教师承接更多的研究课题。第三种,高校智库直属于学校的一个独立组织,由校领导兼任智库负责人或由学校聘任该行业中的领军人物为负责人。这种模式的智库直接向学校负责,有一定数量的固定研究员和专门的运作经费,管理和运行有相对的独立性。① 显然,第三种高校智库模式符合国际一流高校智库的运行模式,但当前这种模式基本只存在于国内数量很少的顶尖高校,亟须在其他高校进行推广。

就高校智库运行机制本身来说,关于人才队伍建设、学术协同创新、成果应用等机制方面存在诸多问题。首先,人才是智库的核心资源,由于智库模式的困境,加上当前各高校设立的单纯以学术论文与成果为评价依据的人才引进标准,导致了高校智库难以引进和培养高端人才。另外在科研评价等人事管理方面,高校容易偏向国家级和省部级课题以及能提升学校排名的各种研究成果,而忽视智库的社会服务型成果,这会极大影响智库研究人员工作的积极性。可见,高校智库的人才队伍建设需要建立专门的制度。其次,在研究方式上,缺乏学术协同创新。智库的研究不能单纯停留在基础性的学理上,必须面向现实问题并提出解决方案,这就要求整合学术资源,多学科、多单位地协同公关。但目前高校智库受制于各学科和各院系的行政界限,研究工作往往以封闭性的单一学科、个体式研究方式进行,与国内外其他高校智库之间也缺乏充分互动和信息共享,这种闭门造车的方式容易导致研究视野有限,难以形成深入和有影响力的成果。最后,高校智库缺乏一套顺畅的研究成果的有效应用和转化机制。一方面是由于不少高校智库并不熟悉社会现实和问题,其形成的研究成果也对接不上社会

① 朱宏亮、蒋艳:《中国高校智库发展现状与未来策略思考》,《高校教育管理》2016年第10期,第2页。

需求,难以应用和转化。另一方面是因为对智库成果重视不够,没有有效的制度保障,智库专家的研究成果就无法得到及时和有效的应用与转化,这既会影响高端人才从事智库研究的积极性,也会制约高校智库潜力的发挥和影响力的提升。

(三)高校智库影响力有限

当前,我国高校智库在综合影响力和决策影响力方面还相当有限。根据上海社会科学院智库研究中心发布的《2013 年中国智库报告——影响力排名与政策建议》显示:中国综合影响力前 30 名中,党、政、军机构的智库有 12 家,社会科学院智库有 4 家,高校智库有 5 家,民间智库有 9 家。[①] 由此可以看出,高校智库与官方智库差距悬殊,甚至与民间智库也有差距,说明形势严峻。虽然在前十名的排名中,高校智库占了 3 家,但这只说明有影响力的国内高校智库集中于极少数的几家顶尖高校中,没有显示出高校智库整体的实力和水平。造成这种情况的主要原因有高校智库独立性差,受高校和政府约束大,研究人员服务智库意识不强,研究方向上注重纯粹学术研究、难以提出客观的科学性方案和报告,成果往往表现出重数量轻质量、重理论轻实践,这些自然影响了高校智库在政府和社会公众心中的公信力和影响力。另外,现在已不是“酒香不怕巷子深”的年代,不少高校智库缺乏媒体传播意识,没有在新科技不断涌现的今天,充分利用好各种新媒体手段和渠道,反而让很多好的智库产品束之高阁,没能传播到更多的机构、企业和公众中间,严重束缚了高校智库自身品牌的树立和影响力的提升。

三、建设中国特色新型高校智库的路径探析

2015 年 1 月,中共中央办公厅、国务院办公厅印发的《关于加强中国特色新型智库建设的意见》中明确指出,中国特色新型智库是党和政府科学民主依法决策的重要支撑,是国家治理体系和治理能力现代化的重要内容,属于国家软实力的重要组成部分。作为中国特色新型智库的重要组成部分,中国特色高校智库的建设得到了党和国家的充分重视。我国新时期的高校智库建设已正式启动,智库建设已成为高校优先建设项目与重点发展方向,高校智库建设迎来了新的发展机遇。但高校智库建设是一项系统工程,必须既要充分利用高校独有的条件和优势,又要尊重智库自身的发展规律,并根据当前的问题探索科学合理的建设路径。

(一)树立智库意识,明确智库定位

观念决定行动,要建设中国特色新型高校智库,政府、社会、高校等都需要

① 《2013 年中国智库报告——影响力排名与政策建议》,《中国科技信息》2014 年第 12 期,第 22 页。

转变思想观念,树立智库意识,营造一个宽松、健康的智库发展环境。2016年6月,习近平在哲学社会科学工作座谈会上明确指出,要加强决策部门同智库的信息共享和互动交流,把党政部门政策研究同智库对策研究紧密结合起来,引导和推动智库建设健康发展、更好发挥作用。[①] 也就是说,政府决策部门不能限于旧有观念、流于形式,只是把智库作为一个附属品、摆设或"政府传声筒",而要树立智库意识,充分认识到智库的独特功能和高校智库在治国理政中的重要作用,重视高校智库对科学决策的支撑作用并信任高校智库专家的建言献策和研究成果,以国家智库建设的顶层设计为指导,通过建立科学的管理机制来引导和推动智库建设。除了给政府做政策咨询和决策参考,高校智库还对企业发展、社会舆论、公民政治参与和公共知识传播等有深刻影响。但目前高校智库的影响力还很薄弱,企业和民众对智库认识还比较模糊。而近年来,微博、微信、直播平台等各种新媒体已然兴起,民众的政治参与意识日益增强,无论是政府舆情管理还是民众需求,都需要智库专家的公共政策和话题的解读与引导。这需要政府与高校智库一起提高智库专家和其研究成果在公共领域的曝光率,以此培养社会智库意识。另外,高校作为高校智库的载体和具体管理者,必须对智库有科学的认识,明白新型高校智库与传统研究机构之间的功能和定位的不同,并不是新瓶装旧酒,不能将基础学术研究与应用对策研究混为一谈。高校只有转变传统观念,明晰高校智库的本质内涵和研究工作的新特点,才能领导和管理好中国特色新型高校智库建设。

(二)创新和完善智库运行机制

与中国社会主义现代化建设发展的需要和广大人民群众日益增长的物质文化需求相比,高校智库建设明显滞后,很多时候存在重数量轻质量、重形式传播轻内容创新等问题,智库运行机制有待进一步创新和完善。首先,要完善人才交流机制。当前高校智库的研究人员不少是兼职的,重心在教研工作,智库研究属于业余性质,这种人员构成很难保证研究质量。必须扩大高校智库用人自主权,增强独立性,研究人员可以有兼职,也可以有特邀,但主体必须是专职人员,而且不能局限于某一专业或某一领域,在人员构成上既要有深度的专长,还要有广度的专才,做到多学科交叉,多专业人才流动。同时,还要借鉴国外"旋转门"人才机制,引导智库人才与政府精英的双向流动,引导理论研究与实践经验的两相结合。其次,要创新科研评价机制。智库研究工作的主要目标是在基础理论研究的基础上提出具有前瞻性、科学性、实用性的政策建议,而高校原有的科研成果评价体系适用的是纯学术研究和教学活动,重理论轻应用现象相当普通,这

---

① 习近平:《在哲学社会科学工作座谈会上的讲话》,《人民日报》2016年5月19日,第2版。

会大大影响科研成果评价和人才绩效考核的公平性，打击智库人才的工作积极性。所以，需要根据应用研究和智库研究的特点，创建专门的高校智库科研评价体系，通过咨询和对策报告质量、效用和公共影响力等专门指标，以及以政府、企业和个人等用户为主的多元评价机制，来确定职称评定和科研奖励等事宜，激发研究人员的创造性。最后，要完善研究成果的应用和转化机制。成果应用转化的效率如何关系着高校智库能否有效发挥其应有的作用，这一方面要求高校智库要以问题为导向，紧扣国家和社会发展中的重大问题和迫切需求，富有创新性和前瞻性地主动展开战略分析和对策研究，为政府和企业等用户提供既及时又实用有效的咨询意见和决策建议；另一方面也需要根据成果的种类和服务对象等情况完善多种应用和转化渠道，建立智库成果的公共发布平台，完善智库成果采购机制，形成制度性保障。例如，内部决策参考可以提供给政府购买和使用；不涉密智库产品可以市场化出售，还可以以学术研讨会、科普活动等结合多种媒体形式传播，扩宽转化渠道，扩大成果传播范围并提高影响力。

（三）建立智库筹资多元化渠道

目前我国高校智库的资金来源渠道单一，政府部门拨款和高校补贴是其最主要的资金来源。近年来，随着《中国特色新型高校智库建设推进计划》和《关于加强中国特色新型智库建设的意见》等国家智库战略规划的纷纷出台，我国对高校智库的财政支持力度也越来越大，这给其发展奠定了良好的物质基础。但这种筹资模式会影响智库研究的相对独立性、公信力和影响力，需要在政府的鼓励和引导下建立智库筹资的多元化渠道，主要表现在以下方面：政府要推动和促进高校智库基金会的发展，并对这样的基金会给予相关政策方面的扶持；提供多种捐助渠道和方式，引导社会团体、企业和个人等给智库提供资助和捐款，并给予一定的税收优惠和荣誉奖励。同时，高校智库自身要紧密联系社会，切实研究社会关注的痛点问题，提供有经济价值的研究成果，并辅助以一定的市场化运作来增加收益，如会员费、智库出版物销售、培训咨询服务等。多元化的资金来源不仅能保证高校智库在财政上的一定独立性，而且能促使高校智库对各种重大战略问题、经济发展和民生问题等现实课题进行独立思考和深入研究，提升高校智库研究成果的质量和针对性，让高校智库获得持续的健康发展。

智力资源是一个国家和民族最宝贵的资源，而高校智库在人才资源、学科门类、学术资源以及基础研究等方面具有天然的独特优势。在当前国家高度重视和大力推动智库发展的大好形势下，高校智库建设理应抓住机遇，紧扣国家需求，在清醒认识自身不足的基础上学习借鉴国外智库建设的成功经验，并始终立足于我国具体国情，不断创新，为中国社会主义伟大实践提供高水平智力支持，充分发挥高校智库在社会发展中的作用和影响力。

第7章　繁荣社会主义文学艺术

7.1　满足人民的精神文化需求

新中国成立以来，尤其是改革开放以来，我国经济社会发展取得了巨大成就，人民群众的物质生活得到了极大的改善，精神生活也在不断丰富。特别是党的十八大以来，中国在复杂的国际形势下克服了重重困难，锐意进取，取得了改革开放和社会主义现代化建设的历史性成就。社会生产力显著提高，一跃成为世界第二大经济体，物质商品日益丰富，文化事业和文化产业蓬勃发展，中国已摆脱了新中国成立前落后贫穷的局面，近代以来久经磨难的中华民族迎来了从站起来、富起来到强起来的伟大飞跃。党的十九大报告明确指出："中国特色社会主义进入新时代，我国社会主要矛盾已经转化为人民日益增长的美好生活需要和不平衡不充分的发展之间的矛盾。"① 这是党对新时代中国基本国情的全面把握和重大判断，也是习近平新时代中国特色社会主义思想的重要内容，意义重大。这种全局的历史性变化，必然带来新目标和新要求，文化建设需要及时调整

① 习近平:《决胜全面建成小康社会　夺取新时代中国特色社会主义伟大胜利——在中国共产党第十九次全国代表大会上的报告》,《人民日报》2017年10月28日,第1版。

工作的着力点,不断提高满足人民群众精神文化需求的能力,加强大众精神文化需求引导,致力于人民群众文化生活的提升和健康发展,丰富和满足人民的精神文化需要。

一、满足群众文化需求是我国文化建设的基本任务

人作为有思想的动物,既有保障个体生存发展的物质需求,也有满足思想精神的文化需求。在满足了基本物质需求基础上,文化需求的满足事关个体的自我实现和幸福感,也事关个体的创造力激发和国家软实力提升。一直以来,党和国家始终把文化建设放在全局工作的重要战略地位,坚持物质文明和精神文明两手抓,实行依法治国与以德治国相结合,促进文化建设不断取得新成就,不断巩固和拓展中国特色社会主义文化发展道路。2011 年 10 月 18 日,党的十七届六中全会通过的《中共中央关于深化文化体制改革推动社会主义文化大发展大繁荣若干重大问题的决定》明确指出:要准确把握当今时代文化发展新趋势,准确把握各族人民精神文化生活新期待,并要以满足人民精神文化需求为文化建设的出发点和落脚点。党的十八大从实现"两个一百年"奋斗目标的高度,确立了建设社会主义文化强国的战略任务,并提出让人民享有健康丰富的精神文化生活是全面建成小康社会的重要内容。习近平多次就文化建设做出重要讲话,为社会主义文化建设指明了方向。尤其是习近平于 2014 年 10 月 15 日亲自主持召开文艺工作座谈会并发表了重要讲话,他着重强调,要把满足人民精神文化需求作为文艺和文艺工作的出发点和落脚点,把人民作为文艺表现的主体,把人民作为文艺审美的鉴赏家和评判者,把为人民服务作为文艺工作者的天职。[①]这充分表明繁荣和发展社会主义文艺要以人民为中心,为人民服务。可见,满足群众文化需求已成为中国特色社会主义文化建设的基本出发点和落脚点,也是我国建设社会主义文化强国的重要内容。

习近平在党的十九大报告中明确指出"必须坚持以人民为中心的发展思想,不断促进人的全面发展、全体人民共同富裕"[②],而满足群众文化需求是我国文化建设的基本任务,这是实现人全面发展的需要。人的生存与发展有多方面和多层次的需求,人在满足各种需求中不断实现自我和获得幸福感,而文化需求是较高层次的需求,"高级需要的满足能引起更合意的主观效果,即更

---

① 习近平:《在文艺工作座谈会上的讲话》,《人民日报》2015 年 10 月 15 日,第 2 版。

② 习近平:《决胜全面建成小康社会 夺取新时代中国特色社会主义伟大胜利——在中国共产党第十九次全国代表大会上的报告》,《人民日报》2017 年 10 月 28 日,第 1 版。

深刻的幸福感、宁静感以及内心生活的丰富感。”[①] 文化建设不仅能使人民群众获得精神享受,还会最终实现人的全面自由发展和人的幸福。满足群众文化需求既是我国文化建设的基本任务,也是社会主义文化发展的本质规定和中国共产党执政为民的治国理念的体现。人民从来都是历史的创造者和文明发展的推动者,也是社会主义文化的主体。文化孕育于人民,也服务于人民。作为执政党,中国共产党始终代表最广大人民群众的利益,立党为公、执政为民,服务于人民群众日益增长的美好生活需要特别是多层次精神文化需求是应有之义。

中国已稳定解决了十几亿人的温饱问题,总体上实现了小康,进入了全新的历史阶段。在新时代,人民群众对物质文化生活有更高的需求,“我们要在继续推动发展的基础上,着力解决好发展不平衡不充分问题,大力提升发展质量和效益,更好满足人民在经济、政治、文化、社会、生态等方面日益增长的需要。”[②] 可见,只有深刻把握新时代的特点,贯彻好习近平新时代中国特色社会主义思想,才能真正做好文化建设的工作。总的来看,文化需求既是人民的基本诉求,也是其基本利益之所在,满足这一需求理所当然成为党领导的文化建设的基本任务和努力方向,以及全面建成小康社会和把我国建成富强民主文明和谐美丽的社会主义现代化强国的重要奋斗目标。

二、提高满足人民群众精神文化需求的能力

近年来,随着我国综合国力的不断增强和对文化建设的高度重视,我国的文化产业处于快速发展期,全国文化产业增加值增速惊人,发展非常强劲。各级政府也都在切实落实国家相关的方针政策,我国公共文化事业建设取得了优秀的成绩。截至 2016 年,全国共有群众文化机构 44 497 个,公共图书馆 3 153 个,广播电视覆盖面持续扩大,综合人口覆盖率都超过了 98%。出版事业也是一片欣欣向荣,全国图书总印数超过了 90 亿册(张)。[③] 但由于我国文化建设起点低、底子薄,仍然与群众日益增长的精神文化需求还不相适应,与全面建成小康社会的目标要求也还有一定差距,主要表现为群众文化建设资金投入不足,有些农村偏远地区和城市社区的文化硬件设施无法得到保证;群众文化形式单一,内容匮乏,有关活动基本都是在节假日等几个时间节点开展,且形式单一,文化产品脱

① [美]马斯洛:《马斯洛人本哲学》,成明编译,九州出版社 2003 年版,第 59 页。

② 习近平:《决胜全面建成小康社会 夺取新时代中国特色社会主义伟大胜利——在中国共产党第十九次全国代表大会上的报告》,《人民日报》2017 年 10 月 28 日,第 1 版。

③ 《十八大以来我国文化产业增加值年均增速 13.7%》,《中国出版传媒商报》2017 年 8 月 4 日,第 1 版。

离人民的实际生活和当前的时代背景等。所以，我国文化建设最重要的课题是要多方面、多层次地提高满足人民群众精神文化需求的能力。

首先，要增加投入，加强公共文化设施建设。从整个"十二五"期间文化建设的成果来看，我国已初步建成包括国家、省(自治区、直辖市)、地市、县、乡、村和城市社区在内的六级公共文化服务网络，但仍需加大对公共文化设施建设的投入。公共文化设施是满足人民群众文化需求的基础条件，不少地方的公共文化基础设施数量不足，标准不高，难以支撑人民群众日常增长的文化需求。特别是有些图书馆(室)图书购置经费不足，藏书量和种类很有限；文化馆或文化活动中心、百姓大舞台等场所设备陈旧老化，跟不上时代需要；运动馆、农村健身中心等数量不足，辐射覆盖范围有限等。而且城市与农村、东部地区与中西部地区在经费投入、设施建设水平等方面也存在较大的差距。所以，要加大资金投入，升级改造旧有设施与建置新设施同时进行，提高覆盖面和达标率，完善公共文化社会的结构布局。不仅要满足当下人民群众的基本文化需求，还要在一定程度上有应付未来需求的能力，从而为构建现代公共文化服务体系提供基本前提，保障广大群众的基本文化权益。

其次，要弘扬传统文化，创新公共文化内容。文化是一个民族的根脉，任何时候都需要在公共文化中浸润和传承中华民族的优秀文化基因。在新时代，科技不断进步带来了文化载体和样式的不断增多，人民群众对文化生活的意识越来越强烈，文化需求的内容也日益丰富和多元化。这也要求传统文化必须扎根于人民群众的现实生活，结合现代科技来进行转变和创新，而不是因循守旧、墨守成规。例如，不少优秀传统戏曲由于不适应时代的发展和人民群众的鉴赏品位而逐步消亡，但也有如昆曲等艺术国粹顺应时代、大胆创新，走进大学校园并不断吸引年轻人，因此获得了新生。同时，我们要创建群众文化需求的动态反馈机制，及时了解群众需求，加强贴近群众和生活的文艺作品创造和生产，创新文化形式，充分运用新媒体渠道，为人民群众提供多种类、多样式的公共文化产品和服务。

最后，要建设和培养群众文化人才队伍。高水平的文化创作与传播，以及群众文化的辅导和推广等工作都需要专业的人才队伍来实现。总体上来看，目前我国群众文化人才总量不足、结构失衡、素质良莠不齐，必须完善机构编制，扩大文化单位的用人自主权，突破人才机制壁垒，并通过提高人员的待遇福利等政策来引进优秀人才；还要通过实施公共文化队伍培训项目，提升人才队伍素质和能力，形成科学合理的人才发展和成长机制，打造文化专业技术人才、业余文化骨干、特邀专家学者、文化志愿者等专兼职相结合的群众文化服务队伍。这样，才能更好地推动群众文化的发展，更好地满足广大人民群众的文化需求。

三、加强人民群众精神文化需求引导

随着经济的持续发展、改革开放的不断深入以及互联网科技的兴起，人与人之间的沟通以及中外经济文化交流日益加强和更加便捷，人们的生活方式和思维方式也发生了巨大变化。文化也在演变和发展，人民群众所能接触的文化产品和服务的样式及渠道也是多种多样的，满足文化需求的方式和载体也发生了很大的改变。比较明显的如听广播、阅读报刊等重要的满足人民群众文化需要的传统方式正慢慢淡出人们的视野，随之兴起的是旅游、广场舞、微信、微博、网络直播等新的公共文化形式。但人们在享受这些丰富、新颖的文化产品和服务的同时，也存在遭受负面影响侵袭的可能。随着我国国门的打开和网络的发达，外国文化产品与服务开始大量输入我国市场，其间带来了各种信息和价值观，也伴随着拜金主义、虚无主义、享乐主义等一些不健康的文化与生活方式在群众中的传播。同时，网络的虚拟性和发散性使得色情、暴力等低俗文化有泛滥的危险。而在经济不发达的地区，人民群众获得先进文化的途径少，仍然存在一些落后的、腐朽的文化形式，这些不良文化对人民群众有很大的危害。从这些现象可以看出，要保证人民群众的精神文化需求健康发展，十分需要党和国家的正确引导和及时矫正。

要引导人民群众的精神文化需求，关键在于大力培育、弘扬和践行社会主义核心价值观，因为核心价值观既是一个国家文化软实力的灵魂，也是决定文化性质和价值方向的最深层次要素。2014 年 2 月 24 日，习近平在中共中央政治局第十三次集体学习时强调，一种价值观要真正发挥作用，必须融入社会生活，让人们在实践中感知它、领悟它。要通过教育引导、舆论宣传、文化熏陶、实践养成、制度保障等，切实把社会主义核心价值观贯穿于社会生活方方面面。[①] 具体来讲，就是要运用各类文化形式，生动具体地传播社会主义核心价值观，用高质量、高水平的作品形象地告诉人们什么是真善美，什么是假恶丑，什么是值得肯定和赞扬的，什么是必须反对和否定的。可见，要让人民群众摆脱低级趣味和不良文化的影响，关键是要通过社会主义核心价值观和社会主义先进文化的引导与熏陶来提升精神境界及道德修养。具体表现为要充分发挥党报、党刊以及各种国家媒体的思想宣传和舆论引导作用，不仅需要政治立场坚定，弘扬时代主旋律，还要注意方法策略，增强吸引力和感召力，引导群众走向积极健康的文化生

① 《把培育和弘扬社会主义核心价值观作为凝魂聚气强基固本的基础工程》，《人民日报》2014 年 2 月 26 日，第 1 版。

活。在坚守传统的宣传阵地的同时要破除传统思维定式，创新理念和手段，能接地气，贴近群众生活，传播人民群众中涌现的先进典型和感人事迹，在群众中能引起共鸣。同时，还要主动占领新兴文化和媒体阵地。中国互联网络信息中心发布的第38次《中国互联网络发展状况统计报告》显示：截至2016年6月，中国网民规模达7.10亿，其中手机网民规模达6.56亿，占比达92.5%，且网民每天平均上网接近3.8小时。此外，网络直播发展迅猛，用户规模达到3.25亿，占比接近网民总体的半壁江山，占45.8%。[①] 总体来看，互联网向低龄、高龄人群渗透趋势明显。我们必须正视这个现实，在加强网络监管的同时，更要以主流、权威的姿态开设公众号参与其中，通过党和政府的公信力来掌握新兴文化与媒体传播的主导权，而不是被边缘化。

最后，要加大思想性、艺术性与观赏性相统一，推进人民喜闻乐见的文化作品的创造和生产。好的群众文化作品需要文化工作者贯彻为人民服务、为社会主义服务的方向和百花齐放、百家争鸣的方针，并且以人民为中心创作的，却又不是一味地去迎合群众口味，而是扎根于中国大地，讴歌社会主义现代化建设伟大实践和展示广大人民群众奋发有为及创造历史的生动画卷，引导群众向往真善美，抵制庸俗文化。

7.2 深化文化体制改革

文化是民族内在思想和精神的既有、传承、发展的总和，是引领精神风尚、教化和凝聚民众、推动社会发展的重要源泉，也是国家综合国力的重要组成部分。综观当前的国际国内形势和时代背景，文化与经济、政治相互交融，无论是在增强综合国力竞争还是在提升人民群众生活水平和幸福感上都有极其重要的地位和作用。深入推进文化体制改革，促进文化事业全面繁荣和文化产业快速发展，关系全面建设小康社会奋斗目标和中华民族伟大复兴中国梦的实现，承载着广大人民群众的殷切期望，也是党和国家作出的重大战略决策。

一、我国新时期文化体制改革的发展历程

党的十一届三中全会开启了改革开放和社会主义现代化建设的新时期，伴

① 《CNNIC发布第38次〈中国互联网络发展状况统计报告〉》，《中国教育网络》2016年第9期，第16页。

随着经济体制改革，文化体制也开始了改革的历程。总体上来看，改革开放以来，文化体制改革可以划分为以下几个阶段。

（一）文化体制改革起步摸索阶段（1979—1991 年）

1979 年 10 月，邓小平代表党中央在中国文学艺术工作者第四次代表大会上祝词，明确指出要在建设高度发达的物质文明的同时，提高全民族的科学文化水平，发展高尚的丰富多彩的文化生活，建设高度的社会主义精神文明。[①] 邓小平深刻论述了文艺与政治和人民的关系，为文化体制改革奠定了理论基础并指明了方向。这一阶段改革的工作重心是调整艺术部门和艺术团体的布局，摸索体制改革。改变当时专业艺术表演团体数量过多和分布不合理的现象。自此，我国开始了文化体制改革的步伐。1985 年中央办公厅、国务院办公厅批转了文化部《关于艺术表演团体的改革意见》，指出我国艺术表演团体的管理体制和领导管理工作存在许多弊端，很不适应艺术事业的发展和建设“两个文明”的需要，认为必须要有计划、有步骤地进行改革。随后，各地参考经济体制改革的经验，普遍进行了以承包经营责任制等为主要内容的改革试验，以打破“大锅饭”等传统体制弊端，这些改革取得了不错的成效。随着文化体制改革实验的进一步推进，1988 年国务院批转文化部《关于加快和深化艺术表演团体体制改革的意见》，开始倡导实现“双轨制”改革，即除国家保留主办少数特色的、代表民族高水平的艺术团体外，大多数艺术表演团体要实行多种所有制形式，由社会各种力量主办。与此同时，1988 年文化部、国家工商行政管理局发布《关于加强文化市场管理工作的通知》，正式提出“文化市场”的概念，并明确了文化市场的管理范围、任务、原则和方针。这是个重大的突破和改革亮点，社会力量开始在文化体制中出现，“文化市场”的地位正式得到了承认。

（二）文化体制改革稳步推进阶段（1992—2001 年）

1992 年邓小平视察南方时发表了一系列重要谈话，对我国的深化改革与扩大开放起到了关键性的推动作用，其中强调了市场经济不等于资本主义，计划和市场都是经济手段，社会主义也有市场。社会主义市场经济体制的确立不仅大大促进了我国的经济发展，而且为文化发展提供了基础和环境，文化体制改革也进入了稳步推进阶段。党的十四大报告中明确提出了党和国家工作的一个重大任务是“积极推进文化体制改革，完善文化事业的有关经济政策，繁荣社会主义文化”[②]，并于 1996 年党的十四届六中全会通过了《中共中央关于加强社会主义精神文明建设若干重要问题的决议》，明确了文化体制改革的任务和一系列

---

① 《邓小平文选》第 2 卷，人民出版社 1994 年版，第 208 页。

② 《江泽民文选》第 1 卷，人民出版社 2006 年版，第 236 页。

方针,指出:"改革的目的在于增强文化事业的活力,充分调动文化工作者的积极性,多出优秀作品,多出优秀人才。改革要符合精神文明建设的要求,遵循文化发展的内在规律,发挥市场机制的积极作用。"① 值得一提的是,这一阶段出台了一个标志性文件。即《中共中央关于制定国民经济和社会发展第十个五年计划的建议》,其中提出:"坚持把社会效益放在首位、社会效益和经济效益相统一的原则,深化文化体制改革,建立科学合理、灵活高效的管理体制和文化产品生产经营机制。继续实行支持文化事业发展的有关政策,增加对重要新闻媒体和公益文化事业的投入。加强文物保护工作。完善文化产业政策,加强文化市场建设和管理,推动有关文化产业发展。"② 这是第一次在中央正式文件中提出"文化产业"这一概念,这极大丰富了文化体制改革的实践内容。出台一系列文化经济政策、组建大型文化集团、设立文化发展专项基金……这些都充分体现了这一时期我国的文化体制改革达到了新的水平。

(三)文化体制改革深入发展阶段(2002—2011年)

2001年12月,中国正式加入了世界贸易组织,在平等的条件下经济发展进一步国际化并参与国际竞争。我国的文化体制改革也在党和国家的领导下进一步加快和深入。2002年,党的十六大报告中第一次明确区分了文化事业和文化产业,并提出要继续深化文化体制改革,抓紧制订文化体制改革的总体方案,并要求把深化改革同调整结构和促进发展结合起来。按照党的十六大的要求,全国文化体制改革试点工作会议于2003年6月在北京召开,此次会议从多个方面阐述了搞好文化体制改革试点工作的基本要求。全国有包括北京、重庆、广东、深圳、沈阳、西安、丽江等在内的九个省市和39个宣传文化单位参加了改革试点。2003年,党的十六届三中全会通过的《中共中央关于完善社会主义市场经济体制若干问题的决定》又将文化体制改革的目标进一步深化和明确,明晰了文化事业与文化产业双轮驱动、协调发展的发展思路和格局。第一批试点工作顺利结束后,2005年12月,中共中央、国务院出台了《关于深化文化体制改革的若干意见》,对文化体制改革的基本框架进行了首次完整的表述,并对文化体制改革的指导思想、原则要求和目标任务等各项具体工作进行了部署。2007年,党的十七大从中国特色社会主义经济、政治、文化、社会建设"四位一体"总体布局的高度,强调了文化建设的重要战略地位,提出了推动社会主义文化大发展大繁荣的目标要求,并指出:"在时代的高起点上推动文化内容形式、体制机制、传

① 《中共中央关于加强社会主义精神文明建设若干重要问题的决议》(1996年10月10日中国共产党第十四届中央委员会第六次全体会议通过),《党建》1996年第Z1期,第11页。

② 《中共中央关于制定国民经济和社会发展第十个五年计划的建议》,《人民日报》2000年10月19日,第1版。

播手段创新,解放和发展文化生产力,是繁荣文化的必由之路。”[①]2009 年 7 月,我国第一部文化产业专项规划——《文化产业振兴规划》由国务院常务会议审议通过,这标志着文化产业已成为国家重要战略产业。中央关于深化文化体制改革的这一系列战略决策和部署,使全国文化体制改革迈向深入拓展的新阶段,文化体制改革取得的成就巨大,主要体现在以下方面:初步形成了文化科学发展的体制机制,其中,国有经营性事业单位转企改制取得决定性进展;为各主要文化领域体制改革制定了明确的路线图和时间表;覆盖城乡的公共文化服务体系框架基本建立,人民群众基本文化权益有了更好的保障;文化产业蓬勃发展,整体规模和实力快速提升,中国文化在国际上的竞争力和影响力也大大增强。

(四) 党的十八大以来的全新阶段

党的十八大对推进中国特色社会主义事业提出了“五位一体”总体布局,即经济建设、政治建设、文化建设、社会建设、生态文明建设,并强调要全面深化文化体制改革,解放和发展文化生产力,建设社会主义文化强国。党的十八大以来,以习近平同志为核心的党中央高度重视文化建设,习近平从“五位一体”总体布局和“四个全面”战略布局的高度,对文化改革发展做出一系列重要论述,提出许多新思想、新战略、新要求,并对文化改革发展进行了谋划和部署。在习近平重要讲话精神的引领下,我国的文化体制改革进入到一个持续深化、全面发展、硕果累累的崭新阶段。2013 年 8 月 19 日,习近平在全国宣传思想工作会议上强调,要继续大胆推进改革、推动文化事业全面繁荣和文化产业快速发展、建设社会主义文化强国,指出只有物质文明建设和精神文明建设都搞好,国家物质力量和精神力量都增强,全国各族人民物质生活和精神生活都改善,中国特色社会主义事业才能顺利向前推进。[②]2014 年 3 月,《深化文化体制改革实施方案》正式出台,这是中央全面深化改革领导小组审议通过的第一个专项小组改革方案。《深化文化体制改革实施方案》注重系统性、整体性、协同性,明确了改革的指导思想、目标思路、主要任务和政策保障,为今后一个时期的文化改革发展规划了路线图、明确了时间表、布置了任务书。《深化文化体制改革实施方案》总共开列出 25 项、104 条重要改革举措及工作项目,并按照 2015 年、2017 年、2020 年三个时间节点明确了进度要求,确保各项改革任务能落地、见实效。这标志着新一轮文化体制改革开始进入全面实施阶段,意义重大。2014 年 10 月 15 日,习近平在主持召开文艺工作座谈会时发表重要讲话,深刻阐述了文艺和文艺工作

---

① 胡锦涛:《高举中国特色社会主义伟大旗帜 为夺取全面建设小康社会新胜利而奋斗——在中国共产党第十七次全国代表大会上的报告》,《人民日报》2007 年 10 月 25 日,第 1 版。

② 《胸怀大局把握大势着眼大事 努力把宣传思想工作做得更好》,《人民日报》2013 年 8 月 21 日,第 1 版。

的地位作用与重大使命，创造性地回答了事关文艺繁荣发展的一系列带有根本性、方向性的重大问题，强调要加强和改进党对文艺工作的领导，以及文艺工作者要坚持以人民为中心的创作导向，创作更多无愧于时代的优秀作品。[①]这次重要讲话对繁荣发展社会主义文艺、建设社会主义文化强国具有重要指导意义。

总的来说，党的十八大以来，文化体制改革无论在理论、政策法规上，还是在具体实践上都得到了全面的深化。这些深化主要有：始终坚持社会主义先进文化前进方向，陆续制定了一系列重要的文化体制改革文件，出台并实施了一系列重大政策措施，很好地完善了文化管理体制，转换了政府文化管理职能；不断健全现代文化市场体系，鼓励各类市场主体公平竞争，充分发挥市场在文化资源配置中的积极作用，使得文化产业迎来了高速发展的春天；深入实施重点文化惠民工程，构建现代公共文化服务体系，促进基本公共文化服务标准化、均等化，更广更好地惠及人民群众；提高文化开放水平，结合"一带一路"倡议和建设，推动中国文化"走出去"，向世界生动讲述好中国故事，传播好中国声音。

需要着重提及的是，习近平提出了文化自信的问题。习近平曾在多个场合提到文化自信，如在2014年2月24日的中央政治局第十三次集体学习中，习近平提出要"增强文化自信和价值观自信"[②]；在文艺工作座谈会上习近平指出"增强文化自觉和文化自信，是坚定道路自信、理论自信、制度自信的题中应有之义"[③]；2016年7月1日，习近平在庆祝中国共产党成立95周年大会的讲话中强调"全党要坚定道路自信、理论自信、制度自信、文化自信"[④]，并特别指出"文化自信，是更基础、更广泛、更深厚的自信"[⑤]。文化自信于是成为继道路自信、理论自信和制度自信之后，中国特色社会主义的"第四个自信"，这进一步凸显了文化在中国特色社会主义事业全局中的重要地位。这是对中国特色社会主义文化理论的重大发展，也对切实推进中国特色社会主义文化建设、深化文化体制改革具有重要的理论和现实意义。

二、深化文化体制改革面临的问题

文化体制改革是一项长期和持续的系统工程，各方面的工作需要不断地推

---

① 习近平：《在文艺工作座谈会上的讲话》，《人民日报》2015年10月15日，第2版。

② 《把培育和弘扬社会主义核心价值观作为凝魂聚气强基固本的基础工程》，《人民日报》2014年2月26日，第1版。

③ 习近平：《在文艺工作座谈会上的讲话》，《人民日报》2015年10月15日，第2版。

④ 习近平：《在庆祝中国共产党成立95周年大会上的讲话》，《人民日报》2016年7月2日，第2版。

⑤ 习近平：《在庆祝中国共产党成立95周年大会上的讲话》，《人民日报》2016年7月2日，第2版。

进和完善。虽然我国的文化体制改革取得了一系列重大成就，总体进展顺利良好，但由于文化体制改革起步相对较晚，底子薄，因此还处于一个不断展开的过程，因此同时也面临着一些问题。

（一）政府服务意识淡薄，群众文化需求有待更好满足

目前一些政府部门还是唯经济论或片面强调经济指标，而发展文化事业的观念没能充分转变，文化管理上本位色彩浓厚，服务意识淡薄。《中国文化消费指数（2013）》显示，2013 年年底，我国文化消费潜在规模为 4.7 万亿元，而实际消费仅为 1 万亿元左右，缺口超 3 万亿元。据国家统计局的抽样调查显示，我国城乡居民人均文化消费支出占人均消费支出的比重偏低，2014 年人均文化和娱乐消费支出为 671 元，仅占总消费支出的 4.6%，低于 10%~12% 的发达国家一般水平。[①] 造成这种现象的原因在于文化产品和服务与人民群众对文化的需求还存在一定的差距。“在我国现行公共服务体制中，在最能体现现代社会多样化、个性化的精神文化生活方面，公共文化服务却依旧保留着事实上的计划经济‘供给制’模式，借此维护甚至强化管理部门的行政审批权，继续维系和把持巨量的‘专项转移支付’。”[②] 也就是说，政府在公共文化服务方式上存在计划管理思维、标准化单向统一供给的问题，难以满足群众日益多样化和多层次的文化需求，而文化体制改革和文化建设必须要真正做到以满足人民精神文化需求为出发点和落脚点。

（二）过于重视市场效应，人文精神失落

文化体制改革将文化事业和文化产业进行区分后，我国的文化产业开始了长足的发展。从 2004 年到 2010 年，我国文化产业增加值从 3.440 亿元增加到 11.052 亿元，年均增长率为 23.6%[③]，远超过同期我国经济增长速度。在这种文化市场化的浪潮下，各种形式和内容的文化产品与服务不断涌现，而一些文化企事业单位过于重视市场效应和迎合低层次感官需求，使得经济效益偏离社会效益，物质至上、个人中心主义等价值倾向也随之蔓延。大众文化消费存在人文精神失落和庸俗、低俗、媚俗化倾向，而旧思维、旧形式下的主旋律宣传难以适应新的形势。可见，文化体制改革对人文社会科学的重视不够，相关建设有待加强。

（三）管理机制存在障碍

管理机制改革一直是文化体制改革的重点，但由于之前我国一直是计划经济管理体制下的政府文化管理模式，再加上国内外发展形势的极速变化，管理机

① 《2014 年我国人均文化消费增 16.4%》，《人民日报》2015 年 12 月 10 日，第 2 版。

② 王亚南、方彧：《深化文化体制改革机制创新的若干现实问题透析》，《社会科学》2014 年第 8 期，第 29 页。

③ 《文化产业，尊重市场才能健康发展》，《人民日报》2015 年 5 月 21 日，第 17 版。

制改革相对滞后。一方面,文化管理的理念更新较慢,权力比较集中,存在“越位”和“缺位”的现象,即不该管的去管,该管的却没有管,管办不分,职能交叉错位,也有文化市场条块分割、区域壁垒和行政干预等问题;另一方面,公益性文化事业与经营性文化产业的界定不够清晰,一些文化单位的“公益性”或“经营性”含量存在争议。要么国有文化单位习惯依赖政府财政,不愿进经营性行业,要么国有文化单位想进经营性行业,却又受到政府部门的管理牵制,事业体制与产业化经营存在一种张力,有关国有经营性文化资产管理、监督和运营体制有待创建和完善。

三、积极深化文化体制改革

过去不同时期的文化体制改革都取得了阶段性成果和宝贵经验,而面对风云变幻的国际形势和我国社会主义建设事业的不断深入,新时期深化文化体制改革是建设社会主义文化强国的必然选择。在当前文化体制改革进入克难攻坚的重要阶段,我们必须抓住机遇,深入、科学地改革文化体制中存在的弊端,只有这样才能全面深化文化体制改革,推动社会主义文化大发展大繁荣。

(一)建设社会主义核心价值体系,坚持社会主义先进文化前进方向

2013年8月19日,习近平在全国宣传思想工作会议上发表重要讲话,并指出:“关于文化体制改革,我只强调一点,就是要在继续大胆推进改革、推动文化事业全面繁荣和文化产业快速发展、建设社会主义文化强国的同时,把握好意识形态属性和产业属性、社会效益和经济效益的关系,始终坚持社会主义先进文化前进方向,始终把社会效益放在首位。无论改什么、怎么改,导向不能改,阵地不能丢。”[①] 文化兼有意识形态和经济基础双重属性,在避免传统意识形态对文化发展的桎梏同时,必须紧紧围绕建设社会主义核心价值体系进行建设而不能放任自流,因为核心价值观是决定文化性质和方向的最深层次要素。文化事业建设,关系着中华民族的伟大复兴,而文化体制改革的方向事关国家安全和社会稳定,决定着文化是否能健康发展和繁荣。我们必须把建设和丰富社会主义核心价值体系放在文化体制改革和文化软实力建设的核心位置,坚持社会主义先进文化前进方向,积极培育和弘扬社会主义核心价值观,增强社会主义先进文化的主导力、感召力和整合力,坚决抵制国外敌对势力的文化渗透和“庸俗、低俗、媚俗”的各种腐朽文化传播,为文化体制改革奠定坚实的价值基础和发展方向。

---

① 《习近平关于全面深化改革论述摘编》,中央文献出版社2014年版,第85页。

(二)转变政府职能,创新文化管理机制

党的十一届三中全会指出要按照政企分开、政事分开原则,推动政府部门由办文化向管文化转变,推动党政部门与其所属的文化企事业单位进一步理顺关系。通过建立党委和政府监管国有文化资产的管理机构,实行管人、管事、管资产、管导向相统一。总体上看,不断深化文化体制改革的一个基本目标是要不断释放文化市场活力,激发全民族文化创造力,这就需要简政放权,转变政府职能,发挥市场在文化资源配置中的决定性作用。具体来说,就是要进一步打破国家全面管理、统一支配各种社会资源的原有体制格局,推进政府职能从统包统揽式向监管、服务式转变。政府职能部门不能再“办文化”,而是要“管文化”,要不断创新文化管理机制来实现政企分开和官办分离,进一步理顺文化行政部门与所属企事业单位的关系,还要明确区分国有文化单位的属性与职能、职责,确定其是公益性事业单位还是经营性企业单位,从而进行分类管理。文化部门要勇于将职权之外的具体事务进一步下放给社会,交给社会团体、企业去承担,要把工作重点放在规划和引导文化市场,制定相关政策法规,维护健康、公正的文化市场秩序,提高服务质量和效能等上面来,从而实现文化管理体系和服务能力的现代化。

(三)加强对外文化交流

文化,从来都具有相通性。正如雅思贝尔斯“轴心时代”理论所论述的那样,在古希腊文明出现苏格拉底、柏拉图等哲学家时,中国则涌现了孔子、老子等伟大思想家,公元前 500 年前后在中国、西方和印度等地区同时出现了人类文化大发展现象。中国文化的发展和弘扬必然会紧密联系当前的时代并跨越国度,所以深化文化体制改革,需要进一步扩大对外交流渠道和领域,加强对外文化交流。一方面,我们要保持开放的心态,积极吸收和借鉴国外一切优秀文化成果,引进和利用文化领域的优秀人才、技术、资金、经营管理制度及成功经验,从而促进我国文化事业更好地向前发展。另一方面,中国文化也要走向世界,为人类文明发展和世界人民文化生活的丰富与满足做出贡献。党的十八届三中全会明确指出要加强国际传播能力和对外话语体系建设,推动中国文化走向世界,这需要我们更多地创造出反映我国社会主义伟大实践和中华民族时代精神的优秀作品,鼓励文化企业以市场化、商业化、产业化的运作方式拓展国外市场,加快形成独具中国特色的对外话语体系,创新对外宣传传播理念和方法,从而增强中国文化的被认可度和影响力。

同其他领域改革一样,文化体制改革正处在深水区和攻坚期,深化文化体制改革的任务十分艰巨。我们必须以人民为中心,始终坚持社会主义先进文化前进方向,坚持中国特色社会主义文化发展道路,创新和完善文化管理体制机

制,建立健全现代公共文化服务体系和现代文化市场体系,只有这样才能建立健全一个与人民群众文化需要相适应的文化体制机制。

7.3　提升文化生产力

随着科技的进步和资本的跨国流动、经济全球化和一体化的深入推进,以及由此带来的人们对精神文化需求的极大提高,文化产业迅速崛起,并且越来越成为国民经济的支柱产业。实际上,文化不仅仅是一种意识形态,其已超越了上层建筑的范畴,成为一种生产力,且在生产力结构中占有举足轻重的地位。

一、文化生产力的概念

(一) 文化生产力的界定

马克思主义经典作家并没有明确提出文化生产力的概念,只有关于精神生产力的论述。恩格斯曾在《家庭、私有制和国家起源》中指出:“根据唯物主义观点,历史中的决定性因素,归根结底是直接生活的生产和再生产。但是,生产本身又有两种。一方面是生活资料即食物、衣服、住房以及为此所必需的工具的生产;另一方面是人自身的生产,即种的繁衍。”[①] 马克思关于“精神生产力”的提法出现在《经济学手稿(1857—1858 年)》对于货币的论述中:“货币作为发达的生产要素,只能存在于雇佣劳动存在的地方;也就是说,只能存在于这样的地方,在那里,货币不但决不会使社会形式瓦解,反而是社会形式发展的条件和发展一切生产力即物质生产力和精神生产力的主动轮。”[②] 在马克思主义经典作家那里,按照生产发展的性质,社会生产力也相应地划分为物质生产力、精神生产力和人自身的生产力三种类型。“思想、观念、意识的生产最初是直接与人们的物质活动,与人们的物质交往,与现实生活的语言交织在一起的。人们的想象、思维、精神交往在这里还是人们物质行动的直接产物。表现在某一民族的政治、法律、道德、宗教、形而上学等的语言中的精神生产也是这样。”[③] 物质生产与精神生产是密不可分的,精神生产是以物质生产为基础和前提的,精神生产力与物质生产力

① 《马克思恩格斯全集》第 21 卷,人民出版社 2003 年版,第 29~30 页。

② 《马克思恩格斯全集》第 46 卷,人民出版社 2003 年版,第 173 页。

③ 《马克思恩格斯选集》第 1 卷,人民出版社 2012 年版,第 72 页。

相适应,随着物质生产力的发展而发展。

随着当代社会文化与经济的相互融合和相互渗透,文化在经济发展中起到了越来越重要的作用,文化生产也日益成为当代经济生活和经济结构的重要部分。在此背景下,中国共产党在继承马克思主义关于精神生产力的论述的基础上,结合当代世界形势和我国国情,提出了文化生产力理论。党的十六届四中全会通过的《中共中央关于加强党的执政能力建设的决定》明确提出"深化文化体制改革,解放和发展文化生产力。根据社会主义精神文明建设的特点和规律,适应社会主义市场经济的要求,进一步革除制约文化发展的体制性障碍"[①],这一决定第一次在党的文件中正式提出了文化生产力这一概念,反映了党对文化发展的认识更加深入,对于丰富和发展马克思主义关于精神生产力的学说,促进我国文化事业的全面繁荣和文化产业的快速发展,增强我国文化的总体实力,具有重要意义。

对文化生产力的概念,目前理论界主要有两种观点:一种观点认为,文化生产力就是具有一定智能与知识的劳动者运用和掌握文化资源生产及创造文化产品以及提供文化服务的能力,就是马克思所谓的精神生产力,[②] 是与精神生产力同等层次的范畴;另一种观点认为,文化本身就是一种生产力,它能够推动经济的发展。持此观点的学者认为,文化不仅仅作为物质生产力的渗透要素,而且作为一种产业、一种经济形式而存在;[③] 经济增长方式是一种生产力形态,文化因为经济而成为主要的社会生产力形态;文化生产力包括软实力和硬实力,即分别指文化的原创能力和文化原创能力的规模、文化经济的实现能力,[④] 等等。

由上可见,文化生产力的概念应当包含两个层次:一方面,文化生产力是指具有一定智能与知识的劳动者运用和掌握科学技术生产文化产品、提供文化服务的能力,亦即将科技、教育、艺术效果和精神价值等文化要素看作生产力的内在部分,将科学技术看作第一生产力,而劳动者的科学文化素质则成为生产力的重要乃至首要的标志;[⑤] 另一方面,文化本身就是一种生产力,是指将通过精神生产力生产的精神和文化产品复制与再生产的能力,即使其成为规模经济的能力及提供规模文化服务的能力。[⑥] 因此,文化生产力融合精神的价值体系、物质

① 《中共中央关于加强党的执政能力建设的决定》,《人民日报》2004 年 9 月 27 日,第 1 版。

② 张作兴:《发展文化生产力的理论探索和路径选择——基于福州市个案的研究》,《中共福建省委党校学报》2005 年第 3 期,第 3 页。

③ 金元浦:《文化生产力与文化产业》,《求是》2002 年第 20 期,第 38~41 页。

④ 胡惠林:《文化产业学》,高等教育出版社 2006 年版,第 26 页。

⑤ 沈丹:《论中国特色社会主义的文化生产力建设》,《改革与开放》2011 年第 2 期,第 192 页。

⑥ 尤芬:《文化生产力:一种新的生产力形态——文化生产力研究综述》,《学术论坛》2008 年第 3 期,第 6 页。

的符号体系、行为的制度体系，既是硬实力和软实力的综合体现，也是文化自信和理论自信的体现。[①] 就文化生产力的内涵而言，其包括原创性的科学理论、文学艺术创作、公共文化产品、复制的文化商品、文化市场服务，等等。

（二）文化生产力的特征

文化生产力具有双重性特征，主要表现在两方面。第一，文化生产力的属性具有双重性，即意识形态性特征和非意识形态的物质形态特征，或称之为物的属性和意识形态性，或者精神性特征和非意识形态的物质形态特征。其中，文化生产力的意识形态性特征，是指文化生产力是社会意识、社会心理等精神方面的文明发展的成果，具有精神生产的特征；文化生产力的非意识形态的物质形态特征，是指文化生产具有实践活动的特征，即实践主体通过劳动将一定的材料加工改造为新的存在物。第二，文化生产力的形态具有双重性。文化生产力形态主要分为文化事业和文化产业两大类。文化事业是政府的规定动作，体现社会公平，强调统一性、普惠性；文化产业是企业的自选动作，提倡市场竞争，注重原创性、差异性。文化事业和文化产业相对独立又相辅相成，二者在一定程度上相互转化，构成了文化生产力的两个侧面。

（三）文化生产力的功能

文化生产力的功能主要从物质和精神两个方面得以彰显。首先，从国家和社会层面来看，文化生产力能够促进综合国力的提高，推进社会主义思想道德建设。江泽民在党的十五大报告中指出："有中国特色社会主义的文化，是凝聚和激励全国各族人民的重要力量，是综合国力的重要标志。……它反映我国社会主义经济和政治的基本特征，又对经济和政治的发展起巨大促进作用。"[②] 当今世界，在物质生产力水平已经达到相当发达程度的背景下，文化与经济、政治之间相互交融，文化对政治、经济的影响力和渗透力不断增强。文化的力量，深深熔铸在民族的生命力、创造力和凝聚力之中，文化以其独特的方式推动着社会发展。因此，文化产业的竞争现已成为综合国力竞争的主要因素，文化生产力最终成为决定生产力的发展程度和进步状况的根本因素。

首先，文化生产力能够推进社会主义思想道德建设，为中国特色社会主义建设提供精神动力和智力支持。良好的文化环境是推进社会主义文明、推动改革开放和社会主义现代化建设的重要条件。随着改革开放的深入和社会主义经济的不断发展，拜金主义、享乐主义、极端个人主义等资本主义腐朽思想渐渐滋生。提高全民族的思想道德素质和科学文化素质已经成为社会主义建设中亟待

① 熊澄宇：《文化生产力彰显文化自信》，《人民日报》2016年10月20日，第7版。
② 《江泽民文选》第2卷，人民出版社2006年版，第33页。

解决的问题之一。发展和提升文化生产力，有助于加强社会主义道德建设，引导人们树立正确的世界观、人生观、价值观，在全社会形成爱国守法、明礼诚信、团结友善、勤俭自强、敬业奉献的基本道德规范，培养良好的道德品质和文明风尚，从而为社会主义现代化建设提供精神动力和智力支持。

其次，从个人层面来看，文化生产力使人们的生产方式和生活方式发生变革。就生产方式而言，文化生产力使物质生产与文化生产高度融合，因而使物质生产活动更加充满人文关怀；同时，文化生产通过提供丰富的文化产品和文化服务，直接满足人的精神文化需求，给人们带来身心的愉悦和科学文化素质的提高，又能促使人们形成正确的世界观、人生观、价值观和良好的道德修养。文化生产实际上是最具人文关怀的生产活动。就生活方式而言，文化生产的大发展使人的生活方式休闲化。“休闲正是真善美的一个组成部分，事实上，休闲同知识、美德、愉快与幸福是不可分割的。”① 丰富人的精神家园、情感世界、生命感受等是休闲生活的本质内容。休闲是社会文明进步的主要标志，更是人的自身发展状况的标志，是衡量人的“幸福指数”高低的重要指标。②

文化生产力能够促进人的自由而全面发展。人的自由而全面发展首先必须以发达的生产力为基础。文化生产力的产生和发展，极大地丰富了人类活动，增强了人类活动的自由度、主动性以及选择性。随着全球化进程的加深和科学技术的高度发展，文化生产活动越来越丰富多彩，具体形式日益多种多样，从而给人提供了更多、更能展现自身才华和发挥自身潜力的职业选择，使人选择职业的自由度大大增强，促进了人的自由而全面的发展的实现。

二、当前文化生产力发展存在的问题

改革开放以来，我国十分重视文化生产力的发展和提高，近几年来我国文化生产力有了突破性发展。但也应看到，由于发展起步晚、投资少，当前我国的文化产业发展面临诸多问题，如对文化生产力的认知不足、发展滞后、管理机制不完善等。在文化生产力总体水平上，我国与先进国家相比差距还很明显。

（一）对文化生产力的认知不足

对文化生产力的认知不足，首先表现为一些国有文化单位的文化经营意识不强。我国部分国有文化企业对于文化产业发展的市场观念、经营观念、效益观

---

① ［美］托马斯·古德尔、杰弗瑞·戈比：《人类思想史中的休闲》，成素梅等译，云南人民出版社 2000 年版，第 34 页。

② 李春华：《文化生产力：人类走向新文明的一种现实力量》，《贵州社会科学》2014 年第 8 期，第 132~138 页。

念等意识不强，导致文化产品和服务达不到市场和群众对于精神文化的要求。部分国有文化产业的发展虽然花了大力气去投资开发，但是由于不坚持以人为本，不从群众需要出发，因而产出的结果却是成反比，没有实现真正的社会效益，或者社会效益与经济效益相脱节。

对文化生产力的认知不足，其次表现为文化生产力的理论研究不足。到目前为止，关于完善的发展机制、引导文化生产发展方向的文化产业著作较少；同时，文化部门对于引导文化产业的实践经验也较少，对于文化产业的特点和发展规律更是了解不深。由于大多数文化产业规模小、经营方式单一、缺乏正确的理论引导，属于自生自灭的类型，文化产业对于引导人精神发展的优势并没有体现。

（二）文化生产力发展滞后

尽管当前我国文化产品的生产在数量上呈现一幅欣欣向荣的景象，但是文化生产力发展水平较低，在质量上与一些文化强国相比仍然有较大的差距，且多数产品以初级文化产品为主，科技含量和附加值较低，同时贴近百姓的文化精品、通俗易懂的文化产品供给不足。

同时，我国文化生产还存在创新性不足的问题。从科技创新能力上看，现在我国基本上还属于技术引进国和技术模仿国，还算不上技术创新国。1905年，列宁在《党的组织和党的出版物》一文中指出，在文化事业中，"绝对必须保证有个人创造性和个人爱好的广阔天地，有思想和幻想、形式和内容的广阔天地。"[①] 我国是拥有丰富文化资源的千年大国，然而，由于对文化资源的开发缺乏足够重视，导致一些优秀文化资源的人文价值尚未被开发。2014年10月，习近平在文艺座谈会上谈到文化创作问题时指出，在文化创作方面目前还存在"有数量缺质量"、有"高原缺高峰"的现象，存在抄袭模仿、千篇一律的问题，存在机械化生产、快餐式消费的问题。[②] 这种跟风、抄袭的现象实际上也折射出当前社会转型时期人们的浮躁心态和独立思考能力的缺失。

此外，文化生产力发展不均衡也是当前较为突出的问题之一，尤其表现为地域发展不均衡。近年来，我国文化企业数量激增，文化生产力整体发展迅速，但是从地域分布来看，呈现不均衡发展的现象，甚至越来越呈现两极化的趋势。农村地区、偏远地区的文化市场发展程度低，文化消费观念落后、消费水平低、消费方式单一，发展水平远远低于普通城市地区。

（三）文化生产力的管理机制不完善

首先，当前文化生产力发展的法制环境不完善。随着文化生产力的迅速发

---

① 《列宁选集》第1卷，人民出版社2012年版，第664页。

② 习近平：《在文艺工作座谈会上的讲话》，《人民日报》2015年10月15日，第2版。

展，文化领域的法律规范的缺陷日益显露。在立法方面，相关立法因过于抽象而不具有可操作性，或者因为是低层次的行政法规、规章而不具有权威性，而且我国的文化产业和文化事业蓬勃发展也使得现有文化法律法规的滞后性特征逐渐暴露。在执法方面，一些政策制度之间相互矛盾，可操作性不强，且在个别地区，有法不依的情况严重，各部门之间的职能没有得到有效整合，各类执法力量条块分割、各自为政，在执法中难免出现扯皮、推诿现象。这些都直接导致了文化生产力发展的法制环境不完善，进而制约了文化生产力的进一步发展。在普法方面，普法宣传中的普法对象不突出、责任主体不明确、普法机制不系统、普法经费不到位、普法监督不全面等问题也较为严重。

其次，当前文化生产力发展的市场化机制不完善。改革开放之前，我国实行高度集中的计划经济体制，国家权力全面干预和管理国民经济，并运用行政手段调控和配置资源。与此相适应，所有的文化生产活动都必须由政府组织和管理，文化单位都属于国营性质，文化活动由行政机关规划和审批。在高度集权的文化管理体制下，竞争机制缺乏，文化产品单一，创新理念匮乏，“大锅饭”现象普遍，这严重束缚了文化工作者的积极性。改革开放之后，我国开展了三轮文化管理体制改革，初步建立起了对文化市场的管理体系，政府对文化单位的管理逐步由“一手包办”向宏观管理过渡，实行文化生产和文化管理分离，文化事业和文化产业分开。尽管如此，旧的管理体制的残余在短期内仍难以消除。政府和文化单位的职能分工仍然没有明晰规定，也缺乏明确的制度规范；政府依然充当文化事业管理者和经营者的双重角色，这制约了文化生产力的发展，严重影响了文化软实力的提升。

最后，文化资源的利用机制粗放。近年来，文化资源尤其是传统文化资源的利用机制有所改善，但由于文化产业起步晚、规模小，因而文化资源的整合和利用能力较弱，仍属于粗放型利用模式，且文艺创作难以通过深入挖掘来创新文化资源，造成同质化现象严重，这既是对文化资源的一种浪费，也阻碍了文化生产力的发展。

三、提升文化生产力的路径

文化生产力之于经济、政治、社会的发展的重要意义已毋庸置疑。提升文化生产力是一项事关中华民族伟大复兴的系统工程。需要从以下几方面提升文化生产力。

第一，提升文化生产力必须以马克思主义为指导。文化生产力要得到充分提升，就必须在全社会树立起文化生产力意识，坚持以马克思主义这一科学理论为指导思想。党的十七届六中全会公布的《中共中央关于深化文化体制改革推动社会主义文化大发展大繁荣若干重大问题的决定》指出:“马克思主义深刻揭示了人类社会发展规律,坚定维护和发展最广大人民根本利益,是指引人民推动社会进步、创造美好生活的科学理论。要毫不动摇地坚持马克思主义基本原理,紧密结合中国实际、时代特征、人民愿望,用发展着的马克思主义指导新的实践。”[①] 马克思主义中关于如何发展文化生产力的论述极其丰富,其内涵也极其深刻,因此提升文化生产力,必须坚持以马克思主义作为指导思想,并做到坚持文化与发展相结合,理论与实践相结合。如此,中国特色社会主义文化才能面向现代化、面向世界、面向未来,才能体现其科学性、民族性和大众性。

第二,提升文化生产力必须全面梳理与利用好我国传统文化资源,并借鉴西方优秀文化生产力发展经验。对于我国传统文化资源,应予以全面梳理和充分利用。例如,建立中国传统文化资源元素库,促进以中国传统文化为基本元素的产品开发和服务贸易;鼓励在文艺创作、影视生产、装帧设计等方面加入中国传统文化元素与文化资源;借助互联网等科技手段和科技平台进行内容开发,使中国传统文化的精髓与时尚文化、流行文化相结合,激发全社会对中国优秀传统文化的认同感和自豪感。[②] 此外,借鉴西方优秀文化生产力的发展经验也具有必要性。毛泽东反复强调向外国学习的重要性,他说:“要承认他们学的东西是进步的,要承认近代西洋前进了一步。不承认这一点,只说他们教条主义,不能服人。……应该学习外国的长处,来整理中国的,创造出中国自己的、有独特的民族风格的东西。”[③]

第三,为提升文化生产力提供良好的发展环境。文化生产力的发展,既需要完善的基础设施作为硬支撑,也需要加强法制建设来打造软环境,这样才能刚柔并济,使得文化生产力健康发展。在文化生产力飞速发展的今天,尤其是在党的十八届四中全会提出“全面推进依法治国”的大背景之下,把文化法制建设提上日程、健全文化法律体系的工作越来越迫切。一是严谨的立法。文化立法应当建立在广泛深入调研、征求社会公众意见、权威论证、相互协调的基础上,如此才能使立法更贴近现实,解决实际问题,且保证立法的严谨性、科学性与实用性。二是公正的执法。创建一个规范健康的文化法制环境是文化市场得以有序运行的前提,因而我们要加强对优秀科研成果和原创性文艺作品知识产权司法保护的力度,激发文化生产者的创作意愿,这就需要加强执法队伍的建设,加大执法

---

① 《中共中央关于深化文化体制改革推动社会主义文化大发展大繁荣若干重大问题的决定》,《人民日报》2011年10月26日,第1版。

② 熊澄宇:《文化生产力彰显文化自信》,《人民日报》2016年10月20日,第7版。

③ 《毛泽东文集》第7卷,人民出版社1999年版,第83页。

力度,建立执法责任追究和奖惩机制,以做到廉洁执法、公正执法。

第四,深化文化管理体制改革。习近平在全国宣传思想工作会议上的讲话中提到,要继续推进文化体制改革,推动文化事业全面繁荣和文化产业快速发展、建设社会主义文化强国。我们必须注重培育文化优势、壮大文化力量、提升国家文化软实力以应对新形势。随着社会主义文化的蓬勃发展,原有的文化管理体制早已不适用于今天的文化发展进程和文化环境,因此必须在原有体制基础上,进一步推进文化管理体制的改革,使其与当今文化生产力发展水平相协调、相适应。一是要加快转变政府文化管理职能。按照政企分开、政事分开、政资分开、政府与市场中介组织分开和管办分离的要求,进一步转变政府职能,使政府由过去的文化细节管理向文化框架管理转变,改变之前由政府主导文化管理的局面,逐步放宽对文化自由发展的限制。二是要完善国有文化资产管理体制。建立科学合理的国有文化资产管理组织框架,实现"管人、管事、管资产、管导向相统一",各级文化管理组织应明确自身的相关职责,"按照公益性、经营性不同的功能定位,以产权改革为核心,加快推进公益性企业化管理事业单位、经营性文化单位的分类改革,鼓励非公资本以多种形式投资文化产业,促进混合所有制经济发展。"①

第五,推进文化产业市场化改革。进一步改革、完善文化市场体系,努力形成开放、统一、竞争、有序的现代文化市场秩序,充分发挥市场机制在文化领域所起的调节作用,以加快文化市场的建设。一是加快转企改制步伐,解决文化单位在转企改制过程中的投融资、税收、扶持政策等问题,并关注转企改制后的配套设施的实行问题,尤其是改制后文化企业的财税扶持力度、社会保障以及员工退休政策等涉及企业运行的重点问题。二是完善文化产品和要素市场,鼓励金融资本、社会资本与文化资源相结合,建立多层次文化产品市场,同时因地制宜,发挥企业的资本聚集优势和各地区文化资源优势,创作具有独特色彩的文化产品。三是提高文化产业的创新性,积极参与和影响国际话语体系建设,提升我国国际话语权;支持在国际上具有一定优势的新兴文化业态的发展;鼓励文化企业通过各种形式参与国际竞争与合作;支持具有鲜明中华民族特色的优秀文化产品,并扩大其国际影响力。

第六,优化文化产业结构。文化产业结构是否合理,直接影响着文化生产力的发展程度。文化产业结构的优化需要进行多个方面的结构调整:一是行业结构调整,文化产业结构调整应以市场需求为依据,将重点放在娱乐产业,加大力度发展体育业、旅游业、软件开发业、文艺演出、广播电视业等行业,同时重视新

① 贾希为:《完善国有文化资产管理体制的思考》,《北京日报》2012年1月30日,第22版。

媒体、网络游戏、数字影视等科技含量较高的新兴产业的发展，使新兴产业与传统产业能够同步发展；可以借鉴国家实验室、国家工程实验室等高新科技单位的发展经验，以国家重点文化科技工程方式推动文化技术与应用平台开发，推动信息、材料、生物和认知等前沿科学在文化领域的应用；实施"中国传统文化元素评估与提炼数据库"等重大工程。[①] 二是产品结构的调整，文化产品创作和生产应以市场为导向，打造有内涵、有深度的文化产品；实现文化产品的多样化和文化服务的优质化，同时建立奖励和激励机制，鼓励更多贴近实际、贴近生活、贴近群众的文化精品的产出。三是组织结构的调整，文化企业应致力于降低生产和运营成本，加大科技研发力度，科学合理地调整企业的人才结构、管理结构和资源结构，从而从整体上进行企业内部组织结构的优化，逐步扩大企业经营规模。

7.4 增强文化软实力

文化软实力是综合国力的重要组成部分。在全球化浪潮下，文化软实力在国际竞争中正在占据越来越重要的地位，发挥越来越重要的作用。世界各国在大力发展国家硬实力的同时，日益重视增强文化软实力。文化软实力建设是我国"十三五"期间文化强国战略的重要支撑。提高国家文化软实力，事关我国"两个一百年"奋斗目标和中华民族伟大复兴中国梦的实现。

一、文化软实力的概念

（一）文化软实力的界定

美国哈佛大学教授约瑟夫·奈在1990年出版的《注定领导世界：美国权力性质的变迁》一书及同年在《对外政策》杂志上发表的题为《软实力》一文中，最早明确提出并阐述了"软实力"的概念。在2004年出版的《软实力：世界政坛成功之道》一书中，他又对"软实力"概念进行了补充。约瑟夫·奈认为，一个国家的综合国力既包括由经济、科技、军事实力等表现的"硬实力"，也包括"软实力"，后者是一种国家可以通过战略和政策有效使用的战略资源和实际能力，主要由文化吸引力、意识形态吸引力和塑造国际规则的能力三个方面组成。在约瑟夫·奈看来，"软实力"包括五个基本要素：(1)文化吸引力；(2)思想/意识感召

① 熊澄宇：《文化生产力彰显文化自信》，《人民日报》2016年10月20日，第7版。

力(价值观);(3)政策影响力(包括国际政策影响力和国内政策影响力);(4)框架(机构体制)约束力;(5)跨国公司控制力。这一研究本身的创新价值已经得到了世界的认同,并且为后来的研究奠定了基础。由于不同发展水平的国家"文化软实力"的要素构成、内容有巨大差异,这一成果也为人们提供了很多新的研究空间。

对于文化软实力的概念,一般认为,"软实力"主要包括意识形态、政治价值、国家吸引力和凝聚力、文化感召力、道德准则及民意等,除军事以外的实力均可以称为"软实力";但不同发展水平的国家文化软实力的要素构成和内容有巨大差异。例如,有学者认为,中国传统文化就蕴含着"文化软实力"的内涵,中国古代的"德行"、教化,包括以"文""化"天下也是一种"文化软实力"。① 有学者认为,文化软实力是一个国家的文化所彰显的精神、智慧、情感的力量,它包括文化孕育力、文化向导力、文化创新力、文化涵化力、文化影响力等。② 还有学者认为,文化软实力是人利用本群体文化资源,通过一定手段对受力对象产生辐射力与影响力,从而影响受力对象的思想或行为,实现文化对社会发展的反作用的力量。③

近年来,国内有学者和相关政府部门尝试从理论和实践的角度来定义区域文化软实力,并依此来审视区域发展成果。2008 年,《瞭望东方周刊》联合复旦大学国际公共关系研究中心、中国市长协会,在全国范围内首次进行了中国城市软实力调查,设置十大测评项目,其中与文化相关的软实力有六项:文化号召力、教育发展力、城市凝聚力、社会和谐力、形象传播力、区域影响力。④2009 年,深圳的文化蓝皮书对"文化软实力"的内涵做了相关论述,书中将"城市文化软实力"的内涵定义为"价值创造力""文化创新力""城市文化辐射力""城市凝聚力""城市影响力""城市识别力"。⑤

总之,在全球化浪潮的推动下,"文化软实力"逐渐成为国际化语境下的本土实践,其既是一种理论视角,又是一种实践逻辑,还是一种行为过程和结果。⑥

① 张鸿雁、房冠辛、杨晓珺:《省域"文化软实力"与特色文化城市发展战略创新研究——以江苏"文化软实力"能级提升为案例》,《中国名城》2015 年第 7 期,第 4~15 页。

② 安娜、林建成:《中国文化软实力的内容架构及提升路径探究》,《学术论坛》2015 年第 10 期,第 151~155 页。

③ 刘佳:《马克思主义视野下文化软实力新解——中国式文化软实力理论的认知、解释与框架建构》,《青海社会科学》2014 年第 6 期,第 146~153 页。

④ 复旦大学国际公共关系研究中心中国城市软实力调查研究课题组:《2009 中国城市软实力调查研究报告》(网络版),http://media.people.com.cn/GB/40606/9569277,最后访问日期:2018 年 2 月 8 日。

⑤ 彭立勋:《改革开放与城市文化发展 2009 年深圳文化蓝皮书》,中国社会科学出版社 2009 年版,第 3 页。

⑥ 张鸿雁、房冠辛、杨晓珺:《省域"文化软实力"与特色文化城市发展战略创新研究——以江苏"文化软实力"能级提升为案例》,《中国名城》2015 年第 7 期,第 4~15 页。

（二）文化软实力的特征

首先，文化软实力具有无形性。文化软实力的无形性体现在其存在形式上。文化软实力具体表现为一个国家的思维方式、价值诉求、精神信仰、道德情操、人文素质，等等，其存在是无形的，能够影响其他国家或民族的选择能力，吸引其他国家或民族产生仰慕之情并主动进行效仿。

其次，文化软实力具有隐蔽性。文化软实力的隐蔽性体现在其作用方式上。文化软实力的作用发挥是一个循循善诱、润物无声的过程，更是一个长期的、潜移默化的过程。[①] 与硬实力的经济制裁、军事干预、科技垄断等强制手段相比，文化软实力往往以文化产品或文化服务为载体，将本国的生活方式、价值追求、精神信仰等融入其中，使其他国家或民族在满足情感愉悦和享受需要的同时，逐渐接受并认同本国的价值理念。

最后，文化软实力具有双重性。文化软实力的双重性体现在其影响力上。一方面，文化软实力具有正面的影响力，当优秀的文化成分被释放时，会产生进步力量，发挥正面的影响力；另一方面，文化软实力还具有负面的影响力，当陈腐或负面的文化成分被释放时，会产生阻滞力量，辐射出负面影响力。对此，有学者认为，文化软实力双重影响力的发挥主要取决于本民族所传播文化内容的先进性以及文化控制者的目的：当文化控制者以展现优秀文化为目的，努力实现优秀文化正向价值时，就是文化软实力正面价值的发挥；当文化控制者以控制对方为目的，利用文化中陈腐或负面成分遏制其社会发展时，就会发挥出文化软实力负面影响力。[②]

（三）文化软实力的功能

文化是一个民族的灵魂和标志，是一个民族的精神家园，是民族认同，国家认同，以及民族凝聚力、创新力、发展力的基础。在全球化浪潮下，文化软实力在国际竞争中发挥着越来越重要的作用。

首先，增强文化软实力，有利于构建并优化社会主义核心价值体系。2014 年 2 月，习近平在中共中央政治局第十三次集体学习时强调："核心价值观是文化软实力的灵魂、文化软实力建设的重点。这是决定文化性质和方向的最深层次要素。一个国家的文化软实力，从根本上说，取决于核心价值观的生命力、凝

① 安娜、林建成：《中国文化软实力的内容架构及提升路径探究》，《学术论坛》2015 年第 10 期，第 151~155 页。

② 刘佳：《马克思主义视野下文化软实力新解——中国式文化软实力理论的认知、解释与框架建构》，《青海社会科学》2014 年第 6 期，第 146~153 页。

聚力、感召力。”[①] 马克思主义与当代中国实际相结合，形成了中国特色社会主义，社会主义核心价值观也由此构筑。社会主义核心价值观是社会主义道路建设的思想基础，文化生产过程同时也成为社会主义核心价值体系的生产和再生产过程。在当前一元化价值观与多元化价值观之间的矛盾日趋突出的背景下，积极开展我国文化软实力建设，能够推动社会主义核心价值体系的完善，增强国家的凝聚力和民族文化的吸引力，增强民众的文化自信心，同时满足国家经济建设需要，推动社会主义道路建设。

其次，增强文化软实力，有利于促进文化产业健康发展。党的十八大以来，我国在文化产业的资金、人力等方面加大了投入力度，文化产业因此得到了快速发展，文化产业链进一步延伸，文化与相关产业的融合发展得到有力的推动。因此，必须增强文化软实力，使文化产品能够针对不同层次的人群、不同的消费观，并符合时代需要，从而在提高大众精神生活质量的同时促进文化产业健康发展。

再次，增强文化软实力，有利于推动全面建成小康社会。在国民经济发展新常态的背景下，国家社会经济发展速度、方式、结构以及动力都在发生转型、演化和调整。新常态带来了发展机遇，但转型也必然意味着矛盾、问题和风险。只有全面改革经济社会的各种弊端，积极进行文化软实力建设，引导和带动文化民生发展，并不断提升我们的制度体制和政策的竞争能力，才能从根本上解决问题，从而实现全面建成小康社会的目标。

最后，增强文化软实力，有利于提升民族创新能力。党的十八届五中全会再次强调要牢固树立并贯彻执行创新的发展理念，并要求把创新放在国家发展全局的核心位置。但是民族创新能力并不是凭空产生的，而是通过后天学习和实践而获得和提升的。这就需要实现解放思想，优化价值观，改革、完善制度和提高人才素质，并在此基础上大力培养创新能力，进而发挥创新能力驱动引领经济社会发展的作用。文化软实力建设与创新能力是相辅相成的，只有不断加强文化软实力建设，才能真正夯实民族创新能力的基础。

二、我国文化软实力建设的现状

(一) 我国文化软实力发展取得的成绩

近年来，随着我国综合实力不断增强，我国文化软实力在这个过程中得到不断的提升和增强，这对我国综合国力的发展起到了重要的推动作用。

① 《把培育和弘扬社会主义核心价值观作为凝魂聚气强基固本的基础工程》，《人民日报》2014 年 2 月 26 日，第 1 版。

首先，从整体发展来看，文化软实力不断发展。第一，文化产业发展迅速。在文化市场繁荣发展的背景下，文化产业日益成为重要的新兴产业，在国民经济中所占的比重也越来越大。文化部发布的有关数据表明，“十一五”期间，我国文化事业费逐年增加，增长速度保持在较高水平。“十一五”的前四年，全国文化事业费年均都保持良好增长。适当宽松的文化产业发展环境、财政上的支持以及有效的知识产权保护政策，都为文化产业的蓬勃发展提供了有利的条件。第二，文化价值观逐步得到认同。文化价值观是一个国家文化的公共价值观，是国民对国家主流文化产生的价值认同和心理归属，任何国家和国民都不能离开本国的文化价值观而独立存在，它是国家凝聚力、吸引力和影响力的核心。我国文化价值观在源于仁爱、诚信、善行、以和为贵等传统文化的基础上，结合当代经济发展特点，被赋予了“和谐”这一新内涵。2008 年北京奥运会和 2010 年上海世博会的成功举行，更是为中国提供了了解世界也让世界了解中国的最佳平台，同时在世界范围内获得了强烈的价值认同。第三，中国的负责任大国的国际形象被认可。与我国文化之精髓“仁义之道”密切相关，新中国成立以来，我国一直是友好、负责任的大国形象。“和平共处五项原则”为处理国家之间的问题提供了基本的行为规范；中国长期对第三世界国家给予援助，获得了第三世界人民的好评；中国在处理国际事务中坚持和平友好的对外政策，更是获得了世界各国的赞扬和尊重。

其次，从区域发展来看，文化软实力不断提升。例如，广东省致力于谋求全国影响力的“区域文化中心”建设。2009 年，广东省明确提出了《关于加快提升文化软实力的实施意见》，该意见指出，争取用 5 年到 10 年时间，通过扩大投入、进行文化体制改革、大力发展文化创意产业使之成为新的经济增长点等，将广东省建设成全国具有重要影响力的区域文化中心，实现从“文化大省”向“文化强省”的转变。又如，上海市则致力于实施领先全国的“国际文化大都市”战略。上海市在“十二五”规划中明确提出，到 2020 年，上海市要基本建成国际文化大都市、国际文化服务中心、国际文化产业中心；提出增强文化软实力的“五个工程”，即引进一所国际知名大学的分部，创建一个影响广泛的报纸系列，发展一家有较强影响力的门户网站，打造一个面向全球受众的频道，创办一项“海派”特色的文化活动，大力构建上海海派文化中心。再如，深圳市致力于打造提高文化软实力的“深圳样本”，其早在 2003 年就确立了“文化立市”“以文化定输赢”的发展新战略，并先后提出了“拼文化”“实现市民文化权利”“提升城市文化软实力”“打造创新型、智慧型、力量型城市文化”等一系列创新理念。深圳市在有效引导改革实践的同时，正努力打造提高“文化软实力”的“深圳样本”。

（二）我国文化软实力发展存在的问题

近年来，党中央和国务院将增强文化软实力放在越来越重要的位置，但是，从目前我国文化软实力的建设现状来看，仍存在以下问题。

首先，仍需进一步推进社会主义核心价值观的认同。习近平指出："人类社会发展的历史表明，对一个民族、一个国家来说，最持久、最深层的力量是全社会共同认可的核心价值观。核心价值观，承载着一个民族、一个国家的精神追求，体现着一个社会评判是非曲直的价值标准。"[①] 党的十八大首次提出了"富强、民主、文明、和谐，自由、平等、公正、法治，爱国、敬业、诚信、友善"的社会主义核心价值观。要使社会主义核心价值观成为全社会共同遵循的价值准则，关键在于社会公众对它的认同。在当前社会转型期，思想文化和日常生活领域价值多元化趋势明显，个人主义、享乐主义和拜金主义仍然存在，因而不利于文化软实力的提升和增强。

其次，我国文化软实力与发达国家相比差距仍然较大。尽管我国文化软实力有较大增强，但是由于起步较晚，我国文化产业竞争力仍然难以与发达国家相比，也与我国经济大国的地位不相匹配。例如，2015 年，中国电影全年海外销售收入为 27.7 亿元，比 2014 年增长 48.13%；2016 年中国电影全年海外销售收入达到了 38.257 亿元，较 2015 年增长 38.09%，这是中国电影海外销售收入连续四年快速增长。[②] 然而，我国电影海外销售相比于美国电影的海外票房还有待进一步提高。在流行音乐偶像方面，我国甚至比不上邻国韩国和日本。尽管我国期刊总数迅速增加，但无论是期刊总量和影响力，还是人均拥有期刊数方面，我国和世界发达国家相比，依然比较落后。

再次，文化建设人才缺失。近些年，虽然我国的精神文明建设成效显著，但是由于文化软实力建设人才的相对缺失，我国文化软实力的建设和提升速度较慢。例如，我国著名艺术家金曼指出，我们不仅需要一批一流的文化产品，还需要一批了解中国文化，了解世界文化市场，善于市场策划和运作的国际文化经纪人。文化建设人才的缺失在一定程度上制约了我国文化软实力的提升。

最后，文化传播力不足。文化传播是文化的基本特质，是文化的扩散过程，文化传播使各民族的优秀文化得以在世界不同地区以多元形式保存下来。文化传播力则是指文化以其生成地为中心向四周传播、扩散的能力。目前"中国传媒实力的构成是不均衡的，国内传播实力和传播基础实力相对较强，而国际传播

---

① 习近平：《青年要自觉践行社会主义核心价值观——在北京大学师生座谈会上的讲话》，《人民日报》2014 年 5 月 5 日，第 2 版。

② 《向世界展现一个多彩的中国——十八大以来中国文化走出去述评》，《光明日报》2017 年 9 月 11 日，第 5 版。

和传媒经济实力相对较弱”①,这和我国的文化传播水平与我国的综合实力及发展优势不匹配,从而不利于我国文化软实力的提升。

三、增强文化软实力的路径

(一) 培育和践行社会主义核心价值观

核心价值观是文化软实力建设的核心和首要前提。2014年10月,习近平在中共中央政治局第十三次集体学习时强调:“一种价值观要真正发挥作用,必须融入社会生活,让人们在实践中感知它、领悟它。要注意把我们所提倡的与人们日常生活紧密联系起来,在落细、落小、落实上下功夫。……要通过教育引导、舆论宣传、文化熏陶、实践养成、制度保障等,使社会主义核心价值观内化为人们的精神追求,外化为人们的自觉行动。”② 习近平的重要指示,为培育和践行社会主义核心价值观提供了基本方向。培育和践行社会主义核心价值观,必须目标细分、要求细致、措施细密,并在此基础上进一步深化,以小见大,同时,还要在实践中要注意把社会主义核心价值观与人们日常实际生活紧密联系起来,通过舆论宣传、教育引导、文化熏陶、实践养成、制度保障等,将社会主义核心价值观融入社会生活的方方面面,使之成为人们日常工作生活所需要遵循的基本准则;融入人民群众广泛参与的精神和物质生活中,使人民群众精神思考和行为实践的过程就是在践行社会主义核心价值观要求的过程。

(二) 继承和发展中华优秀传统文化

中华优秀传统文化是在中华民族长期的社会实践中孕育出来的物质文明和精神文明的丰硕果实,其积淀着中华民族最深沉的精神追求,是中华民族生生不息、发展壮大的丰厚滋养;同时,它也是中华民族的突出优势,是我们最深厚的文化软实力。批判地继承和发展中华优秀传统文化,不仅有利于精神家园的建设,而且能够让中华儿女产生归属感,共同推动文化的繁荣发展。继承和发展中华优秀传统文化,不仅符合大众对文化的需求,而且满足了我国文化软实力建设的需要。2014年2月24日,习近平在中共中央政治局第十三次集体学习时强调,要认真汲取中华优秀传统文化的思想精华和道德精髓,大力弘扬以爱国主义为核心的民族精神和以改革创新为核心的时代精神,深入挖掘和阐发中华优秀传统文化讲仁爱、重民本、守诚信、崇正义、尚和合、求大同的时代价值,使中华优秀

---

① 江凌:《中国文化软实力建设的十个问题——基于中美文化软实力比较的视角》,《福建论坛》(人文社会科学版)2012年第6期,第110页。

② 《把培育和弘扬社会主义核心价值观作为凝魂聚气强基固本的基础工程》,《人民日报》2014年2月26日,第1版。

传统文化成为涵养社会主义核心价值观的重要源泉。[①] 依此来看，继承和发扬中华优秀传统文化，就应当使中华优秀传统文化与当代文化相适应，促进二者之间形成良好互动和有效整合；应当使中华优秀传统文化资源与当代社会相协调，促进其体现文化软实力的时代价值；应当用符合大众需求的形式对优秀传统文化做出新的阐释，推进其发展的大众化。

（三）提升中国文化的对外传播能力

当今世界充斥着各种文化思潮，其中以美国为首的西方文化软实力处于绝对优势，其他文化力量相对弱小。为促进世界文化的多元化发展，提升我国文化软实力，需要制定系统的文化传播战略。一是坚定我国的文化传播理念。与西方资本主义国家鲜明的文化霸权主义不同，我国文化传播立足于积极防御、尊重其他文化、绝不推行文化霸权主义这一理念，同时将我国的文化传播理念定位为展示中国文化的独特魅力，讲好中国故事，传播好中国声音，向世界展示博大精深的中华优秀传统文化和具有独特魅力的现代文化成果，展现一个真实、立体、全面的中国，向世界传播当代中国价值观。[②] 二是创新中国的文化传播话语。应树立强烈的文化自信，努力将我国的综合实力和发展优势转化为话语优势。在充分考虑外国受众的特殊性，尊重他们文化背景、生活风俗、宗教传统的差异的基础上，打造融通中外的新概念、新范畴和新表述，积极争取文化传播话语权，增强我国文化传播的亲和力。三是构建立体化传播体系。着力培育具有世界影响力的文化传播媒介，大力发展新型文化传播媒介，培养语言本土化、中西文化融通的跨文化传播队伍，并不断完善译制、推介、咨询等方面的扶持机制。同时，对于官办文化传播媒介，必须坚持中国共产党的领导。2016 年 2 月 19 日，习近平在主持召开党的新闻舆论工作座谈会时强调指出，党和政府主办的媒体是党和政府的宣传阵地，必须姓党。党的新闻舆论媒体的所有工作，都要体现党的意志、反映党的主张，维护党中央权威、维护党的团结，做到爱党、护党、为党。[③] 所以，对于非官办文化传播媒介，也必须接受执政党的舆论监督和引导。

（四）注重软实力和硬实力的协调发展

对国家的综合国力的考量，是包括经济、政治、文化在内的多方面的综合考量，因此，一个国家的发展应实现软实力与硬实力的整体及协调发展。党的十八届五中全会提出要坚持协调发展的理念，我们要在增强国家硬实力的同时注重

① 《把培育和弘扬社会主义核心价值观作为凝魂聚气强基固本的基础工程》，《人民日报》2014 年 2 月 26 日，第 1 版。

② 李旭华：《论当代中国文化软实力建设存在的问题及对策》，《广西师范大学学报》（哲学社会科学版）2016 年 4 期，第 42~47 页。

③ 《坚持正确方向创新方法手段 提高新闻舆论传播力引导力》，《人民日报》2016年2月20日，第1版。

提升国家软实力,不断增强发展的整体性。[①]离开软实力单纯地发展硬实力,或者离开硬实力空谈软实力,都是不可取的。硬实力是软实力发展的基础,因而需要在不断夯实硬实力的基础上更好地发展软实力;软实力也在影响硬实力的发展,因而需要在提升软实力基础上,发挥软实力对硬实力的指导、促进作用;二者互相促进,不可偏废。[②]对硬实力的发展主要包括:大力发展文化产业,催生文化新业态,高度重视文化产业与科技、旅游、教育的融合发展;大兴文化事业,完善公共文化服务体系,统筹规划公共文化服务基础设施的布局和结构,增强公共文化产品生产供给能力,构建公共文化服务体系需求反馈机制。

(五)聚集和培养文化人才队伍

聚集和培养文化人才队伍也是增强文化软实力的重要路径之一。增强文化软实力,需要牢固树立"人才资源是第一资源"的科学人才观,培养具备良好的职业道德、精湛的学术造诣、高超的创作生产能力以及领导管理水平的复合型文化人才;增强文化软实力,需要优化结构,大力引进具有宽阔的国际文化视野以及深厚文化底蕴的留学归国文化人才,并推进形成良性、和谐、有序的人才梯队衔接;增强文化软实力,需要建立健全人才评估和激励机制,对优秀的文化人才和优秀创作成果予以奖励,大力发扬潜心钻研、严谨笃学、自尊自律的风尚。

7.5 培育文明健康的精神生活

精神生活是与物质生活相对应的,一般是指在一定的社会历史条件下以及在一定的物质基础上,人们为了个体生存和发展而进行的精神生产和精神享受的种种活动,它是人实现自我的一种重要面向。经济与文化的发展没有必然的一致性,经济强国不代表就是文化强国,物质富足,也不代表精神就一定充实;物质匮乏,也不意味着精神就贫乏。当生活资料短缺、物质水平低下时,人们会优先将主要注意力放在满足物质需要上来。随着我国改革开放和经济建设的不断发展,人民群众的物质生活水平得到了极大的提高,随之而来的是人们的精神生活需求也日益增长,并且这种需求的满足在人们生活中愈发显得重要,因为这是人全面发展的重要内容。2015年10月29日,党的十八届五中全会审议通过了《中共中央关于制定国民经济和社会发展第十三个五年规划的建议》,提出"人

① 《中共十八届五中全会在京举行》,《人民日报》2015年10月30日,第1版。

② 夏文斌、徐艳:《提升文化软实力的中国路径》,《人民论坛》2016年6期,第93页。

民是推动发展的根本力量，实现好、维护好、发展好最广大人民根本利益是发展的根本目的。必须坚持以人民为中心的发展思想，把增进人民福祉、促进人的全面发展作为发展的出发点和落脚点"[①]，也就是说，"十三五"规划的核心理念是促进人的全面发展。众所周知，人是有思想的动物，精神是人的本质属性，没有精神生活，人的全面发展就不可能得到真正实现。所以，要全面建成小康社会，要促进人的全面发展，培育并让人民享有健康丰富的精神文化生活是文化建设的应有之义和重要内容。

随着我国社会主义市场经济体制的逐步建立和完善，生产力得到了空前的释放和提高，人们的物质生活水平取得了飞跃式的提升。同时，我国的文化体制改革和文化建设也在不断推进，文化事业和文化产业都取得累累硕果。国家在推进高水平的大型公共文化设施建设的同时，也着力统筹推进城乡基层公共文化设施网络建设。我国已初步建成了包括国家、省（自治区、直辖市）、地市、县、乡（镇）、村和城市社区在内的六级公共文化服务网络，城乡公共文化设施服务人民群众的能力大大提升。截至 2016 年年底，全国共有公共图书馆 3 153 个，人均拥有公共图书馆藏量已上升到了 0.65 册（件）。文化馆、综合性文化中心、群众艺术馆、文化站等各种群众文化机构大幅增加，各地的各种群众文化活动活跃。同时，近年来，我国文化产业的增速始终高于 GDP 增速，2016 年，全国文化及相关产业增加值首次突破 3 万亿元，增加到了 30 254 亿元，占 GDP 的比重已提高到 4.07%，文化服务业快速增长。2016 年，全国出版图书 49.6 万种，国民综合阅读率达 79.9%，初步构建起结构合理、门类齐全、具有相当竞争力的现代文化产业体系。[②] 文化事业和文化产业的大发展提供了丰富的精神资源，大大促进了人民群众精神生活的全面发展。但新时代人们的精神生活在不断发展和丰富的过程中，出现的问题也不容忽视，如人与人的异化、道德的滑坡和消费主义的盛行，等等。如何面对这些问题，以及如何培育健康文明的精神生活，是当代非常重要的社会课题。

人与人的异化是现代社会的一种病症。在商品社会中，人的劳动行为和劳动产品同自身处于相异化的状态，更进一步讲是人与人的异化。马克思认为"人同自己的劳动产品、自己的生命活动、自己的类本质相异化的直接结果就是人同人相异化"[③]，这是一个无比精彩的观点。因为在商品社会中，人同自身相对立的同时也同他人相对立。因为，在商品社会中，人都是自私的个体，以利润最大

---

① 《中共中央关于制定国民经济和社会发展第十三个五年规划的建议》，《人民日报》2015 年 11 月 4 日，第 1 版。

② 《中华人民共和国文化部 2016 年文化发展统计公报》，《中国文化报》2017 年 5 月 15 日，第 4 版。

③ 《马克思恩格斯文集》第 1 卷，人民出版社 2009 年版，第 163 页。

化的实用主义思考方式来对待他人。在人际交往中,双方都不把对方当作人而是当作物品,当作达成自己目的的工具。只有需要他人来满足自己的需求时,我们才会理会他人,一切行为的出发点都是私利,而人性中的爱与同情心等早已消失不见。这样的异化在今天看来,尤其发人深省。在今天,人不再是鲜活的生命,只是一串串符号和数据,人的行为仿佛都可以用清楚明白的数字来计算。人们的思维模式正从传统的价值理性逐步演变为当前的工具理性。这种演变倾向和人的异化对人们的情感和精神都有巨大的负面影响,制约了人们精神生活质量的提升。

物质的富足并不必然带来道德水平的提升,道德的滑坡是当下必须面对的一种社会现象。科技革命让人类社会发生了翻天覆地的变化,也彻底改变了人类的生活和存在境况。一个突出的现象是现代社会的人正慢慢变成一个个原子化的个体,既自由又相互孤立和割裂,人与人之间的传统情感和伦理关系正在发生蜕变,一些人变得非常的功利,不愿遵守社会公德,对弱势群体所处的困境漠不关心甚至会落井下石,并会为了自己个人利益的获得而无底线地做人行事。老人摔倒了,到底扶不扶?当人们面对处于危险或困境者想去伸出援助之手时,却往往在担心这个人是不是"碰瓷",或者帮助了之后自己会不会被"反咬一口"而惹上麻烦。这里面除了法律因素,更多地涉及道德问题。我们不得不对此进行反思,并问一声:我们要不要坚守自己的道德底线,保持最朴实宝贵的良心?道德的危机会使社会缺少温情和凝聚力,容易让人陷入迷惘、失落和无安全感的状态,大大影响人们幸福感的获得和情感需求的满足。

当前的时代是一个消费主义盛行的时代,人们普遍崇尚物质至上。列斐伏尔敏锐地指出,现代社会是一个消费受控制而同时又受消费控制的科层制社会,在这个社会中,日常生活世界已成为一个被虚假的欲望符号体系操纵和奴役的地带,形形色色的流行的符号体系控制了人们的生活世界。[①] 按照马克斯·韦伯的经典论述,近代以来的社会发展经历了不断除魅的过程,在人们心中超验的存在已变为不可能,即神圣的超越世界和终极的存在开始坍塌。人们的精神生活开始转向世俗化,市场经济彻底激发了人们心底最赤裸裸的原始欲望并被其引导和控制,通过物欲的满足来实现自我认同,从而兴起了物欲消费主义。这种始于西方的精神现象借助经济文化全球化的浪潮正影响着当代中国人的精神生活。同时,互联网的兴起也给物欲消费主义的传播提供了舞台。西方功利主义、享乐主义、消费主义等思潮不断侵蚀人们的精神世界,二次元经济、网络直播、网红经济、移动电竞等文化产品与服务的不断涌现,在带给人们新鲜和丰富体验的

① 徐琴:《鲍德里亚消费社会理论的意义与局限》,《哲学研究》2009年第5期,第43~50页。

同时也不时夹带了一些低层次感官消费。现代生活和工作的快节奏也让人被时间带着跑,容易陷入浮躁、焦虑等心理情绪。人们往往通过快感化、娱乐化、感官化的快乐来释放压力,而无法真正静下心来感受深层次的精神产品。这些负面效应的叠加,在相当程度上影响了我国人民群众对文明健康精神生活的享受。

由以上论述可以看出,当前我国人民群众的精神生活还存在种种问题,这也是社会发展过程中一种正常现象,我们要积极培育文明健康的精神生活。

首先,我们要利用社会主义先进文化来为精神生活营造一个良好的文化环境。面对当前改革开放的复杂局面、多元化社会思想意识和深刻变化的媒体格局,我们必须牢牢把握文化的领导权和话语权,让社会主义先进文化和核心价值观处于主导地位。通过先进文化和社会主义核心价值观来营造一个有利于精神生活发展的文明健康的文化环境,帮助人们树立信仰并给予无尽的精神生活动力,让人们有能力并自觉抵制落后的、堕落的和腐朽的文化,不让“劣币驱逐良币”的现象发生。

其次,要引导和丰富人民群众的精神文化生活。中国已进入一个多元化的时代,多种社会思潮和价值观念不断交融和并存,科技也在不断打开人们对生活的想象空间,不断涌现新的文化载体和形式。再加上我国各地区物质和文化水平及发展程度的差异、人们年龄的不同以及受教育程度的不同等因素,人们对精神生活的期许与诉求是多样化和多层次的。我们在坚持精神生活主导性的同时还要丰富精神生活的多样性。一方面要通过不断创造和提供积极健康的多样的文化产品来滋润人民群众的精神生活,另一方面要大力开展各种为广大群众所喜闻乐见、热情参与的群众文化活动,使广大人民群众有机会并自觉自愿地在这些丰富多彩的活动中提升精神生活的品质。

最后,要发展和保护公共领域,塑造价值共同体。在现代社会中,人们往往事不关己高高挂起,只关注自己的需求和自身的利益。也就是说,在很多人看来,别人的事情与己无关。这实际上是把自己跟他人完全割裂开,个体与共同体呈现的是一种二元对立的关系。我们要发展和保护公共领域,让每个人在其中有充分的公共交往,对公共事务有理性的公共对话和公共参与。这样,每个个体过的是一种公共生活,对社会与他人就不会逃避和麻木不仁,而是会积极参与到公共生活中,通过判断力的批判性思考和行动来维护与拓展公共领域。实际上,人们会通过这种公共生活,内化价值信念,形成一个价值共同体,始终把自己当作共同体的一部分,并能自觉抵御外来不良价值观的影响和侵蚀。整个社会在人们的共同管理与参与下会在各个方面取得不断进步和良性发展,健康文明的精神生活也就会出现。

党的十八大报告里明确指出:“让人民享有健康丰富的精神文化生活,是全面建设小康社会的重要内容。”① 文明健康的精神生活对于个体来说具有特殊的重要性。我们要在加强经济建设、进一步提高人们物质生活水平的同时，还要加强文化建设，努力丰富人们的精神生活，满足人们的精神需要，克服人们精神生活领域存在的种种问题。这样，物质文明和精神文明的同时发展才能给人民群众带来物质生活和精神生活的双重满足，才能更好地促进人的全面发展。

① 《胡锦涛文选》第 3 卷，人民出版社 2016 年版，第 639 页。

第8章　把握全球化信息化背景下的文化主动权

习近平指出:“认识世界发展大势,跟上时代潮流,是一个极为重要并且常做常新的课题。”① 党的十九大做出了中国特色社会主义进入了新时代的重要战略判断。在这个新时代,要全面建设社会主义现代化强国,要逐步实现全体人民共同富裕,要奋力实现中华民族伟大复兴中国梦,要不断为人类做出更大贡献。习近平在党的十九大报告中明确提出了“增强改革创新本领,保持锐意进取的精神风貌,善于结合实际创造性推动工作,善于运用互联网技术和信息化手段开展工作”② 的要求。文化的创新发展,也必须立足于新时代的目标,立足于全球化信息化的重要特征。在当下,文化自信紧要的是必须把握全球化、信息化背景下的文化主动权。

① 《中央外事工作会议在京举行　习近平出席中央外事工作会议并发表重要讲话》,《人民日报》2014年11月30日,第1版。

② 习近平:《决胜全面建成小康社会　夺取新时代中国特色社会主义伟大胜利——在中国共产党第十九次全国代表大会上的报告》,《人民日报》2017年10月28日,第1版。

8.1 全球化、信息化对文化发展的深刻影响

一、经济全球化对文化发展的影响

习近平指出:“当前,围绕经济全球化有很多讨论,支持者有之,质疑者亦有之。总体而言,经济全球化符合经济规律,符合各方利益。”①

其实,全球化的历史由来已久,可以追溯到 1492 年哥伦布发现美洲新大陆,这一发现使东、西半球的民族有了相互交流的可能。随着人类交往越来越频繁、联系越来越密切,各民族的相互作用和相互依赖也日趋加深,促使世界市场逐步形成。马克思认为,民族交往的扩大,世界市场的形成,大大促进了生产力的发展,民族国家也走向了世界历史。②

那么,关于全球化的疑虑是如何产生的呢? 一方面,改革开放初期,在我国力量不强、经验不足的时候,面对占据优势地位的西方国家,我们能不能做到既利用对外开放机遇又不被腐蚀或吃掉? 另一方面,经济全球化就是市场经济的全球化。社会主义经济制度由于客观与主观的原因,长期以来被认为是公有制基础上的计划经济。计划经济的实行,在相当长一个时期内促进了社会主义国家经济的高速发展,但是,在现实的社会条件下,人们对经济规律的把握还不可能超出必然王国,用计划这个看得见的手调节经济具有很大的盲目性。而计划经济的实行在客观上则造成了条块分割、自我封闭、相互交往的萎缩,导致了经济发展的长期停滞,甚至造成了制度的危机。邓小平总结了历史的经验教训,敏锐地指出了和平与发展是这个时代的主题,把开放作为基本国策,并明确提出了社会主义也可以搞市场经济的思想,开启了中国改革开放的新局面。

我们今天所描述的经济全球化又有新的特点。这里不能不提到美国著名未来学家阿尔文·托夫勒及其代表作《第三次浪潮》。阿尔文·托夫勒作为当今最具影响力的社会思想家之一,于 1928 年 10 月 8 日出生于纽约,毕业于纽约大学,1970 年出版《未来的冲击》,1980 年 3 月出版《第三次浪潮》,1990 年出版了《权力的转移》。《第三次浪潮》的出版引起了巨大的反响,该书阐述了由科学技术

---

① 《习近平主席在亚太经合组织工商领导人峰会上的主旨演讲》,《人民日报》2016 年 11 月 21 日,第 1 版。
② 《马克思恩格斯文集》第 1 卷,人民出版社 2009 年版,第 520~541 页。

发展所引起的社会各方面的变化与趋势。作者将人类社会划分为三个阶段:第一次浪潮为农业阶段,从约一万年前开始;第二次浪潮为工业阶段,从17世纪末开始;第三次浪潮为信息化(或者服务业)阶段,从20世纪50年代后期开始,也就是"第三次浪潮文明"。第三次浪潮时期,以电子工业、宇航工业、海洋工业、遗传工程组成工业群;社会进步不再以技术和物质生活标准来衡量,而以丰富多彩的文化来衡量。该书预测了电邮普及、媒体互动、网络聊天和其他数字化进步,比如电脑发明使SOHO(在家工作)成为可能,DIY(自己动手做)运动逐步兴起等。这个时代鼓励个体人性发展,但不是创造某个理想的超人,而是培养一种新的社会性格。

20世纪末、21世纪初出现的经济全球化浪潮,正是由于新技术革命特别是信息化的发展,并随着"冷战"的结束而达到了前所未有的速度。人们感受到出现了一种全球性的力量在裹挟着每个国家、每个民族、每个地区、每个集团,以至于每个人都进入一个汹涌澎湃的大潮流,正所谓世界系统已达到全球的维度。中国人民在中国共产党的领导之下,在全球化大潮中趁势而上,使经济建设高速发展,并成为世界第二大经济体。而且,2008年以来,在全球经济遭遇金融危机、经济增速放缓的背景下,中国成为影响全球经济发展的动力源。也正是在这样的背景下,西方世界以美国为首,出现了逆全球化的思潮。中国则以更主动、更积极的姿态参与全球治理。中国共产党坚持和平发展的国际战略理论,提出了"建设创新、活力、联动、包容的世界经济"的中国方案,推进了"一带一路"倡议的实施。中国道路、中国方案、中国智慧及其影响力日益增强。经济全球化推动着政治多极化,这迫切地要求中国增强自身的文化软实力,必须建设好社会主义的文化强国。

经济全球化又对社会主义文化建设形成了严峻挑战。习近平指出:"经济全球化是一把双刃剑,既为全球发展提供强劲动能,也带来一些新情况新挑战,需要认真面对。新一轮科技和产业革命正孕育兴起,国际分工体系加速演变,全球价值链深度重塑,这些都给经济全球化赋予新的内涵。"① 如果说改革开放初期,我国存在过被西方文化"腐蚀"和"吃掉"的担忧,那么,在全球价值链深度重塑的新形势下,价值观的碰撞更为突出,更为剧烈,文化软实力"西强我弱"的态势并未改变。所以在经济全球化大潮中,我们正逢文化发展的重大机遇期,也面临着更大的考验和风险。

二、社会信息化对文化发展的影响

习近平指出:"网络安全和信息化对一个国家很多领域都是牵一发而动全

① 《习近平主席在亚太经合组织工商领导人峰会上的主旨演讲》,《人民日报》2016年11月21日,第1版。

身的，要认清我们面临的形势和任务，充分认识做好工作的重要性和紧迫性，因势而谋，应势而动，顺势而为。”①

当今的经济全球化浪潮，最基本的特征就是高科技特别是信息化的高速发展。所谓信息化，包括国民经济和社会的信息化。其含义是要在国民经济各部门和社会活动各领域全面地发展及普遍采用现代信息技术，充分、有效地开发利用各种信息资源，从而使所创造的信息经济增加值在国民生产总值中的比重上升并逐步占主导地位，使社会各单位和全体人民都能在任何时间、任何地点，通过各种信息媒体（声音、数字、图像或影像），享用和相互传递信息，以提高各级政府宏观调控和决策能力，提高各单位和个人的学习、工作效率及创新能力，促进社会生产力的发展，提高人民文化教育水平及综合素质与生活质量水平，增强综合国力和国际竞争力，使社会的物质文明和精神文明都得到有效的发展。

信息化或者说信息革命，是处在一个新的形势、新的时代的生产力的前沿，必须紧紧抓住这个历史变革的重大契机。在人类历史的三次变革中，中国在农耕社会时期成为当时的强国，但没有抓住工业革命的机遇。现在中国处于信息革命的机遇期，这次信息革命也为我们实现跨越发展、赶超发展提供了难得的历史机遇。占领信息化战略制高点，就能掌握先机赢得未来、赢得优势。推进信息化的发展，建设网络强国有助于我们抓住历史机遇，实现中华民族的伟大复兴。

信息化大大推进了全球化，使全球成为“地球村”。20世纪中叶以来的信息技术革命，首先表现为计算机革命。1976年第一台微型计算机问世，此后信息业迅猛发展；1983年国际互联网建立，开启了世界范围内的网络革命，使人们感受到地球真正地成了“地球村”。进入21世纪，信息化对经济社会发展的影响更加深刻。信息资源日益成为重要生产要素、无形资产和社会财富。信息网络更加普及并日趋融合。信息网络技术作为一种新型的传播媒体，具有开放性、交互性、虚拟性、便捷性等特点，具有实时更新、信息量大、覆盖面广、传播速度快、功能全面、成本低廉等优势，这是广播、电视、报纸等传统媒体无法比拟的。信息化背景下的全球化与以往不同，它体现为一个特定系统在全球规模上发挥作用的技术、组织和制度能力，是全球共生发展的一种整体化趋势。

经济的信息化导致了社会信息化，促进了社会结构和社会生活方式的重大变革。信息化与经济全球化相互交织，推动着全球产业分工深化和经济结构调整，重塑着全球经济竞争格局，并出现向信息社会转型的趋势，以及重构世界政治、经济、社会、文化和军事发展的新格局。网络构建了我们社会新的社会形态，

① 《总体布局统筹各方创新发展 努力把我国建设成为网络强国》，《光明日报》2014年2月28日，第1版。

而网络化实质地改变着生产、经验、权力与文化过程中的操作和结果,为社会的整体性变革提供了动力源泉。信息技术革命是多向度社会变革的一个重要组成部分。新的生产方式和管理方式、新型的传播媒介或新型的经济与文化的全球化都是借助信息技术而萌生和发展起来的。新技术将连续不断地发出一系列的社会变革和创新,从而在总体上推动社会的整体发展。

社会信息化全面凸显了精神文化在经济、政治和社会生活中的意义。信息化使传统物质生产所占比重相对下降,能源资源高消耗型的加工部门相对减少,附加值高的信息密集型生产相对增多,精神文化的生产和消费全面渗透到物质生产和人们的生活之中。在信息社会中,构成社会实践的基础就是信息网络,网络社会代表了人类生存经验的性质发生变化。如果从自然与文化之间关系的变迁模式入手理解人们的社会行为,那么人类几千年来一直所处的自然支配文化的生存状态将随着网络社会的兴起而逐步过渡到文化支配自然的时代,网络之间的信息和意义流动构成了社会结构的基本线索。人类社会在经历数千年与自然的斗争之后,所达到的知识与社会的组织水平已容许我们生活在一个根本上是社会性的世界之中,从而使信息文化得到创新和发展。

信息文化具有的特征主要体现为全球化、数字化和交互性。首先是全球化。以往任何形态的文化都是区域性的,但在互联网环境下,地理阻隔已经不再成为交流的障碍,于是信息文化成为全球性的,它可以跨民族、跨宗教、跨国家。其次是数字化。互联网连接个人与群体,共享多媒体的超文本(hypertext),而这种超文本构成了新文化的支柱,使其在享有意识形态和技术自由的同时,得以跨越整个地球和整个人类历史,并整合来自任何地方的任何符号,从而使新文化表现了抽离历史与地理特性,变成主要由电子传播网络中介与观众进行多样化的符码及价值互动的数字化形式。最后是交互性。以往除了面对面的原始形态交流,所有的传播、交流方式在一定的时空都是单向的。互联网使所有被数字化了的信息,均可进行实时、无限量的交互。

信息文化具有新的意义。其一,信息文化是进一步张扬个性的文化。农业社会是建立在个体劳动基础上的,工业化社会是建立在群体劳动基础上的。到了信息化社会,在更广泛联系的背景下,强调了劳动的个性化创造,从文化层面上看,进一步张扬了人们的个性。其二,信息文化是多样化充分发展的文化。与工业社会在机械化大生产中强调规范化的文化不同。在信息社会,个性化的生产活动越来越渗透到生产活动的全过程,多样化文化将得到充分发展。其三,信息文化是高度公开透明的文化。信息的传播往往是以公开的方式进行的,信息传播手段的现代化、多样化,使人们可以利用它们把原来处于保密状态的信息公开化。一方面,人们可以高效率地使用信息资源;另一方面,个人的私人生活也处在高度透明的状态,这种文化为人类社会的发展带来了新的挑战和机遇。其四,信息文化是融合性的文化。信息化的出现使不同民族文化的融合不断加速,信息社会的文化在一定程度上就是各民族文化融合产生的新文化。其五,信息化文化是推进人的解放的文化。人类社会的发展是从专制到民主的发展,在这个过程中人自身的解放一直是人们追求的目标。农业社会劳动者有强烈的人身依附关系,到了工业社会,在资本主义制度下,劳动者只是资本的附属物。而信息化社会使劳动者的自由解放程度得到了空前的提高,为人自身的自由解放开辟了更加广阔的前景。

信息化过程对于文化建设带来了现实的挑战和新的困惑。其一,信息化过程将对国家主权和国家安全产生潜在的影响。在信息资源开发和信息网络方面具有优势的国家,利用、掌握信息能力强大的国家,将对信息弱国构成威胁。信息化对优秀民族文化的保持将产生巨大的影响,信息强国的文化将对信息弱国的文化产生冲击,从而加剧"文化霸权"和"文化殖民主义"的推行。其二,"数字鸿沟"的出现,对社会不同区域、不同的群体的政治、经济、文化权利等,造成新的社会不公。其三,网络使人人在虚拟世界中成为自主体,又以网络信息的量大、快捷、纷繁复杂,对整体性、稳定性、确定性进行全面冲击,造成利益个别性、临时性、变动性,从而导致社会自身碎片化;网络还会从根本上动摇社会意识单一化时代以传播者为主导的观念传播方式,观念传播越来越为交互性的意见传播、实时动态性的意见反馈、高度个性化的交互传播所取代,由此构成一种全新的网络"舆论场",而这一网络"舆论场"则为种种非历史的、非逻辑的、非理性的、爆发式的、情绪化的欲求广泛蔓延,以及个人情绪化发泄和集体超理性狂欢的交汇,提供了广阔的空间。在庞杂、喧嚣、娱乐盛行的网络世界中,淹没了那些传统意义上的深刻、崇高、严肃的话语体系,维护与巩固主流意识形态导向力和控制力的难度明显加大。在来势迅猛的信息化大潮面前,如何引领网络环境健康发展,如何有效掌控网络传播的话语权,如何坚定"网络一代"的理想信念,是我们面临的亟待解决的重大问题。

8.2 网络强国是文化强国的重要基础

在信息时代,信息作为一种资源将在生产力的发展中起决定性的作用。信息网络是创造、传递和使用信息资源的基本载体,它构筑和规定了信息化社会的基本形态,体现着信息化社会的发展水平。全球化、信息化的高速发展,为建设社会主义文化强国提供了极大的机遇,同时也带来了极大的挑战和风险。把握机会、迎接挑战、化解风险,必须致力于建设网络强国。

一、努力化解风险,维护文化安全

2014 年 2 月,习近平在中央网络安全和信息化领导小组第一次会议上提出了“努力把我国建设成为网络强国”的战略目标,并要求把建设网络强国的战略部署与“两个一百年”奋斗目标同步推进。①

(一)我国还不是一个网络强国

新中国成立以后,为建设社会主义强国,中国共产党在 1956 年 1 月提出了“向科学进军”的口号,对新科学技术予以了高度的关注。周恩来在《关于知识分子问题的报告》中敏锐地指出,世界科学技术已经发展到了一个新的阶段,“由于电子学和其他科学的进步而产生的电子自动控制机器,已经可以开始有条件地代替一部分特定的脑力劳动,就像其他机器代替体力劳动一样,从而大大提高了自动化技术的水平。这些最新的成就,使人类面临着一个新的科学技术和工业革命的前夕。”② 在周恩来的亲自主持下,选定计算机、电子学、半导体、自动化四项作为科学规划的“四项紧急措施”,有力地推动了电子计算技术的发展。改革开放以后,邓小平反复强调了“科学技术是第一生产力”的观点,他对信息化建设高度重视。1984 年 9 月 18 日,邓小平写了“开发信息资源,服务四化建设”的题词,把通信、交通、电子工业作为重点发展方向。1993 年年底我国成立了由时任国务院副总理邹家华任主席的国家经济信息化联席会议,正式部署了“金桥”“金关”“金卡”“金税”工程等“金”字头系列重大系统工程,建成了一个连接全国各省部级单位、四百多个城市的专用基础通信网络,极大地推动了现代信息技术的应用。2001 年 8 月,我国组建了以时任国务院总理朱镕基为组长的国家信息化领导小组,同年 12 月,国家信息化领导小组召开了第一次会议,明确了以电子政务带动中国经济、社会信息化发展的基本方针。党的十八大以来,以习近平同志为核心的党中央高度重视信息化与网络建设。为适应新形势,2014 年 2 月 27 日,中央网络安全和信息化领导小组宣告成立,习近平亲自担任组长,李克强、刘云山为副组长,进一步加强了党中央对信息化和网络建设的领导。

2014 年是中国接入国际互联网 20 周年,经过 20 多年的建设发展,中国目

① 《努力把我国建设成为网络强国》,《人民日报》2014 年 2 月 28 日,第 1 版。

② 《周恩来选集》下卷,人民出版社 1984 年版,第 181 页。

前已是名副其实的“网络大国”。全球访问量排名前20的网站中国占7个,全球市值最高的10家互联网企业中国占4席。我国人民的生活与网络密切相关,甚至可以说,我国是世界上在社会生活中网络使用最广泛的国家,全国信息消费整体规模和电子商务交易规模都居全球第一位。[①] 高铁、网购、支付宝、共享单车被称为中国“新的四大发明”[②],网购、支付宝和共享单车正是网络条件下我国人民生活方式发生巨大变化的明证。我国不仅建成了全球规模最大的4G网络、实现了全球规模商用,还率先提出了5G网络概念和技术路线,启动了5G网络相关技术研究、研发试验和测试试验。据统计,截至2017年6月,中国网民规模达到7.51亿人,手机网民达7.24亿人,中国网民规模已经相当于欧洲人口总量;网站总数506万个,网络预约出租车用户规模达2.78亿人,网络预约专车用户规模为2.17亿人,共享单车用户规模为1.06亿人。[③] 网络的大发展,极大地推动了中国经济、政治、文化的发展,给人民的物质和精神生活带来了极大的便利和丰富。中国正在从网络大国向网络强国挺进,并为全面建成小康社会创造了很好的基础。

但是,中国与网络强国还有相当长的距离。中国互联网协会理事长、中国工程院院士邬贺铨认为差距有七个方面:一是在网络基础设施方面,宽带化程度的排名在全球还是不高的,需要进一步提速降费。网络在陆地上还没有完全覆盖,农村宽带化程度不高。网络还不能很好地支撑东海和南海的维权。二是在产品方面,虽然我国现在每年生产的手机已经超过全球每年手机产量的一半,但手机上的芯片有些还不得不用国外的,个人计算机的CPU也是国外的,个人计算机上的操作系统及手机上的操作系统是微软、苹果、谷歌的,高端的操作界面还不是完全的自主可控,这也是我们的第二个差距。三是在标准化和专利方面,华为和三星有专利上的诉讼,移动通信领域经常有专利纠纷,我国未来如果没有自己的专利技术就可能被动。所以在标准和专利上我们都需要加倍努力,在互联网的标准上还需进一步探索完善。四是在网络安全方面,有些国家有意无意地发起了对中国的一些网络攻击,社会上也有一些网络的攻击、病毒传播等,所以在网络安全方面还不能说在全球排在比较领先的位置。五是在网络的话语权方面,中国晚于美国25年接入互联网,很多互联网资源的分配权不在中国手里,包括上网的地址,以及根服务器的使用等。5G网络也需要这些东西,怎么增强我国

---

① 卢佳:《没有网络安全就没有国家安全,没有信息化就没有现代化》,《党的文献》2016年第3期,第33页。

② 《你最想把中国的什么带回家——20国青年街采定义中国“新四大发明”》,http://xinhua-rss.zhongguowangshi.com/14659/5309965205194152973/1812620.html,最后访问日期:2018年2月9日。

③ 《第40次〈中国互联网络发展状况统计报告〉》,http://www.cnnic.net.cn/,最后访问日期:2018年2月9日。

在互联网资源分配上的话语权，这也是我们关注的问题。六是在数字鸿沟方面，尽管城市里面将很快有5G网络，但在很多农村地区可能连2G网络都没有接入。七是在网络的法律法治方面，这方面我国也还是稍微滞后的。[①]

互联网核心技术的差距是我们最大的"命门"。习近平说："同世界先进水平相比，同建设网络强国战略目标相比，我们在很多方面还有不小差距，特别是在互联网创新能力、基础设施建设、信息资源共享、产业实力等方面还存在不小差距，其中最大的差距在核心技术上。"[②] 他明确指出："互联网核心技术是我们最大的'命门'，核心技术受制于人是我们最大的隐患。"[③] 由于我们在信息技术方面起步较晚，因此在芯片、操作系统、数据库等核心技术方面长期依赖西方，还没有形成完备的信息技术创新体系。例如，一些终端产品，像手机操作系统几乎都是国外的，核心芯片不少也是国外的；个人计算机很多核心部件，如芯片、操作系统也是国外的。事实上，互联网从诞生之日起就一直由美国实际控制，全球13个根服务器均掌握在美国手里。核心技术是互联网产生、发展的基础推动力，没有核心技术，产品价格自然受到牵制，这会给我国信息化建设带来很大的压力，而且会使我国随时可能处于被侵蚀和攻击的危险境地。

（二）网络安全关系到文化安全

党的十八大以来，习近平高度重视网络安全问题。在党的十八届三中全会上，他明确提出："网络和信息安全牵涉到国家安全和社会稳定，是我们面临的新的综合性挑战。"[④] 在国家安全委员会成立后不久，党中央又成立了中央网络安全和信息化领导小组，习近平任组长。在该小组第一次会议上，习近平鲜明地指出网络安全和信息化是"事关国家安全和国家发展、事关广大人民群众工作生活的重大战略问题"[⑤]，并强调"没有网络安全就没有国家安全，没有信息化就没有现代化"[⑥]。

1. 网络安全对国家安全的直接影响

西方国家具有核心技术的绝对优势，形成了网络全方位的生态链掌控的态

① 《邬贺铨：从网络大国到网络强国我们还要走多远》，http://www.xinhuanet.com/talking/2016-07/29/c_1119304855.htm，最后访问日期：2018年2月9日。

② 《在践行新发展理念上先行一步　让互联网更好造福国家和人民》，《人民日报》2016年4月20日，第1版。

③ 《在践行新发展理念上先行一步　让互联网更好造福国家和人民》，《人民日报》2016年4月20日，第1版。

④ 习近平：《关于〈中共中央关于全面深化改革若干重大问题的决定〉的说明》，《人民日报》2013年11月16日，第1版。

⑤ 习近平：《努力把我国建设成为网络强国》，《人民日报》2014年2月28日，第1版。

⑥ 习近平：《努力把我国建设成为网络强国》，《人民日报》2014年2月28日，第1版。

势,它们在此基础上推行霸权主义、强权政治和新干涉主义,对其他国家主权构成了严重的安全威胁。以美国为首的西方国家,从来没有停止对我国进行网络监控、网络攻击和网络威慑。近年来,西方国家通过网络空间发动"颜色革命",造成了一些发展中国家的社会动荡。2010 年美国通过"震网"攻击系统破坏了伊朗核设施,而"斯诺登事件"进一步昭示了美国肆意践踏别国网络主权的霸权行径。根据斯诺登披露的资料来看,从"棱镜门"到"量子计划",或许还仅仅是美国实施其网络霸权的冰山一角,隐藏在背后的网络对抗十分凶险。

网络安全对国家安全的影响主要有以下方面:一是网络渗透危害政治安全。利用网络干涉他国内政、攻击他国政治制度、煽动社会动乱、颠覆他国政权,以及大规模网络监控、网络窃密等活动严重危害国家政治安全和用户信息安全。二是网络攻击威胁经济安全。网络和信息系统已经成为关键基础设施乃至整个经济社会的神经中枢,若其遭受攻击破坏,或者发生重大安全事件,将导致能源、交通、通信、金融等基础设施瘫痪,造成灾难性后果,严重危害国家经济安全和公共利益。三是网络有害信息侵蚀文化安全。网络上各种思想文化相互激荡、交锋,优秀传统文化和主流价值观面临冲击。网络谣言、颓废文化和淫秽、暴力、迷信等违背社会主义核心价值观的有害信息侵蚀青少年身心健康,败坏社会风气,误导价值取向,危害文化安全。网上道德失范、诚信缺失现象频发,网络文明程度亟待提高。四是网络恐怖和违法犯罪破坏社会安全。恐怖主义、分裂主义、极端主义等势力利用网络煽动、策划、组织和实施暴力恐怖活动,直接威胁人民生命财产安全、社会秩序。计算机病毒等在网络空间传播蔓延,网络欺诈、黑客攻击、侵犯知识产权、滥用个人信息等不法行为的存在,一些组织肆意窃取用户信息、交易数据、位置信息以及企业商业秘密,严重损害国家、企业和个人利益,影响社会和谐稳定。五是个别国家强化网络威慑战略,加剧网络空间军备竞赛,世界和平受到新的挑战。

2. 网络安全对文化安全的全面影响

文化安全是指一个民族国家的文化系统正常运转并免受不良内容侵害,能够为民族国家的文化价值体系的持续发展提供长久动力、为民族国家的文化利益提供正向作用的状态。

约瑟夫·奈主张只有通过文明、文化、价值观念、生活方式等软力量的桥梁,才能在国际舞台中不断取得成功。网络空间作为新资源,既受到所在国的管辖,又是国家主权的延伸。网络空间成为承载一国政治、经济、文化安全发展诸多现实利益的新的战略空间,是意识形态话语权争夺的主战场,文化安全是新的国家安全观的重要内容。

网络安全对国家安全的直接影响,表现为对文化安全的直接影响的一个方面。不仅如此，仔细分析还可以发现，国家安全所面临的网络挑战，一方面来自一些国家、组织、个人可以依托优势的技术进行直接攻击破坏；另一方面来自这些国家、组织和个人在技术优势基础上进一步推进文化霸权，进行信息的渗透干扰，这是直接影响政治安全、经济安全、社会安全的基本因素。反过来，网络安全对文化安全也形成了全面的影响。

第一，意识形态领域的文化渗透。由于信息在网上的自由流动，使网络文化成为“不设防”的文化形态，网络文化的开放性带来的文化扩张、文化入侵、文化安全的挑战也日益严峻。必须充分地认识到，强势的文化霸权与优势的网络技术的结合，使西方一些国家在意识形态领域的文化渗透更为便利。而文化软实力，日益成为西方一些国家谋取国家政治、经济、文化利益与霸权的基本手段和重要目的。20 世纪 80 年代末 90 年代初发生的苏联解体和东欧国家的巨变，21 世纪初独联体国家的“颜色革命”，以及中东与非洲一些国家出现的动乱，都可以明显地看出西方国家的文化霸权与意识形态渗透的巨大作用。并且，这种渗透还越来越多地应用了网络条件和技术。例如，发生于 2009 年伊朗大选之后的大规模抗议活动，被称为“推特革命”。推特（Twitter）是一种即时通信工具，是一家美国社交网络及微博客服务的网站，也是全球互联网访问量最大的十个网站之一。推特允许用户将最新信息以短信形式通过网络在第一时间发送给订阅者，具备动态性强和传播快的特点，因此也被称为“微博客”。伊朗抗议者通过推特、脸书（Facebook）等社交网络进行信息传播、组织大规模抗议活动，所以此次抗议活动又被称为“网络革命”。西方政治力量充分利用网络文化“技术 + 文化”的特点，以技术为依托，以文化为包装，以意识形态为核心，使网络成为意识形态的新载体，向发展中国家大规模倾销其政治模式、价值观和生活方式。美国联合通讯社、路透社、法国新闻社、合众国际社控制了世界 80% 的信息源。由于互联网技术的优势，导致国际信息出现了单向流动，即从发达国家流向发展中国家，从强国流向弱国。单边主义的后果使得新闻选择权和解释权掌握在发达国家手里，强烈地影响着受众的理解。

第二，中国文化传统面临着挑战。在网络条件下，不同社会制度的国与国之间的文化软实力在意识形态领域的碰撞，是影响国家文化安全的直接因素，那么，文化安全的更深层问题，则在于一个国家、一个民族的文化能否适应网络条件下的信息文化的浪潮冲击，即能否在这一次新的文化发展与变革中不被淹没淘汰，进而引领文化发展方向的问题。所以，文化安全问题，还指人们认为自己所属“国家—民族”的基本价值、文化特性及其文化形式，不会在全球化、信息化大势下逐渐消失或退化的“安全感”。

信息文化所具有的全球性、数字性和交互性，进一步推进各个国家、民族的文化开放和融合,同时对民族文化的传承和发展提出了新的难题。其一,信息化对民族文化传统产生了不可避免的冲击,这是不争的事实。外来文化通过网络的加速进入,造成族群传说的消失,族群集体记忆被新的媒介和文化代替。例如,一些民族歌谣、曲艺、传说等开始失传;一些精湛的民族工艺和建筑技术开始衰微;一些有利于培养人类美德的传统礼仪和习俗被逐渐废弃;等等。所以,信息化与文化多样性问题,已经成为突出的重大问题。其二,中国文化的发展,必须要面对英语的语言优势这一严峻现实。语言是构成文化传播的最基础要素。中国文化博大精深、源远流长,使用中文的人口占世界人口总数的 1/5,但是,当今网络上 90% 是英语信息,5% 是法语信息,其他世界众多的语言信息只占 5%,其中的中文信息又仅占 1%。因此,非英语民族和国家的文化就有可能被淹没在茫茫的英语信息之中。其三,信息化加速了社会节奏,现代社会文化变迁的频率变得快得多,文化现象在迅速地变化、更新与消失之中,因此文化的保存、适应、磨合、冲突问题也就表现得尤其突出。网络文化不同于传统文化,它是建立在计算机信息技术的基础上的一种快速变化的"快餐文化"。例如,最基本的语言符号就受到网络语言的猛烈冲击。语言是传统文化的主要传播工具,网络语言的出现引起了语言的重构,因此我们民族长期传承的丰富多彩的语言文化受到了严重的影响。目前,在广受青年人群喜爱的网络社区交流及网络小说中,特定符号语言层出不穷,一些人为了彰显时尚,在生活中也常常使用这些网络词语,不仅使很多稍年长者不容易明白,而且长此以往也使青年人疏离了传统文化的意境。这些网络符号文化,对传统语言文学形成了现实的挑战。因此,在全球化、信息化浪潮中,如何在创新中传承和发展中国传统文化,这对于保护世界文化的多样性和推动世界文化与文明的发展都具有十分重大的关键性意义。

第三,对主流价值观与社会道德的解构和冲击。文化安全更基础的问题,是对社会价值、社会规范的解构,从而在整体上影响人们的文明素质,导致社会的失范。网络的交互性从根本上动摇了以传播者为主导的观念传播方式,主流价值观传播在网络中的影响力极其不足;网络信息的快捷、繁复导致社会的碎片化,能有效追求眼球的极端化语言、极端化事件,更能引起人们的围观,并迅速成为一个又一个热点,影响着人们对社会的判断和观感;网络的虚拟性又给个人追求无度的感观刺激和情绪发泄提供了相当大的空间;网络娱乐想象和扩张的场域,不仅使青少年痴迷,而且极易诱发自我中心、玩世不恭、对崇高和传统价值伦理颠覆性的情绪及思维。例如网络"恶搞文化",甚至连红色经典和英雄人物也成为"恶搞"对象,使"恶搞"作为一种流行文化逐渐走向浅薄和粗鄙;等等。

网络安全已成为全面影响文化安全的重要因素,网络强国建设是文化强国建设重要的战略资源。

二、大力推进和加强网络建设与治理

党的十九大在建设现代化经济体系方面提出了“建设科技强国、质量强国、航天强国、网络强国、交通强国、数字中国、智慧社会”的目标；在文化自信方面提出了“加强互联网内容建设，建立网络综合治理体系，营造清朗的网络空间”的要求。

第一，建设网络强国是新时代建设社会主义现代化强国的基本内容和重要目标。全球化、信息化体现了世界发展的大势，事关国家安全和国家发展，事关广大人民群众工作生活，这是一个重大战略问题。2014 年 2 月 27 日，习近平在中央网络安全和信息化领导小组第一次会议上提出了“努力把我国建设成为网络强国”[①] 的战略目标，并要求把建设网络强国的战略部署与“两个一百年”奋斗目标同步推进，向着网络基础设施基本普及、自主创新能力显著增强、信息经济全面发展、网络安全保障有力的目标不断前进。中央网络安全和信息化领导小组将围绕“建设网络强国”，重点发力以下任务：要有自己的技术，有过硬的技术；要有丰富全面的信息服务，繁荣发展的网络文化；要有良好的信息基础设施，形成实力雄厚的信息经济；要有高素质的网络安全和信息化人才队伍；要积极开展双边、多边的互联网国际交流合作。2015 年 10 月，党的十八届五中全会建议将网络强国战略纳入“十三五”规划的战略体系之中。《中共中央关于制定国民经济和社会发展第十三个五年规划的建议》明确提出，要实施网络强国战略，加快构建高速、移动、安全、泛在的新一代信息基础设施。

2016 年 10 月 9 日，中共中央政治局就实施网络强国战略进行第三十六次集体学习。习近平在主持学习时将网络强国战略提升到综合施策的新高度，从技术、经济、管理、安全、治理、规则等方面提出了“六个加快”的要求：加快推进网络信息技术自主创新，加快数字经济对经济发展的推动，加快提高网络管理水平，加快增强网络空间安全防御能力，加快用网络信息技术推进社会治理，加快提升我国对网络空间的国际话语权和规则制定权，朝着建设网络强国目标不懈努力。而其中最重要的是要掌握核心技术，只有把核心技术掌握在自己手中，才能真正掌握竞争和发展的主动权。他说：“要紧紧牵住核心技术自主创新这个‘牛鼻子’，抓紧突破网络发展的前沿技术和具有国际竞争力的关键核心技术，加快推进国产自主可控替代计划，构建安全可控的信息技术体系。要改革科技研发投入产出机制和科研成果转化机制，实施网络信息领域核心技术设备攻坚战

① 习近平：《努力把我国建设成为网络强国》，《人民日报》2014 年 2 月 28 日，第 1 版。

略,推动高性能计算、移动通信、量子通信、核心芯片、操作系统等研发和应用取得重大突破。”①

第二,要保障网络安全。网络和信息安全牵涉国家安全和社会稳定,是我们面临的新的综合性挑战。在由习近平任组长的中央网络安全和信息化领导小组组织召开的第一次会议上,习近平指出网络安全和信息化是“事关国家安全和国家发展、事关广大人民群众工作生活的重大战略问题”②。网络安全是国家安全的基石,没有网络安全,国家安全就难以保障。所以,网络安全和信息化是一体之两翼、驱动之双轮,做好网络安全和信息化工作,要处理好安全和发展的关系,做到协调一致、齐头并进,以安全保发展、以发展促安全,努力建久安之势、成长治之业。2016年4月19日,习近平在主持召开网络安全和信息化工作座谈会时提出:“要树立正确的网络安全观,加快构建关键信息基础设施安全保障体系,全天候全方位感知网络安全态势,增强网络安全防御能力和威慑能力。”③

习近平提出了“网络主权”的概念。他在巴西国会演讲时指出:“每一个国家在信息领域的主权权益都不应受到侵犯,互联网技术再发展也不能侵犯他国的信息主权。在信息领域没有双重标准,各国都有权维护自身的信息安全,不能一个国家安全而其他国家不安全,一部分国家安全而另一部分国家不安全,更不能牺牲别国的安全谋求自身所谓绝对安全。各国有权制定符合自身国情的互联网公共政策。”④ 2014年11月19日他在致首届世界互联网大会贺词中提出要“尊重网络主权,维护网络安全”⑤。

第三,要加强网络空间的国际治理。关于网络空间的国际治理,习近平曾做过一个比喻:“互联网是把双刃剑,用得好,它是阿里巴巴的宝库;用不好,它是潘多拉的魔盒。”⑥ 网络空间是全人类共有的财产,仅靠少数国家不可能把这一全球性的事情做好,需要构建全球网络空间治理新秩序。互联网霸权也不利于世界互联网发展,其必须受到限制。

习近平指出,一方面,互联网真正让世界变成了地球村,让国际社会越来越成为你中有我、我中有你的命运共同体;另一方面,“这块‘新疆域’不是‘法外

① 《加快推进网络信息技术自主创新 朝着建设网络强国目标不懈努力》,《人民日报》2016年10月10日,第1版。

② 习近平:《努力把我国建设成为网络强国》,《人民日报》2014年2月28日,第1版。

③ 《在践行新发展理念上先行一步 让互联网更好造福国家和人民》,《人民日报》2016年4月20日,第1版。

④ 《习近平在巴西国会发表重要演讲》,《人民日报》2014年7月18日,第1版。

⑤ 《习近平向首届世界互联网大会致贺词》,《人民日报》2014年11月20日,第1版。

⑥ 《习近平在巴西国会发表重要演讲》,《人民日报》2014年7月18日,第1版。

之地’，同样要讲法治，同样要维护国家主权、安全、发展利益。”[①]互联网发展对国家主权、安全、发展利益提出了新的挑战，迫切需要国际社会认真应对、谋求共治、实现共赢。国际社会要本着相互尊重和相互信任的原则，通过积极有效的国际合作，共同构建和平、安全、开放、合作的网络空间，建立多边、民主、透明的国际互联网治理体系。

2015 年 9 月 23 日，习近平在会见参加第八届中美互联网论坛的双方代表时特别强调："中美都是网络大国，双方理应在相互尊重、相互信任的基础上，就网络问题开展建设性对话，打造中美合作的亮点，让网络空间更好造福两国人民和世界人民。”[②]

2015 年 12 月 16 日，习近平在第二届世界互联网大会开幕式主旨演讲中指出，国际社会应该在相互尊重、相互信任的基础上，加强对话合作，推动互联网全球治理体系变革，共同构建和平、安全、开放、合作的网络空间，建立多边、民主、透明的全球互联网治理体系。在此次演讲中，习近平提出了推进全球互联网治理体系变革的“四项原则”：坚持尊重网络主权、维护和平安全、促进开放合作、构建良好秩序。这“四项原则”的提出为推进全球互联网治理体系变革提供了中国思路和中国方案，贡献了中国智慧和中国理念，使中国在全球互联网治理方面抢占了先机，赢得了主动。同时，习近平还提出了构建网络空间命运共同体的“五点主张”：第一，加快全球网络基础设施建设，促进互联互通；第二，打造网上文化交流共享平台，促进交流互鉴；第三，推动网络经济创新发展，促进共同繁荣；第四，保障网络安全，促进有序发展；第五，构建互联网治理体系，促进公平正义。[③]习近平关于全球互联网发展治理的“四项原则”“五点主张”，赢得了世界绝大多数国家“点赞”，既体现了中国互联网治理者对推进全球互联网治理体系变革的勇气和智慧，也反映了世界广大发展中国家推动互联网科学治理、民主治理、共同治理的心声，对于推动互联网国际治理体系的变革和完善，维护世界和平安全发展贡献了中国力量。

第四，要清朗网络空间。2013 年 11 月 15 日，习近平在《关于〈中共中央关于全面深化改革若干重大问题的决定〉的说明》中指出："坚持积极利用、科学发展、依法管理、确保安全的方针，加大依法管理网络力度，完善互联网管理领导体制。”[④]党的十八大以来，我国网络空间法律体系进入基本形成并飞速发展的新

① 《习近平接受了美国〈华尔街日报〉书面采访》，《人民日报》2015 年 9 月 23 日，第 1 版。

② 《习近平参观美国微软公司总部》，《光明日报》2015 年 9 月 25 日，第 1 版。

③ 《习近平出席第二届世界互联网大会开幕式并发表主旨演讲》，《人民日报》2015 年 12 月 17 日，第 1 版。

④ 习近平：《关于〈中共中央关于全面深化改革若干重大问题的决定〉的说明》，《人民日报》2013 年 11 月 16 日，第 1 版。

阶段,网络立法进程明显提速,网络内容管理执法卓有成效。一方面,全局性、根本性的立法开始启动,将网络安全法、电信法、电子商务法统筹考虑并积极推进立法进程。另一方面,相关法律、法规、规章和司法解释加快出台,如《中华人民共和国刑法修正案(九)》《中华人民共和国电信条例》《计算机软件保护条例》《信息网络传播权保护条例》等。这些法律、法规有规范行业平台的,也有规范网民上网行为的。网络实名制对于建立网络综合治理体系起着比较基础的作用。网络实名制有利于加强对互联网内容的监管,比如对直播平台、视频节目的规范管理,对网上的黄色淫秽信息、盗版内容的治理等;同时,网络实名制给各种形态的网络内容提供了一个正规的发布渠道,例如网民自己制作的电影、视频等。通过网络治理,从网络空间规范体系的构建到实际的管理效果都在向好的方向发展。

网络安全的核心是人民。习近平指出"网络安全为人民,网络安全靠人民"①,维护网络安全是全社会的共同责任,需要政府、企业、社会组织、广大网民共同参与,共筑网络安全防线。"网络安全为人民,网络安全靠人民"实则回答了网络安全"为了谁、依靠谁"这个根本问题,为发动群众共筑网络安全防线提供了基本依据。近年来,依法治网、依法办网、依法上网越来越成为政府、企业和社会各界的共识,网络生态进一步好转,网络空间的环境正在清朗化。

8.3 把网上舆论工作作为宣传思想工作的重中之重

2013年8月19日,习近平在全国宣传思想工作会议上的重要讲话中指出,党的宣传工作要"因势而谋、应势而动、顺势而为"②,根据形势发展需要,"要把网上舆论工作作为宣传思想工作的重中之重"③,过不了互联网这一关,就过不了长期执政这一关。管好、用好互联网,是新形势下掌控新闻舆论阵地的关键。要努力掌握网上舆论传播的主动权,掌控网络意识形态主导权。

一、凝聚共识的同心圆

2015年5月18日至20日,习近平在中央统战工作会议上的讲话中提出了

① 《在践行新发展理念上先行一步 让互联网更好造福国家和人民》,《人民日报》2016年4月20日,第1版。
② 《习近平关于社会主义文化建设论述摘编》,中央文献出版社2017年版,第22页。
③ 《习近平关于社会主义文化建设论述摘编》,中央文献出版社2017年版,第29页。

在统战工作中要正确处理好一致性和多样性关系,要形成“同心圆”。他认为,要尽可能通过耐心细致的工作找到最大公约数,只要我们把政治底线这个圆心固守住,包容的多样性半径越长,画出的同心圆就越大。[①] 根据互联网扁平化、交互式、快捷性的特点,2016 年 4 月,习近平在网络安全和信息化工作座谈会上,提出了要在互联网思想工作中形成凝聚共识的同心圆原则。他指出,在当前和今后一个时期,要实现“两个一百年”的奋斗目标,就需要全社会方方面面同心干,需要全国各族人民心往一处想、劲往一处使。创新改进网上宣传方式,运用网络传播规律,弘扬主旋律,激发正能量,大力培育和践行社会主义核心价值观,用社会主义核心价值体系引领社会思潮,凝聚社会共识,形成同心圆,激发全社会团结奋进的力量。[②] 习近平在 2016 年 10 月 9 日中央政治局第三十六次集体学习会上又进一步提出,网上网下要同心聚力、齐抓共管,形成共同防范社会风险、共同构筑同心圆的良好局面。[③] 同心圆思想,就是在中国共产党的领导下,动员各族人民,调动各方的积极性,同心协力为实现中华民族伟大复兴的中国梦而努力奋斗。同心圆思想是在新的历史条件下,发动群众为实现“两个一百年”而奋斗的动力源泉。

同心圆思想体现了网络与信息化建设发展要以人民为中心的基本理念。2016 年 4 月 19 日,在中央网络安全和信息化工作座谈会上,习近平发表重要讲话,提出网信事业发展“必须贯彻以人民为中心的发展思想”,“让亿万人民在共享互联网发展成果上有更多获得感。”[④] 确立以人民为中心的发展思想,实则为网信事业发展确定了实践路径和价值标准,即明确了网络和信息化建设“为了谁和依靠谁”的问题。让亿万人民共享互联网发展成果,是以人民为中心发展思想的根本要求。同时,人民是网信事业发展的主体,是网信事业发展的主力,网络的发展及其治理,也要依靠人民群众。只有充分地依靠人民群众,发挥人民群众在网络治理中的积极性,才能有效地实现网络社会的治理,才能不断创造网络的清朗空间。以人民为中心的网信事业发展观是马克思主义群众史观在互联网领域的应用和发展,体现了我党执政为民的理念在网络空间领域的延伸。

要以人民为中心,就要善于通过网络走群众路线。2016 年 4 月 19 日,习近

---

① 《巩固发展最广泛的爱国统一战线　为实现中国梦提供广泛力量支持》,《人民日报》2015 年 5 月 21 日,第 1 版。

② 《在践行新发展理念上先行一步　让互联网更好造福国家和人民》,《人民日报》2016 年 4 月 20 日,第 1 版。

③ 《加快推进网络信息技术自主创新　朝着建设网络强国目标不懈努力》,《人民日报》2016 年 10 月 10 日,第 1 版。

④ 《在践行新发展理念上先行一步　让互联网更好造福国家和人民》,《人民日报》2016 年 4 月 20 日,第 1 版。

平在网络安全与信息化工作座谈会上指出:“网民来自老百姓,老百姓上了网,民意也就上了网。群众在哪儿,我们的领导干部就要到哪儿去,不然怎么联系群众呢?”[①] 各级党政机关和领导干部要学会通过网络走群众路线,经常上网看看,了解群众所思所愿,收集好想法、好建议,积极回应网民关切,进行解疑释惑。对广大网民,要多一些包容和耐心,对建设性意见要及时吸纳,对困难要及时帮助,对不了解情况的要及时宣传介绍,对模糊认识要及时廓清,对怨气怨言要及时化解,对错误看法要及时引导和纠正,让互联网成为了解群众、贴近群众、为群众排忧解难的新途径,成为发扬人民民主、接受人民监督的新渠道。对网上那些出于善意的批评,对互联网监督,不论是对党和政府工作提的还是对领导干部个人提的,不论是和风细雨的还是忠言逆耳的,我们不仅要欢迎,而且要认真研究和吸取。网上走群众路线是互联网时代对领导干部素质提出的新要求,也是新时期密切党群关系的必然要求。网络不断拓宽群众工作的对象和领域,“数字化生存”使网络化生活、网络化工作、网络化交往成为一部分人的生活常态;网络日益成为宣传群众、动员群众的重要阵地,也已成为影响党群关系和执政基础的“最大变量”。所以,网络日益成为联系群众、服务群众的重要载体。走好“网上群众路线”正成为创新群众工作方法、提高群众工作能力的重要载体和平台,是营造和谐党群、干群关系的必然选择,也是凝聚网络共识、打造同心圆的基本方式。[②]

2016 年 4 月 19 日,习近平在主持召开网络安全和信息化工作座谈会的讲话中指出“网络空间是亿万民众共同的精神家园”[③]。这是网络空间建设与治理的基本要求,也是全球化、信息化条件下网络文化建设的重要目标。

二、把握好网上舆论引导的时、度、效

目前,我们正在进行一场具有许多新的历史特点的伟大斗争,面对前所未有的挑战和困难。所谓“新的历史特点”,包括网络的发展、媒体传播的革命性变革的发生、网络从边缘的“媒介”成为广播信息的主阵地。网络已经成为社会现实的一面镜子,成为人们表达自己的观点的主要载体,成为各种利益诉求和社情民意传递的主渠道。有人利用网络制造不同声音,扰乱正常社会秩序。国外

---

① 《在践行新发展理念上先行一步 让互联网更好造福国家和人民》,《人民日报》2016 年 4 月 20 日,第 1 版。

② 《在践行新发展理念上先行一步 让互联网更好造福国家和人民》,《人民日报》2016 年 4 月 20 日,第 1 版。

③ 《在践行新发展理念上先行一步 让互联网更好造福国家和人民》,《人民日报》2016 年 4 月 20 日,第 1 版。

一些势力也无时无刻不在通过互联网影响中国的舆论。互联网已成为意识形态斗争的新战场。

在这一新战场上，关键要把握好网上舆论引导的时、度、效。2014 年 2 月 27 日，习近平在中央网络安全和信息化领导小组第一次会议上指出，做好网上舆论工作是一项长期任务，要创新改进网上宣传，运用网络传播规律，弘扬主旋律，激发正能量，大力培育和践行社会主义核心价值观，把握好网上舆论引导的时、度、效，使网络空间清朗起来。[①]2016 年 2 月 19 日，习近平在新闻单位调研并召开座谈会发表重要讲话时强调："要抓住时机、把握节奏、讲究策略，从时度效着力，体现时度效要求。"[②] 把握好网上舆论引导的时、度、效，就是要善于运用网络传播规律、创新改进网上宣传，这是对网上舆论工作的规律性认识和指导。

"时"就是时机、时效、时代、时务。一般而言，没有时效性就没有新闻，传播学中的"首发效应"就是对时机运用得当的结果。在互联网快捷性、交互性的特征下，"时"对于舆论宣传的主动权，更具有特别重要的意义。既要及时，又要适时。站在时代的高度，把握舆论宣传的先机。在网络"广场效应"下的"众声喧哗"，使得各种观点相互碰撞，舆论斗争更加直接尖锐；网络围观、逆反极化心理、法不责众等偏激情绪又容易交叉感染、不断蔓延。在原则问题与网络事件中要敢于"亮剑"，不能"失语迟语"，要善于掌握舆论导向。

"度"则是尺度、分寸、力度、程度。把握尺度，把握分寸，不能不及，过犹不及；要避免失向、失真、失准、失范、失态。在网络传播中容易存在诸多失度问题，如无用信息泛滥，各种声音嘈杂无度，过度放大负能量，扭曲正能量，传播假信息，炒作负面新闻，社会问题不能得到适度认知和评价等。必须坚持正面宣传为主，坚持党性与人民性的统一。在此前提下，把握好正面宣传与负面批评的关系、主观愿望与客观实际的关系、全局与局部的关系、炒作与非炒作的关系等。弘扬正能量，增强说服力。

"效"就是效果、结果、功效、实效。面对网络全新舆论格局和舆论生态，面对瞬息万变的"网情""网声""网意"，面对网络博客、播客、微博、微信等新兴自媒体，不能仍沿袭过去的模式套路做网上工作，居高临下，语言生硬、形式刻板，面对舆情，如果"封、堵、躲、压、瞒"，就可能引发公众群体的"媒体审判"。必须提高应对网络传播的认知力、敏感度和应对力。这就要求新闻舆论工作要贴近实际、贴近生活、贴近群众，进一步加强互动，重视群众反馈，在适应网络的交互性中，提高共识的黏度。

---

① 《总体布局统筹各方创新发展 努力把我国建设成为网络强国》，《光明日报》2014年2月28日，第1版。

② 《习近平在党的新闻舆论工作座谈会上的讲话》，《人民日报》2016 年 2 月 20 日，第 1 版。

“时”是解决新闻舆论的反应机制问题,“度”是解决新闻舆论的传播范围及方式方法问题,“效”是解决新闻舆论的有效性、影响力和引导力问题。只有将三者有机地结合起来,做到合时、适度、有效,方可达到真实反映社情民意、合理引导舆情动态、有效传播正能量的目的。

三、推进传统媒体和新兴媒体融合发展

2013年8月19日,习近平在全国宣传思想工作会议上指出,要加快传统媒体和新兴媒体融合发展,充分运用新技术、新应用创新媒体传播方式,占领信息传播制高点。①

新兴媒体是在计算机信息处理技术基础之上出现和产生影响的媒体形态,如快递信封广告、数字杂志、数字报纸、数字广播、手机短信、移动电视、网络、桌面视窗、数字电视、数字电影、触摸媒体,以及博客、播客等。相对于报刊、户外、广播、电视四大传统意义上的媒体,新媒体又被形象地称为“第五媒体”。在铅与火、光与电之后,数与网的技术革新带来了舆论生成方式和传播方式的革命性变化。新兴媒体的大量涌现打破了传统媒体一统天下的格局,重塑着社会舆论格局和传媒生态。新兴媒体能对大众同时提供个性化的内容,使传播者和接受者融会成对等的交流者,而无数的交流者相互间可以同时进行个性化的交流。简而言之,这是所有人对所有人的传播。一方面,所有人对所有人的传播,可以被认为是媒体个性化时代的到来。每一个传播都是由其特有的用户主导的分众传播。由于用户主导的选择不同,分众传播的主题不同,在舆论空间中,不同用户对不同主题的选择决定了社会舆论倾向的多元化。另一方面,在网络新兴媒体的环境下,信息传播不仅是个人简单的获取与阅读的过程,也是个体与他人互动并融入社会的过程。在新兴媒体构建的复杂社会交往过程中,其他人的意见和观点左右着个人的判断和选择,也加剧了多元化观念的对立和融合,常常激发“滚雪球效应”和“群体极化”现象。

习近平指出,宣传思想工作创新,重点要抓好理念创新、手段创新和基层工作创新。理念创新,就是要保持思想的敏锐性和开放度,打破传统思维定式,努力以思想认识新飞跃打开工作新局面。宣传思想工作者务必要积极适应互联网时代传播大局和信息传播方式的新要求,突破传统思维的条条框框,培养互联网思维和创新意识。关于手段创新,他明确指出:“就是要积极探索有利于破解工作难题的新举措新办法,特别是要适应社会信息化持续推进的新情况,加快传统

① 《习近平关于社会主义文化建设论述摘编》,中央文献出版社2017年版,第31页。

媒体和新兴媒体融合发展，充分运用新技术新应用创新媒体传播方式，占领信息传播制高点。"[①]

习近平明确指出："现在，媒体格局、舆论生态、受众对象、传播技术都在发生深刻变化，特别是互联网正在媒体领域催发一场前所未有的变革。读者在哪里，受众在哪里，宣传报道的触角就要伸向哪里，宣传思想工作的着力点和落脚点就要放在哪里。"[②] 他在全国宣传思想工作会议上的重要讲话中强调："宣传思想工作是做人的工作的，人在哪儿重点就应该在哪儿。我国网民有近6亿人，手机网民有4.6亿多人，其中微博用户达到3亿多人。很多人特别是年轻人基本不看主流媒体，大部分信息都从网上获取。必须正视这个事实，加大力量投入，尽快掌握这个舆论战场上的主动权，不能被边缘化了。"[③] 这些论断提出了新传播环境下媒体融合创新的方法论，要求我们从受众需求和体验出发，充分运用以互联网为代表的信息技术，按照新闻规律和网络特性，开拓新的互动方式，搭建新的沟通渠道，提供差异化、分众化的新闻信息服务，构建舆论引导的全新格局。

习近平提出了努力建立传统媒体和新兴媒体融合发展的现代传播体系的任务。2014年8月18日，习近平在主持召开中央全面深化改革领导小组第四次会议时，就推动传统媒体和新兴媒体的融合发展提出了一系列新观点、新论断。关于建立融合发展的现代传播体系，习近平提出了四个方面的基本方针：一是要遵循新闻传播规律和新兴媒体发展规律，强化互联网思维，坚持传统媒体和新兴媒体优势互补、一体发展。传统媒体和新兴媒体并不是水火不容，而是各有所长，可以实现优势互补、融合发展。传统媒体和新兴媒体融合不是简单地相加，而是真正地相融合，成为不可分的一体。二是坚持以先进技术为支撑、以内容建设为根本，推动传统媒体和新兴媒体在内容、渠道、平台、经营、管理等方面的深度融合。以内容优势赢得发展优势，不断增强传播力、引导力、影响力、公信力。三是着力打造一批形态多样、手段先进、具有竞争力的新型主流媒体，建成几家拥有强大实力和传播力、公信力、影响力的新型媒体集团，形成立体多样、融合发展的现代传播体系。四是坚持两手抓。要一手抓融合，一手抓管理，确保融合发展沿着正确方向推进。由此打通传统媒体和新兴媒体"两个舆论场"，并在此基础上实现"连接中外、沟通世界"的功能。[④] 这一基本方针来自对互联网时代新

---

① 《胸怀大局把握大势着眼大事　努力把宣传思想工作做得更好》，《光明日报》2013年8月21日，第1版。

② 《坚持军报姓党坚持强军为本坚持创新为要　为实现中国梦强军梦提供思想舆论支持》，《光明日报》2015年12月27日，第1版。

③ 《胸怀大局把握大势着眼大事　努力把宣传思想工作做得更好》，《光明日报》2013年8月21日，第1版。

④ 《共同为改革想招一起为改革发力　群策群力把各项改革工作抓到位》，《人民日报》2014年8月19日，第1版。

闻信息传播特征的深刻认识，来自对新时期新闻舆论工作内在规律的准确把握，为传统新闻舆论工作进一步强化传播力、引导力、影响力、公信力，构建舆论引导新格局指明了方向。

2016 年 2 月 19 日，习近平在党的新闻舆论工作座谈会上进一步强调，随着形势发展，党的新闻舆论工作必须创新理念、内容、体裁、形式、方法、手段、业态、体制、机制，增强针对性和实效性。要适应分众化、差异化传播趋势，加快构建舆论引导新格局。要推动融合发展，主动借助新媒体传播优势。要抓住时机、把握节奏、讲究策略，从时、度、效着力，体现时、度、效要求。要加强国际传播能力建设，增强国际话语权，集中讲好中国故事，同时优化战略布局，着力打造具有较强国际影响的外宣旗舰媒体。①

党的十八大以来，我国媒体融合发展迅速推进，并走在了世界前列。2014 年 8 月，习近平部署推进传统媒体和新兴媒体的融合发展。随后，中共中央办公厅、国务院办公厅印发《关于推动传统媒体和新兴媒体融合发展的指导意见》。中央和地方各主要媒体抓住历史机遇，跟上时代潮流，坚定有力地投身于这场重大而深刻的媒体变革。一批新型主流媒体正在兴起，这为我国壮大主流舆论赢得了战略主动。我国新传播环境下媒体融合创新发展成果表现在以下方面。

首先，多层次打造新型主流媒体，传统媒体和新兴媒体从相“加”阶段迈向相融阶段，从“你是你、我是我”变成“你中有我、我中有你”，进而变成“你就是我、我就是你”，加强了融媒体中心的建设。实现“一次采集、多种生成、多端传播”，形成“移动端讲快、PC 端讲全、报纸讲深”的既融合又错位的发展格局。新的新闻移动互联网正式上线。其中包括，中央电视台的“中国国际电视台、中国环球电视网”落地，人民日报社“中央厨房”推出，新华社全媒报道平台登场。其次，融合传播技术得到不断创新与广泛应用。大数据、云计算等技术被运用到全媒体采编平台之中，移动直播等技术在采编制作环节被普遍采用，VR（虚拟现实）、AR（增强现实）等技术从无到有。最后，致力于生产适合不同终端传播、不同用户需求的个性化新闻产品，使内容生产既要有意思，更要有意义，提高了新闻舆论传播力、引导力、影响力、公信力。②

① 《习近平在党的新闻舆论工作座谈会上的讲话》，《人民日报》2016 年 2 月 20 日，第 1 版。

② 崔士鑫：《我国媒体融合发展走在世界前列》，《人民日报》2017 年 2 月 19 日，第 5 版。

结语　文化自信是更基本、更深沉、更持久的力量

习近平在党的十九大报告中指出:“文化自信是一个国家、一个民族发展中更基本、更深沉、更持久的力量。”[①] 在新的历史起点上,我们要进一步认识文化自信的重要意义,深刻领会新时代中国特色社会主义文化建设的基本方略,为实现中华民族伟大复兴的中国梦努力奋斗。

一、文化是民族生存和发展的重要力量

文化体现的是深层次的精神追求和坚守,是人民的精神家园,也是民族生存和发展的重要力量。自人类从蒙昧、野蛮阶段进入文明阶段以来,精神生产就成为每一个文明发展的血脉。人类社会的每一次跃进,人类文明的每一次升华,都伴随着文化的历史性进步。一个国家、一个民族的强盛,总是以文化的兴盛为支撑的。

① 习近平:《决胜全面建成小康社会　夺取新时代中国特色社会主义伟大胜利——在中国共产党第十九次全国代表大会上的报告》,《人民日报》2017 年 10 月 28 日,第 1 版。

中华文明的诞生，形成了自己独特的语言和文字，形成了独特的价值体系、抒情体系和审美体系，这就是我们的传统文化。中华文明有 5 000 多年的历史，积淀着中华民族最深沉的精神追求，代表着中华民族独特的精神标识，是中华民族的根和魂，是中华民族发展的生生不息的内在力量。正如冯友兰所言："盖并世列强，虽新而不古；希腊罗马，有古而无今。惟我国家，亘古亘今，亦新亦旧，斯所谓'周虽旧邦，其命维新'者也！"① 中国文化是世界历史上唯一没有中断过的文化。在 5 000 多年的历史长河中，中国人民以大道之行、天下为公的理想，以参天地、赞化育的人生态度，以先天下之忧而忧、后天下之乐而乐的担当，以自强不息的精神，以厚德载物的胸怀，以苟日新、日日新、又日新的追求，不断地开拓奋进、浴火重生、薪火相传，创新了灿烂辉煌的中华文明和中国文化。

1840 年鸦片战争以后，中国封建主义日益腐朽，而西方资本主义蓬勃兴起，西方国家以坚船利炮打开中国的大门，中国文明与文化遇到了数千年未有之大变局，在中国社会沦为半殖民地半封建社会的同时，也产生了文化上的危机。但是，中华民族不懈地进行了救亡图存的斗争，仁人志士进行了艰苦的探索。他们睁眼看世界，从器物上、制度上认真学习西方，同时在文化上寻找反对封建制度的思想根据，例如谭嗣同的《仁学》，康有为的"公羊三世说"及其《大同书》。其后，仁人志士又在文化上进行了深刻的反思，梁启超提出了"新民说"，特别是五四新文化运动时，陈独秀举起了文化与文学革命的旗帜，他在 1916 年撰文提出："伦理的觉悟，为吾人最后觉悟之最后觉悟。"② 毛泽东也认为要"从哲学、伦理学入手，改造哲学，改造伦理学，根本上变换全国之思想。如此大纛一张，万夫走集；雷电一震，阴曀皆开"③。毛泽东集中致力于从文化运动入手，探索救亡图存、振兴中华的道路。

在新文化运动中，一批先进的中国知识分子，对中国文化的更新发展及其意义显现了强烈的责任担当和自信。1917 年，毛泽东在《致周世钊信》中写道："世界文明分东西两流，东方文明在世界文明内，要占个半壁的地位。然东方文明可以说就是中国文明。"④ 他在《致黎锦熙信》中认为："西方思想亦未必尽是，几多之部分，亦应与东方思想同时改造也。"⑤ 恽代英提出了自己的抱负："吾自思他事不敢言，若云思想，中西名儒吾亦等夷视之。吾有机会必须合全球称为

① 冯友兰：《冯友兰论教育》，人民出版社 2010 年版，第 137 页。
② 《独秀文存》，安徽人民出版社 1987 年版，第 41 页。
③ 《毛泽东早期文稿》，湖南出版社 1990 年版，第 86 页。
④ 《毛泽东早期文稿》，湖南出版社 1990 年版，第 474 页。
⑤ 《毛泽东早期文稿》，湖南出版社 1990 年版，第 86 页。

精神界唯一之思想家，为人类解决一切未曾解决之问题。"[①] 李大钊自信地认为："顾吾人深信吾民族可以复活，可以于世界文明为第二次之大贡献。"[②]1921 年，瞿秋白在《赤都心史》中写道："无民族性无世界，无动的民族性更无世界"，他的愿望是"编入世界的文化运动先锋队里，他将开全人类文化的新道路，亦即此足以光复四千余年文物灿烂的中国文化。"[③] 由此可见，他们认为中国文化是世界文化的重要组成部分，中国文化需要更新和发展，中国文化的振兴将开辟人类文化的新道路，于世界文明为第二次大贡献。

对中国传统文化进行了激烈批判的鲁迅，1934 年在《中国人失掉自信力了吗？》一文中热情地赞扬了中国的精神，他说："我们从古以来，就有埋头苦干的人，有拼命硬干的人，有为民请命的人，有舍身求法的人，……虽是等于为帝王将相作家谱的所谓'正史'，也往往掩不住他们的光耀，这就是中国的脊梁。这一类的人们，就是现在也何尝少呢？他们有确信，不自欺；他们在前仆后继的战斗，不过一面总在被摧残，被抹杀，消灭于黑暗中，不能为大家所知道罢了。说中国人失掉了自信力，用以指一部分人则可，倘若加于全体，那简直是诬蔑。"[④] 在抗日战争时期，中华民族处于生死存亡的关键时刻，毛泽东坚定地认为："我们中华民族有同自己的敌人血战到底的气概，有在自力更生的基础上光复旧物的决心，有自立于世界民族之林的能力。"[⑤] 正是有这样的自信和担当，中国先进的知识分子接受了马克思主义，并推动了马克思主义的中国化，探寻了中国新民主主义革命的独特道路，探寻了中国特色社会主义道路，使中华民族站起来了，富起来了，并正在强起来。中国文化也得到了重大的更新和发展，日益成为民主的科学的大众的新文化，社会主义核心价值观深入人心，人民的文化精神生活日益丰富，国家文化软实力不断增强。

今天，我们处在中国特色社会主义的新时代。习近平指出，我们仍然要思考"我们从哪里来？我们走向何方？"的问题，由此，我们提出了中国梦，它的"最大公约数"就是中华民族伟大复兴。他说："中国有坚定的道路自信、理论自信、制度自信，其本质是建立在 5 000 多年文明传承基础上的文化自信。"[⑥]

---

① 《恽代英日记》，中共中央党校出版社 1981 年版，第 50 页。

② 《李大钊文集》第 2 卷，人民出版社 2006 年版，第 215~216 页。

③ 《瞿秋白文集》第 1 卷，人民文学出版社 1987 年版，第 166 页。

④ 《鲁迅全集》第 6 卷，人民文学出版社 2005 年版，第 122 页。

⑤ 《毛泽东选集》第 1 卷，人民出版社 1991 年版，第 161 页。

⑥ 《习近平会见"读懂中国"国际会议外方代表》，《人民日报》2015 年 11 月 4 日，第 1 版。

二、文化自信是实现中国梦的精神动力

2012年11月29日,习近平与新一届中央政治局常委在参观“复兴之路”展览时提出了“中国梦”的概念。一时热议纷起,举世瞩目。中国梦是几代中国人的理想追求。一百多年前,孙中山第一次提出“振兴中华”的口号。1904年,他在给美国人民的一封信中说,一旦我们革新中国的伟大目标得以完成,不但在我们美丽的国家将会出现新纪元的曙光,整个人类也将得以共享更为光明的前景。[①]改革开放以后,邓小平提出了小康社会的设想,勾画了“三步走”的现代化发展目标。1979年,美国《时代》周刊将邓小平评为年度人物,其开篇标题就是《中国的梦想家》。所以,习近平指出,中国梦凝聚了几代中国人的夙愿,体现了中华民族和中国人民的整体利益,是每一个中华儿女的共同期盼。[②]党的十九大宣示了中国特色社会主义进入了新时代,这是一个继往开来,为全面建设社会主义现代化强国、逐步实现共同富裕、实现中国梦并为人类做出更大贡献的时代。今天,我们比历史上任何时期都更接近、更有信心和能力实现中华民族伟大复兴的目标。

实现中国梦必须走中国道路。中国道路,就是中国特色社会主义的道路。习近平特别强调,这条道路也是在对中华民族5 000多年悠久文明的传承中走出来的,具有深厚的历史渊源和广泛的现实基础。[③]所以,他在全国宣传思想工作会议上提出了宣传阐释中国特色,要有四个“讲清楚”:讲清楚每个国家和民族的历史传统、文化积淀、基本国情不同,其发展道路必然有自己的特色;讲清楚中华文化积淀着中华民族最深沉的精神追求,是中华民族生生不息、发展壮大的丰厚滋养;讲清楚中华优秀传统文化是中华民族的突出优势,是我们最深厚的文化软实力;讲清楚中国特色社会主义植根于中华文化沃土、反映中国人民意愿、适应中国和时代发展进步要求,有着深厚历史渊源和广泛现实基础。[④]只有大力弘扬中国特色社会主义文化,坚定文化自信,增强对中国文化的认同,才能增强对中国特色社会主义道路的认同,我们只有走自己的路,这一进程才具有无比

---

① 《孙中山全集》第1卷,中华书局1981年版,第255页。

② 《承前启后 继往开来 继续朝着中华民族伟大复兴目标奋勇前进》,《人民日报》2012年11月30日,第1版。

③ 习近平:《在第十二届全国人民代表大会第一次会议上的讲话》,《人民日报》2013年3月18日,第1版。

④ 《胸怀大局把握大势着眼大事 努力把宣传思想工作做得更好》,《人民日报》2013年8月21日,第1版。

深厚的历史底蕴,具有无比强大的前进定力。他说:“中华民族是具有非凡创造力的民族,我们创造了伟大的中华文明,我们也能够继续拓展和走好适合中国国情的发展道路。”①

实现中国梦必须弘扬中国精神。中国精神是凝心聚力的兴国之魂、强国之魂。它是由深厚的中国文化所涵养的。一个国家的强盛,离不开精神的支撑;一个民族的进步,有赖于文明的成长。没有文明的传承和发展,没有文化的弘扬和繁荣,是不能实现中国梦的。习近平说:“中国精神必须在坚持社会主义核心价值体系的前提下,积极深入中华民族历久弥新的精神世界,把长期以来我们民族形成的积极向上向善的思想文化充分继承和弘扬起来,使之为培育和践行社会主义核心价值观服务,为建设社会主义先进文化服务,为党和国家事业发展服务。”② 全国各族人民要发扬伟大的民族精神和时代精神,不断加强团结一心的精神纽带、自强不息的精神动力,永远充满朝气,走向未来。

实现中国梦必须凝聚中国力量。中国梦是民族的梦,也是每个中国人的梦,归根到底是人民的梦。能把人民的梦凝聚在一起,形成中国力量的,是博大精深的中国文化。经过几千年的沧桑岁月,把我国56个民族、十几亿人紧紧凝聚在一起的,是我们共同经历的非凡奋斗,是我们共同创造的美好家园,是我们共同培育的民族精神,而贯穿其中的、最重要的是我们共同坚守的理想信念及其能形成广泛社会共识的核心价值观。社会主义核心价值观是当代中国精神的集中体现,是凝聚中国力量的思想道德基础。只要我们紧密团结,万众一心,为实现共同梦想而奋斗,实现梦想的力量就无比强大,我们每个人为实现自己梦想的努力就拥有广阔的空间。

实现中国梦必须坚持和平发展。2013年5月,习近平在接受拉美三国媒体联合采访时指出,实现中国梦,必须坚持和平发展。首先,这是中国文化的基本特质。中国文化崇尚和谐,中国“和”文化源远流长,蕴含着天人合一的宇宙观、协和万邦的国际观、和而不同的社会观、人心和善的道德观。在5 000多年的文明发展中,中华民族一直追求和传承着和平、和睦、和谐的坚定理念。以和为贵,与人为善,己所不欲、勿施于人等理念在中国代代相传,深深植根于中国人的精神中,深深体现在中国人的行为上。③ 其次,要为人类问题的解决提出中国智慧、

---

① 习近平:《在第十二届全国人民代表大会第一次会议上的讲话》,《人民日报》2013年3月18日,第1版。

② 《牢记历史经验历史教训历史警示　为国家治理能力现代化提供有益借鉴》,《光明日报》2014年10月14日,第1版。

③ 《习近平出席中国国际友好大会暨中国人民对外友好协会成立六十周年纪念活动并发表重要讲话》,《光明日报》2014年5月16日,第1版。

中国方案。例如,发达国家、中等发达国家、发展中国家之间的差异与冲突问题,不同利益群体的矛盾冲突问题,生态环境问题,网络交互性、快捷性形成社会人群的碎片化生活问题等。我们提出了人类命运共同体思想,包容性发展和五大发展理念,"一带一路"倡议,都获得了国际社会积极的认同和响应。最后,要着力提高国家文化软实力。要提高国家文化软实力,把跨越时空、超越国度、富有永恒魅力、具有当代价值的文化精神弘扬起来,把既继承传统优秀文化又弘扬时代精神、既立足本国又面向世界的当代中国文化创新成果传播出去,使当代中国价值观念走向世界,要讲好中国故事,把中国道路、中国理论、中国制度、中国精神、中国力量寓于其中。只有提升中国文化的影响力,才能推进和平发展;只有加强国际社会对中国文化的广泛认同,我国才能成为社会主义的文化强国,并不断增强全国人民的文化自信。

文化的兴盛和繁荣,不仅是实现中国梦的精神动力,也是实现中国梦的重要内涵。2015 年 2 月 28 日,习近平在会见第四届全国文明城市、文明村镇、文明单位和未成年人思想道德建设工作先进代表时的讲话中提出了"人民有信仰,民族有希望,国家有力量"① 的目标要求,具有重要的意义。要实现中华民族伟大复兴的中国梦,既要达到"国家富强、民族振兴、人民幸福"的外在目标,更要达到"人民有信仰,民族有希望,国家有力量"的内在目标。人生需要信仰驱动,社会需要共识引领,发展需要价值导航。人民有信仰,民族才有希望,国家才有力量。而且,中国人民一百多年追寻的中国梦的重要内涵,就是在寻求国家的价值内核、实现社会的共同理想、构建国民的精神家园。有信仰的人生才是真幸福,有共识的民族才是真振兴,有深厚的文化实力和价值力量的国家才是真富强。物质财富要极大丰富,精神财富也要极大丰富。这样就要锲而不舍、一以贯之地抓好社会主义精神文明建设,为全国各族人民不断前进提供坚强的思想保证、强大的精神力量、丰厚的道德滋养。

三、担负起新的文化使命

党的十八大以来,我们取得了改革开放和社会主义现代化建设的历史性成就,思想文化建设也取得重大进展。加强了党对意识形态工作的领导,党的理论

① 习近平:《人民有信仰民族有希望国家有力量 锲而不舍抓好社会主义精神文明建设》,《光明日报》2015 年 3 月 1 日,第 1 版。

创新全面推进,马克思主义在意识形态领域的指导地位更加鲜明,中国特色社会主义和中国梦深入人心,社会主义核心价值观和中华优秀传统文化广泛弘扬,群众性精神文明创建活动扎实开展。公共文化服务水平不断提高,文艺创作持续繁荣,文化事业和文化产业蓬勃发展,互联网建设管理运用不断完善,全民健身和竞技体育全面发展。主旋律更加响亮,正能量更加强劲,文化自信得到彰显,国家文化软实力和中国文化影响力大幅提升,全党、全社会在思想上的团结统一更加巩固。

例如,文化领域改革主体框架的"四梁八柱"基本形成。一是文化发展理念思路有重大创新,提出了文化自信是更基本、更深沉、更持久的力量。二是文化体制改革有重大突破,先后出台两效统一、媒体融合发展、高端智库建设等 70 余个文件和有关政策,搭建起中国特色社会主义文化制度的"梁"和"柱"。三是文化事业和文化产业有重大成就,我国已成为世界图书出版第一、电视剧制播第一、电影银幕数第一,电影市场世界领先,一批文化精品力作引起强烈反响。四是文化法制建设有重大成果,在不到 5 年时间里,全国人民代表大会常务委员会先后审议通过了《中华人民共和国网络安全法》《中华人民共和国电影产业促进法》《中华人民共和国公共文化服务保障法》《中华人民共和国国歌法》《关于加强网络信息保护的决定》4 部法律、1 部决定。①

人民群众的文化自信程度也得到了显著提升。据 2016 年的一份调查显示,公众对中国历史、综合国力、中国特色社会主义理论和政治制度的认同,与文化自信水平呈显著正相关关系,公众文化自信水平总体较高。当问及如何描述中国文化时,超六成(64%)的受访者认为中国文化"是中华民族在长期发展中形成的价值理念、思维方式、伦理观念、审美情趣等","是中国共产党领导人民进行抗战奋斗所孕育的革命精神","具有时代性,不断地推进马克思主义中国化的创新发展"。约七成的受访者认为中国文化"体现于中国特色社会主义道路中","是建立中国特色社会主义制度的基础",并"以中国特色社会主义理论体系为指导思想"。调查结果显示,公众对中国传统文化精神的情感认同度高,约七成的受访者表示自己热爱中国优秀的传统文化;公众对于时代创新精神认知得分最高(77.99 分),其中对"解放思想,实事求是"以及社会主义核心价值观等时代创新精神的了解度最高。②

党的十九大揭示了中国特色社会主义进入了新时代。党的十九大再次强调

① 《凝聚起新时代的精神力量》,《人民日报》2017 年 10 月 21 日,第 2 版。

② 人民智库:《中国公众的文化自信指数调查报告(2016)》,http://www.rmlt.com.cn/2017/0105/455408.shtml,最后访问日期:2018 年 2 月 11 日。

指出,文化是一个国家、一个民族的灵魂。文化兴国运兴,文化强民族强。没有高度的文化自信,没有文化的繁荣兴盛,就没有中华民族伟大复兴。要坚持中国特色社会主义文化发展道路,激发全民族文化创新和创造活力,建设社会主义文化强国。在新的历史方位上,党的十九大对中国特色社会主义文化建设做出了新的概括,并提出了新目标、新方略。

党的十九大明确指出,中国特色社会主义文化是以马克思主义为指导的文化;是坚守中华文化立场,源自中华民族 5 000 多年文明历史所孕育的中华民族优秀传统的文化;是熔铸于党领导人民在革命、建设、改革中创造的革命文化和社会主义文化;是立足当代中国现实,结合当今时代条件,发展面向现代化、面向世界、面向未来的,民族的科学的大众的文化;是坚持为人民服务、为社会主义服务,坚持百花齐放、百家争鸣,坚持创造性转化、创新性发展的文化。同时,党的十九大回答了发展中国特色社会主义文化的指导思想和性质、基本立场和特征、基本要素和方向、基本原则和要求。

党的十九大提出了关于中国特色社会主义文化建设的新目标,开启了全面建设社会主义现代化国家新征程,把从 2020 年到 21 世纪中叶分两个阶段来部署:第一阶段,从 2020 年到 2035 年,在全面建成小康社会的基础上,基本实现社会主义现代化;第二阶段,从 2035 年到 2050 年,要建成富强民主文明和谐美丽的社会主义现代化强国。两个阶段对文化建设目标的要求是,在基本实现现代化阶段:社会文明程度达到新的高度,国家文化软实力显著增强,中华文化影响更加广泛深入。在社会主义现代化强国阶段:精神文明全面提升,中华民族将以更加昂扬的姿态屹立于世界民族之林。社会文明程度达到新的高度,国家文化软实力显著增强,中华文化影响更加广泛深入,这就是在新时代开启全面建设社会主义现代化国家的新征程中,发展中国特色社会主义文化首先要达到的新目标。

党的十九大提出了新时代中国特色社会主义文化建设的基本方略,这就是坚持社会主义核心价值体系。文化自信是一个国家、一个民族发展中更基本、更深沉、更持久的力量。必须坚持马克思主义,牢固树立共产主义远大理想和中国特色社会主义共同理想,培育和践行社会主义核心价值观,不断增强意识形态领域主导权和话语权,推动中华优秀传统文化创造性转化、创新性发展,继承革命文化,发展社会主义先进文化,不忘本来、吸收外来、面向未来,更好构筑中国精神、中国价值、中国力量,为人民提供精神指引。

党的十九大论述了坚定文化自信、推动社会主义文化繁荣兴盛的基本方针:一是牢牢掌握意识形态工作领导权。必须推进马克思主义中国化时代化大众化;推动习近平新时代中国特色社会主义思想深入人心;加快构建中国特色哲学社会科学，加强中国特色新型智库建设；提高新闻舆论传播力、引导力、影响力、公信力；加强互联网内容建设。二是培育和践行社会主义核心价值观。要以培养担当民族复兴大任的时代新人为着眼点，把社会主义核心价值观转化为人们的情感认同和行为习惯；深入挖掘中华优秀传统文化蕴含的思想观念、人文精神、道德规范，实现创造性转化、创新性发展。三是加强思想道德建设。要提高全社会文明程度；深化中国特色社会主义和中国梦宣传教育；深入实施公民道德建设工程；深化群众性精神文明创建活动；弘扬科学精神；推进诚信建设和志愿服务。四是繁荣发展社会主义文艺。必须坚持以人民为中心的创作导向；不断推出讴歌党、讴歌祖国、讴歌人民、讴歌英雄的精品力作；发扬学术民主、艺术民主，提升文艺原创力，推动文艺创新；造就一大批德艺双馨名家大师，培育一大批高水平创作人才。五是推动文化事业和文化产业发展。要加快构建把社会效益放在首位、社会效益与经济效益相统一的体制机制；完善公共文化服务体系；加强文物保护利用和文化遗产保护传承；健全现代文化产业体系和市场体系；广泛开展全民健身活动，加快推进体育强国建设；加强中外人文交流，以我为主、兼收并蓄；推进国际传播能力建设，讲好中国故事，提高国家文化软实力。

习近平指出："中国共产党从成立之日起，既是中国先进文化的积极引领者和践行者，又是中华优秀传统文化的忠实传承者和弘扬者。当代中国共产党人和中国人民应该而且一定能够担负起新的文化使命，在实践创造中进行文化创造，在历史进步中实现文化进步！"①

习近平豪迈地宣示："大道之行，天下为公。站立在九百六十多万平方公里的广袤土地上，吸吮着五千多年中华民族漫长奋斗积累的文化养分，拥有十三亿多中国人民聚合的磅礴之力，我们走中国特色社会主义道路，具有无比广阔的时代舞台，具有无比深厚的历史底蕴，具有无比强大的前进定力。"②

我们要认真学习贯彻党的十九大精神，深刻领会习近平新时代中国特色社会主义思想，在新的历史方位中，担当起新的文化使命。在全面建设社会主义现代化的新征程中，发展中国特色社会主义文化，建设社会主义文化强国，实现中华民族的伟大复兴。

---

① 习近平：《决胜全面建成小康社会　夺取新时代中国特色社会主义伟大胜利——在中国共产党第十九次全国代表大会上的报告》，《人民日报》2017年10月28日，第1版。

② 习近平：《决胜全面建成小康社会　夺取新时代中国特色社会主义伟大胜利——在中国共产党第十九次全国代表大会上的报告》，《人民日报》2017年10月28日，第1版。

参考文献

一、中文著作

[1] 班固.汉书(上册)[M].长沙:岳麓书社,2008.

[2] 班固.汉书[M].北京:中华书局,1962.

[3] 车文博.弗洛伊德主义原著选辑[M].沈阳:辽宁人民出版社,1998.

[4] 陈独秀选集[M].天津:天津人民出版社,1990.

[5] 陈洪捷.德国古典大学观及其对中国大学的影响[M].北京:北京大学出版社,2002.

[6] 陈崧编.五四前后东西文化问题论战文选[G].北京:中国社会科学出版社,1989.

[7] 邓小平文选(第2卷)[M].北京:人民出版社,1994.

[8] 邓小平文选(第3卷)[M].北京:人民出版社,1993.

[9] 丁晓强.20世纪的文化变革——毛泽东、邓小平思想研究的一个重要视角[M].南昌:江西人民出版社,2004.

[10] 丁晓强.近世学风与毛泽东思想的起源[M].贵阳:贵州人民出版社,1992.

[11] 董仲舒.春秋繁露(上册)[M].北京:中华书局,1975.

[12] 董仲舒.春秋繁露(下册)[M].北京:中华书局,1975.

[13] 董仲舒.春秋繁露(中册)[M].北京:中华书局,1975.

[14] 独秀文存[M].合肥:安徽人民出版社,1987.

[15] 杜亚泉文存[M].上海:上海教育出版社,2003.

[16] 冯天瑜.中国文化生成史[M].武汉:武汉大学出版社,2013.

[17] 顾炎武.日知录集释(中)[M].黄汝成集释.上海:上海古籍出版社,2006.

[18] 顾炎武撰.顾亭林诗文集[M].华忱之点校.北京:中华书局,1983.

[19] 郭建宁.中国文化强国战略[M].北京:高等教育出版社,2012.
[20] 郭健.哈佛大学发展史研究[M].石家庄:河北教育出版社,2000.
[21] 胡惠林.文化产业学[M].北京:高等教育出版社,2006.
[22] 胡锦涛文选(第3卷)[M].北京:人民出版社,2016.
[23] 胡适选集[M].天津:天津人民出版社,1991.
[24] 黄宗羲全集(第1册)[M].杭州:浙江古籍出版社,1985.
[25] 江畅,戴茂堂.西方价值观念与当代中国[M].武汉:湖北人民出版社,1997.
[26] 江泽民文选(第2卷)[M].北京:人民出版社,2006.
[27] 康有为.大同书[M].呼和浩特:内蒙古人民出版社,2005.
[28] 李春秋.公民道德建设通论[M].青岛:青岛出版社,2002.
[29] 李大钊全集(第2卷)[M].北京:人民出版社,2006.
[30] 李大钊全集(第3卷)[M].北京:人民出版社,2006.
[31] 李大钊文集(第2卷)[M].北京:人民出版社,2006.
[32] 李梦生撰.左传译注[M].上海:上海古籍出版社,1998.
[33] 李民,王健撰.尚书译注[M].上海:上海古籍出版社,2004.
[34] 李泽厚.中国古代思想史论[M].北京:人民出版社,1986.
[35] 李宗桂.中国文化概论[M].广州:中山大学出版社,1998.
[36] 梁启超.梁启超游记:欧游心影录 新大陆游记[M].北京:东方出版社,2012.
[37] 梁启超.清代学术概论[M].上海:上海古籍出版社,1998.
[38] 梁启超.新民说[M].北京:东方出版社,1998.
[39] 梁启超.饮冰室合集:专集之四[M].北京:中华书局,1989.
[40] 梁启超.中国近三百年学术史[M].北京:东方出版社,1998.
[41] 梁漱溟.中国文化要义[M].上海:学林出版社,1987.
[42] 列宁选集(第1卷)[M].北京:人民出版社,2012.
[43] 鲁迅全集(第6卷)[M].北京:人民文学出版社,2005.
[44] 马克思恩格斯全集(第10卷)[M].北京:人民出版社,2009.
[45] 马克思恩格斯全集(第13卷)[M].北京:人民出版社,1998.
[46] 马克思恩格斯全集(第19卷)[M].北京:人民出版社,2006.
[47] 马克思恩格斯全集(第1卷)[M].北京:人民出版社,2002.
[48] 马克思恩格斯全集(第21卷)[M].北京:人民出版社,2003.
[49] 马克思恩格斯全集(第3卷)[M].北京:人民出版社,2002.
[50] 马克思恩格斯全集(第46卷)[M].北京:人民出版社,2003.
[51] 马克思恩格斯文集(第1卷)[M].北京:人民出版社,2009.

[52] 马克思恩格斯文集(第2卷)[M].北京:人民出版社,2009.

[53] 马克思恩格斯文集(第3卷)[M].北京:人民出版社,2009.

[54] 马克思恩格斯文集(第5卷)[M].北京:人民出版社,2009.

[55] 马克思恩格斯文集(第8卷)[M].北京:人民出版社,2009.

[56] 马克思恩格斯文集(第9卷)[M].北京:人民出版社,2009.

[57] 马克思恩格斯选集(第1卷)[M].北京:人民出版社,2012.

[58] 毛泽东文集(第7卷)[M].北京:人民出版社,1993.

[59] 毛泽东文集(第7卷)[M].北京:人民出版社,1999.

[60] 毛泽东选集(第1卷)[M].北京:人民出版社,1991.

[61] 毛泽东选集(第2卷)[M].北京:人民出版社,1991.

[62] 毛泽东选集(第3卷)[M].北京:人民出版社,1991.

[63] 毛泽东选集(第4卷)[M].北京:人民出版社,1991.

[64] 毛泽东早期文稿[M].长沙:湖南出版社 1990.

[65] 彭立勋.改革开放与城市文化发展2009年深圳文化蓝皮书[M].北京:中国社会科学出版社,2009.

[66] 瞿秋白文集(第1卷)[M].北京:人民文学出版社,1954.

[67] 瞿秋白选集[M].北京:人民出版社,1985.

[68] 饶尚宽译注.老子[M].北京:中华书局,2007.

[69] 如水编.陈独秀书信集[M].北京:新华出版社,1987.

[70] 沈壮海.文化强国建设的中国逻辑[M].北京:人民出版社,2017.

[71] 沈壮海.兴国之魂——社会主义核心价值体系释讲[M].武汉:湖北教育出版社,2014.

[72] 十六大以来重要文献选编(下册)[M].北京:中央文献出版社,2008.

[73] 十六大以来重要文献选编(中)[M].北京:中央文献出版社,2011.

[74] 十七大报告辅导读本[M].北京:人民出版社,2007.

[75] 十五大以来重要文献选编(中)[M].北京:中央文献出版社,2011.

[76] 司马迁.史记[M].延边:延边人民出版社,1995.

[77] 孙通海译注.庄子[M].北京:中华书局,2007.

[78] 孙中山全集(第1卷)[M].北京:中华书局,1981.

[79] 孙中山选集(上卷)[M].北京:人民出版社,1981.

[80] 汪澍白.二十世纪中国文化史论[M].上海:中华书局,1998.

[81] 王夫之.船山全书(第二册)[M].长沙:岳麓书社,1988.

[82] 王夫之.船山全书(第六册)[M].长沙:岳麓书社,1988.

[83] 王夫之.船山全书(第四册)[M].长沙:岳麓书社,1988.

[84] 王夫之. 诗广传[M]. 北京:中华书局,1964.
[85] 王夫之. 张子正蒙注[M]. 北京:中华书局,1975.
[86] 王国轩译注. 大学·中庸[M]. 上海:中华书局,2007.
[87] 王梦奎. 迈向二十一世纪的中国社会主义精神文明[M]. 北京:中国言实出版社,1996.
[88] 王先谦. 荀子集解·王制[M]. 上海:中华书局,1998.
[89] 王阳明全集[M]. 上海:上海古籍出版社,1992.
[90] 王作新. 汉字结构系统与传统思维方式[M]. 武汉:武汉出版社,1999.
[91] 习近平. 决胜全面建成小康社会 夺取新时代中国特色社会主义伟大胜利——在中国共产党第十九次全国代表大会上的报告[M]. 北京:人民出版社,2017.
[92] 习近平. 习近平谈治国理政[M]. 北京:外文出版社,2014.
[93] 习近平关于全面建成小康社会论述摘编[M]. 北京:中央文献出版社,2016.
[94] 习近平关于全面深化改革论述摘编[M]. 北京:中央文献出版社,2014.
[95] 习近平关于社会主义文化建设论述摘编[M]. 北京:中央文献出版社,2017.
[96] 夏纬瑛校释. 吕氏春秋上农等四篇校释[M]. 北京:农业出版社,1956.
[97] 杨伯峻译注. 论语译注[M]. 北京:中华书局,2006.
[98] 杨春贵等. 马克思主义哲学教程[M]. 北京:中共中央党校出版社,2002.
[99] 元人注. 四书五经(上册)[M]. 天津:天津古籍书店,1988.
[100] 元人注. 四书五经(下册)[M]. 天津:天津古籍书店,1988.
[101] 元人注. 四书五经(中册)[M]. 天津:天津古籍书店,1988.
[102] 恽代英文集[M]. 北京:人民出版社,1984.
[103] 张岱年,程宜山. 中国文化与文化论争[M]. 北京:中国人民大学出版社,1990.
[104] 张岱年,方克立主编. 中国文化概论[M]. 北京:北京师范大学出版社,2004.
[105] 张军. 走出黑洞·当代中国失范现象批判[M]. 北京:中国经济出版社,2000.
[106] 郑永年. 通往大国之路·中国与世界秩序的重塑[M]. 北京:东方出版社,2011.
[107] 中国共产党章程(十九大修订版)[M]. 北京:人民出版社,2017.
[108] 周振甫译注. 周易译注[M]. 北京:中华书局,1991.

[109] 诸子集成[M]. 石家庄:河北人民出版社,1986.

二、译著

[1] [德]迪特·森格哈斯. 文明内部的冲突与世界秩序[M]. 张文武译 . 北京:新华出版社,2004.

[2] [德]康德. 历史理性批判文集[M]. 何兆武译 . 北京:商务印书馆,1990.

[3] [法]卢梭. 社会契约论[M]. 何兆武译 . 北京:商务印书馆,1997.

[4] [美]布坎南. 自由、市场与国家:20 世纪 80 年代的政治经济学[M]. 吴良健,桑伍,曾获译 . 北京:北京经济学院出版社,1988.

[5] [美]弗朗西斯·福山. 历史的终结及最后之人[M]. 黄胜强,许铭原译 . 北京:中国社会科学出版社,2003.

[6] [美]哈罗德·D. 拉斯韦尔. 政治学——谁得到什么? 何时和如何得到?[M]. 杨昌裕译 . 北京:商务印书馆,1992.

[7] [美]霍华德·谢尔曼. 激进政治经济学基础[M]. 云岭译 . 北京:商务印书馆,1993.

[8] [美]马斯洛. 马斯洛人本哲学[M]. 成明编译 . 北京:九州出版社,2003.

[9] [美]曼纽尔·卡斯特 . 网络社会的崛起[M]. 夏铸九,王志弘等译 . 北京:社会科学文献出版社,2003.

[10] [美]乔舒亚·库珀·雷默等. 中国形象:外国学者眼里的中国[M]. 沈晓雷等译 . 北京:社会科学文献出版社,2006.

[11] [美]托马斯·古德尔,杰弗瑞·戈比. 人类思想史中的休闲[M]. 成素梅,马惠娣等译 . 昆明:云南人民出版社,2000.

[12] [美]亚伯拉罕·弗莱克斯纳. 现代大学论——美英德大学研究[M]. 徐辉,陈晓菲等译 . 杭州:浙江教育出版社,2001.

[13] [美]约瑟夫·奈 . 软力量——世界政坛成功之道[M]. 吴晓辉,钱程译 . 北京:东方出版社 2005.

[14] [英]R. 道金斯. 自私的基因[M]. 卢允中等译 . 北京:科学出版社,1981.

[15] [英]爱德华·泰勒. 原始文化:神话、哲学、宗教、语言、艺术和习俗发展之研究[M]. 连树生译 . 桂林:广西师范大学出版社,2005.

[16] [英]汤林森. 文化帝国主义[M]. 冯建三译 . 上海:上海人民出版社,1999.

三、论文

[1] [美]亚历山大. 分化理论·问题及其前景[J]. 国外社会学,1992(1).

[2] 安娜,林建成. 中国文化软实力的内容架构及提升路径探究[J]. 学术论坛,2015(10).

[3] 毕文波. 当代中国新文化基因若干问题思考提纲[J]. 南京政治学院学报,

2001(2).
[4] 陈亦琳,李艳玲. 构建融通中外的新概念、新范畴、新表述——中国政治话语传播研讨会综述[J]. 红旗文稿,2014(1).
[5] 刁维国. 中国特色社会主义教育体系的实践与探索[J]. 哈尔滨学院学报,2004(7).
[6] 方毅华,郝赫. 如何向世界讲好中国故事[J]. 吉林师范大学学报(人文社会科学版),2016(4).
[7] 高宪春. 对外传播讲好中国故事的"五化"原则[J]. 中国记者,2015(6).
[8] 顾明远. 试论教育现代化的基本特征[J]. 教育研究,2012(9).
[9] 郭建宁. 关于毛泽东新民主主义文化观的几个问题[J]. 马克思主义与现实,2011(4).
[10] 郭建宁. 优秀传统文化为治国理政提供丰厚滋养——学习习近平关于中华优秀传统文化的重要论述[J]. 中国特色社会主义研究,2017(2).
[11] 韩潇. 对我国教育公平问题的反思与对策探讨[J]. 西部学刊,2014(5).
[12] 韩源. 意识形态发展模型研究——兼论中国主导意识形态建设的战略取向[J]. 马克思主义与现实,2008(2).
[13] 江凌. 中国文化软实力建设的十个问题——基于中美文化软实力比较的视角[J]. 福建论坛(人文社会科学版),2012(6).
[14] 金元浦. 文化产业与文化生产力[J]. 求是,2002(20).
[15] 康宁,张其龙,苏慧斌. "985工程"转型与"双一流方案"诞生的历史逻辑[J]. 清华大学教育研究,2016(5).
[16] 李承贵. 中国哲学研究中的"中国话语"情结[J]. 河北学刊,2005(2).
[17] 李冲锋. 邓小平"三个面向"思想的历史意义与当代价值[J]. 中国浦东干部学院学报,2014(9).
[18] 李春华. 文化生产力·人类走向新文明的一种现实力量[J]. 贵州社会科学,2014(8).
[19] 李德顺. 关于社会主义核心价值观的几个问题[J]. 上海党史与党建,2007(7).
[20] 李贵忠. 十八大对中国特色社会主义文化建设理论的创新及其意义[J]. 前沿,2013(11).
[21] 李旭华. 论当代中国文化软实力建设存在的问题及对策[J]. 广西师范大学学报(哲学社会科学版),2016(4).
[22] 李艳萍,翟善梅. 中国特色新型高校智库的发展困境及路径探析[J]. 齐齐哈尔大学学报(哲学社会科学版),2016(9).

[23] 刘长林.宇宙基因·社会基因·文化基因[J].哲学动态,1988(1).
[24] 刘旸辉."第四部门"在美国[J].瞭望,2009(4).
[25] 刘佳.马克思主义视野下文化软实力新解——中国式文化软实力理论的认知、解释与框架建构[J].青海社会科学,2014(6).
[26] 马克垚.困境与反思·"欧洲中心论"的破除与世界史的创立[J].历史研究,2006(3).
[27] 蒙培元.论中国传统思维方式的基本特征[J].哲学研究,1988(7).
[28] 钱穆.中国文化对人类未来可有的贡献[J].中国文化,1991(4).
[29] 秦宣.中国特色学术话语体系构建思路[J].人民论坛·学术前沿,2012(11).
[30] 任俊杰等.关于人才选拔中"学历区别对待"的思索[J].管理观察,2015(28).
[31] 沈百福.改革开放以来我国财政教育投入研究[J].复旦教育论坛,2008(6).
[32] 沈丹.论中国特色社会主义的文化生产力建设[J].改革与开放,2011(1).
[33] 沈壮海.担负好涵养文化自信的教育使命[J].中国高等教育,2016(7).
[34] 沈壮海.文化软实力建设的中国逻辑[J].文化软实力研究,2017(4).
[35] 孙周兴,威廉姆.洪堡的大学理念[J].同济大学学报(社会科学版),2007(2).
[36] 王东.中华文明的五次辉煌与文化基因中的五大核心理念[J].河北学刊,2003(5).
[37] 王亚南,方彧.深化文化体制改革机制创新的若干现实问题透析[J].社会科学,2014(8).
[38] 吴秋林.文化基因新论:文化人类学的一种可能表达路径[J].民族研究,2013(6).
[39] 夏文斌,徐艳.提升文化软实力的中国路径[J].人民论坛,2016(6).
[40] 谢寅翠.从赫拉特克里著作残篇看他的辩证法思维[J].科技文汇,2007(7).
[41] 徐光寿.简论社会主义核心价值观的包容性[J].思想政治课研究,2015(1).
[42] 徐杰舜.文化基因:五论中华民族从多元走向一体[J].湖北民族学院学报(哲学社会科学版),2003(5).
[43] 徐琴.鲍德里亚消费社会理论的意义与局限[J].哲学研究,2009(5).
[44] 徐晓虎,陈圻.中国智库的基本问题研究[J].学术论坛,2012(11).
[45] 尤芬.文化生产力:一种新的生产力形态——文化生产力研究综述[J].学术论坛,2008(3).
[46] 俞吾金.当代中国主流文化三论[J].湖北大学学报(哲学社会科学版),2014(1).
[47] 俞吾金.意识意识形态:哲学之谜的解答[J].求是学刊,1993(1).

[48] 张岱年. 文化传统与民族精神[J]. 学术月刊,1986(12).
[49] 张国祚. 关于理论创新的几点思考[J]. 马克思主义研究,2012(2).
[50] 张国祚. 关于中国文化软实力建设的几点思考[J]. 毛泽东邓小平理论研究,2012(7).
[51] 张国祚. 文化软实力研究[J]. 中国高校社会科学,2015(1).
[52] 张鸿雁,房冠辛,杨晓珺. 省域“文化软实力”与特色文化城市发展战略创新研究——以江苏“文化软实力”能级提升为案例[J]. 中国名城,2015(7).
[53] 张志洲. 提升学术话语权与中国的话语体系构建[J]. 红旗文稿,2012(13).
[54] 张作兴. 发展文化生产力的理论探索和路径选择——基于福州市个案的研究[J]. 中共福建省委党校学报,2005(3).
[55] 赵传海. 论文化基因及其社会功能[J]. 河南社会科学,2008(2).
[56] 赵蓉英,郭凤娇. 中国一流学科发展之质量[J]. 高教发展与评估,2016(3).
[57] 中共中央办公厅印发《关于培育和践行社会主义核心价值观的意见》[J]. 党建,2014(1).
[58] 中共中央关于教育体制改革的决定[J]. 民主与科学,2009(5).
[59] 周洪宇,鲍成中. 第三次工业革命与人才培养模式变革[J]. 教育研究,2013(10).
[60] 周民锋. 马克思意识形态概念的两个来源及其两重含义[J]. 学术研究,2008(6).
[61] 朱宏亮,蒋燕. 中国高校智库发展现状与未来策略思考[J]. 高校教育管理,2016(10).

四、报纸文章

[1] 2015 年全国教育经费执行情况统计公告[N]. 中国教育报,2016-11-11(2).
[2] 2015 年全国教育事业发展统计数据公报[N]. 中国教育报,2016-7-7(4).
[3] 2016 年全国教育事业发展统计数据公报[N]. 中国教育报,2016-7-11(4).
[4] 把培育和弘扬社会主义核心价值观作为凝魂聚气强基固本的基础工程[N]. 人民日报,2014-2-26(1).
[5] 陈来. 充分认识中华独特价值观——从中西比较看[N]. 人民日报,2015-3-4(7).
[6] 崔士鑫. 我国媒体融合发展走在世界前列(人民观察)[N]. 人民日报,2017-2-19(5).
[7] 弘扬井冈山精神 加快老区振兴发展(深入学习贯彻习近平同志系列重要讲话精神)[N]. 人民日报,2017-10-9(7).
[8] 胡锦涛. 高举中国特色社会主义伟大旗帜　为夺取全面建设小康社会新胜

利而奋斗[N]. 人民日报,2007-10-25(1).
[9] 胡锦涛. 在庆祝中国共产党成立90周年大会上的讲话[N]. 人民日报,2011-7-2(2).
[10] 贾希为. 完善国有文化资产管理体制的思考[N]. 北京日报,2012-1-30.
[11] 结合群众实践　加强党的建设[N]. 人民日报,2001-6-4(4).
[12] 李雨潜等. 985、211工程建设的得与失[N]. 中国社会科学报,2016-8-18(4).
[13] 刘博智. 中青年成我国教师队伍主力[N]. 中国教育报,2016-9-1(1).
[14] 刘阳. 文化产业,尊重市场才能健康发展[N]. 人民日报,2015-5-21(17).
[15] 牛梦笛. 向世界展现一个多彩的中国[N]. 光明日报,2017-9-11(5).
[16] 深入开展学习宣传道德模范活动　为实现中国梦凝聚有力道德支撑[N]. 人民日报,2013-9-27(1).
[17] 十八大以来我国文化产业增加值年均增速13.7%[N]. 中国出版传媒商报,2017-8-4(1).
[18] 完善和发展中国特色社会主义制度　推进国家治理体系和治理能力现代化[N]. 人民日报,2014-2-18(1).
[19] 王宏,武志成,王立文. 以质量为核心　建设高水平大学[N]. 天津日报,2007-3-16(2).
[20] 王明生. 中国道路的世界历史意义[N]. 人民日报,2016-12-28(7).
[21] 文艺为人民服务、为社会主义服务[N]. 人民日报,1980-7-26(1).
[22] 习得——习近平引用的古典名句[N]. 人民日报海外版,2014-5-15(5).
[23] 习近平. 弘扬和平共处五项原则　建设合作共赢美好世界[N]. 人民日报,2014-6-29(1).
[24] 习近平. 坚持实事求是的思想路线[N]. 学习时报,2012-5-28(1).
[25] 习近平. 青年要自觉践行社会主义核心价值观[N]. 人民日报,2014-5-5(2).
[26] 习近平. 顺应时代前进潮流　促进世界和平发展[N]. 人民日报,2013-3-24(2).
[27] 习近平. 携手构建合作共赢新伙伴　同心打造人类命运共同体[N]. 人民日报,2015-9-29(1).
[28] 习近平. 在布鲁日欧洲学院的演讲[N]. 人民日报,2014-4-2(2).
[29] 习近平. 在第十二届全国人民代表大会第一次会议上的讲话[N]. 人民日报,2013-3-18(1).
[30] 习近平. 在纪念红军长征胜利80周年大会上的讲话[N]. 人民日报,2016-10-22(2).

[31] 习近平. 在纪念孔子诞辰 2565 周年国际学术研讨会暨国际儒学联合会第五届会员大会开幕会上的讲话[N]. 人民日报,2014-9-25(2).

[32] 习近平. 在纪念中央革命根据地创建暨中华苏维埃共和国成立 80 周年座谈会上的讲话[N]. 人民日报,2011-11-5(2).

[33] 习近平. 在庆祝中国共产党成立 95 周年大会上的讲话[N]. 人民日报,2016-7-2(2).

[34] 习近平. 在首都各界纪念现行宪法公布施行 30 周年大会上的讲话[N]. 人民日报,2012-12-5(2).

[35] 习近平. 在同各界优秀青年代表座谈时的讲话[N]. 人民日报,2013-5-5(2).

[36] 习近平. 在同全国劳动模范代表座谈时的讲话[N]. 人民日报,2013-4-28(2).

[37] 习近平. 在文艺工作座谈会上的讲话[N]. 人民日报,2015-10-15(2).

[38] 习近平. 在哲学社会科学工作座谈会上的讲话[N]. 人民日报,2016-5-19(2).

[39] 习近平在全国宣传思想工作会议上强调胸怀大局把握大势着眼大事,努力把宣传思想工作做得更好[N]. 人民日报,2013-8-21(1).

[40] 熊澄宇. 文化生产力彰显文化自信[N]. 人民日报,2016-10-20(7).

[41] 严肃党内政治生活净化党内政治生态 为全面从严治党打下重要基础[N]. 人民日报,2016-6-30(1).

[42] 郑海鸥. 2014 年我国人均文化消费增 16.4%[N]. 人民日报,2015-12-10(2).

[43] 中共中央办公厅,国务院办公厅. 关于实施中华优秀传统文化传承发展工程的意见[N]. 人民日报,2017-1-26(6).

[44] 中共中央关于加强党的执政能力建设的决定[N]. 人民日报,2004-9-27(1).

[45] 中共中央关于全面深化改革若干重大问题的决定[N]. 人民日报,2013-11-16(1).

[46] 中共中央关于深化文化体制改革推动社会主义文化大发展大繁荣若干重大问题的决定[N]. 人民日报,2011-10-26(1).

[47] 中共中央关于制定国民经济和社会发展第十个五年计划的建议[N]. 人民日报,2000-10-19(1).

[48] 中共中央关于制定国民经济和社会发展第十三个五年规划的建议[N]. 人民日报,2015-11-4(1).

[49] 中华人民共和国文化部.2016 年文化发展统计公报[N]. 中国文化报,2017-5-15(4).

索　引

（词条后页码为该页在正文中首次出现的页码）

后　记

我对书稿写作的完成觉得高兴，但是又有些意犹未尽的感觉。“文化自信”这个命题的提出，就如同“文化”这个概念一样，是具有极其深厚的底蕴的，越琢磨越有意思，感觉还有许多方面有待深入挖掘。本书的出版将增强我们进一步探究的愿望，也希望朋友们在阅读中能对相关问题进行进一步追问。

我从政治史研究转向思想史研究，又在思想史的研究中涉及文化史研究，因为我觉得研究思想如不涉及文化则说不深，也想不透。近年来因工作关系，我在党的建设等现实和政治思想研究方面着力较多，但对文化的兴趣未有稍减，所以，当谈到这个课题时就欣然接受了。特别是习近平提出了文化自信是更基础、更广泛、更深远的自信，是更基本、更深厚、更持久的力量，这是十分耐人寻味的。这一思想在习近平新时代中国特色社会主义思想中有十分特殊和重要的地位。文化自信，构建中国精神、中国价值、中国力量，与中华民族的伟大复兴，与人类命运共同体的构建，与当代中国马克思主义的创新发展，是如此紧密地结合在一起，这不能不使我们深长思之。

党的十九大的胜利召开，进一步阐释了文化建设的重要意义。第一，党的十九大提出了发展中国特色社会主义文化的基本原则就是以马克思主义为指导，坚守中华文化立场，立足当代中国现实，结合当今时代条件；第二，党的十九大提出了文化自信是坚持社会主义核心价值体系的基本内涵，基本方略就是要坚持马克思主义，牢固树立共产主义远大理想和中国特色社会主义共同理想，培育和践行社会主义核心价值观，不断增强意识形态领域主导权和话语权，推动中华优秀传统文化创造性转化、创新性发展，继承革命文化，发展社会主义先进文化，不忘本来、吸收外来、面向未来，更好构筑中国精神、中国价值、中国力量，为人民提供精神指引；第三，党的十九大提出了当代中国共产党人和中国人民要担负起新的文化使命，要在实践创造中进行文化创造、在历史进步中实现文化进步！这些新的思想是我们撰写本书的指导思想。

2017 年这一年很不平静，但是，我们把主要的精力投入了研究之中。我们举办了“文化自信与中国特色社会主义文化建设”学术研讨会，同济大学的唐培吉教授、李占才教授，华东师范大学的邬正洪教授，上海大学的忻平教授，中共上海市委党校的黄力之教授，国防大学政治学院的孙力教授、任伟民教授等，都提出了很好的意见。书稿写作的完成得益于赵静和张胜利两位博士的全身心投入。他们两位先后进入同济大学马克思主义理论博士后流动站工作，我成为他们的合作导师。赵静博士本科毕业于山东大学，随后到韩国庆北大学攻读硕士研究生和博士研究生学位，主要研究东亚的社会文化，并关注儒学在韩国现代化进程中的作用。到同济大学后，赵静博士选择了中国文化的主体性问题作为研究方向。张胜利博士本科毕业于北京大学，其后在同济大学人文学院研究西方哲学，进博士流动站后选择话语体系构建问题为研究方向。他们两人都有很好的学术训练，并具有自身独特的学术视野，具备很好的研究实力。赵静博士承担了导论、第 1 章、第 2 章、第 3 章的撰写，张胜利博士承担了第 4 章、第 5 章、第 6 章、第 7 章的撰写，我具体承担了第 8 章和结语的撰写，并在此基础上进行了统稿工作。

本书的出版凝聚着高等教育出版社相关编辑的心血，他们的督促和细致的工作给我们留下了深刻印象，他们的工作是保证本书顺利出版的重要因素，十分感谢他们付出的辛勤劳动。

丁晓强

2018 年 1 月 8 日于上海